公司
治理合规
法律实务
要点与难点

吴明明◎著

Corporate Governance Compliance:
Key Legal Issues and Practical Challenges

法律出版社
LAW PRESS · CHINA
北京

图书在版编目（CIP）数据

公司治理合规法律实务要点与难点 / 吴明明著. 北京 : 法律出版社, 2025. -- ISBN 978 - 7 - 5244 - 0041 - 7

Ⅰ. D922.291.914

中国国家版本馆 CIP 数据核字第 2025EU6271 号

公司治理合规法律实务要点与难点
GONGSI ZHILI HEGUI FALǗ SHIWU YAODIAN YU NANDIAN

吴明明 著

责任编辑 李沂蔚
装帧设计 李 瞻

出版发行 法律出版社
编辑统筹 法律应用出版分社
责任校对 王晓萍
责任印制 刘晓伟
经　　销 新华书店

开本 710 毫米 × 1000 毫米 1/16
印张 25 **字数** 408 千
版本 2025 年 4 月第 1 版
印次 2025 年 4 月第 1 次印刷
印刷 北京金康利印刷有限公司

地址:北京市丰台区莲花池西里 7 号(100073)
网址:www.lawpress.com.cn
投稿邮箱:info@lawpress.com.cn
举报盗版邮箱:jbwq@lawpress.com.cn

销售电话:010 - 83938349
客服电话:010 - 83938350
咨询电话:010 - 63939796

书号:ISBN 978 - 7 - 5244 - 0041 - 7
定价:108.00 元

凡购买本社图书,如有印装错误,我社负责退换。电话:010 - 83938349

自　序

再出发

《图解股权——法律实务操作要点与难点》(2020年版)顺利出版后,我与很多企业家朋友和同行有了更多关于公司法方面的交流,在这些交流中收到了大量的建议。尤其是很多企业家朋友建议,《图解股权——法律实务操作要点与难点》一书虽好,但是对公司的全面治理和对《公司法》(2023修订)的全面理解还是需要一本系统的书,希望本人能够基于此结合《公司法》(2023修订)对公司治理进行全面的阐述,故有此书。

目标

公司治理合规管理的主要目标是确保公司的正确决策,实现利益相关者之间的利益均衡,提高公司的绩效,确保公司经营的可持续发展。围绕该目标,本书是以公司治理原则为基础,以我国《公司法》(2023修订)及配套法律法规为主线,以预防公司治理风险为导向,以公司治理合规"三要素"为要点,以解决公司治理合规关系主体之间的利益冲突为目的。公司治理合规关系的利益冲突主体具体包括:投资人与经理人利益冲突、控股股东与中小股东利益冲突、实际控制人与利益相关者利益冲突,为解决这些利益冲突,本书详细说明了各类利益冲突的详细解决方案,并且给出了相关合规建议。

经历

全国人大常务委员会于2023年12月29日审议通过《公司法》,并于2024年7月1日起正式施行。此次修订是继2005年修订之后的第二次重大修订。本次修订对《公司法》(2018修正)的多项法律制度作出调整并新增若干法律制度和具体规定,其中对公司治理结构、股东权利和义务、董事、监事、高级管理人员法律责任等进行大量的修订完善。

本书于2020年着手,历经4年时间,这期间经历最高人民法院关于适用《公司法》的不断修正,又经历2023年年底对《公司法》的重大修订,故在这4年期间对本书不间断进行修订完善,4年期间通过学习、实务、交流、查阅、撰写,终成此书。

研习

本书按照《公司法》(2023修订)及配套法律法规撰写内容如下:

第一章,公司治理合规概述。首先介绍公司治理结构、原则和风险识别;其次介绍了公司治理合规的强制性合规与自主性,其中着重梳理了《公司法》(2023修订)中可以自主约定的53个事项,并以表格方式呈现;最后通过论述公司治理合规"三要素"说明本书的主要体系是围绕解决公司治理法律关系主体之间的利益冲突而展开。

第二章,投资人与经理人利益冲突解决方案。由于公司实际经营中存在所有权和经营权的分离,代理关系的产生,会导致投资人与经理之间的利益冲突,所以为解决该利益冲突,《公司法》(2023修订)通过设立董事会和监事会(或董事会的审计委员会)分别履行决策权和监督权,同时通过对董事、监事和高级管理人员的约束和激励方式实现此利益冲突的解决。

第三章,控股股东与中小股东利益冲突解决方案。大部分公司会存在大股东和小股东的情形,这种情形必然导致权利不对等,在此情况下,大股东在决策时、在执行公司事务中就极有可能损害中小股东利益,所以应当通过规范股东会议事和表决方式,强化股东权利,另外配套实施关联交易规范管理、信息披露和独立董事制度等保护中小股东合法利益。

第四章,实际控制人与利益相关者利益冲突解决方案。具体包括公司资本制度、公司人格否认制度和规范公司的解散与合规,其中公司资本制度主要避免虚假出资、逾期出资和抽逃出资等损害公司及债权人利益等。

第五章,国有企业的公司治理合规方案。《公司法》(2023修订)"第七章 国家出资公司组织机构的特别规定"作了特别规定,本章结合了国务院的其他规定,分别对组织机构、董事、监事和高级管理人员的约束和激励进行了介绍,同时对五类国有企业实施股权激励进行了详细的介绍,并以表格方式呈现。

第六章，外商投资企业的公司治理合规方案。首先，对外商投资的基本管理制度进行了介绍，包括准入前国民待遇加负面清单管理制度、经营者集中审查制度、信息报告制度和安全审查制度，另外根据《外商投资法》的过渡期安排给出了外资公司治理机制根据《公司法》(2023 修订)改造合规建议；其次，对于外商投资性企业、从事出版发行业务的企业、电信企业、创业投资企业等部分特殊行业的合规要求也做了阐述；最后，介绍外国投资者并购境内企业的基本规定、对上市公司战略投资和并购境内企业安全审查制度。

第七章，一个股东的公司治理合规方案。鉴于一个股东的公司对股东的特殊风险，故给出了一个股东的公司的公司治理的合规建议。

第八章，上市公司治理合规方案。《公司法》(2023 修订)“第五章第五节　上市公司组织机构的特别规定”作了特别规定，本章结合其他规定，首先，对股东权利与股东大会、董事与董事会、监事与监事会规范运作，高级管理人员选任、评价与激励，控股股东及其关联方行为规范，购买、出售重大资产或者向他人提供担保的合规要求，审计委员会的特别规定等作了介绍。其次，对申报前引入新股东的合规要求，关于证监会系统离职人员入股的合规要点等作了介绍。再次，介绍了增资或转让股份形成的股份支付。最后，详细介绍了上市公司股权激励合规与审核要点和境内上市公司境外发行全球存托凭证合规审查制度。

期许

最后感谢《图解股权——法律实务操作要点与难点》读者，包括参与讨论交流的企业家朋友和同行，给了很多很好的建议。期许本书能够对各位企业家朋友的公司经营管理有所帮助，期许在本书出版后我们一起思考，一起前行！

因笔者才疏学浅，书中不当之处商祈诸君有以为教之，不胜感激。

付梓之际，略赘数语，是以为序。

吴明明

2025 年 1 月 11 日于江苏常州

目　录

第一章
公司治理合规概述

第一节 公司治理

“公司治理”一词来自英文 Corporate Governance，又译作“企业治理”“法人治理”等。公司治理理论的提出和进行系统研究始于 20 世纪 80 年代，到 20 世纪 90 年代初，由于出现麦克斯维尔通讯（Maxwell Communications）、国际信贷商务银行（Bank of Credit and Commerce International）等公司丑闻，英国伦敦证券交易所的财务报告委员会成立了一个专门委员会进行调查，并于 1992 年公布了题为《卡德伯里报告：公司治理的财务方面》（通称“the Cad bury Report”，即卡德伯里报告）的调查报告，引起公众对公司治理问题的极大关注。1999 年，经济合作与发展组织（Organization for Economic Co – operation and Development，OECD）发表《公司治理原则》（OECD Principles of Corporate Governance），将公司治理问题提升到国际高度。随着亚洲金融风暴以及美国安然、世界电讯等公司丑闻大爆发，为重拾投资者对股市的信心，各国监管部门纷纷出台严格的监管法规，如美国出台《萨班斯 – 奥克斯利法案》（Sarbanes – Oxley Act），公司治理遂成为各国政治界、经济界、管理界、法律界等的热门话题。2004 年，经济合作与发展组织（OECD）根据形势发展，修改了其《公司治理原则》，并鼓励成员国及非成员国根据自身情况，采用、发展严谨的公司治理规则。

自“公司治理”概念诞生之日起，它就是一个颇有争议的话题，到目前为止尚未有统一的定义，本书主要参考了以下两种观点：

经济合作与发展组织（OECD）认为，公司治理是提高经济效益、促进经济增长以及提升投资者信心的一个关键因素。公司治理涉及一个公司的管理层、董事会、股东及其他利益相关者之间的一系列关系。公司治理也涉及设定公司架构，以便拟定公司的目标、确定如何实现公司目标以及如何监测公司表现。

学者通说公司治理是通过一套包括正式或非正式的、内部或外部的制度或机制来协调公司与所有利益相关者之间的利益关系，以保证公司决策的科学化，从而最终维护公司各方面的利益的一种制度安排。①

从以上的世界组织和学者关于公司治理的定义出发，虽然各自表述不同，但是我们把握其本质内涵是相同的，具体为以下三点：

1. 公司治理的基础：有效的公司治理结构，即公司治理框架应当促进透明和有效的市场，符合法治原则，并明确划分各类监督（supervisory）、监管（regulatory）和执行（enforcement）部门及各类人的责任。公司治理的问责有别于我们传统的问责，传统的问责是集体决策、集体负责，公司治理的问责是集体决策、个人问责，个人问责要求责任一定要追究到个人。公司治理必须强化个人问责，凡涉及违规资金占用、对外担保、融资等重大事件，必须明确董事长、总经理、财务负责人的责任。同时，加强公司最高管理层的经济责任、行政责任和刑事责任，增大处罚力度。如果说市场经济、重视企业管理和树立"顾客是上帝"的理念是中国经济发展的最大收获，并促成了一大批成功的企业，那么，未来几十年，建立现代企业制度、重视公司治理和树立"投资者是上帝"的理念的企业最终将会取得成功。因此，着眼于未来持续发展的企业必须充分意识到公司治理的重要性，并树立起"规则、合规、问责"的公司治理实践理念。

2. 公司治理的手段：即公司治理相关制度的安排，是指在公司治理领域内约束利益相关者行为的一组规则，它支配利益相关者之间可能采取合作与竞争的方式以确保实现自己的利益目标。具体应包括企业所有权（股东权利）制度；公司治理结构中的股东（会）、董事（会）、监事（会）和经理职责相关的制度；其他利益相关者对公司相关权利的制度。这些制度既包括国家的法律法规制度，也包括各参与主体（个人或组织）之间签订协议的制度。

3. 公司治理的原则：协调公司股东（控股股东与中小股东）、股东与其他利益相关者（经理人、债权人、政府、社区等）之间的利益。首先，公司治理框架应该保护和促进股东权利（包括登记注册、委托他人管理股份或向他人转让股份、

① 参见李维安、郝臣编著：《公司治理手册》，清华大学出版社 2015 年版，第 42－43 页。

知情权、参加股东会并投票、选举和罢免董事会成员、获得公司利润等)的行使;其次,应当确保所有股东(包括中小股东、少数股东和外国股东)受到平等对待,当其权利受到侵害时,有权通过司法程序获得有效保护;最后,应承认利益相关者的各项经法律或签署的协议而确立的权利。

所以,我们认为,公司治理一词首先意味着设定公司治理架构,这是公司正常顺利地决策、运作的基础,当然,对于公司的决策、运作架构,既要考虑决策效率,又要考虑风险控制。公司治理一词更意味着处理诸多利益相关人之间的关系,主要是政府、股东、董事会、管理层、员工、债权人、供应商、客户、消费者、社区等之间的关系,这些利益关系决定公司的业绩和未来发展。公司治理讨论的基本问题,就是如何使公司的管理者在利用公司资本、发挥资产用途的同时,承担起对公司资本所有者及其他利益相关人的责任。利用公司治理的结构和机制,明确公司不同利益相关人的权力、权利、义务、责任和影响,建立委托代理人的激励机制,提高企业决策能力与对市场的反应能力,为投资者创造最大的价值。

一、公司治理结构

公司治理结构(corporate governance structure)是公司治理的基础,通过明确划分股东会、董事会、监事会和经理层之间权利、义务和责任以及明确划分相互制衡关系的一整套制度安排,实现协调公司股东(控股股东与中小股东)、股东与其他利益相关者(经理人、债权人、政府、社区、其他经营者等)之间利益的目的。现代公司发展模式是所有权和经营权的分离,这种分离需要在所有者和经营者之间形成一种相互制衡的机制进行管理和控制,所以需要通过董事会约束机制、监事会约束机制和经理人约束与激励机制等来解决投资人与经理人利益冲突的问题。公司发展中股权开始分散,股东结构也越来越复杂,分散的股权结构必然会有(联合)大股东和小股东的存在,而大股东与小股东的利益可能是不一致的,所以需要通过公司章程与股东协议的修订、同业竞争与关联交易管理制度、信息披露制度、独立董事制度等来解决控股股东与中小股东利益冲突的问题。公司并非是封闭的内循环系统,而是不断与外界产生合作、交换等,比如招工、买卖、排污等,所以公司治理也要解决与利益相关者的利益冲突的问题,具体包括:公司法中的关于公司资本制度、揭开公司面纱制度、解散与清算制度等;劳动法与劳动合同法中的关于用工制度;破产法中关于企业破产制度;

证券法中关于证券发行、证券交易和上市公司收购等制度安排；反垄断法中关于禁止经营者达成垄断协议、禁止经营者滥用市场支配地位、禁止具有或者可能具有排除、限制竞争效果的经营者集中等制度；反不正当竞争法中关于经营者不得采取各类不正当竞争行为的制度等。

公司治理的结构，是指公司内部组织机构，即公司的股东会、董事会（董事）、经理和监事（会）之间的职权划分及相互制衡关系的制度体系，见图1－1：

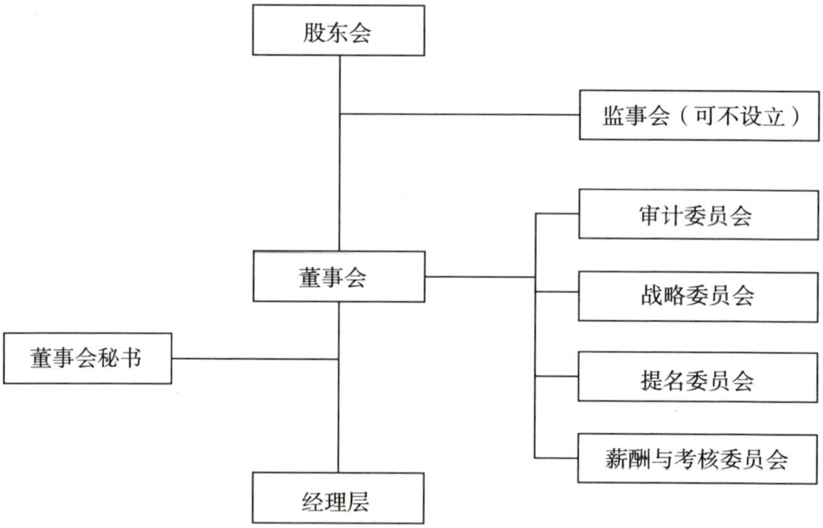

图1－1　公司治理的结构

注：《公司法》（2023修订）规定，可以不设立监事会，而在董事会中设立审计委员会行使监事会职责。

关于股东会、董事会、经理和监事会等的公司治理相关内容在本书其他章节作详细说明，以下仅介绍董事会专门委员会和董事会秘书的相关内容。

（一）董事会专门委员会

1. 关于有限责任公司的规定：《公司法》（2023修订）第69条规定，有限责任公司可以按照公司章程的规定在董事会中设置由董事组成的审计委员会，行使本法规定的监事会的职权，不设监事会或者监事。公司董事会成员中的职工代表可以成为审计委员会成员。

2. 关于股份有限公司的规定：《公司法》（2023修订）第121条规定，股份有限公司可以按照公司章程的规定在董事会中设置由董事组成的审计委员会，行使本法规定的监事会的职权，不设监事会或者监事。审计委员会成员为3名以上，过半数成员不得在公司担任除董事以外的其他职务，且不得与公司存在任何可能影响其独立客观判断的关系。公司董事会成员中的职工代表可以成为审计委员会成员。

3. 关于上市公司的特别规定：《上市公司治理准测》(2018修订)第38条规定，上市公司董事会应当设立审计委员会，并可以根据需要设立战略、提名、薪酬与考核等相关专门委员会。专门委员会对董事会负责，依照公司章程规定和董事会授权履行职责，专门委员会的提案应当提交董事会审议决定。专门委员会成员全部由董事组成，其中审计委员会、提名委员会、薪酬与考核委员会中独立董事应当占多数并担任召集人，审计委员会的召集人应当为会计专业人士。具体职责见表1－1：

表1－1　董事会专门委员会及职责

专委会	是否设立	职责
审计委员会	应当设立	1. 监督及评估外部审计工作，提议聘请或者更换外部审计机构 2. 监督及评估内部审计工作，负责内部审计与外部审计的协调 3. 审核公司的财务信息及其披露 4. 监督及评估公司的内部控制 5. 负责法律法规、公司章程和董事会授权的其他事项
战略委员会	根据需要设立	对公司长期发展战略和重大投资决策进行研究并提出建议
提名委员会		1. 研究董事、高级管理人员的选择标准和程序并提出建议 2. 遴选合格的董事人选和高级管理人员人选 3. 对董事人选和高级管理人员人选进行审核并提出建议
薪酬与考核委员会		1. 研究董事与高级管理人员考核的标准，进行考核并提出建议 2. 研究和审查董事、高级管理人员的薪酬政策与方案

(二)董事会秘书

《上海证券交易所股票上市规则》(2023年8月修订)第4.4.1条规定，上市公司应当设立董事会秘书，作为公司与本所之间的指定联络人。公司应当设立由董事会秘书负责管理的信息披露事务部门。

1. 任职资格

(1)积极条件：上市公司董事会秘书应当具备履行职责所必需的财务、管理、法律等专业知识，具有良好的职业道德和个人品质。

(2)禁止条件：①《上海证券交易所股票上市规则》(2024 年 4 月修订)第 4.3.3 条规定的不得担任上市公司董事、监事或者高级管理人员的情形；②最近 3 年受到过中国证券监督管理委员会(以下简称中国证监会)的行政处罚；③最近 3 年受到过证券交易所公开谴责或者 3 次以上通报批评；④本公司现任监事；⑤交易所认定不适合担任董事会秘书的其他情形。

(3)应当解聘：董事会秘书具有下列情形之一的，上市公司应当自相关事实发生之日起 1 个月内将其解聘：①出现《上海证券交易所股票上市规则》(2024 年 4 月修订)第 4.4.4 条规定的任何一种情形；②连续 3 个月以上不能履行职责；③在履行职责时出现重大错误或者疏漏，给公司、投资者造成重大损失；④违反法律法规、本所相关规定和公司章程等，给公司、投资者造成重大损失。

2. 职责

《公司法》(2023 修订)第 138 条规定，上市公司设董事会秘书，负责公司股东会和董事会会议的筹备、文件保管以及公司股东资料的管理，办理信息披露事务等事宜。另根据《上海证券交易所股票上市规则》(2023 年 8 月修订)规定，董事会秘书应当对上市公司和董事会负责，具体职责见表 1-2：

表 1-2　董事会秘书职责

职责	具体内容
信息披露	负责公司信息披露事务，协调公司信息披露工作，组织制定公司信息披露事务管理制度，督促公司及相关信息披露义务人遵守信息披露相关规定
投资者关系管理	负责投资者关系管理，协调公司与证券监管机构、投资者及实际控制人、中介机构、媒体等之间的信息沟通
组织筹备会议	筹备组织董事会会议和股东大会会议，参加股东大会会议、董事会会议、监事会会议及高级管理人员相关会议，负责董事会会议记录工作并签字
保密工作	负责公司信息披露的保密工作，在未公开重大信息泄露时，立即向本所报告并披露
关注媒体报道	关注媒体报道并主动求证真实情况，督促公司等相关主体及时回复本所问询

续表

职责	具体内容
组织培训	组织公司董事、监事和高级管理人员就相关法律法规、本所相关规定进行培训，协助前述人员了解各自在信息披露中的职责
报告与提醒	督促董事、监事和高级管理人员遵守法律法规、本所相关规定和公司章程，切实履行其所作出的承诺；在知悉公司、董事、监事和高级管理人员作出或者可能作出违反有关规定的决议时，应当予以提醒并立即如实向本所报告
股权管理事务	负责公司股票及其衍生品种变动管理事务
其他事务	法律法规和本所要求履行的其他职责

二、公司治理原则

所谓公司治理原则（corporate governance principle），是公司治理活动应遵循的基本准则、基本要求，是完善公司治理机制的有效途径。从根本上讲，公司治理原则是改善公司治理的标准与方针政策，是通过一系列规则来谋求建立一套具体的公司治理结构安排和运行机制，维护投资者和其他利益相关者利益，促进公司健康发展，实现公司的有效治理。作为公司治理实务指引的公司治理原则，对上市公司建立良好的治理结构与治理机制，起着至关重要的作用。因此，经济全球化使公司治理原则的制定成为国家与各类组织关注的焦点。其中包括经济合作与发展组织（OECD）制定的《OECD 公司治理原则》、英联邦公司治理协会（CACG）制定的《英联邦公司治理原则》、国际公司治理网络（ICGN）制定的《ICGN 全球公司治理原则声明》、欧洲政策研究中心（CEPS）制定的《欧洲公司治理建议》、亚太经济合作组织（APEC）制定的《亚太地区公司治理原则》等。

这些公司治理原则中，影响最大的是经济合作与发展组织（OECD）制定的《OECD 公司治理原则》，他对许多新兴市场和经济转轨国家制定公司治理原则具有很强的指导意义。《OECD 公司治理原则》在 1999 年经 OECD 部长级理事会会议签署生效后，已经成为全球范围内政策制定者、投资人、公司和其他利益相关者的国际基准。在 OECD 和非 OECD 成员国，《OECD 公司治理原则》推动了公司治理进程，并对立法和监管行动提供了具体的指导。金融稳定论坛已经将《OECD 公司治理原则》列为衡量金融系统健康与否的 12 个关键标准之一。《OECD 公司治理原则》也为 OECD 和非 OECD 成员国之间的广泛合作计划提供了基础，并为世界银行和国际货币基金组织的《关于标准与规范遵守情况的报告》(Reports on the Observance of Standards and Codes, ROSC)中的公司治理部分的内容奠定了基础。

《OECD 公司治理原则》现已被彻底重新审议，以反映 OECD 成员国和非成员国的近年发展和经验。政策制定者现在更加关注良好公司治理对维护金融市场稳定、促进投资和经济增长所做的贡献；企业对良好公司治理有助于提高其竞争力有了更好的理解；投资者，特别是集体投资机构(collective investment institutions)和作为受托人的养老基金，他们认识到自己可以在确保良好公司治理实践中发挥作用，并由此而巩固其投资的价值。在今天的经济中，对公司治理有兴趣的远不止是参与个别公司经营的股东。由于公司在我们的经济中发挥着关键作用，并且我们越来越依靠私营部门机构来管理个人储蓄和保障退休收入，所以良好的公司治理对于人口中占主要部分且数量不断扩大的老龄人群非常重要。

《OECD 公司治理原则》旨在帮助 OECD 成员国和非成员国政府评估和提升本国公司治理的法律、制度和监管框架，为股票交易所、投资者、公司和其他在推进良好公司治理过程中发挥作用的机构提供指引和建议。《OECD 公司治理原则》针对的是金融和非金融的公开上市交易的公司，但在一些方面，它也可以适用于非上市公司(如私营企业和国有企业)，成为它们改善公司治理的有效工具。《OECD 公司治理原则》代表了 OECD 成员国认为对推进良好公司治理实践至关重要的一个共同基础。《OECD 公司治理原则》力求简明、易懂并能在国际范围内通用，但无意取代政府、半政府或私营部门，只是为寻求更具体的公司治理“最佳实践”而提出的行动倡议。《OECD 公司治理原则》分为两个部分六个方面的内容：

1. 确保有效公司治理框架的基础

公司治理框架应当促进透明和有效的市场，符合法治原则，并明确划分各类监督(supervisory)、监管(regulatory)和执行(enforcement)部门的责任。为了确保一个有效的公司治理框架，需要建立一套适当且行之有效的法律、监管和制度基础，以便所有的市场参与者都能够在此基础上建立其私有的契约关系(private contractual relations)。A. 建立公司治理框架应该考虑到它对整体经济绩效的影响，市场的信誉度，由它而产生的对市场参与者的激励机制，以及对市场透明度和效率的促进。B. 在一个法域(jurisdictions)内，影响公司治理实践的那些法律的和监管的要求应符合法治原则，并且是透明和可执行的。C. 一个法域内各管理部门间责任的划分应该明确衔接，并保证公共利益得到妥善保护。D. 监督、监管和执行部门应当拥有相关的权力、操守和资源，以专业、客观的方式行使职责，对它们的决定应给予及时、透明和全面的解释。

2. 股东权利与关键所有权功能

公司治理框架应该保护和促进股东权利的行使。A. 股东基本权利包括：1）可靠的所有权登记办法；2）委托他人管理股份或向他人转让股份；3）定期、及时地获得公司的实质性信息；4）参加股东会并投票；5）选举和罢免董事会成员；6）分享公司利润。B. 股东应有权参与涉及公司重大变化的决定并为此获得充分的信息，这些变化如：1）公司规章、章程或类似治理文件的修改；2）授权增发股份；3）重大交易，包括实际上导致公司出售的全部或重大的资产转让。C. 股东应获得有效参加股东会和投票的机会，并得到股东会议事规则的通知（包括投票程序）。D. 使得特定股东获得与其股票所有权不成比例的控制权的资本结构和安排应当予以披露。E. 应允许公司控制权市场以有效和透明的方式运行。F. 应为包括机构投资者在内的所有股东行使所有权创造有利条件。G. 除了一些滥用权利的例外，包括机构投资者在内的股东相互之间就本《原则》中所界定的股东基本权利有关的事宜进行协商，应当允许。

3. 平等对待股东

公司治理框架应当确保所有股东（包括少数股东和外国股东）受到平等对待。当其权利受到侵害时，所有股东应能够获得有效赔偿。A. 同类同级的所有股东都应享有同等待遇。B. 应禁止内部人交易（Insider trading）和滥用权力的自我交易（self－dealing）。C. 应要求董事和主要执行人员向董事会披露，他们是否在任何直接影响公司的交易或事务中有直接、间接或代表第三方的实质性利益。

4. 利益相关者在公司治理中的作用

公司治理框架应承认利益相关者的各项经法律或共同协议而确立的权利，并鼓励公司与利益相关者之间在创造财富和工作岗位以及促进企业财务的持续稳健性等方面展开积极合作。A. 经法律或共同协议而确立的利益相关者的各项权利应该得到尊重。B. 在利益相关者的利益受法律保护的情况下，当其权利受到侵害时，应能够获得有效赔偿。C. 应允许开发那些有利于业绩提升的员工参与机制。D. 在利益相关者参与公司治理过程的情况下，他们应该有权定期及时地获得相关的、充分的、可靠的信息。E. 利益相关者（包括个人员工及其代表团体)应能向董事会自由地表达他们对于非法或不道德行为的关注,他们的各项权利不应由于他们的此种表达而受到影响。F. 公司治理框架应以有作用、有效率的破产制度框架和有效的债权人权利执行机制作为补充。

5. 信息披露与透明度

公司治理框架应确保及时准确地披露公司所有重要事务的信息,包括财务状况、绩效、所有权和公司的治理。A. 应披露的实质性信息。B. 应根据会计、财务和非财务披露的高质量标准,准备并披露信息。C. 年度审计应由独立、称职、有资格的审计师操作,以向董事会和股东提供外部的客观保证,即财务报告基本描绘了公司所有重要业务的财务状况和绩效。D. 外部审计师应向股东负责,对公司负有在审计中发挥应有的职业审慎(due professional care)的义务。E. 信息传播渠道,应使用户平等、及时和低成本地获取有关信息。F. 作为公司治理框架的补充,应有一种有效措施,促使分析师、经纪人、评级机构和其他机构提出与投资者决策有关的分析或建议,并避免可能影响其分析或建议诚实性的利益冲突。

6. 董事会责任

公司治理框架应确保董事会对公司的战略指导和对管理层的有效监督,确保董事会对公司和股东的受托责任(accountability)。A. 董事会成员应在全面了解情况的基础上,诚实、尽职、谨慎地开展工作,最大程度地维护公司和股东的利益。B. 当董事会决策可能对不同股东团体造成不同影响时,董事会应公平对待所有股东。C. 董事会在道德方面应遵循高标准,并考虑利益相关者的利益。D. 董事会应履行规定的主要职能。E. 董事会应能够在公司事务中做出客观独立的判断。F. 为了履行其职责,董事会成员应有渠道获取准确、相关、及时的信息。

三、公司治理风险识别

公司治理风险(corporate governance risk),是指某种因公司治理结构不合理或公司治理机制不完善而导致公司治理偏离目标的可能性。作为一个系统性问题,公司治理风险并非囿于单一或少数几个公司治理维度,而是涉及股权结构与股东会治理、董事会治理、监事会治理、经理层治理、利益相关者治理以及公司信息披露制度与状况乃至公司社会责任等多个公司治理维度。①

---

① 参见李维安、郝臣编著:《公司治理手册》,清华大学出版社 2015 年版,第 71 - 72 页。

根据中华人民共和国国家质量监督检验检疫总局和中国国家标准化委员会于2011年1月14日联合发布的《GB/T 26317—2010公司治理风险管理指南》，公司治理风险识别示例，见表1－3：

表1－3　公司治理风险识别

一级风险要素	二级风险要素	三级风险要素	四级风险要素	备注
公司内部利益相关者	股东	股东权利	所有权登记办法	
			股份转让权	
			任免各级管理层的权利	
			公司重大信息知情权与决策权	
			公司剩余财产分配权	
			公司重整申请权	
			公司控制权的相关信息	
			对公司经营的建议与质询权	
		股权结构	国有股持股比例	
			机构投资者持股比例	
			经理层持股比例	
			员工持股比例	
			流通股比例	
			控制权与现金流权偏离系数	
			前三大股东持股比例	
			交叉持股比例	
		股东会	累计投票制实施状况	
			股东表决权回避制度实施情况	
			年度固定大会出席股份占总股份比例	
			股东大会召开次数	
			关联股东表决回避率	
			股东大会决议	

续表

一级风险要素	二级风险要素	三级风险要素	四级风险要素	备注
公司内部利益相关者	股东	平等对待股东	同类同级的所有股东的同等待遇	
			内部交易以及自我交易	
			董事和其他相关管理层卷入特定交易或事务的决策	
		……	……	
	董事会	董事会构成	执行董事比例	
			独立非执行董事比例	
			控股股东提名董事比例	
			员工代表比例	
		董事会运作	专业委员会完备性	
			董事会议事规则	
			独立董事会发表意见的质量	
			员工代表发言的质量	
			董事会议召开次数	
			董事会记录	
		胜任能力	董事兼职率	
			董事高级职称所占比例	
			独立董事的资质	
			员工代表的独立性以及本身资质	
			董事责任	
			董事会责任	
		董事激励与约束	董事长以及独立董事的薪酬水平以及处罚	
		……	……	
	经理层	经理层激励与约束	经理层薪酬水平与处罚	
			经理层薪酬与公司业绩的相关度	
			经理层持股比例	
			经理层在任职内股份的可转让性	

续表

一级风险要素	二级风险要素	三级风险要素	四级风险要素	备注
公司内部利益相关者	经理层	任免制度	董事长与总经理是否兼职	
			总经理的选聘方式	
			经理层责任	
			离任审计	
		执行保障	经理层董事人数占董事会人数比例	
			高管层为董事会提供信息的性质和渠道	
		……	……	
	监事会	监事会构成	股东代表比例	
			员工代表比例	
			非公司监事比例	
			内部审计代表比例	
		监事会运作	定期监督审查	
			近三年监事会议召开次数	
			近三年来行使监督权的有效性	
			内、外部审计的独立性	
			公司治理实施的监督	
			对管理层和员工的责权利分配的监督	
		监事胜任能力	监事的品行	
			监事的专业知识水平	
			监事的独立性	
			监事责任	
			监事会责任	
		监事激励与约束	监事主席及非公司监事的薪酬水平与处罚	
		……	……	

续表

一级风险要素	二级风险要素	三级风险要素	四级风险要素	备注
公司内部利益相关者	员工	员工的激励与约束	员工薪酬水平	
			员工奖惩措施与公司业绩的相关度	
			员工持股比例	
		上岗制度	员工责任	
			员工的素养	
			员工的选聘方式	
			员工的培训	
		参与公司治理	定期提交公司发展建议情况	
			参与决策层的决策程度	
		……	……	
公司外部利益相关者	生产要素市场	销售市场	产品寿命周期、产品的研制开发、品质与销售市场的相合度	
			与客户的沟通	
			横向竞争者	
		供应商市场	供应商的产品品质	
			供应商素质	
		……	……	
	债权人市场	债券人权利	公司债券	
			债权人参与公司治理的程度	
			债券人剩余索取权	
		执行能力	民事权利保障	
			公司对债权人的义务	
			债权人的综合素质	
		……	……	
	控制权市场	内部控制权市场	内部股权收购	
			关联交易	
			股东股份比例	
			重组	
			经理层的不对称信息管理	

续表

一级风险要素	二级风险要素	三级风险要素	四级风险要素	备注
公司外部利益相关者	控制权市场	外部控制权市场	机构投资者	
			股票、期权收购以及要约收购、接管、兼并等并购	
			合并	
		……	……	
	信用中介市场	中介机构的内在因素	中介机构发言的独立性	
			中介机构职员的职业素质	
			披露信息的质量	
			中介机构的责任	
		中介市场的外部因素	权力执行保障	
			市场环境	
		……	……	
	社区环境	社区环境	社区文化与公司文化的相容性	
			社区政治环境	
			社区经济环境	
		……	……	
信息披露和透明度	信息披露和透明度	营运能力	公司治理结构和绩效以及政策的信息	
			应收账款周转率、主营业务利润率和全部资产现金回收率	
			财务部门的信息透明度	
			内部审计部门的信息质量	
			各级职工的薪酬与绩效挂钩程度	
			可预见风险信息	
		内部人控制	经营费用与销售收入的比值	
			资本性支出与长期资产的比值	
			财务部门的独立性	
			内部审计部门信息以及的它的独立性	

续表

一级风险要素	二级风险要素	三级风险要素	四级风险要素	备注
信息披露和透明度	信息披露和透明度	非公允关联交易及担保	关联交易报告	
			担保率	
			资产负债表、财务费用占主营业务收入比重、其他应收款占流动资产比重、关联交易额占主营业务收入的比例	
		财务信用风险	（当期收益＋折旧费用）÷总债务	
			自由现金流量÷总债务	
			利息保障倍数	
		……	……	
与公司治理有关的法律法规约束	与公司治理有关的法律法规约束	法律法规	投资者法律保护	
			国内法律法规	
			政府及市场监管	
			国际法律法规	
		舆论监督	社会公众舆论监督及媒体监督	
		……	……	
……	……	……	……	

第二节　公司治理合规

公司治理合规性（corporate governance compliance），是指公司治理活动中，遵从有关公司治理法律法规政策的情况，治理合规性是治理有效性的必要条件。治理合规性具有层次性，可以分为强制性合规（也称一般合规）和自主性合规（也称高级合规）。所谓公司治理有效性（corporate governance effectiveness），是指公司治理结构与机制建立起来以后，解决公司治理问题的状况，即公司制度安排的有效性，也是公司设立的目的所在。①

① 参见李维安、郝臣编著：《公司治理手册》，清华大学出版社2015年版，第81页。

一、强制性合规与自主性合规

强制性合规，是指《公司法》《证券法》等一系列法律法规等规范性文件所要求公司必须合规的架构、制度等整个体系。而自主性合规是在强制性合规的基础上，为了预防公司治理风险而自觉地设置相关机构、制度等体系，是强制性合规的补充，是公司治理有效性的关键手段，《公司法》授权公司章程自治的内容即为自主性合规的范围。

公司章程就如“国家的根本大法”，是公司治理机制、运行的依据，是以《公司法》为基础，是所有股东的共同意志体现。《公司法》作为一部指导和规范全国公司治理机制和运行的法律，不可能把涉及公司所有的治理机制和运行的方方面面都写进去，也不可能顾全形形色色的各类公司。故《公司法》通过“由公司章程规定”“依照公司章程的规定”“公司章程另有规定的除外”等表述，授权公司股东针对自己公司的特殊情况设置相关制度规范。

而在实际的公司注册中，我们发现大多数公司股东根本没意识到公司章程的重要性，一般都是使用国家工商行政机关的样本，忽视了《公司法》赋予公司章程可以自主约定的事项。这样有可能为我们的企业今后的经营和发展造成重大的障碍或出现问题的时候无事前约定而产生纠纷，故我们希望各位创业人士和企业家能够重视起来。在此作者通过对《公司法》(2023 修订)的梳理和解读希望公司股东应该设计最适合自己公司实际情况的章程。本书所述的公司章程中可以自主约定的事项有如下 53 个，见表 1－4。

关于自主约定又分为两类，一类是限制性自主约定，另一类是充分性自主约定。限制性自主约定又分为：在范围内的自主约定，一般表述为依照公司章程的规定，由……担任/决议等，下文以“▲”标识；在范围外的自主约定，一般表述为公司章程规定的其他职权、事由等，下文以“★”标识。充分性自主约定一般表述为公司章程另有规定或者全体股东另有约定的除外，下文以“●”标识。

表 1－4　公司章程的规定事项

序号	事项	法条	理解与适用
第一章　总　则			
1	经营范围	第九条　公司的经营范围由公司章程规定。 公司可以修改公司章程，变更经营范围。 公司的经营范围中属于法律、行政法规规定须经批准的项目，应当依法经过批准▲	属于法律、行政法规规定须经批准的项目，应当依法经过批准

续表

序号	事项	法条	理解与适用
2	法定代表人	第十条　公司的法定代表人按照公司章程的规定，由代表公司执行公司事务的董事或者经理担任。▲ 担任法定代表人的董事或者经理辞任的，视为同时辞去法定代表人。 法定代表人辞任的，公司应当在法定代表人辞任之日起三十日内确定新的法定代表人	1. 章程中约定是职位，不要约定自然人，否则导致章程修订麻烦。 2. 这是选择项，不是任何人都可以当法定代表人
3	公司担保	第十五条第一款　公司向其他企业投资或者为他人提供担保，按照公司章程的规定，由董事会或者股东会决议▲；公司章程对投资或者担保的总额及单项投资或者担保的数额有限额规定的●，不得超过规定的限额	1. 对外投资和担保可以在章程中约定，也可以不约定。 2. 如果约定，可以约定具体程序和数额等
4	“三会”表决方式	第二十四条　公司股东会、董事会、监事会召开会议和表决可以采用电子通信方式，公司章程另有规定的除外●	《公司法》（2023 修订）创新使用“电子通信方式”明确表决方式，同时授权公司章程作任意约定
第三章　有限责任公司的设立和组织机构			
5	公司章程载明事项	第四十六条　有限责任公司章程应当载明下列事项：……（八）股东会认为需要规定的其他事项。★ 股东应当在公司章程上签名或者盖章	1. 公司章程应当载明的事项不可减少。 2. 经股东会表决同意，公司章程也可以增加其他事项
6	认缴出资额缴纳期限	第四十七条　有限责任公司的注册资本为在公司登记机关登记的全体股东认缴的出资额。全体股东认缴的出资额由股东按照公司章程的规定自公司成立之日起五年内缴足。▲ 法律、行政法规以及国务院决定对有限责任公司注册资本实缴、注册资本最低限额、股东出资期限另有规定的，从其规定	1.《公司法》（2023 修订）规定的认缴的出资额最长期限是五年内缴足。 2. 公司章程可以约定缴足出资额的年限和每次的具体实缴金额
7	出资方式	第四十八条　股东可以用货币出资，也可以用实物、知识产权、土地使用权、股权、债权等可以用货币估价并可以依法转让的非货币财产作价出资；但是，法律、行政法规规定不得作为出资的财产除外。★ 对作为出资的非货币财产应当评估作价，核实财产，不得高估或者低估作价。法律、行政法规对评估作价有规定的，从其规定	1.《公司法》（2023 修订）新增了股权和债权出资。 2. 除了列举的类型，其他可以依法转让的非货币财产也可以出资，但是法律、行政法规有另外规定的除外

续表

序号	事项	法条	理解与适用
8	股东会职权	第五十九条　股东会行使下列职权：……（九）公司章程规定的其他职权★	1. 不可以取消或改变已列出的股东会职权。 2. 可以增加股东会职权。 3. 该条款适用于股份有限公司
9	定期会议召开时间	第六十二条　股东会会议分为定期会议和临时会议。定期会议应当依照公司章程的规定按时召开●……	定期会议可以约定多次和具体时间
10	股东会召开通知时间	第六十四条　召开股东会会议，应当于会议召开十五日前通知全体股东；但是，公司章程另有规定或者全体股东另有约定的除外●	1. 可以约定提前开会，时间可长可短，但要合理（例如股东长期在较远的外地，只提前一天等不合理）。 2. 还可以通过签订股东协议等形式改变时间
11	表决权	第六十五条　股东会会议由股东按照出资比例行使表决权；但是，公司章程另有规定的除外●	1. “AB”股执行的依据可以在章程中体现。 2. 也可以约定变动的表决权比例
12	股东会议事方式与表决程序	第六十六条第一款　股东会的议事方式和表决程序，除本法有规定的外，由公司章程规定★	1. 议事方式是指公司以什么方式就公司的重大问题进行讨论并作出决议，比如：《公司法》（2023 修订）第二十四条规定的电子通讯方式，如微信群方式等。 2. 表决程序是指公司的股东会召开的具体程序
13	董事会职权	第六十七条　有限责任公司设董事会，本法第七十五条另有规定的除外。 董事会行使下列职权：……（十）公司章程规定或者股东会授予的其他职权★……	1. 同 8。 2. 本条款适用于股份有限公司
14	董事长与副董事长产生办法	第六十八条第二款　董事会设董事长一人，可以设副董事长。董事长、副董事长的产生办法由公司章程规定●	1. 可以通过选举和指定、委派等方式产生董事长、副董事长。 2. 本条款适用于股份有限公司

续表

序号	事项	法条	理解与适用
15	审计委员会	第六十九条　有限责任公司可以按照公司章程的规定在董事会中设置由董事组成的审计委员会,行使本法规定的监事会的职权,不设监事会或者监事。公司董事会成员中的职工代表可以成为审计委员会成员▲	1. 可以在董事会中设置审计委员会。 2. 审计委员程序可以有职工代表
16	董事任期	第七十条第一款　董事任期由公司章程规定,但每届任期不得超过三年。董事任期届满,连选可以连任▲	1. 章程可以规定任期,比如一年一届等。 2. 本条款适用于股份有限公司
17	董事会议事方式与表决程序	第七十三条第一款　董事会的议事方式和表决程序,除本法有规定的外,由公司章程规定★	同 12
18	经理职权	第七十四条　有限责任公司可以设经理,由董事会决定聘任或者解聘。 经理对董事会负责,根据公司章程的规定或者董事会的授权行使职权。经理列席董事会会议●	经理职权根据公司章程的规定和董事会授权,《公司法》(2023 修订)对授权范围不作规定
19	监事会职工代表比例	第七十六条第二款　监事会成员为三人以上。监事会成员应当包括股东代表和适当比例的公司职工代表,其中职工代表的比例不得低于三分之一,具体比例由公司章程规定▲	职工代表的比例不低于三分之一的情况下可以自由约定比例
20	监事会职权	第七十八条　监事会行使下列职权:……(七)公司章程规定的其他职权★	1. 同 8。 2. 本条款适用于股份有限公司
21	监事会的议事方式和表决程序	第八十一条第一、二款　监事会每年度至少召开一次会议,监事可以提议召开临时监事会会议。 监事会的议事方式和表决程序,除本法有规定的外,由公司章程规定★	同 12
第四章　有限责任公司的股权转让			
22	股权转让	第八十四条第一、三款　有限责任公司的股东之间可以相互转让其全部或者部分股权。 公司章程对股权转让另有规定的,从其规定●	可以自由约定(司法实践有争议)
23	股权继承	第九十条　自然人股东死亡后,其合法继承人可以继承股东资格;但是,公司章程另有规定的除外●	可以自由约定

续表

序号	事项	法条	理解与适用
第五章　股份有限公司的设立和组织机构			
24	股份公司章程载明事项	第九十五条　股份有限公司章程应当载明下列事项：……（十三）股东会认为需要规定的其他事项★	同5
25	成立大会的召开和表决程序	第一百零三条第二款　以发起设立方式设立股份有限公司成立大会的召开和表决程序由公司章程或者发起人协议规定★	同12
26	临时股东会召开情形	第一百一十三条　股东会应当每年召开一次年会。有下列情形之一的，应当在两个月内召开临时股东会会议：……（六）公司章程规定的其他情形★	可以自由增加，以便处理应急事务
27	累积投票制	第一百一十七条第一款　股东会选举董事、监事，可以依照公司章程的规定或者股东会的决议，实行累积投票制●	可以实行累积投票制，从而保护小股东的表决权（选举权）
28	股份有限公司的审计委员会	第一百二十一条第一、五、六款　股份有限公司可以按照公司章程的规定在董事会中设置由董事组成的审计委员会，行使本法规定的监事会的职权，不设监事会或者监事。▲ 审计委员会的议事方式和表决程序，除本法有规定的外，由公司章程规定。★ 公司可以按照公司章程的规定在董事会中设置其他委员会●	1. 可以在董事会中设置审计委员会，不设监事会或者监事。 2. 议事方式和表决程序授权章程约定。 3. 可以设置诸如薪酬与考核委员会、战略委员会、提名委员会等
29	经理职权	第一百二十六条　股份有限公司设经理，由董事会决定聘任或者解聘。 经理对董事会负责，根据公司章程的规定或者董事会的授权行使职权。经理列席董事会会议	同18
30	监事会职工代表比例	第一百三十条第二款　监事会成员为三人以上。监事会成员应当包括股东代表和适当比例的公司职工代表，其中职工代表的比例不得低于三分之一，具体比例由公司章程规定。监事会中的职工代表由公司职工通过职工代表大会、职工大会或者其他形式民主选举产生▲	职工代表的比例不低于三分之一时都可以自由约定比例

续表

序号	事项	法条	理解与适用
31	监事会的议事方式和表决程序	第一百三十二条第一、二款　监事会每六个月至少召开一次会议。监事可以提议召开临时监事会会议。 监事会的议事方式和表决程序,除本法有规定的外,由公司章程规定★	同12
32	上市公司的章程载明事项	第一百三十六条第二款　上市公司的公司章程除载明本法第九十五条规定的事项外,还应当依照法律、行政法规的规定载明董事会专门委员会的组成、职权以及董事、监事、高级管理人员薪酬考核机制等事项▲	特别规定,需要载明更多事项
第六章　股份有限公司的股份发行和转让			
33	面额股和无面额股	第一百四十二条第一、二款　公司的资本划分为股份。公司的全部股份,根据公司章程的规定择一采用面额股或者无面额股。▲采用面额股的,每一股的金额相等。 公司可以根据公司章程的规定将已发行的面额股全部转换为无面额股或者将无面额股全部转换为面额股▲	公司章程约定采用面额股或者无面额股及两者的相互转换
34	类别股	第一百四十四条第一、二款　公司可以按照公司章程的规定发行下列与普通股权利不同的类别股:▲ (一)优先或者劣后分配利润或者剩余财产的股份; (二)每一股的表决权数多于或者少于普通股的股份; (三)转让须经公司同意等转让受限的股份; (四)国务院规定的其他类别股。 公开发行股份的公司不得发行前款第二项、第三项规定的类别股;公开发行前已发行的除外	公司章程约定详细类别股类型及权利范围
35	发行类别股的公司章程载明事项	第一百四十五条　发行类别股的公司,应当在公司章程中载明以下事项: (一)类别股分配利润或者剩余财产的顺序; (二)类别股的表决权数; (三)类别股的转让限制; (四)保护中小股东权益的措施; (五)股东会认为需要规定的其他事项★	1. 发行类别股的公司章程应当载明的事项不可减少。 2. 经股东会表决同意,公司章程也可以增加其他事项

续表

序号	事项	法条	理解与适用
36	类别股股东的权利	第一百四十六条　发行类别股的公司,有本法第一百一十六条第三款规定的事项等可能影响类别股股东权利的,除应当依照第一百一十六条第三款的规定经股东会决议外,还应当经出席类别股股东会议的股东所持表决权的三分之二以上通过。 公司章程可以对需经类别股股东会议决议的其他事项作出规定★	章程对类别股股东的权利扩张与限制的约定
37	股份发行	第一百五十二条　公司章程或者股东会可以授权董事会在三年内决定发行不超过已发行股份百分之五十的股份。但以非货币财产作价出资的应当经股东会决议。▲ 董事会依照前款规定决定发行股份导致公司注册资本、已发行股份数发生变化的,对公司章程该项记载事项的修改不需再由股东会表决	章程可以授权董事会发行股份
38	股份转让	第一百五十七条　股份有限公司的股东持有的股份可以向其他股东转让,也可以向股东以外的人转让;公司章程对股份转让有限制的,其转让按照公司章程的规定进行●	公司章程对股份有限公司股份转让可以作任意性规定
39	上市公司董监高股份转让	第一百六十条第二款　公司董事、监事、高级管理人员应当向公司申报所持有的本公司的股份及其变动情况,在就任时确定的任职期间每年转让的股份不得超过其所持有本公司股份总数的百分之二十五;所持本公司股份自公司股票上市交易之日起一年内不得转让。上述人员离职后半年内,不得转让其所持有的本公司股份。公司章程可以对公司董事、监事、高级管理人员转让其所持有的本公司股份作出其他限制性规定▲	公司章程可以约定更严的限制
40	公司不得为他人取得本公司或者其母公司的股份提供财务资助	第一百六十三条第一、二款　公司不得为他人取得本公司或者其母公司的股份提供赠与、借款、担保以及其他财务资助,公司实施员工持股计划的除外。 为公司利益,经股东会决议,或者董事会按照公司章程▲或者股东会的授权作出决议,公司可以为他人取得本公司或者其母公司的股份提供财务资助,但财务资助的累计总额不得超过已发行股本总额的百分之十。董事会作出决议应当经全体董事的三分之二以上通过	公司章程授权董事会决议为公司利益而为他人取得本公司或者其母公司的股份提供财务资助

续表

序号	事项	法条	理解与适用
41	股份继承	第一百六十七条　自然人股东死亡后，其合法继承人可以继承股东资格；但是，股份转让受限的股份有限公司的章程另有规定的除外●	可以作任意约定
第七章　国家出资公司组织机构的特别规定			
42	章程的制定与修改	第一百六十八条第一款　国家出资公司的组织机构，适用本章规定；本章没有规定的，适用本法其他规定。▲ 第一百七十一条　国有独资公司章程由履行出资人职责的机构制定。 第一百七十二条　国有独资公司不设股东会，由履行出资人职责的机构行使股东会职权。履行出资人职责的机构可以授权公司董事会行使股东会的部分职权，但公司章程的制定和修改，公司的合并、分立、解散、申请破产，增加或者减少注册资本，分配利润，应当由履行出资人职责的机构决定。 第一百七十六条　国有独资公司在董事会中设置由董事组成的审计委员会行使本法规定的监事会职权的，不设监事会或者监事	1. 制定和修改应当由履行出资人职责的机构决定。 2. 除了本章规定的内容，组织机构和公司章程的内容适用其他章节。 3. 第一百七十六条区别于第六十九、一百二十一条使用“由董事组成的审计委员会”的表述
第八章　公司董事、监事、高级管理人员的资格和义务			
43	关联交易	第一百八十二条　董事、监事、高级管理人员，直接或者间接与本公司订立合同或者进行交易，应当就与订立合同或者进行交易有关的事项向董事会或者股东会报告，并按照公司章程的规定经董事会或者股东会决议通过。▲ 董事、监事、高级管理人员的近亲属，董事、监事、高级管理人员或者其近亲属直接或者间接控制的企业，以及与董事、监事、高级管理人员有其他关联关系的关联人，与公司订立合同或者进行交易，适用前款规定	公司章程可以约定关联交易的议事方式和表决方式等
44	同业竞争	第一百八十四条　董事、监事、高级管理人员未向董事会或者股东会报告，并按照公司章程的规定经董事会或者股东会决议通过，不得自营或者为他人经营与其任职公司同类的业务▲	公司章程对同业竞争的约定

续表

序号	事项	法条	理解与适用
45	董、高、监的忠实勤勉义务	第一百八十八条　董事、监事、高级管理人员执行职务违反法律、行政法规或者公司章程的规定，给公司造成损失的，应当承担赔偿责任。★ 第一百九十条　董事、高级管理人员违反法律、行政法规或者公司章程的规定，损害股东利益的，股东可以向人民法院提起诉讼★	公司章程可以约定“董、监、高”的具体忠实勤勉义务情形
第十章　公司财务、会计			
46	财务会计报告报送股东的期限	第二百零九条第一款　有限责任公司应当依照公司章程规定的期限将财务会计报告送交各股东●	可以按月、季度、半年等期限
47	利润分配比例	第二百一十条第四款　公司弥补亏损和提取公积金后所余税后利润，有限责任公司按照股东实缴的出资比例分配利润，全体股东约定不按照出资比例分配利润的除外；股份有限公司按照股东所持有的股份比例分配利润，公司章程另有规定的除外●	分红比例可以约定不按照股权比例或实际出资比例
48	聘用、解聘会计师事务所	第二百一十五条第一款　公司聘用、解聘承办公司审计业务的会计师事务所，按照公司章程的规定，由股东会、董事会或者监事会决定▲	权限在谁可以提前约定
第十一章　公司合并、分立、增资、减资			
49	公司合并	第二百一十九条第一、二款　公司与其持股百分之九十以上的公司合并，被合并的公司不需经股东会决议，但应当通知其他股东，其他股东有权请求公司按照合理的价格收购其股权或者股份。 公司合并支付的价款不超过本公司净资产百分之十的，可以不经股东会决议；但是，公司章程另有规定的除外●	公司合并支付价款占公司净资产比例的约定
50	认缴新增资本优先权	第二百二十七条　有限责任公司增加注册资本时，股东在同等条件下有权优先按照实缴的出资比例认缴出资。但是，全体股东约定不按照出资比例优先认缴出资的除外。● 股份有限公司为增加注册资本发行新股时，股东不享有优先认购权，公司章程另有规定或者股东会决议决定股东享有优先认购权的除外●	自由约定认缴新增资本是否有优先权

续表

序号	事项	法条	理解与适用
第十二章　公司解散和清算			
51	公司解散事由	第二百二十九条　公司因下列原因解散：(一)公司章程规定的营业期限届满或者公司章程规定的其他解散事由出现……★	可以增加约定公司解散事由
52	清算组成员	第二百三十二条第一、二款　公司因本法第二百二十九条第一款第一项、第二项、第四项、第五项规定而解散的,应当清算。董事为公司清算义务人,应当在解散事由出现之日起十五日内组成清算组进行清算。 清算组由董事组成,但是公司章程另有规定或者股东会决议另选他人的除外●	约定清算组成人员
第十五章　附　　则			
53	高级管理人员的范围	第二百六十五条　本法下列用语的含义：(一)高级管理人员,是指公司的经理、副经理、财务负责人,上市公司董事会秘书和公司章程规定的其他人员……▲	公司章程可以确定具体哪些岗位属于高级管理人员

二、公司治理合规要素

(一)公司治理合规的标准

2021 年 4 月 13 日,国际标准化组织机构治理技术委员会颁布了由中国标准化研究院联合召集制定的 ISO 37301:2021《合规管理体系要求及使用指南》(Compliance management systems — Requirements with guidance for use)(以下简称 ISO 37301),该标准修订并取代了 2014 年发布的 ISO 19600:2014《合规管理体系指南》(以下简称 ISO 19600),为企业合规管理体系的专业化认证提供了明确的标准和有效的支撑。

中国企业在合规管理发展方面,2017 年 12 月 29 日,国家质量监督检验检疫总局、中国国家标准化管理委员会以 ISO 19600 为基础,正式发布 GB/T 35770—2017《合规管理体系指南》。作为国内首个合规管理标准指南,该标准提供了组织内建立一套有效和及时响应的合规管理体系,并予以制定、实施、评价、维护和改进的指导。该标准适用于所有类型的组织。该标准的应用程度取决于组织的规模、结构、性质和复杂性。2022 年 10 月 12 日,国家市场监督管理总局、国家标准化管理委员会又以 ISO 37301 为基础,正式发布了 GB/T 35770—

2022《合规管理体系要求及使用指南》，该标准代替了 GB/T 35770—2017《合规管理体系指南》，是 ISO 37301 国际标准的国内化。该标准规定了组织建立、开发、实施、评价、维护和改进有效的合规管理体系的要求，并提供了指南。该标准适用于所有类型的组织，不论其类型、规模、性质，也不论其是公共的、私营的或非营利性的。如果组织内没有设立独立的治理机构，则该标准中规定的所有关于治理机构的要求都适用于最高管理者。GB/T 35770—2022《合规管理体系要求及使用指南》是现行的关于企业合规管理体系建设要求的标准文件。

GB/T 35770—2022《合规管理体系要求及使用指南》在组织环境、领导作用、策划（应对风险和机会的措施）、支持（资源、能力、意识、沟通和文件化信息）、运行、绩效评价、改进等七个方面提出了明确具体的要求：

1. 组织环境

（1）组织应结合业务模式、法律和监管环境等诸多事项确定与其宗旨相关的，并影响其实现合规管理体系预期结果的能力的内部和外部事项。（2）组织应确定与合规管理体系有关的相关方；这些相关方的有关需求；哪些需求将通过合规管理体系予以解决。（3）组织应确定合规管理体系的边界和适用性，以确立其范围。（4）组织根据本文件的要求，应建立、实施、维护和持续改进合规管理体系，包括所需的过程及其相互作用。合规管理体系应反映组织的价值观、目标、战略和合规风险，并且应结合组织环境。（5）组织应系统识别来源于组织活动、产品和服务的合规义务，并评估其对运行所产生的影响。（6）组织应基于合规风险评估，识别、分析和评价其合规风险。应通过将其合规义务与活动、产品、服务以及运行的相关方面关联，来识别合规风险。应评估与外包的和第三方的过程相关的合规风险。应定期评估合规风险，并在组织环境发生重大变化时进行评估。应保留有关合规风险评估和应对合规风险措施的文件化信息。

2. 领导作用

治理机构和最高管理者应通过以下方面证实其对合规管理体系的领导作用和承诺：确保合规方针和合规目标得以确立，并与组织的战略方向一致；确保将合规管理体系要求融入组织的业务过程；确保合规管理体系所需的资源可获取；就有效的合规管理的重要性以及符合合规管理体系要求的重要性进行沟通；确保合规管理体系实现其预期结果；指导和支持人员为合规管理体系的有效性作出贡献；促进持续改进；支持其他相关岗位在职责范围内证实其领导作用。

3. 策划(应对风险和机会的措施)

(1)在策划合规管理体系时,组织应根据需求,并确定需要应对的风险和机会,以便确保合规管理体系能够实现预期结果,预防或减少不利影响,实现持续改进。(2)在策划合规管理体系时,组织应结合其合规目标、经识别的合规义务、合规风险评估结果。(3)组织应策划以下活动:应对这些风险和机会的措施;如何将措施纳入合规管理体系过程并实施,如何评价这些措施的有效性。

4. 支持(资源、能力、意识、沟通和文件化信息)

(1)在资源方面:为建立、实施、维护和持续改进合规管理体系,组织应确定并提供所需的资源。(2)在能力方面:组织应确定在其控制下工作、影响合规绩效的人员所需的能力;应确保这些人员在适当的教育、培训或经验的基础上胜任工作;适用时,采取措施获得所需的能力,并评价所采取措施的有效性。适当的文件化信息应作为能力证据可获取。(3)在意识方面:在组织控制下工作的人员应知道:合规方针;他们对合规管理体系有效性的贡献,包括改善合规绩效带来的效益;不符合合规管理体系要求的后果;提出合规疑虑的方法和程序;工作岗位的合规义务与合规方针的关系;支持合规文化的重要性。(4)在沟通方面:结合沟通需求,综合考虑沟通的多样性和潜在障碍;确立沟通的过程,确保结合了相关方的意见;在确立沟通过程时:应将其合规文化、合规目标和义务纳入沟通内容;应确保所沟通的合规信息与来源于合规管理体系的信息一致且可信;对与合规管理体系相关的沟通内容进行回应;视情况,保留文件化信息作为其沟通的证据;在组织的各层级和职能内部沟通与合规管理体系有关的信息,视情况包括合规管理体系的变更;确保人员能在沟通过程中为合规管理体系的持续改进作出贡献;确保人员能在沟通过程中提出合规疑虑;通过组织确立的沟通过程,对外沟通包括其合规文化、合规目标和义务在内的与合规管理体系相关的信息。(5)在文件化信息方面:组织的合规管理体系应包括:本文件要求的文件化信息;组织确定的,对于合规管理体系有效性所必需的文件化信息。在创建和更新文件化信息时,组织应确保适当的:标记和说明(例如,标题、日期、作者或文件编号),形式(例如,语言文字、软件版本、图形)和载体(例如,纸质的、电子的),针对适宜性和充分性的评审和批准。应控制合规管理体系和本文件要求的文件化信息,以确保其:在需要的场所和时间均可获得并适于使用;得到充分保护(例如,防止泄密、不当使用或完整性受损)。

5. 运行

组织应通过对过程确立准则和按照准则对过程实施控制方式策划、实施和控制所需的过程，组织应实施控制以管理其合规义务和相关合规风险。应对这些控制进行维护、定期评审和测试，以确保其持续有效。组织应确立、实施并维护一个报告过程，以鼓励和促进（在有合理理由相信信息真实的情况下）报告试图、涉嫌或实际存在的违反合规方针或合规义务的行为。组织应开发、确立、实施并维护过程，以评估、评价、调查有关涉嫌或实际的不合规情形的报告，并做出结论。这些过程应确保能公平、公正地作出决定。调查过程应由具备相应能力的人员独立进行，且避免利益冲突。

6. 绩效评价

关于监视、测量、分析和评价，组织应对合规管理体系进行监视，以确保实现合规目标。组织应确定：需要监视和测量什么；适用的监视、测量、分析和评价的方法，以确保有效的结果；何时实施监视和测量；何时对监视和测量的结果进行分析和评价。关于内部审核，组织应在策划的时间间隔内实施内部审核，以便为合规管理体系提供以下信息：是否符合组织自身对合规管理体系的要求或本文件的要求；是否得到了有效的实施和维护。关于管理评审，治理机构和最高管理者应在策划的时间间隔内对组织的合规管理体系进行评审，以确保合规管理体系持续的适宜性、充分性和有效性。管理评审应包括四个方面内容：以往管理评审所采取措施的状况；与合规管理体系有关的外部和内部事项的变化；与合规管理体系有关的相关方需要和期望的变化；关于合规绩效的信息（包括以下方面的趋势：不符合、不合规与纠正措施，监视和测量的结果，审核结果）；持续改进的机会。

7. 改进

组织应持续改进合规管理体系的适宜性、充分性和有效性。发生不符合或不合规时，组织应：（1）对不符合或不合规做出反应。（2）通过以下活动评价采取措施的需要，以消除产生不符合和/或不合规的原因，避免其再次发生或在其他地方发生。（3）实施任何所需的措施。（4）评审所采取的任何纠正措施的有效性。（5）如必要，变更合规管理体系。

中国央企、国企在合规管理发展方面，2018 年国务院国有资产监督管理委员会出台了《中央企业合规管理指引（试行）》，主要内容包括：董事会、监事会、经理层、合规委员会、中央企业相关负责人或总法律顾问、法律事务机构或其他相关机构和业务部门的主要职责;市场交易、安全环保、产品质量、劳动用工、财务税收、知识产权、商业伙伴等七大重点领域的合规风险防范。随后全国各地各省、市等相应出台了当地国企合规管理指引等,例如:山东省人民政府国有资产监督管理委员会2019年12月13日《山东省省属企业合规管理指引》、广州市国有资产监督管理委员会2020年12月1日发布的《广州市市属企业合规管理指引(试行)》、四川省国有资产监督管理委员会2020年12月23日发布的《四川省省属企业合规管理指引(试行)》和安徽省人民政府国有资产监督管理委员会2021年11月25日发布的《安徽省省属企业合规管理指引(试行)》等。

2022年10月1日,国务院国有资产监督管理委员会出台的《中央企业合规管理办法》正式实施。该办法从组织和职责、制度建设、运行机制、合规文化、信息化建设和监督问责六个方面提出了明确的具体的合规管理体系建设的要求。随后全国各地各省、市等相应出台了当地国企合规管理办法等,例如,海南省国有资产监督管理委员会2022年9月20日发布的《海南省属企业合规管理办法》、江苏省国有资产监督管理委员会2023年2月14日发布的《省属企业合规管理办法》、安徽省人民政府国有资产监督管理委员会2023年7月31日发布的《安徽省省属企业合规管理办法》和山西省人民政府国有资产监督管理委员会2023年8月15日《山西省省属企业合规管理办法(试行)》等。

(二)公司治理合规要素

我国改革开放后几十年来的企业改革主要是鼓励企业进行体制创新。经过多年总结学习国外经验,我们的基本制度经历了独特的由破到立的过程,中国公司治理必须要实现从“违规”到合规的转型,这也是对公司治理国际化的必然要求。在公司治理从“违规”到合规转型的过程中,我国公司治理呈现出了消极合规的特征,即为了满足公司治理的强制性要求,为“合规”而合规,这往往会导致公司治理成本的上升。我们的合规意识应该是以降低治理成本、提高治理效率为目标的积极、自愿地合规。

公司治理合规管理的主要任务就是建立合规体系中的各利益相关者之间的民事法律关系,民事法律关系包括以下三要素:(1)民事法律关系主体,指参加民事法律关系享有权利或承担义务的人,即民事法律关系的当事人,一般为公民和法人,国家在特殊情况下也可成为民事法律关系的主体;(2)民事法律关系内容,指民事法律关系主体间的权利和义务;(3)民事法律关系客体,指民事法律关系的权利与义务所指向的事物,根据《民法典》的规定,可以作为民事法律关系客体的为物、行为、不行为、智力成果。

公司治理合规关系主体是指遵守公司治理合规义务的有关主体，公司治理合规义务的主体包括公司、股东或股东会、董事或董事会、监事或监事会及经理人。

公司治理合规关系客体：民事法律关系的客体，通指民事法律关系主体享有的民事权利和承担的民事义务所共同指向的对象，也称为民事权利客体。民事法律关系建立总是为了保护某种利益、获取某种利益，或者分配转移某种利益，因此，民事法律关系客体所承载的利益，是民事权利和民事义务联系的中介。这些利益虽可从不同角度进行分类，但可归结为物质利益和非物质利益。自罗马法以来的法律思想认为，民事法律关系客体是权利客体，又称权利标的。权利客体受权利主体支配。权利客体远较“物”的概念含义广泛，是指受权利主体支配的各种权利的对象，不仅包括物，而且包括各种权利、利益以及无财产价值的作为或不作为。所以在公司治理合规关系中的客体也即公司治理合规义务的关联主体支配的权利、利益以及无财产价值的作为或不作为。

公司治理合规关系内容：是指公司治理活动应遵循的合规义务，所谓合规义务具体包括以《公司法》(2023 修订)为主的法律体系、公司章程等法律法规、行政法规、规章制度规定的义务及股东之间的合规约定等。公司治理作为保证公司有效运行和决策科学的一种机制，其基础就是公司治理机制赖以运行的一系列规则，因此，公司治理必须要有规则意识，要制定和明确公司运行需要遵循的规则，公司规则首先包括在公司治理实践过程中总结提炼并以法律形式确立下来的共有规则，例如，《公司法》(2023 修订)和《上市公司治理准则》等。产权设计和公司章程是法律法规以外公司治理最大的规则，特别值得强调的是《公司法》(2023 修订)一改《公司法》(2018 修正)对公司的过度管制，赋予公司诸多自主权，许多事项允许通过公司章程来实施自治，公司章程规范公司运营的作用更为突出，这也要求企业进一步强化规则意识，通过公司章程设计灵活、高效的公司治理机制。

因此，本书是以公司治理原则为基础，以我国《公司法》(2023 修订)及其他法律法规为主线，以预防公司治理风险为导向，以公司治理合规“三要素”为要点，以解决公司治理合规关系主体之间的利益冲突为目的。

公司治理的目标是确保公司的正确决策，实现利益相关者之间的利益均衡，提高公司的绩效，确保公司经营的可持续发展。

第二章 投资人与经理人利益冲突解决方案

第一节 董事的激励与约束机制

一、董事会治理概述

董事会是由股东会选举产生的，由董事组成的行使经营管理和决策权的业务执行机构。董事会治理（governance of board of directors），是指为了董事会各项职能有效发挥而进行的各项制度安排，包括董事的遴选与淘汰、激励与约束规则，董事会规模大小、结构的设置，董事会职权、议事规则的设置。

董事会是公司治理机制的重要组成部分，是投资人与经理人之间的重要连接纽带，是对经理人约束的关键机制，也是公司长治久安的关键机制。董事会运行良好则可能促进企业健康发展，达到拨乱反正的效果（案例1），但是董事会瘫痪就会让经理人无所顾忌，就可能损害投资人的利益（案例2）。

案例1：董事会作出罢免高级管理人员职务的决议，如果其召开和议事、表决程序符合《公司法》和章程规定，应认定有效。［广西壮族自治区柳州市中级人民法院（2009）柳市民二终字第200号］

柳州汇银物流管理有限公司是在2006年10月经工商登记注册成立的公司，经营地址在柳州市航五路中段。因业务发展的需要，2007年10月17日，柳州汇银物流管理有限公司董事会聘王某为公司总经理。后由于王某违背了公司章程规定，阻碍公司股东、监事、财务总监检查公司财务状况，公司董事会根据公司章程的授权，在2008年7月28日召开董事会并形成决议：免去王某的总经理职务。董事会免去王某的总经理职务后，立即通知王某移交工作并交出本案诉请之项目,但王某置之不理,后柳州汇银物流管理有限公司又多次书面要求王某移交工作并交出上述物品,王某一直未移交。王某的行为严重损害了柳州汇银物流管理有限公司及股东的利益,故诉至法院,请求法院判令王某将下列物品移交给柳州汇银物流管理有限公司:(1)柳州汇银物流管理有限公司的公章、法人营业执照、税务登记证和法人代码证;(2)王某与宜州市卓洪有限责任公司签订的土地租赁协议。

广西壮族自治区柳州市中级人民法院经审理认为:根据《公司法》(2005修订)的规定,董事会的议事方式和表决程序,由公司章程规定,故本案应当以柳州汇银物流管理有限公司的章程为依据来确认柳州汇银物流管理有限公司的董事会召开和议事、表决程序。而从柳州汇银物流管理有限公司2008年7月28日的董事会会议召集程序来看,柳州汇银物流管理有限公司董事长林某已经于2008年7月24日在《柳州日报》上公告了柳州汇银物流管理有限公司的董事会会议召开时间和地点,亦在7月23日通过特快专递将会议通知送达郭某周董事。从以上送达会议通知的方式来看,柳州汇银物流管理有限公司董事长林某召开董事会会议已经尽到了通知的义务,召开程序是符合公司章程规定的。从董事会会议的表决程序来看,柳州汇银物流管理有限公司的章程并未规定董事会决议应当经全体董事全票通过方为有效,故按照柳州汇银物流管理有限公司章程的规定,董事一人一票,在柳州汇银物流管理有限公司的董事为3人的情况下,有两人同意免去王某的总经理职务,并要求其交出柳州汇银物流管理有限公司公章,该董事会决议已经生效,王某应当按照董事会的决议交出公章。另外,被上诉人王某认为董事会决议违反程序,但根据《公司法》(2005修订)的规定,董事会会议的召集程序、表决方式违反法律、行政法规或者公司章程,或者决议内容违反公司章程的,股东可以自决议作出之日起60日内,请求人民法院撤销。柳州汇银物流管理有限公司的股东在董事会决议作出后至今未向法院申请撤销该董事会决议,而王某并不是柳州汇银物流管理有限公司的股东,其无权申请法院撤销董事会决议。

此外,王某以柳州汇银物流管理有限公司股东王某明等人的名义已经向法院提起诉讼,要求法院确认林某、肖某安2008年7月28日作出的"关于张某同志的免职决定"及董事会决议无效。王某认为上述案件的审理结果将会影响本案的审理,故申请法院中止本案的审理。法院认为,柳州汇银物流管理有限公司的董事会决议没有违反法律、行政法规,决议作出之后即可生效,而在其被撤销之前，都发生法律效力。另外，柳州汇银物流管理有限公司的总经理是由公司的董事会聘任的，公司的董事长即法定代表人要求公司的总经理交出公章由其掌控，亦符合《公司法》(2005修订)的精神。法院现依据已生效且未被撤销的董事会决议进行判决，符合法律的规定，故本案并不必须以另一案的审理结果为依据，王某要求中止审理本案的申请，法院不予支持。

案例2：北大荒财务黑洞——治理缺失，董事会被指瘫痪。(摘自新浪财经)

我曾经和一个农业上市公司实际控制人打过交道，他在公司说一不二，以最简单和朴素的管理哲学管理公司，指挥着每一个人。用他的话说是，“我就是泥腿子出身”。当农民出身的公司创始人遭遇皮鞋锃亮的投行精英，确是两种截然不同的思维模式。

但在交锋中，投行精英们并不占有优势。几乎每一个造假案例中，投行中介们事后会说，“我们也被公司骗了”。农业公司治理缺失，不仅民营农业公司如此，连国资农业公司也逃不出这个怪圈。“农业第一股”北大荒便是其中典型。

2012年9月，北大荒曝出违规拆解资金投向公司以外的房地产公司。2012年9月12日，北大荒发布公告，称自2011年8月3日至2012年1月12日累计向公司以外的房地产公司拆借资金9.76亿元。

这9.76亿元拆借资金涉及五家房地产公司。包括：哈尔滨乔仕地产公司拆借资金5.84亿元、哈尔滨中青地产公司拆借资金5000万元、黑龙江中信伟业地产公司拆借资金1500万元、北大荒鑫都地产公司拆借资金3.02亿元、海南鹰力不动产投资公司拆借资金2500万元。

匪夷所思的是，被曝出前，这9.76亿的拆借资金，并没有通过相应的决策程序，也没有进行信息披露。

更让人惊叹的是，北大荒独立董事、中国人民大学退休教授朱小平对此激烈反对并投反对票，更指出北大荒董事长长期缺位，董事会已瘫痪，被管理层控制着。

二、董事的遴选与淘汰

(一)董事的任职资格

董事的任职资格(directors’ competence requirement)，一般来讲，各国立法规定了消极条件，即什么情形不可以担任董事，当然公司股东会可以在《公司法》(2023 修订)设定的消极条件的基础上,设置更高的积极条件,以便董事更好履职和促进公司的发展。关于董事职务的解除,股东会作出解除决议即生效。

法条链接

《中华人民共和国公司法》(2023 修订)

第一百七十八条 有下列情形之一的,不得担任公司的董事、监事、高级管理人员:

(一)无民事行为能力或者限制民事行为能力;

(二)因贪污、贿赂、侵占财产、挪用财产或者破坏社会主义市场经济秩序,被判处刑罚,或者因犯罪被剥夺政治权利,执行期满未逾五年,被宣告缓刑的,自缓刑考验期满之日起未逾二年;

(三)担任破产清算的公司、企业的董事或者厂长、经理,对该公司、企业的破产负有个人责任的,自该公司、企业破产清算完结之日起未逾三年;

(四)担任因违法被吊销营业执照、责令关闭的公司、企业的法定代表人,并负有个人责任的,自该公司、企业被吊销营业执照、责令关闭之日起未逾三年;

(五)个人因所负数额较大债务到期未清偿被人民法院列为失信被执行人。

违反前款规定选举、委派董事、监事或者聘任高级管理人员的,该选举、委派或者聘任无效。

董事、监事、高级管理人员在任职期间出现本条第一款所列情形的,公司应当解除其职务。

最高人民法院《关于适用〈中华人民共和国公司法〉若干问题的规定(五)》(法释〔2020〕18 号)

第三条 董事任期届满前被股东会或者股东大会有效决议解除职务,其主张解除不发生法律效力的,人民法院不予支持。

董事职务被解除后,因补偿与公司发生纠纷提起诉讼的,人民法院应当依据法律、行政法规、公司章程的规定或者合同的约定,综合考虑解除的原因、剩余任期、董事薪酬等因素,确定是否补偿以及补偿的合理数额。

1. 独立董事的任职资格

独立董事(independent director)是指不在公司担任除董事外的其他职务,并与其所受聘的上市公司及其主要股东不存在可能妨碍其进行独立客观判断的关系的董事。

法条链接

《上市公司独立董事管理办法》(中国证券监督管理委员会令第220号)

第六条　独立董事必须保持独立性。下列人员不得担任独立董事:

(一)在上市公司或者其附属企业任职的人员及其配偶、父母、子女、主要社会关系;

(二)直接或者间接持有上市公司已发行股份百分之一以上或者是上市公司前十名股东中的自然人股东及其配偶、父母、子女;

(三)在直接或者间接持有上市公司已发行股份百分之五以上的股东或者在上市公司前五名股东任职的人员及其配偶、父母、子女;

(四)在上市公司控股股东、实际控制人的附属企业任职的人员及其配偶、父母、子女;

(五)与上市公司及其控股股东、实际控制人或者其各自的附属企业有重大业务往来的人员,或者在有重大业务往来的单位及其控股股东、实际控制人任职的人员;

(六)为上市公司及其控股股东、实际控制人或者其各自附属企业提供财务、法律、咨询、保荐等服务的人员,包括但不限于提供服务的中介机构的项目组全体人员、各级复核人员、在报告上签字的人员、合伙人、董事、高级管理人员及主要负责人;

(七)最近十二个月内曾经具有第一项至第六项所列举情形的人员;

(八)法律、行政法规、中国证监会规定、证券交易所业务规则和公司章程规定的不具备独立性的其他人员。

前款第四项至第六项中的上市公司控股股东、实际控制人的附属企业,不包括与上市公司受同一国有资产管理机构控制且按照相关规定未与上市公司构成关联关系的企业。

独立董事应当每年对独立性情况进行自查,并将自查情况提交董事会。董事会应当每年对在任独立董事独立性情况进行评估并出具专项意见,与年度报告同时披露。

第七条　担任独立董事应当符合下列条件:

(一)根据法律、行政法规和其他有关规定,具备担任上市公司董事的资格;

(二)符合本办法第六条规定的独立性要求;

(三)具备上市公司运作的基本知识,熟悉相关法律法规和规则;

（四）具有五年以上履行独立董事职责所必需的法律、会计或者经济等工作经验；

（五）具有良好的个人品德，不存在重大失信等不良记录；

（六）法律、行政法规、中国证监会规定、证券交易所业务规则和公司章程规定的其他条件。

2. 专职外部董事的任职资格

专职外部董事，是指国资委任命、聘用的在董事会试点企业专门担任外部董事的人员。专职外部董事在任期内，不在任职企业担任其他职务，不在任职企业以外的其他单位任职。

（二）董事的提名（directors' nomination）

董事提名过程是一个提名主体、程序和提名方式的问题。

（1）在有限责任公司中，如果设立董事会，则任何一个股东都有权提名董事，提交股东会表决同通过。

（2）在股份有限公司中，单独或者合计持有公司1%以上股份的股东有权提名董事，然后董事会按照《公司法》（2023修订）及公司章程的规定进行通知其他股东，提交审议和表决。

（3）在上市公司中，单独或者合计持有上市公司已发行股份1%以上股份的股东有权提名独立董事。

要点：①单独召开独立董事选举股东会；②独立董事选举股东会召开前应进行被提名人发表公开声明、公司进行公示等一系列程序。

法条链接

《中华人民共和国公司法》（2023修订）

第一百一十五条第一款　单独或者合计持有公司百分之一以上股份的股东，可以在股东会会议召开十日前提出临时提案并书面提交董事会。临时提案应当有明确议题和具体决议事项。董事会应当在收到提案后二日内通知其他股东，并将该临时提案提交股东会审议；但临时提案违反法律、行政法规或者公司章程的规定，或者不属于股东会职权范围的除外。公司不得提高提出临时提案股东的持股比例。

《上市公司独立董事管理办法》（中国证券监督管理委员会令第220号）

第九条　上市公司董事会、监事会、单独或者合计持有上市公司已发行股份百分之一以上的股东可以提出独立董事候选人，并经股东大会选举决定。

依法设立的投资者保护机构可以公开请求股东委托其代为行使提名独立

董事的权利。

第一款规定的提名人不得提名与其存在利害关系的人员或者有其他可能影响独立履职情形的关系密切人员作为独立董事候选人。

(三)董事的选聘(directors' selection)与任期(directors' tenure)

根据我国《公司法》(2023修订)的相关规定,关于董事的选聘与任期见图2-1:

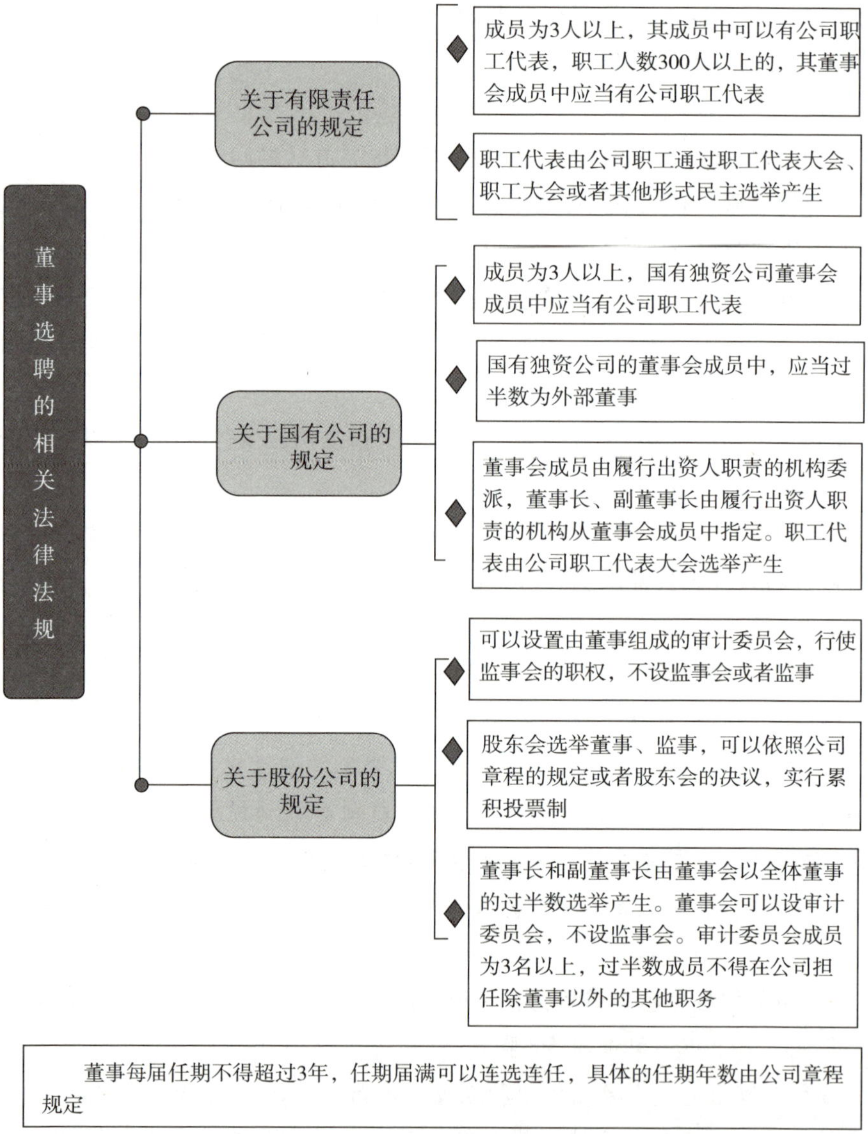

图2-1　董事的选聘与任期

法条链接

《中华人民共和国公司法》(2023 修订)

第五十九条第一款第一项　股东会行使下列职权：

(一)选举和更换董事、监事，决定有关董事、监事的报酬事项。

第六十八条　有限责任公司董事会成员为三人以上，其成员中可以有公司职工代表。职工人数三百人以上的有限责任公司，除依法设监事会并有公司职工代表的外，其董事会成员中应当有公司职工代表。董事会中的职工代表由公司职工通过职工代表大会、职工大会或者其他形式民主选举产生。

董事会设董事长一人，可以设副董事长。董事长、副董事长的产生办法由公司章程规定。

第七十条　董事任期由公司章程规定，但每届任期不得超过三年。董事任期届满，连选可以连任。

董事任期届满未及时改选，或者董事在任期内辞任导致董事会成员低于法定人数的，在改选出的董事就任前，原董事仍应当依照法律、行政法规和公司章程的规定，履行董事职务。

董事辞任的，应当以书面形式通知公司，公司收到通知之日辞任生效，但存在前款规定情形的，董事应当继续履行职务。

第一百零四条第一款第三项　公司成立大会行使下列职权：

(三)选举董事、监事；

第一百一十七条第一款　股东会选举董事、监事，可以按照公司章程的规定或者股东会的决议，实行累积投票制。

第一百二十一条第一、二款　股份有限公司可以按照公司章程的规定在董事会中设置由董事组成的审计委员会，行使本法规定的监事会的职权，不设监事会或者监事。

审计委员会成员为三名以上，过半数成员不得在公司担任除董事以外的其他职务，且不得与公司存在任何可能影响其独立客观判断的关系。公司董事会成员中的职工代表可以成为审计委员会成员。

第一百七十三条　国有独资公司的董事会依照本法规定行使职权。

国有独资公司的董事会成员中，应当过半数为外部董事，并应当有公司职工代表。

董事会成员由履行出资人职责的机构委派；但是，董事会成员中的职工代表由公司职工代表大会选举产生。

董事会设董事长一人,可以设副董事长。董事长、副董事长由履行出资人职责的机构从董事会成员中指定。

三、董事的激励

董事激励(directors' incentive),是指为了提高董事的工作积极性和效率,公司采取的一系列包括薪酬和股权激励在内的措施。根据《公司法》(2023修订)的相关规定,这一系列的措施最终由股东会决定。

(一)薪酬激励

1. 一般规定

《公司法》(2023修订)第59条第1款 股东会行使下列职权:

(一)选举和更换董事、监事,决定有关董事、监事的报酬事项;……

2. 上市公司规定

《上市公司治理准则》(2018修订)第60条 董事、监事报酬事项由股东大会决定。在董事会或薪酬与考核委员会对董事个人进行评价或讨论其报酬时,该董事应当回避。

3. 央企、国企的规定

《中央企业负责人经营业绩考核办法》(2019)第3条 企业负责人经营业绩考核遵循以下原则:……(6)坚持业绩考核与激励约束紧密结合。坚持权责利相统一,建立与企业负责人选任方式相匹配、与企业功能性质相适应、与经营业绩相挂钩的差异化激励约束机制。……

第39条 国资委依据年度和任期经营业绩考核结果对企业负责人实施奖惩。经营业绩考核结果作为企业负责人薪酬分配的主要依据和职务任免的重要依据。

第40条 企业负责人的薪酬由基本年薪、绩效年薪、任期激励收入三部分构成。

第41条 对企业负责人实行物质激励与精神激励。物质激励主要包括与经营业绩考核结果挂钩的绩效年薪和任期激励收入。精神激励主要包括给予任期通报表扬等方式。

第53条 国有资本参股公司、被托管和兼并企业中由国资委管理的企业负责人,其经营业绩考核参照本办法执行。

(二)股权激励

《上市公司股权激励管理办法》(2018 修正) 第 8 条第 1 款　激励对象可以包括上市公司的董事、高级管理人员、核心技术人员或者核心业务人员，以及公司认为应当激励的对公司经营业绩和未来发展有直接影响的其他员工，但不应当包括独立董事和监事。……

(此部分内容详见本章第第三节第三部分内容)

四、董事、监事和高级管理人员的约束

(特别说明：因董事、监事和高级管理人员的相关约束制度重叠性较高，所部分内容在此进行综合说明)

董事、监事和高级管理人员的约束，是指为了避免董事、监事和高级管理人员的道德和法律风险，公司法及公司采取的一系列制衡与监督董事、监事和高级管理人员的措施总和。

(一)一般规定：忠实和勤勉义务

《公司法》(2023 修订)第 180 条规定，董事、监事、高级管理人员对公司负有忠实义务，应当采取措施避免自身利益与公司利益冲突，不得利用职权牟取不正当利益。

董事、监事、高级管理人员对公司负有勤勉义务，执行职务应当为公司的最大利益尽到管理者通常应有的合理注意。

公司的控股股东、实际控制人不担任公司董事但实际执行公司事务的，适用前两款规定。

(二)董事、监事、高级管理人员忠实义务

《公司法》(2023 修订)第 180 条对忠实义务的定义，包含两个方面的内容，一是应当采取措施避免自身利益与公司利益冲突，二是不得利用职权牟取不正当利益。同时第 181 条对违反忠实义务进行了类型化列举：

1. 侵占公司财产、挪用公司资金；

2. 将公司资金以其个人名义或者以其他个人名义开立账户存储；

3. 利用职权贿赂或者收受其他非法收入；

4. 接受他人与公司交易的佣金归为己有；

5. 擅自披露公司秘密；

6. 违反对公司忠实义务的其他行为。

（三）董事、监事、高级管理人员勤勉义务

《公司法》（2023 修订）第 180 条对勤勉义务的定义，包含两个方面的内容，一是执行职务应当为公司的最大利益；二是尽到管理者通常应有的合理注意。具体的勤勉义务包括：

1. 关联交易合规要求：《公司法》（2023 修订）第 22 条规定，公司的控股股东、实际控制人、董事、监事、高级管理人员不得利用关联关系损害公司利益。违反前款规定，给公司造成损失的，应当承担赔偿责任。

2. 谨慎履职：《公司法》（2023 修订）第 191 条规定，董事、高级管理人员执行职务，给他人造成损害的，公司应当承担赔偿责任；董事、高级管理人员存在故意或者重大过失的，也应当承担赔偿责任。

3. 独立合规履职义务：《公司法》（2023 修订）第 192 条规定，公司的控股股东、实际控制人指示董事、高级管理人员从事损害公司或者股东利益的行为的，与该董事、高级管理人员承担连带责任。

4. 催缴股东出资款义务：《公司法》（2023 修订）第 51 条规定，有限责任公司成立后，董事会应当对股东的出资情况进行核查，发现股东未按期足额缴纳公司章程规定的出资的，应当由公司向该股东发出书面催缴书，催缴出资。未及时履行前款规定的义务，给公司造成损失的，负有责任的董事应当承担赔偿责任。

5. 股东抽逃出资赔偿责任：《公司法》（2023 修订）第 53 条规定，公司成立后，股东不得抽逃出资。违反前款规定的，股东应当返还抽逃的出资；给公司造成损失的，负有责任的董事、监事、高级管理人员应当与该股东承担连带赔偿责任。

6. 董事会决议违法赔偿责任：《公司法》（2023 修订）第 125 条第 2 款规定，董事应当对董事会的决议承担责任。董事会的决议违反法律、行政法规或者公司章程、股东会决议，给公司造成严重损失的，参与决议的董事对公司负赔偿责任；经证明在表决时曾表明异议并记载于会议记录的，该董事可以免除责任。

7. 违规给他人购买公司股份提供财务资助赔偿责任：《公司法》（2023 修订）第 163 条第 1 款规定，公司不得为他人取得本公司或者其母公司的股份提供赠与、借款、担保以及其他财务资助，公司实施员工持股计划的除外。第 3 款规定，违反前两款规定，给公司造成损失的，负有责任的董事、监事、高级管理人员应当承担赔偿责任。

8. 违规为自己或者他人谋取属于公司的商业机会：《公司法》（2023 修订）第 183 条规定，董事、监事、高级管理人员，不得利用职务便利为自己或者他人谋

取属于公司的商业机会。但是，有下列情形之一的除外：(1)向董事会或者股东会报告，并按照公司章程的规定经董事会或者股东会决议通过；(2)根据法律、行政法规或者公司章程的规定，公司不能利用该商业机会。

9. 违规分配利润赔偿责任：《公司法》(2023修订)第211条规定，公司违反本法规定向股东分配利润的，股东应当将违反规定分配的利润退还公司；给公司造成损失的，股东及负有责任的董事、监事、高级管理人员应当承担赔偿责任。

10. 违规减少注册资本赔偿责任：《公司法》(2023修订)第226条规定，违反本法规定减少注册资本的，股东应当退还其收到的资金，减免股东出资的应当恢复原状；给公司造成损失的，股东及负有责任的董事、监事、高级管理人员应当承担赔偿责任。

11. 清算责任及合规义务：《公司法》(2023修订)第232条规定，公司因本法第229条第1款第1项、第2项、第4项、第5项规定而解散的，应当清算。董事为公司清算义务人，应当在解散事由出现之日起15日内组成清算组进行清算。清算组由董事组成，但是公司章程另有规定或者股东会决议另选他人的除外。清算义务人未及时履行清算义务，给公司或者债权人造成损失的，应当承担赔偿责任。

12. 信息披露合规义务：《证券法》(2019修订)第84条规定，除依法需要披露的信息之外，信息披露义务人可以自愿披露与投资者作出价值判断和投资决策有关的信息，但不得与依法披露的信息相冲突，不得误导投资者。发行人及其控股股东、实际控制人、董事、监事、高级管理人员等作出公开承诺的，应当披露。不履行承诺给投资者造成损失的，应当依法承担赔偿责任。

13. 央企、国企经营合规义务：《中央企业负责人经营业绩考核办法》(2019)第47条规定，连续两年年度经营业绩考核结果为D级或任期经营业绩考核结果为D级，且无重大客观原因的，对企业负责人予以调整。第48条第1款规定，企业发生下列情形之一的，国资委根据具体情节给予降级或者扣分处理；违规经营投资造成国有资产损失或其他严重不良后果，按照有关规定对相关责任人进行责任追究处理；情节严重的，给予纪律处分或者对企业负责人进行调整；涉嫌犯罪的，依法移送国家监察机关或司法机关查处。

案例：董事侵害企业出资人权利造成公司损失承担赔偿责任。[四川省绵阳市中级人民法院(2015)绵民终字第2111号]

四川省安泰建设有限责任公司(以下简称安泰公司)于2000年9月20日注

册登记,注册类型为自然人投资或控股房屋建筑等承包资质为二级或三级的有限责任公司。2004年至2013年3月16日以前其法定代表人为王某雄,职务为董事长,2013年3月16日该公司法定代表人变更为张某书,职务为执行董事。2006年6月26日安泰公司经公司第四次股东会议讨论通过,制定了公司新的章程。该章程第3章第14条规定"公司股东会由全体股东组成,股东会是公司的权利机构……"第21条规定"公司设立董事会作为决策机构,经股东选举,董事会由王某雄等7人组成……董事长由王某雄同志担任……董事长是公司的法定代表人,董事长行使以下职权:(一)主持召开股东会和董事会会议;(二)检查股东会和董事会会议决定的情况,并向董事会报告工作;……(四)对公司事务行使裁决权和处理权。但这种裁决和处理必须符合公司的利益,并在事后及时向董事会和股东会提出报告"。第37条规定"董事、总经理、副总经理不得挪用公司或将公司资金借贷给他人。董事、总经理不得将公司资产以个人名义或以其他个人名义开立账户储存,董事、总经理、副总经理未经董事会准许不得以公司资产为本公司的股东或者他人债务提供担保"。第40条规定"董事、监事、总经理、副总经理、专业公司经理及公司其他高层管理人员执行公司职务时,违反法律、行政法规或者公司章程的规定,给公司造成损害的,应当个人承担一切责任"。王某雄在任安泰公司董事长及法定代表人期间,违反公司章程规定,在未经公司董事会集体讨论决定的情况下,将安泰公司承建的工程违法转包给没有建筑资质的个人承包。在工程建设过程中,王某雄也未切实履行对该工程质量、账务的掌控和监管,致使工程资金被个人控制和使用,导致安泰公司替个人承担了相应的民事责任,因无法实现追偿而产生损失。安泰公司起诉请求王某雄及其妻子刘某琼赔偿安泰公司损失200余万元及利息。

法院认为:(1)关于王某雄的行为是不是构成"擅自"的问题。王某雄作为安泰公司的董事长,本应依照公司章程的规定行使职责,但其在担任公司法定代表人期间,未经公司董事会集体讨论决定,就将安泰公司中标承建的北川富尔诺生态农业有限公司工程转包给刘某刚个人承建。其行为违反了安泰公司的章程,给公司造成了重大损失,应属于"擅自"范畴。(2)王某雄在任安泰公司法定代表人期间,安泰公司向北川富尔诺生态农业有限公司出具了"川安建司字01108024号"法人授权委托书,该委托书特别授权刘某刚个人到北川富尔诺生态农业有限公司办理工程款拨付结算事宜。正是有了此特别授权委托书,致使刘某刚个人在北川富尔诺生态农业有限公司能够自行办理工程款拨付结算事宜,从而导致安泰公司无法对工程款进行监管,最终给安泰公司造成损失。"川安建司字01108024号"法人授权委托书上盖有安泰公司的公章和王某雄私人印章,应视为王某雄同意该委托书的出具,王某雄应当对因该授权委托书产生的债务承担赔偿责任。王某雄上诉所持"被上诉人安泰公司起诉的1,556,964元损失不全是王某雄担任董事长期间形成,绝大部分是张某书个人承包经营期间形成的,是公司未及时向刘某刚行使追偿权,而导致损失的最终形成"的理由不成立。因为本案的损失虽然是持续的,绝大部分损失是在张某书个人承包经营期间形成,但造成损失不是因为张某书,而是王某雄的"擅自"所致。王某雄的"擅自"与损失的形成之间有因果关系,故王某雄应承担赔偿责任。

主要观点:作为董事长和法定代表人未依照公司章程的规定行使职责,未经公司董事会集体讨论决定,擅自转包工程给公司造成了重大损失承担赔偿责任。

案例:董事未对欠缴出资股东催缴违反勤勉义务应赔偿。[最高人民法院(2018)最高法民再366号]

再审申请人斯曼特微显示科技(深圳)有限公司(以下简称深圳斯曼特公司)因与被申请人胡某生、薄某明、史某文、贺某明、王某波、李某滨(以下简称胡某生等6名董事)损害公司利益责任纠纷一案,不服广东省高级人民法院(以下简称二审法院)作出的(2016)粤民破70号民事判决,向最高人民法院申请再审。最高人民法院于2018年6月29日作出(2018)最高法民申1636号民事裁定,提审该案。

2005年1月11日,深圳斯曼特公司成立,系外国法人独资的有限责任公司,股东为SOUTH MOUNTAIN TECHNOLOGIES,LTD.(中文译名为斯曼特微显示科技有限公司,以下简称开曼斯曼特公司),2005年1月11日至2006年12月29日,胡某生、薄某明、史某文担任深圳斯曼特公司董事,其中胡某生为董事长、法定代表人。

2006年12月30日起,贺某明、王某波、李某滨担任深圳斯曼特公司董事,其中贺某明为董事长、法定代表人。深圳斯曼特公司章程规定,公司成立后90天内股东应缴付出资300万美元,第一次出资后一年内应缴付出资1300万美元;公司成立之日即为董事会生效日,董事会由6名成员组成,均为股东公司的董事,以反映股东董事会的意愿;董事会是公司最高权力机关,拥有法律赋予的最终决定权,并承担对公司决定有关经营管理和事务之总体政策的责任;董事会拥有和行使所有属于公司或与公司有关的事项的最后决定权，并且决定所有与公司有关的重大事项；每次董事会的法定出席人数不得少于5人，法定出席人数不足的董事会议通过的决议无效。

股东开曼斯曼特公司于2005年3月16日至2005年11月3日分别多次出资后，欠缴出资5,000,020美元。2011年8月31日，一审法院作出（2010）深中法民四初字第54号民事裁定书，裁定追加开曼斯曼特公司为被执行人，在5,000,020美元范围内对深圳斯曼特公司的债权人捷普电子（苏州）有限公司承担清偿责任。经强制执行，深圳斯曼特公司股东开曼斯曼特公司仍欠缴出资4,912,376.06美元。因开曼斯曼特公司没有其他可供执行的财产，一审法院于2012年3月21日裁定终结该次执行程序。

深圳斯曼特公司一审诉讼请求：（1）胡某生等6名董事对深圳斯曼特公司股东欠缴出资所造成深圳斯曼特公司的损失承担连带赔偿责任，赔偿责任范围为深圳斯曼特公司股东欠缴的注册资本4,912,376.06美元（以深圳斯曼特公司破产案件受理日2013年6月3日当日美元兑人民币汇率中间价折算，折合人民币30,118,760.10元）；（2）由胡某生等6名董事负担本案诉讼费用。

最高人民法院认为：根据《公司法》（2013修正）第147条第1款的规定，董事、监事、高级管理人员应当遵守法律、行政法规和公司章程，对公司负有忠实义务和勤勉义务。上述规定并没有列举董事勤勉义务的具体情形，但是董事负有向未履行或未全面履行出资义务的股东催缴出资的义务，这是由董事的职能定位和公司资本的重要作用决定的。根据董事会的职能定位，董事会负责公司业务经营和事务管理，董事会由董事组成，董事是公司的业务执行者和事务管理者。股东全面履行出资是公司正常经营的基础，董事监督股东履行出资是保障公司正常经营的需要。

最高人民法院《关于适用〈中华人民共和国公司法〉若干问题的规定（三）》第13条第4款规定："股东在公司增资时未履行或者未全面履行出资义务，依照本条第一款或者第二款提起诉讼的原告，请求未尽公司法第一百四十七条第一款规定的义务而使出资未缴足的董事、高级管理人员承担相应责任的，人民法院应予支持；董事、高级管理人员承担责任后，可以向被告股东追偿。"上述规定的目的是赋予董事、高级管理人员对股东增资的监管、督促义务，从而保证股东全面履行出资义务、保障公司资本充实。在公司注册资本认缴制下，公司设立时认缴出资的股东负有的出资义务与公司增资时是相同的，董事、高级管理人员负有的督促股东出资的义务也不应有所差别。本案深圳斯曼特公司是外商独资企业，实行注册资本认缴制。参照最高人民法院《关于适用〈中华人民共和国公司法〉若干问题的规定（三）》第13条第4款的规定，在公司注册资本认缴制下，股东未履行或未全面履行出资义务，董事、高级管理人员负有向股东催缴出资的义务。根据《公司法》（2013修正）第149条的规定，董事、监事、高级管理人员执行公司职务时违反法律、行政法规或者公司章程的规定，给公司造成损失的，应当承担赔偿责任。

胡某生等6名董事未履行向股东催缴出资的勤勉义务，违反了《公司法》（2013修正）第147条第1款规定，对深圳斯曼特公司遭受的股东出资未到位的损失，应承担相应的赔偿责任。胡某生等6名董事应向深圳斯曼特公司连带赔偿4,912,376.06美元（以深圳斯曼特公司破产案件受理日2013年6月3日当日美元兑人民币汇率中间价折算，折合人民币30,118,760.10元）。

主要观点：股东开曼斯曼特公司欠缴的出资即为深圳斯曼特公司遭受的损失，开曼斯曼特公司欠缴出资的行为与胡某生等6名董事消极不作为共同造成损害的发生、持续，胡某生等6名董事未履行向股东催缴出资义务的行为与深圳斯曼特公司所受损失之间存在法律上的因果关系。

五、董事会职权与议事规则

（一）董事会职权

董事会职权（function of board of directors），是指董事会依据法律法规、公司章程的规定及股东会的授权行使公司的执行权和经营决策等权利内容。我国《公司法》（2023修订）第67条对董事会职权作了如下规定：（1）召集股东会会议，并向股东会报告工作；（2）执行股东会的决议；（3）决定公司的经营计划和投资方案；（4）制订公司的利润分配方案和弥补亏损方案；（5）制订公司增加或者减少注册资本以及发行公司债券的方案；（6）制订公司合并、分立、解散或者变更公司形式的方案；（7）决定公司内部管理机构的设置；（8）决定聘任或者解聘公司经理及其报酬事项，并根据经理的提名决定聘任或者解聘公司副经理、财务负责人及其报酬事项；（9）制定公司的基本管理制度；（10）公司章程规定或者股东会授予的其他职权。

基于上述条文最后一条兜底条款——公司章程规定或者股东会授予的其他职权，公司对董事会职权可作以下规定：有些企业创始人因为股份比例较少，但是在可以控制董事会的情况下，可以将股东会的部分职权通过公司章程转移到董事会。也可以细化董事会的具体职权内容，以便于高效处理各项公司经营问题。有些企业将董事会的职权进行了限缩，例如阿里巴巴的合伙人制度，即在股东会和董事会的基础上设立的合伙人会议，对股东会和董事会的职权都进行了限缩，阿里巴巴的大多数重大决策出于合伙人会议。关于董事会的职权应当是明确的、合法的，董事会在行使职权时不得损害股东、公司、其他利益相关方的合法权利。

案例1：董事会违反股东会对股权转让所作限制性规定无效。［江苏省高级法院（2003）苏民二终字第219号］

江苏省江阴市石油销售有限公司（以下简称被告）是由江阴市煤炭石油总公司改制而来，注册资金由原公司内部职工股和股份准备金240万元及资产构成，全体职工股金集中委托挂靠于现经营集团成员个人。公司章程规定：股东6人，注册资本为500万元；公司做出合并、分立、解散必须由代表2/3以上表决权的股东通过，其他事项必须经代表1/2以上表决权的股东通过。股东会会议按照出资比例行使表决权，会议召开15日以前以书面形式通知全体股东。根据被告股东名册记载，公司设立时实际共有在职职工92人出资。1999年7月16日，被告召开股东成立大会，选举五位董事，其中有陈某乐、陈某刚。9月24日，被告同意陈某刚（以下简称原告）等5人离开公司，但被告未退其所缴出资。10月18日，被告股东会会议决定离职职工出资由在职职工股东配比受让，受让价格1:1。至12月13日，被告共有55名职工离职并委托公司代为转让股份，转让股金合计216.71万元。2002年12月13日，董事会免去赵某宝董事长职务，选举陈某乐为董事长。同日，陈某乐以被告的名义和原告签订《股权转让协议》，约定被告受部分股东委托，转让公司部分股份，股份总额为216.71万元，占注册资本的43.34%，转让给原告。12月16日，被告现有37名股东中的33人（陈某乐和原告等4人未参加）召开临时股东会，罢免陈某乐董事长职务，公司存量股份由公司在职职工和股东受让，陈某乐违反股东会已有决议，不经股东会同意，并违法召开董事会，非法获取公司印章，签订出资转让协议，股东会认定其无效。2003年4月19日，被告再次召开董事会，对已由公司代垫离职职工股金由在职职工按已在公司的投资比例1:1补足。原告为此诉至法院，请求被告履行合同义务，接受原告股份收购款216.71万元。被告辩称原告依据的《股权转让协议》应认定无效，该协议形式上不符合《公司法》（1999修正）的规定，因为股东会是公司的意思机关，而该协议既与签订前的公司股东会决议相悖，也被签订后的股东会决议否决，另《股权转让协议》的“标的”均已经登记在其他股东名下，转让标的不存在，《股权转让协议》客观上无法履行。

2002年12月13日，被告董事会免去赵某宝董事长职务，选举陈某乐为董事长，陈某乐以被告的名义和原告签订《股权转让协议》，约定被告受部分股东委托，转让公司股份总额为216.71万元，占注册资本的43.34%，转让给原告。12月16日，被告现有37名股东中的33人（陈某乐和原告等4人未参加）召开临时股东会，罢免陈某乐董事长职务，公司存量股份由公司在职职工和股东受让，陈某乐违反股东会已有决议，决议否决了12月13日董事会的内容。故原告称12月16日的股东会决议无效，因未提供充分证据及独立的主张，故不予采信。法院于2003年6月13日判决驳回原告诉讼请求。

原告不服上诉称10月18日的被告股东会决议无效，因为没有提前通知全体股东，原告未收到会议通知，未参加会议。出席股东会的股东为28人，表决权为173.81万元，占股本总额的34.76%，故该股东会决议未达到决议通过应当满足的票权额而无效。股东会决议关于在职职工配比受让的限制性规定本身就是违法无效的。12月13日签订股权转让协议时，原告仍然是被告公司的股东，故转让协议有效。12月16日的股东会决议无效，因没有提前通知，对原出资人权利进行了违法限制，股东会的出席股东人数未达到要求数额，不能以此否定《股权转让协议》的合法性和有效性。

江苏省高级法院（2003）苏民二终字第219号判决认为：已经和原告解除劳动关系的职工不再是公司股东，无权行使表决权；从2002年10月起，被告股东总数为37名个人股东和一个企业法人股东。10月18日的被告股东会决议，出席会议的出资人的表决权为173.81万元，超过当时有表决权的股东出资总额289.7万元的50%，故该股东会决议有效。股东会决议关于在职职工配比受让的限制性规定，符合有限公司的人合性，有利于公司全体股东的整体利益，本身不违法。12月13日董事会决议无效，因为股东会是被告的权利机构，董事会必须对股东会负责，董事会决议必须符合股东会决议，符合全体股东整体利益，而该董事会决议与10月18日股东会决议不符，应认定为无效。12月16日的股东会决议有效，出席会议的出资人的表决权为188.96万元，超过当时有表决权的股东出资总额289.7万元的50%，故该股东会决议有效。《股权转让协议》损害了公司在职职工股东配比受让的权利，故为无效。

案例2:董事会关于公司印章把持和保管的决议,如果其召开和议事、表决程序符合《公司法》和章程规定,应认定有效。[北京市第二中级人民法院(2007)二中民终字第2687号]

2002年12月12日,北京燕京建筑工程有限责任公司(以下简称燕京公司)成立,杨某任董事长,马某任副董事长兼总经理。2006年7月28日,燕京公司通知召开董事会,原定会议议程为讨论归还同利多吉公司20万元欠款事宜。在讨论完还款事宜后,马某取出事先写好的董事会决议稿件,提出公司营业执照副本、资质证书副本和公章由马某保管,并胁迫李某、王某、王某菊在该董事会决议上签字,杨某当时表示反对,没有签字。2006年7月31日,杨某在该董事会决议上签字时写入了反对意见。燕京公司的公章、营业执照副本等均属于燕京公司的集体财产,任何人无权单独霸占,公章对外代表燕京公司,应将其交给履行公司职责的部门行使职权。因该董事会决议第二项决议违反法律规定,故杨某起诉要求确认燕京公司于2006年7月28日作出的董事会决议第二项决议无效。

北京市第二中级人民法院认为:该案关键在于董事会决议的效力问题。股东会是公司的权力机构,有权对公司的一切重大事项作出决议,董事会是公司的执行机构,有权对公司的日常管理制度作出决议。燕京公司董事会决议第二项内容,未违反法律、行政法规的强制性规定,且燕京公司的大多数股东认可董事会的该项决议内容,因此认为该决议内容合法有效。

案例3:公司未按董事会决议分配股利侵害股东盈余分配权。[江苏省南京市中级人民法院(2003)宁民五初字第23号]

1998年3月台湾袖鑫机械股份有限公司(以下简称袖鑫公司)与恒力机械(香港)有限公司(以下简称恒力公司)各出资19万美元成立了常州力鑫机械有限公司(以下简称力鑫公司)。公司成立以后,力鑫公司一直由恒力公司经营,排斥袖鑫公司参与经营管理,并不向袖鑫公司提供财务报表,袖鑫公司对力鑫公司的经营状况及盈亏几乎一无所知,此行为严重地侵害了袖鑫公司权益。2002年5月,恒力公司为了分得利润而需袖鑫公司签字,被迫向袖鑫公司提供了部分财务资料,即1998年、1999年、2000年、2001年的年检报告书和1998年3月至2002年4月的财务简报及2002年4月的资产负债表,根据该些财务资料,袖鑫公司至少应分得利润64.32万元。袖鑫公司法定代表人作为力鑫公司董事与其他董事协商并达成分配利润的董事决议(所署日期为2002年1月4日,实为2002年5月18日左右),袖鑫公司要求力鑫公司对所提供的财务资料盖章确认却遭拒绝。后昶鑫公司得知,恒力公司却从力鑫公司处划转了全部所分得的利润,而昶鑫公司向力鑫公司催要应分得利润时却被告知"无钱了"。昶鑫公司与两被告多次协商无效情况下,只得提起诉讼,请求法院依法判令力鑫公司支付昶鑫公司利润分配额64.32万元。

法院认为:力鑫公司的财务资料及有关审计报告已明确至2001年度止在弥补上年亏损后具有未分配的净利润为1,837,661.09元,且2002年5月18日通过的董事会决议又对未分配利润进行了分配,即对盈利计提3项基金后的未分配利润按投资双方的投资比例进行分配,此时力鑫公司应当按照董事会通过的利润分配方案向股东方支付股利。力鑫公司未能按其董事会决议分配股利,是对其股东的公司盈余分配权的侵害。昶鑫公司作为力鑫公司的股东,在其股东权受到侵害时,要求判令力鑫公司按利润分配方案向其支付利润的诉讼请求,与法有据,法院予以支持。

(二)避免董事会的缺位与越位

1. 花瓶董事和影子董事

花瓶董事(independent director having no effect),是对作用虚化的独立董事的代称,2001年证监会出台《关于在上市公司建立独立董事制度的指导意见》后,上市公司纷纷聘请经济学家或大学教授等担当独立董事,利用的就是他们作为公共知识分子的道德象征,但随法律的健全和监管越来越严,独立董事承担了更多的法律责任,故独立董事们开始了"砸花瓶运动"。

影子董事(shadow director),英国1980年《公司法》正式使用"影子董事"一词,英国1985年《公司法》始有标准定义,"影子董事"被界定为这样一个人:公司董事习惯于按他的指示或者指挥而行事,但不能只因为董事依某人以职业身份提供的建议而行动就主张该人为影子董事。即公司董事习惯于按照某人的指示行动,则该人即为"影子董事"。影子董事虽然不是董事,但是依靠其在公司中的"地位"却是能够指挥公司行为之人。

为避免花瓶董事和影子董事,应在公司章程中明确董事履行义务,例如:

(1)认真阅读公司的各项业务、财务报告。

(2)准时参加公司的董事会、对董事会所讨论的内容、项目进行认真审核,谨慎表决;董事必须在已经表示同意的董事会所议事项的有关董事会决议、纪要上签名。

(3)了解公司业务经营管理情况,对公司的经营管理向公司管理层提出意见和建议,但不得干预公司的管理和经营活动。

(4)未经公司章程规定或董事会授权,不得以个人名义代表公司或者董事会行事,董事以其个人名义行事时,在第三方会合理地认为其代理公司或董事会行事的情况下,董事应事先声明其行为不代表公司。

(5)不得自营或为他人经营与公司同类的营业或者从事损害公司利益的活动。

(6)除依照法律规定或者经股东会同意外,不得泄露公司秘密。

(7)董事应保证有足够的时间和精力履行其应尽的职责。

(8)董事应积极参加有关培训,以了解作为董事的权利、义务和责任,熟悉有关法律法规、掌握作为董事应具备的相关知识。

(9)亲自行使被合法赋予的公司管理权,不得受他人操纵;非经许可不得将其管理处置权转授他人行使。

(10)接受监事会的监督和合法建议。

2. 董事评价

董事评价(directors' appraisal),是指对董事履职及董事会运作活动的过程、结果进行的客观评价。所以评价的对象应当既包括董事,也包括董事会整体,在评价董事的时候应当更注重董事的决策能力与独立的判断力,在评价董事会的时候应当更注重对董事会的合规性和有效性进行评价。但是在目前的企业运作中,包括上市公司和央企在内对此都没有比较成熟的、有效的方式。全国各地国资委相继出台了关于董事会、董事和外部董事的评价办法,例如:北京市人民政府国资委印发了《市管企业外部董事评价暂行办法》(京国资党发〔2018〕11 号)、深圳市人民政府国资委印发了《深圳市国有资产监督管理局直管企业董事会及董事评价办法(试行)》(深国资局党〔2010〕84 号)、江苏省人民政府国资委印发了《省属国有独资公司董事会及董事评价办法(试行)》(苏国资〔2007〕83 号)、山东省人民政府国资委印发了《2008 年度省管企业外部董事评价及外派监事考核工作方案》(鲁国资董监〔2009〕1 号)、河南省人民政府国资委印发了《河南省董事会试点企业董事会、董事评价办法(试行)》(豫国资文〔2012〕67 号)、温州市人民政府国资委印发了《温州市市属国有企业外部董事评价办法(试行)》(温国资委〔2016〕191 号)等。

3. 避免董事会僵局

董事会僵局(deadlock of board of directors)是指公司在存续运行中由于股

东、董事之间矛盾激化而处于僵持状况，导致董事会等公司机关不能按照法定程序作出决策，从而使公司陷入无法正常运转，甚至瘫痪的状况。为避免董事会僵局，本书建议：

(1)规定利害董事表决回避制度。董事会讨论的决议事项有特别利害关系、可能导致有害于公司利益的情形(如关联交易，为董事提供担保等)发生时，该董事及其代理人不得行使表决权。

(2)赋予董事长在出现表决僵局时有最终决定权。

(3)规定董事会成员与股东会成员不得完全重合，在董事会出现表决僵局时将该事项提交股东会表决。

(4)当公司股东或董事之间发生分歧或纠纷时，由控制一方股东以合理的价格(协商或中介机构评估)收买相对方股东股权或股份，从而让弱势一方股东退出公司。

(5)科学设置股权结构、股权比例，尽量避免股东占股各50%。

(6)完善董事会议事方式和决议方式，充分预设可能出现僵局的情形以及解决方案。

案例：股份有限公司股东会召集权属于董事会，主持权属于董事长。只有在符合特殊条件时才能由提议股东主持；董事会同意股东召开股东会提议后不得随意变更。[福建省高级人民法院(2004)闽民终字第256号]

2003年11月19日，王某作为宏智科技股份有限公司(以下简称宏智公司)第一大股东(18%)向宏智公司提出召开2004年度第一次临时股东会的议题，提案内容为“选举新一任董事，选举任某、辛某为公司新一任监事”。但宏智公司时任董事长黄某民无故拒收，王某随即依照《公司法》(1999修正)、《上市公司股东大会规范意见》(以下简称《规范意见》)和《宏智科技股份有限公司章程》的规定，决定自行召开临时股东会，依法向宏智公司时任董事长黄某民公证邮寄送达了提案，并将提案向中国证监会福州特派办进行了报备，2003年12月11日又依照法定程序在《中国证券报》《上海证券报》《证券时报》上刊登了召开宏智公司2004年第一次临时股东会的公告。2004年1月11日，王某提议召开的宏智公司2004年第一次临时股东会顺利按公告的内容召开。大会通过了王某提出的议案。但宏智公司时任董事长黄某民对王某合法股东权利的行使进行破坏和干扰，在王某召开股东会的当日宏智公司时任董事长黄某民宣称股东会改换地点进行，并在王某依法公告的会议地点之外的地方召开了另一场所谓的股东会,对王某的议案进行了否定。宏智公司时任董事长在未事先进行公告、报备的情况下召开的所谓股东会违反了法定程序,根本无效,并对王某的股东权利构成了侵害。由于宏智公司时任董事长黄某民的上述破坏行为,王某召开的股东会选举的新任董事会不能正常接管宏智公司的生产经营,公章、营业执照的使用混乱,导致宏智公司的客户无法辨别宏智公司的法人治理情况和真正有效的经营管理班子,对宏智公司的商业信誉造成了极大的损害,市场份额大幅流失。宏智公司的上述情况,直接导致王某作为宏智公司第一大股东的权益受损,由于宏智公司的每股净资产缩水,王某从召开股东会至今的损失已达上千万元。法院认为:

1. 股份有限公司的董事会依法由股东会选举产生,对股东会负责,代表了全体股东的共同利益。基于保护全体股东的合法权益并最大限度地避免提议股东操纵临时股东会从而损害其他中小股东或其他大股东的利益的理由,股份有限公司股东会的召集权属于董事会,主持权属于董事长。只有在董事会和董事长明示放弃或怠于行使或不能行使该项法定职责,且未能指定董事主持股东会的情况下,《规范意见》第 26 条才赋予提议股东相应的救济权利,即"……提议股东在报所在地中国证监会派出机构备案后会议由提议股东主持……"本案中,公司的董事长黄某民此前虽有拒收王某议题和提案并在公告中对王某提议召开的股东会的有效性进行否定的行为,但不能由此推定董事会已放弃对于公司股东会的召集权和董事长的会议主持权,亦不能推定董事会和董事长将妨碍股东会的正常召开。原告王某关于公司的前述行为已表明公司董事会拒绝参加会议并履行职责的主张不成立。原告王某在 2004 年 1 月 11 日股东会召开前向中国证监会福州特派办报备的内容和相关公告以及其在中国证监会福州特派办的陈述均表明,原告王某已提前剥夺了公司的董事会对该次股东会的召集权及董事长主持权。在股东会召开当日,当董事长黄某民、董事会秘书杨某等人到场并要求接管会务并主持会议时,仍遭到原告王某的工作人员的拒绝。原告王某及其工作人员的上述行为,侵害了公司董事会对于股东会的召集权和董事长的主持权,并可能侵害其他股东的合法权益,直接影响了其所召集和主持的"宏智科技股份有限公司 2004 年第一次临时股东会"的正当性和有效性。福州市公证处的公证人员在 2004 年 1 月 11 日对王某自行召开并主持的公司 2004 年第一次临时股东会进行了现场公证,主要对出席股东或其代理人的身份、持股数、表决过程、表决票数及相应统计数字进行形式审查。由于原告王某未就参会股东主体问题继续提供其他证据进行佐证,且公证人员向法院出具的证言表明其对黄某民等人要求接管会务并主持会议的情形并不完全知晓,故福州市公证处(2004)榕公证内经字第15号《公证书》中关于"股东及股东代理人的代表资格合法,股东会会议程序真实有效"的描述,不能作为认定本案相关部分事实的根据。同理,有关见证律师发表的法律意见书,仅属于其个人意见,亦不产生相应的证明效力。综上所述,法院确认由王某于2004年1月11日自行召集并主持的公司2004年第一次临时股东会所产生的决议无效。

2. 股东会的会议通知是股东决定是否出席本次大会和获取会议信息的最基本来源,对会议通知的任何变更,均应当依照规定程序进行。本案中,宏智公司的董事会2004年1月10日的公告和相关报备行为表明,其已同意参加由王某提议召开的公司2004年第一次临时股东会。《规范意见》第22条规定:"董事会做出同意召开股东会决定的,应当发出如开股东会的通知……通知发出后,董事会不得再提出新的提案,未征得提议股东的同意也不得再对股东会召开的时间进行变更或推迟。"由黄某民主持召开的公司2004年第一次临时股东会属于未征得提议股东王某的同意,在会议召开当天临时变更了会议时间,同时还改变会议场所和登记方法,可能造成已经作出判断的股东需要重新作出判断的后果,在程序上无法保证所有股东依法行使其权利,特别是无法确保广大中小股东享有充分的知情权。在提议股东王某未出席并对议案进行说明的情况下,还可能影响出席股东对议案的理解和判断,进而影响其根据自身利益对表决权的行使,亦侵犯了提议股东王某的权利。综上所述,法院确认由黄某民于2004年1月11日主持召开的公司2004年第一次临时股东会所产生的决议无效。

(三)董事会议事规则

董事会议事规则,是指董事会开会期间必须遵守的一系列程序性规定,这些规定是董事会规范运作、避免其决议瑕疵的前提和基础。上市公司应在公司章程中规定规范的董事会议事规则,确保董事会高效运作和科学决策。董事会议事规则内容一般包括:总则、董事的任职资格、董事的行为规范、董事长的权利和义务、董事会的工作程序、工作费用以及其他事项。

案例:董事会决议召集程序、表决方式违反法律、行政法规或公司章程,股东有权要求撤销。[山东省淄博市中级人民法院(2007)淄民四终字第33号]

淄博市临淄区公有资产经营公司(以下简称公有资产公司)诉山东齐鲁乙烯化工股份有限公司(以下简称齐鲁乙烯)等股东请求撤销董事会决议一案,经审理查明王某系齐鲁乙烯的股东。齐鲁乙烯董事会成员为：马某、蒋甲、蒋乙、盛某、罗某、王某、杨某。2006年6月5日，蒋乙、罗某、盛某提议，因齐鲁乙烯经营管理混乱，近期召开董事会。同年6月9日，蒋乙、蒋甲、罗某、盛某以齐鲁乙烯经营管理混乱，董事长马某长期不能履行职责为由，推举盛某召集并主持临时董事会会议。同年6月12日，会议通知传真至杨某处，称：鉴于齐鲁乙烯目前管理混乱，2005年审计机构无法进场实施年度审计等现状，董事罗某、盛某、蒋乙提议于近期召开公司临时董事会。本次临时董事会会议通知列明会议召开时间：2006年6月14日。会议召开地点：重庆渝北区紫荆路佳华世纪新城D区6栋重庆国际实业投资股份有限公司会议室。会议议题为“规范公司管理，改善公司现状”。杨某于次日回函，称：因此次临时董事会议通知上无董事长签字，也未说明3人召开董事会的权利来源，本人亦未接到董事长的任何通知或说明，公司经理于某信也未接到与会通知，在公司所在地召开董事会更符合实际等原因，拒绝参加本次临时董事会。该函于当日传真至盛某处，并于当日寄出，后盛某收悉。同年6月13日，蒋甲、蒋乙委托盛某代为参加临时董事会决议，并行使表决权。同年6月14日，齐鲁乙烯临时董事会召开，由盛某主持，罗某参加，通过了临时董事会决议。决议内容为：(1)依据公司章程的相关规定，成立齐鲁乙烯清产核资工作小组，公司所有事务都在清产核资工作小组的领导下进行，清产核资工作小组应清查公司的资产状况，建立公司正常的管理秩序(包括公章的管理、公章的使用须经清产核资工作小组组长批准)，日常工作由常务副组长主持。盛某担任组长、吴某担任常务副组长。(2)因原董事长马某长期不能胜任工作，依据公司章程的有关规定，董事会改选盛某为齐鲁乙烯董事长，马某不再担任公司董事长。后王某以该临时董事会召集程序违法为由，要求撤销该决议。

淄博市临淄区公有资产经营公司(以下简称公有资产公司)的王某起诉请求撤销临时董事会决议。

法院认为：齐鲁乙烯董事会共有7名董事：马某、蒋甲、蒋乙、盛某、罗某、王某、杨某，马某任董事长。2006年6月5日，蒋乙、盛某、罗某召开临时董事会的提议并没有提交给董事长马某，6月12日的临时董事会会议通知也没有通知到马某及董事王某参加，使董事长马某和董事王某不能行使表决权，显然违背了《公司法》(2005修正)及《山东齐鲁乙烯化工股份有限公司章程》的规定。而且根据公司章程的规定，董事会会议通知应当包括事由和议题。但此次会议通知中只注明会议议题是：规范公司管理，改善公司现状。对于董事会决议中拟作出的成立公司清产核资工作组及更换董事长等对公司有重大影响的事项均未涉及。杨某董事回函以此次会议无董事长签名、无明确议题,以及蒋乙、盛某、罗某3人无权召开董事会为由拒绝参加,杨某董事对这次会议的质问会议主持人盛某没有作出任何解释。而且杨某是2006年6月12日在淄博收到会议通知,2006年6月14日会议就在重庆召开,完全没有给杨某准备的时间,再加上会议通知中丝毫没有涉及会议内容,这实际上是不正当地剥夺了杨某董事对这次会议的表决权。根据公司章程规定,公司总经理、财务总监、监事应列席董事会会议。此次董事会决议作出的内容对公司的发展生存有着重大影响,却没有通知其总经理、监事参加显然与公司利益不符。而且此次临时董事会会议只有盛某、罗某出席,蒋甲、蒋乙授权委托盛某代为行使表决权,但蒋乙的授权委托书中未注明具体的授权范围,没有对董事会决议事项真实充分表达自己的意见,因此盛某代其行使的表决权存在重大瑕疵。

综上,二审法院认为,2006年6月14日齐鲁乙烯董事盛某、罗某作出的董事会决议在会议召集程序、表决方式等方面存在瑕疵,与《公司法》(2005修正)和《山东齐鲁乙烯化工股份有限公司章程》的规定及精神相违背,与公司利益不符,其所作出的决议不能体现公司的团体意志,属于对董事个人表决权的滥用,应予撤销。关于盛某、罗某的诉讼主体问题,因为在公司七名董事中,只有盛某、罗某在决议中签名,齐鲁乙烯并没有认可该决议的正当性,被上诉人公有资产公司作为齐鲁乙烯的股东,要求撤销盛某、罗某违反公司章程私自作出的决议,把他们作为诉讼主体并无不当。

以下为董事会议事规则部分范本,供参考:

第四十条 董事会会议每年度至少召开两次。在下列情况下,可以召集临时董事会会议:

1. 董事长认为必要时;
2. 三分之一以上的董事提议时;
3. 监事会提议时;
4. 总经理提议时;
5. 其他突发事件发生时。

第四十一条 董事长应当在与提议人协商其所提议题、议案和决议草案以后,确定是否有必要召集董事会会议。如果董事或总经理提议召集董事会会议并有明确、完整的议案和决议草案,董事长原则上应当召集董事会会议。

第四十二条 董事会召开临时董事会会议的,应当于会议召开三日前以书面或口头方式通知全体董事。如董事长不能履行职责时,应当指定执行或其他董事代行其召集临时董事会会议;董事长无故不履行职责,亦未指定具体人员代行其职责的,可由董事负责召集会议。

第四十三条 董事会会议应由二分之一以上的董事出席方可举行。

第四十四条 董事会会议由董事长召集和主持,董事长因特殊原因不能履行其职责时,由董事长书面委托其他董事召集和主持董事会会议。委托书应载明会议时间、地点、议题、议案和决议草案、授权范围。由双方签名,在会议上宣读后,与会议资料一并存档。

第四十五条 召开定期董事会会议应由董事长在会议召开七日前通知,组织和准备会议资料。

第四十六条 经董事长审阅会议资料并确认无误后,应于会议召开十日前,以书面形式通知全体董事并抄送全体监事,载明会议时间、地点、会议议题,并附全部会议资料。各董事接到会议通知后,应在会议送达通知上签名。如遇特殊情况,可以口头或电话通知,但必须对通知的具体时间和地点作出记录,存入董事会档案。

第二节 监事的激励与约束机制

一、监事会治理概述

监事会是由监事组成的对公司内部经营管理活动行使监督权的机构。监事会治理(governance of board of supervisors),是指为了监事会各项职能有效发挥而进行的各项制度安排,包括监事的遴选与淘汰、激励与约束规则,监事会规模大小、结构的设置,监事会职权、议事规则的设置。《公司法》(2023 修订)规定,公司可以在董事会中设立审计委员会代替监事会职责,即不再设立监事会。

二、监事的遴选与淘汰

(一)监事的任职资格

监事的任职资格(supervisors' competence requirement),是指监事履行职务

时需要具备的条件。我国《公司法》(2023 修订)第 178 条规定了消极条件,公司也可以设置更高的条件,以利于监事更好履职和公司的发展。《公司法》(2023 修订)另外规定了关于监事职务的解除,股东会作出解除决议即生效。

法条链接

《中华人民共和国公司法》(2023 修订)

第一百七十八条　有下列情形之一的,不得担任公司的董事、监事、高级管理人员:

(一)无民事行为能力或者限制民事行为能力;

(二)因贪污、贿赂、侵占财产、挪用财产或者破坏社会主义市场经济秩序,被判处刑罚,或者因犯罪被剥夺政治权利,执行期满未逾五年,被宣告缓刑的,自缓刑考验期满之日起未逾二年;

(三)担任破产清算的公司、企业的董事或者厂长、经理,对该公司、企业的破产负有个人责任的,自该公司、企业破产清算完结之日起未逾三年;

(四)担任因违法被吊销营业执照、责令关闭的公司、企业的法定代表人,并负有个人责任的,自该公司、企业被吊销营业执照、责令关闭之日起未逾三年;

(五)个人因所负数额较大债务到期未清偿被人民法院列为失信被执行人。

违反前款规定选举、委派董事、监事或者聘任高级管理人员的,该选举、委派或者聘任无效。

董事、监事、高级管理人员在任职期间出现本条第一款所列情形的,公司应当解除其职务。

(二)监事的提名(supervisors' nomination),监事提名过程是提名主体、程序和方式的问题

1. 在有限责任公司中,如果设立监事会,则任何一位股东都有权提名监事,提交股东会表决同通过。

2. 在股份有限公司中,单独或者合计持有公司 1% 以上股份的股东有权提名监事,然后董事会按照《公司法》及公司章程的规定进行通知其他股东、提交审议和表决。

法条链接

《中华人民共和国公司法》(2023 修订)

第一百一十五条第二款　单独或者合计持有公司百分之一以上股份的股东,可以在股东会会议召开十日前提出临时提案并书面提交董事会。临时提案

应当有明确议题和具体决议事项。董事会应当在收到提案后二日内通知其他股东,并将该临时提案提交股东会审议;但临时提案违反法律、行政法规或者公司章程的规定,或者不属于股东会职权范围的除外。公司不得提高提出临时提案股东的持股比例。

（三）监事的选聘（supervisors' selection）与任期（supervisors' tenure）

根据我国《公司法》(2023 修订)的相关规定,关于监事的选聘与任期见图2-2:

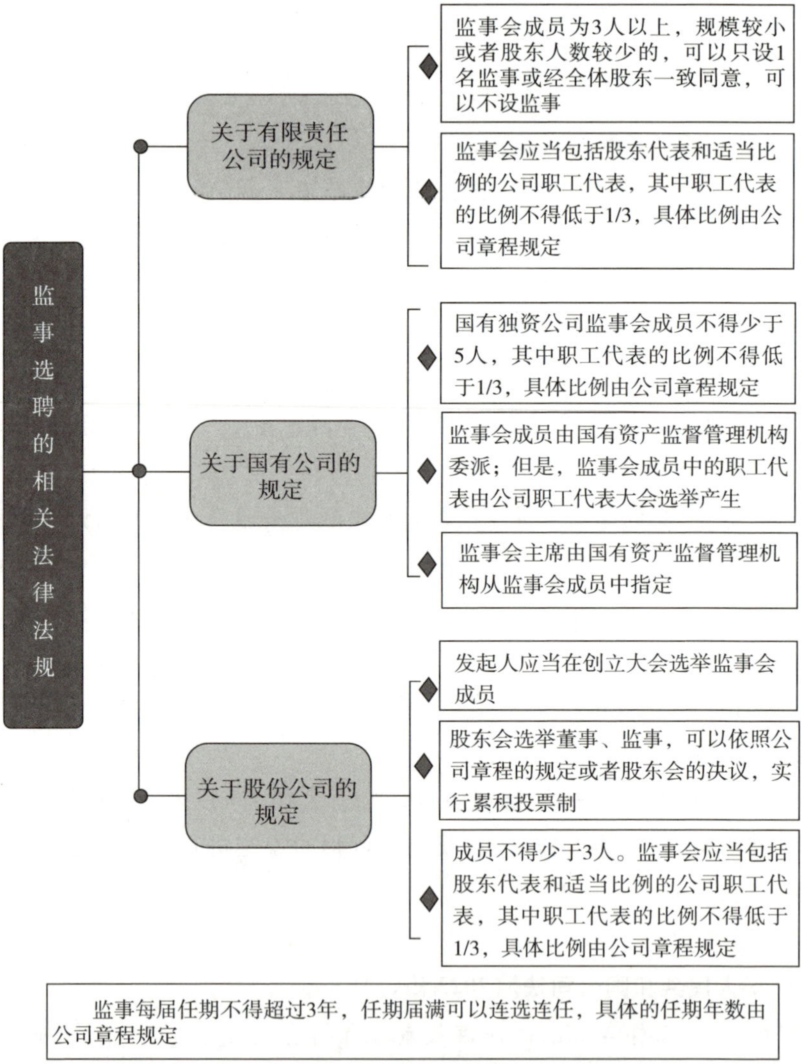

图2-2　监事的选聘与任期

法条链接

《中华人民共和国公司法》(2023 修订)

第五十九条第一款　股东会行使下列职权:

(一)选举和更换董事、监事,决定有关董事、监事的报酬事项;

……

第七十六条　有限责任公司设监事会,本法第六十九条、第八十三条另有规定的除外。

监事会成员为三人以上。监事会成员应当包括股东代表和适当比例的公司职工代表,其中职工代表的比例不得低于三分之一,具体比例由公司章程规定。监事会中的职工代表由公司职工通过职工代表大会、职工大会或者其他形式民主选举产生。

监事会设主席一人,由全体监事过半数选举产生。监事会主席召集和主持监事会会议;监事会主席不能履行职务或者不履行职务的,由过半数的监事共同推举一名监事召集和主持监事会会议。

董事、高级管理人员不得兼任监事。

第七十七条　监事的任期每届为三年。监事任期届满,连选可以连任。

监事任期届满未及时改选,或者监事在任期内辞任导致监事会成员低于法定人数的,在改选出的监事就任前,原监事仍应当依照法律、行政法规和公司章程的规定,履行监事职务。

第一百一十七条第一款　股东会选举董事、监事,可以按照公司章程的规定或者股东会的决议,实行累积投票制。

第一百三十条　股份有限公司设监事会,……监事会成员为三人以上。监事会成员应当包括股东代表和适当比例的公司职工代表,其中职工代表的比例不得低于三分之一,具体比例由公司章程规定。监事会中的职工代表由公司职工通过职工代表大会、职工大会或者其他形式民主选举产生。

监事会设主席一人,可以设副主席。监事会主席和副主席由全体监事过半数选举产生。监事会主席召集和主持监事会会议;监事会主席不能履行职务或者不履行职务的,由监事会副主席召集和主持监事会会议;监事会副主席不能履行职务或者不履行职务的,由过半数的监事共同推举一名监事召集和主持监事会会议。

董事、高级管理人员不得兼任监事。

本法第七十七条关于有限责任公司监事任期的规定,适用于股份有限公司监事。

三、监事的激励与约束

(一)监事的激励(supervisors' incentive)

监事的激励是指为了提高监事的工作积极性并有效发挥其监督作用,公司采取的一系列激励措施。根据《公司法》(2023 修订)的相关规定,这一系列的措施最终由股东会决定。

1. 一般规定

《公司法》(2023 修订)第 59 条　股东会行使下列职权:

(一)选举和更换董事、监事,决定有关董事、监事的报酬事项;

……

第 79 条第 2 款　监事会发现公司经营情况异常,可以进行调查;必要时,可以聘请会计师事务所等协助其工作,费用由公司承担。

第 82 条　监事会行使职权所必需的费用,由公司承担。

非上市公司可以对监事实施股权激励计划,对此详细内容详见本章第三节第三部分内容。

2. 上市公司规定

《上市公司治理准则》(2018 修订)第 57 条　董事会、监事会应当向股东大会报告董事、监事履行职责的情况、绩效评价结果及其薪酬情况,并由上市公司予以披露。

(二)监事的约束(supervisors' restraint)

监事的约束是指为了避免监事的道德风险,《公司法》及公司采取的一系列制衡与监督监事的措施总和。本部分内容详见本章第二节第三部分,不再赘述。

案例 1:监事临时受任经理期间因失职造成公司损失应赔偿。[上海市第一中级人民法院(2009)沪一中民三(商)终字第 969 号]

上海川流机电专用设备有限公司(以下简称川流公司)有 3 名股东,大股东罗某占 50% 的股份,任公司法人代表、执行董事、总经理和财务负责人,二股东李某华占 30% 的股份,任公司监事和营销部经理。罗某因患病需住院治疗,遂召开总经理例会,宣布在其住院期间由李某华负责全面工作。会后,罗某出具任命书一份,载明:"因公司工作需要及总经理身体原因,即日起由李某华负责公司的全面日常工作;我谨代表公司祝愿他在新的岗位上取得更大成绩。"

李某华在全面负责川流公司日常工作期间,以川流公司的名义与案外人日华真空电子(天津)有限公司(以下简称日华公司)开展了UV手机外壳涂装线项目业务,直至其离开川流公司,尚有110万元项目款未收回。川流公司曾起诉日华公司,主张前述款项,但由于该项目业务未订立书面协议,履行期间亦未制作相关交付凭证,致使其诉讼请求缺乏证据支持,未被法院受理。川流公司遂提起本案诉讼,称李某华在全面负责公司工作期间未尽到勤勉义务,导致公司蒙受巨大损失,请求判令李某华赔偿110万元。

法院认为:李某华身为川流公司的监事,后又代行总经理之职,两类职责出现交叉,后果是其作为监事的任职无效,应当认为李某华是川流公司的高级管理人员。李某华未对公司的经营尽到合理审慎的注意,仅以口头方式订立协议,亦未能提供能够证明合同履行情况的文件资料,致使川流公司的应收款债权无法得到有效救济。李某华的行为明显违反了勤勉义务,应当对川流公司因此遭受的损害承担赔偿责任。遂判决李某华赔偿川流公司人民币110万元。

案例2:陕西某置业公司诉张某某、朱某某损害公司利益责任纠纷案。(人民法院案例库 入库编号2023-08-2-276-002)

裁判要旨

根据《公司法》(2018修正)第53条的规定,监事负有检查公司财务及对董事、高级管理人员执行公司职务的行为进行监督的职权,当董事、高级管理人员的行为损害公司的利益时,监事应当要求董事、高级管理人员予以纠正等。在明知公司法定代表人实施损害公司利益的行为时,同时作为公司的财务人员的监事,不仅未予制止,还按照法定代表人的要求执行了损害公司利益行为的,应当认定其未尽到监事的勤勉义务,与该法定代表人对公司的损失承担连带赔偿责任。

基本案情

陕西某置业公司(以下简称某公司)成立于2002年8月2日。2007年孙某某与张某某共同收购利某持有的某公司53.3%股权,并就孙某某代持张某某的部分股权及股权对价款支付方式等事项分别进行了约定。2007年11月23日,股东变更为孙某某、张某某,法定代表人孙某某。2009年4月16日,股东孙某某名下的某公司股权被变更至张某某之妻名下,某公司法定代表人、董事长亦变更为张某某。2012年6月,孙某某发现2009年4月16日某公司登记信息变更后,随即向陕西省工商行政管理局举报。2012年8月13日,陕西省工商行政管理局委托西北政法大学司法鉴定中心进行了笔迹鉴定,鉴定结果是2009年4月8日《某公司股东会决议——关于变更股权、法定代表人的决议》《某公司董事会决议》《某公司股权转让协议书》中的孙某某签名笔迹与孙某某本人笔迹不一致。2012年12月17日，陕西省工商行政管理局作出陕工商处字(2012)47号行政处罚决定书，该处罚决定书认定2009年4月16日某公司的工商变更登记系提交虚假资料取得工商登记的违法行为，并作出撤销2009年4月16日变更登记的处罚决定。陕西省工商行政管理局根据该处罚决定于2013年5月31日恢复某公司的工商登记。股东恢复登记为孙某某(持股53.3%)、张某某(持股46.7%)，法定代表人恢复登记为孙某某。

2009年4月至2013年1月，在张某某实际控制某公司期间，某公司账面出现大额货币资金支出的情形。

某公司向一审法院提起诉讼，请求判令张某某向某公司返还756万元，监事朱某某承担连带责任。一审法院认为，张某某需对其中650万元承担返还责任，朱某某作为某公司的监事和财务人员，对张某某实施的损害公司利益行为，不仅不予制止，反而对明知属于无任何支付依据的转出款项，仍应张某某的要求，分多次转出，朱某某的行为严重背离了某公司的公司章程以及法律要求监事和高级管理人员负有的忠实勤勉义务。张某某与朱某某共同实施了损害某公司利益的侵权行为，某公司请求朱某某承担连带责任符合法律规定。陕西省西安市中级人民法院于2020年11月10日作出(2020)陕01民初255号民事判决：(1)张某某自本判决生效之日起10日内返还某公司650万元并承担利息损失(以650万元为本金，自2010年7月8日起按中国人民银行同期贷款利率计算至2019年8月19日止，从2019年8月20日起按全国银行间同业拆借中心公布的贷款市场报价利率计算至实际清偿之日止)；(2)朱某某对本判决第一项确定的给付内容承担连带责任；(3)驳回某公司的其余诉讼请求。某公司、张某某、朱某某均不服一审判决，提起上诉。陕西省高级人民法院于2021年4月26日作出(2021)陕民终25号民事判决：驳回上诉，维持原判。张某某、朱某某均不服二审判决，向最高人民法院申请再审。最高人民法院于2021年12月20日作出(2021)最高法民申6621号民事裁定：驳回张某某、朱某某的再审申请。

裁判理由

法院生效裁判认为，本案争议的焦点问题为二审判决认定朱某某对某公司的损失承担连带责任是否有误。

本案中，朱某某作为公司监事，应当根据《公司法》(2018修正)第53条的规定，行使下列职权：(1)检查公司财务；(2)对董事、高级管理人员执行公司职务的行为进行监督,对违反法律、行政法规、公司章程或者股东会决议的董事、高级管理人员提出罢免的建议;(3)当董事、高级管理人员的行为损害公司的利益时,要求董事、高级管理人员予以纠正等。

朱某某与张某某系朋友关系,于2007年经张某某介绍进入某公司工作。2009年4月16日,张某某通过提交虚假资料将另一股东孙某某名下的公司股权变更至其妻子名下,将公司法定代表人、董事长由孙某某变更为自己,朱某某作为公司监事,应该注意到上述变更行为未经公司股东会决议。2013年5月31日,经孙某某举报,陕西省工商行政管理局撤销了2009年的变更登记,将某公司的工商登记恢复至变更前的状态(孙某某持股53.3%、张某某持股46.7%、法定代表人为孙某某)。在此期间(2009年4月至2013年1月),张某某实际控制某公司,实施了如下损害某公司利益的行为:(1)向其女儿担任法定代表人的公司借款100万元,借款期限2个月,约定利息50万元,原审法院认定其中的6万元利息属于正常的民间借贷的利息,超出的44万元利息应由张某某承担。朱某某作为监事和财务人员,经手了该笔资金的转出,应该注意到关于如此高额利息的约定损害了公司利益,却未予制止。(2)以"劳务费""工程款""还款"等名义共计支出款项326万元(其中100万元用于偿还金澳公司对某公司的其他应收款,而张某某原系金澳公司法定代表人),对于以上支出,张某某给出的解释与会计记账凭证记载的用途不吻合,且张某某不能提供付款的合理依据。朱某某作为监事,有权检查公司财务,作为财务人员,经手了上述资金的转出,只要稍尽审查义务,就应当发现上述付款的不合理性。(3)某公司以还款的名义转给朱某某300万元,由朱某某分别转给他人。关于此笔款项,朱某某作为独立主体与张某某共同实施了侵害公司利益的行为,无论是否存在领导指示,朱某某作为公司监事均应承担侵害公司利益的责任。

朱某某作为某公司的监事和财务人员,对张某某实施的损害公司利益行为,不仅不予制止,反而对明知属于无任何支付依据的转出款项,仍应张某某的要求,分多次转出,其行为严重背离了某公司的公司章程以及法律要求监事和高级管理人员负有的忠实勤勉义务。故二审法院判决朱某某对某公司的损失承担连带责任并无不当。

四、监事会职权与议事规则

(一)监事会职权概述

监事会职权(function of board of supervisors),是指监事会依据法律法规、公

司章程的规定及股东会的授权行使公司的监督权利内容。我国《公司法》(2023修订)第78条作了如下规定,监事会行使下列职权:(1)检查公司财务;(2)对董事、高级管理人员执行职务的行为进行监督,对违反法律、行政法规、公司章程或者股东会决议的董事、高级管理人员提出解任的建议;(3)当董事、高级管理人员的行为损害公司的利益时,要求董事、高级管理人员予以纠正;(4)提议召开临时股东会会议,在董事会不履行本法规定的召集和主持股东会会议职责时召集和主持股东会会议;(5)向股东会会议提出提案;(6)依照本法第189条的规定,对董事、高级管理人员提起诉讼;(7)公司章程规定的其他职权。

基于第7项"公司章程规定的其他职权"该兜底条款,有些企业创始人因为股份比例较少,但是在可以控制监事会的情况下,细化监事会的具体职权内容,以便于高效监督公司经营管理活动。

案例:公司监事可以以公司名义提起确认关联交易效力之诉。[上海市长宁区人民法院(2010)长民二(商)初字第1742号]

原告上海安连信息技术有限公司(以下简称安连公司)于1999年9月4日创建并登记了某域名,并在2001年2月27日取得电信与信息服务业务经营许可证,获得经营安家网网站的经营许可证,此后又相继获得了与上述网站经营相关的6项注册商标。被告上海安聚投资管理有限公司(以下简称安聚公司)为原告公司控股股东,持股比例为50%。被告魏某某系被告公司法人代表,拥有40%股权,于2007年12月15日被委派担任原告公司董事,并于同日经原告公司董事会任命为原告公司董事长即法定代表人。2009年7月17日,原告安连公司与被告安聚公司签署备忘录,载明:原告将其持有的6项商标转让给被告公司,用以充抵原告对被告公司相应金额的欠款,同日签署注册商标转让合同,约定转让价格为零元。2009年10月30日,原告所有的网站域名被申请变更至被告公司名下。2010年4月12日,原告安连公司以"已被被告公司收购,下属网站已隶属于被告公司"为由,申请注销增值电信业务许可证,被告魏某某在法定代表人处签字。此后,被告安聚公司取得相应的增值电信业务许可证。2010年8月8日,原告股东张某(持股比例45%)以上述商标及域名转让均未经公司股东会及董事会同意且损害公司利益为由,请求公司监事依法提起诉讼。监事杨某遂代表原告公司提起本案诉讼。

原告诉称,两被告利用与原告公司的关联关系,进行的转让原告公司域名、商标的行为属关联交易,且直接侵害了原告的根本利益,故请求法院认定上述交易行为无效，确认上述域名、商标为原告所有，并要求两被告赔偿相应损失。

一审法院审理后认为，经本案争议焦点主要在于：其一，原告公司监事是否有权代表公司起诉；其二，上述转让行为是否构成损害公司利益的关联交易；其三，本案原告的损失应如何认定。

首先，对于监事是否有权代表公司起诉的问题。一方面，根据《公司法》(2005修订)第54条第6项和第152条第1款的规定，监事享有对董事及高级管理人员提起诉讼的职权，并有权在董事、高级管理人员损害公司利益时，应特定股东的请求，提起诉讼。因此，监事代表公司提起诉讼具有法律依据。另一方面，鉴于本案原告的法定代表人魏某某即为本案被告之一，考虑到双方代理之禁止的法律规定，允许监事代表公司提起诉讼更有利于追究公司高级管理人员及控股股东的侵权行为。

其次，对于系争域名及商标的转让行为是否构成损害公司利益的关联交易问题。被告安聚公司作为原告的控股股东，且通过其委派为原告公司董事长的被告魏某某能够直接控制原告公司，在应当知晓公司章程规定"处置公司资产应当经董事会决议"的情况下，未经董事会决议，由被告魏某某作为法定代表人擅自代表原告公司进行交易，受让原告公司重要资产并且未进行实际支付，致使原告丧失无形资产所有权及收益权。因此，该转让行为系损害原告利益的关联交易行为，应当认定无效。

最后，对于原告的损失如何认定的问题。在实际损失部分，对原告已提供证据证明其因侵权行为支付的公证费、工商登记资料查询费、翻译费总计5905.70元，予以支持；对原告的律师费，由于该律师费计费方法及金额系原告与其聘请律师之间的自行约定，非两被告能够预见、控制和决定的，故根据公平合理原则，参照上海市律师服务收费政府指导价标准，对原告的律师费诉讼请求酌定支持3万元。此外，原告主张的50万元可得利益损失部分，原告并未提供证据予以证明。但被告庭审中确认取得系争域名及商标后，就上述收入每月对外开具发票金额大约为40万元，由于开具发票金额并非安家网经营的实际盈利金额，原告亦无充分证据证明其公司经营安家网期间的持续盈利具体情况，故综合两被告的侵权过错程度、被告安聚公司占有系争商标和域名的时间及被告安聚公司的庭审自认陈述，酌定原告可得利益损失为20万元。

(二)监事会议事规则

监事会议事规则，是指监事会开会期间必须遵守的一系列程序性规定，这些规定是监事会规范运作、其决议尽量避免瑕疵的前提和基础。上市公司应在公司章程中规定规范的监事会议事规则,监事会会议应严格按规定程序进行。监事会应定期召开会议,并根据需要及时召开临时会议。监事会会议因故不能如期召开,应公告说明原因。监事会可要求公司董事、经理及其他高级管理人员、内部及外部审计人员出席监事会会议,回答所关注的问题。监事会会议应有记录,出席会议的监事和记录人应当在会议记录上签字。监事有权要求在记录上对其在会议上的发言作出某种说明性记载。监事会会议记录应作为公司重要档案妥善保存。

法条链接

《中华人民共和国公司法》(2023 修订)

第八十一条　监事会每年度至少召开一次会议,监事可以提议召开临时监事会会议。

监事会的议事方式和表决程序,除本法有规定的外,由公司章程规定。

监事会决议应当经全体监事的过半数通过。

监事会决议的表决,应当一人一票。

监事会应当对所议事项的决定作成会议记录,出席会议的监事应当在会议记录上签名。

案例:监事自行召集临时股东会并担任主持人违反法律法规。[北京市第一中级人民法院(2009)一中民终字第 929 号]

科普诺公司于 2006 年 10 月 11 日成立,刘某持有 48% 的股份,任执行董事、经理、法定代表人;喻某持有 52% 的股份,任监事。2008 年 6 月 23 日,刘某接到喻某邮寄的通知,通知要求刘某于 6 月 25 日参加临时股东会会议,议题为"保障公司股东合法权益及公司资产管理办法"。因刘某有事,遂与喻某电话联系,将临时股东会会议召开日期改为 6 月 29 日上午。6 月 29 日,刘某参加了临时股东会会议,就会议议题与喻某进行了商讨,随后离开公司。2008 年 7 月,刘某得知临时股东会作出了免去刘某的公司执行董事、经理职务,任命喻某为新任执行董事和经理的决议。刘某认为:临时股东会会议的召开程序、表决方式和决议内容有瑕疵,故请求法院判决撤销临时股东会决议。

法院认为:(1)关于临时股东会会议没有提前 15 天通知。《公司法》(2005 修订)规定,召开股东会会议,应于会议召开 15 日前通知全体股东。喻某于会议召开前 2 天通知刘某,在通知时间上存在瑕疵。但是,刘某接到通知后,和喻某协商变更了会议时间，并且双方均参加了会议，会议通知时间上存在的瑕疵已得到救济。(2)关于喻某召集并主持临时股东会会议。按照《公司法》(2005修订)的规定，监事可以向执行董事提议召开临时股东会会议，如果执行董事予以拒绝、不能履行或不履行召集和主持会议的职责，监事才可以自行召集和主持。喻某自行召集临时股东会会议并担任主持人，违反了现行法律关于股东会会议召集和主持程序的强制性规定，该次临时股东会会议所做的决议，为可撤销决议。(3)关于临时股东会会议召开过程中临时增加议题。临时股东会会议临时增加了人事任免议题。《公司法》(2005修订)并没有关于有限公司召开股东会会议不得临时增加议题的禁止性规定，可见，临时增加议题并不违反《公司法》(2005修订)的规定。(4)关于执行董事任期尚未届满，股东会解除其职务。刘某认为，其执行董事任期尚未届满，股东会解除了其职务，违反了《公司法》(2005修订)和公司章程的规定，决议因此应当予以撤销。科普诺公司的公司章程第14条规定：执行董事在任期届满前，股东会不得无故解除其职务。该条规定意味着，执行董事在任期届满前，股东会如果认为有解除其职务的理由与必要，可以解除其职务。本案中，喻某认为刘某不能对公司财务状况等作出合理解释，以此为理由提议解除刘某的执行董事和经理职务，并没有违反《公司法》(2005修订)和公司章程的规定。(5)关于喻某同时担任公司监事和执行董事。刘某认为，临时股东会决议选举喻某为科普诺公司的执行董事，使喻某同时具有执行董事和监事两个身份，违背了《公司法》(2005修订)的规定。首先，《公司法》(2005修订)规定：董事、高级管理人员不得兼任监事。因此，科普诺公司的执行董事和监事不能由同一人兼任。其次，临时股东会会议并没有选举喻某为新的执行董事。临时股东会会议记录记载的股东会决议为“即日起免去刘某执行董事及经理职务，暂由喻某管理公司一切业务”。该决议内容和《公司法》(2005修订)关于董事不得兼任监事的规定并不冲突。

第三节　经理层激励与约束机制

一、经理层治理概述

在公司所有权与经营权分离的情况下，董事会负责公司的经营决策，经理层负责公司的日常经营管理，这就产生了委托代理关系，代理中最明显的特征就是：信息不对称、监督困难、利益不一致。为了解决这些问题，就要研究经理层治理（managers governance）的具体内容，经理层治理是指为了经理层各项职能有效发挥而进行的各项制度设计，具体包括经理的任职资格、职权、激励约束与考核等相关各项制度设计。

二、经理层的聘用与职责

（一）经理任职资格

我国《公司法》（2023 修订）第 178 条规定了消极条件，即有下列情形之一的，不得担任公司的董事、监事、高级管理人员：（1）无民事行为能力或者限制民事行为能力；（2）因贪污、贿赂、侵占财产、挪用财产或者破坏社会主义市场经济秩序，被判处刑罚，或者因犯罪被剥夺政治权利，执行期满未逾 5 年，被宣告缓刑的，自缓刑考验期满之日起未逾 2 年；（3）担任破产清算的公司、企业的董事或者厂长、经理，对该公司、企业的破产负有个人责任的，自该公司、企业破产清算完结之日起未逾 3 年；（4）担任因违法被吊销营业执照、责令关闭的公司、企业的法定代表人，并负有个人责任的，自该公司、企业被吊销营业执照、责令关闭之日起未逾 3 年；（5）个人因所负数额较大债务到期未清偿被人民法院列为失信被执行人。违反前述规定选举、委派董事、监事或者聘任高级管理人员的，该选举、委派或者聘任无效。董事、监事、高级管理人员在任职期间出现前述情形的，公司应当解除其职务。

（二）上市公司的经理提名规定

《上市公司治理准则》第 41 条规定，提名委员会的主要职责是：（1）研究董事、高级管理人员的选择标准和程序并提出建议；（2）遴选合格的董事和高级管理人员的人选；（3）对董事候选人和高级管理人员人选进行审查并提出建议。

（三）经理的聘任、薪酬及解聘

《公司法》（2023 修订）第 67 条第 2 款第 8 项规定，董事会行使下列职权：决定聘任或者解聘公司经理及其报酬事项，并根据经理的提名决定聘任或者解聘公司副经理、财务负责人及其报酬事项。

（四）经理的职责

《公司法》（2023 修订）第 74 条规定，有限责任公司可以设经理，由董事会决定聘任或者解聘。经理对董事会负责，根据公司章程的规定或者董事会的授权行使职权。经理列席董事会会议。第 126 条规定，股份有限公司设经理，由董事会决定聘任或者解聘。经理对董事会负责，根据公司章程的规定或者董事会的授权行使职权。经理列席董事会会议。

(五) 国有独资公司兼职禁止

《公司法》(2023 修订) 第 175 条规定，国有独资公司的董事、高级管理人员，未经履行出资人职责的机构同意，不得在其他有限责任公司、股份有限公司或者其他经济组织兼职。

三、经理层的股权激励

经理激励(manager incentive)，是指公司为了经理层各项职能有效发挥，提高公司经理的积极性，使经理利益与公司利益、股东利益一致而对经理层设计的评价和绩效考评等一套科学的激励措施。主要包括薪酬体系和股权激励体系。鉴于薪酬体系管理系管理学范畴，不在讨论范围之内，故本章仅讨论股权激励内容。

(一) 虚拟股权

1. 虚拟股权概述

虚拟股权是指不在工商行政管理部门登记注册的股份，虚拟股权持有人一般仅享有对应的分红权和股份增值权，没有所有权、表决权等，不能转让、出售、用于抵押等，在离开企业时自动失效。其优势是：不产生股权变动，不影响原股权结构，易控制。

2. 虚拟股权落地操作方案，见表 2-1

表 2-1 虚拟股权落地操作方案

序号	项目	具体内容(部分)
1	定来源	1. 虚拟股权来源于现股东，按照股权比例稀释。 2. 股东会决定对激励对象授予虚拟股权，董事会根据股东会决议执行
2	定对象	1. 高级管理人员：具有 1 年(含)以上本公司工作服务年限，担任高级管理职务(总经理、副总经理、总经理助理等)或有高级职称的核心管理层(如营销总监、财务总监等)； 2. 中层管理人员：具有 2 年(含)以上本公司工作服务年限，担任中层管理职务(如高级监理、人力资源经理等)的人员； 3. 骨干员工：具有 3 年(含)以上本公司工作服务年限，并获得两次以上"公司优秀员工"称号的员工，或者拥有独特专业技能、处于关键技术岗位的骨干员工(如高级企划、培训师等)

续表

序号	项目	具体内容(部分)
3	定数量	1. 职位股,根据所处不同职位而设定的不同股权数量。 2. 绩效股,每年年初公司预先确定 3 种股权享有者的年度考核绩效指标;每年年末,根据绩效实际完成情况,按比例分别确定最终增加的股权数量(增加股权数量 = 本人职位股基数 × 绩效完成程度 ×50%)。 3. 确定工龄股,自劳动合同签订后员工到岗之日起至每年年末,按照每年 100 股的标准增加股权数量。 4. 将上述 3 类股权累加,为该股权享有者的当年股权数额
4	变动	1. 职位和绩效等因素的变动,则持有人的股权数量会发生改变。 2. 非正常离职(包括辞职、辞退、解约等)者虚拟股权自动消失。 3. 正常离职者可以将股权按照一定比例折算为现金发放给本人,也可按照实际剩余时间,到年终分配时参与分红兑现,并按比例折算具体分红数额。 4. 股权享有者在工作过程中出现降级、待岗处分等处罚时,公司有权减少、取消其分红收益权即虚拟股权的享有权
5	定分红基数	1. 建立分红基金,根据当年经营目标实际完成情况,对照分红基金的提取计划,落实实际提取比例和基金规模,并确定当年分红的基金规模的波动范围。 2. 分红基金在利润中的提取比例,是以前一年的奖金在公司净利润中所占比例为参照制订的,为了体现虚拟股权的激励性,可以把分红基金提取比例的调整系数定为 1 ~1.5。 假如在实行虚拟股权激励制度的上一年度,公司净利润为 114 万元,上年年终奖金总额为 6.58 万元,则 首次分红基金提取比例基准 =(首次股权享有者上年年终奖金总额 ÷ 上一年公司净利润) ×(1 ~1.5) =(6.58 ÷114) ×(1 ~1.5) =5.8% ×(1 ~1.5) 则最高线:5.8% ×1.5 =8.7% 中间线:5.8% ×1.3 =7.5% 最低线:5.8% ×1.0 =5.8% 而首次分红基金 = 虚拟股权激励制度的当年公司目标利润(例如 200 万元) × 首次分红基金提取比例,分别对应如下: 最高线:200 ×8.7% =17.4 万元 中间线:200 ×7.5% =15 万元 最低线:200 ×5.8% =11.6 万元 3. 公司当年分红基金数额为 15 万元,其将当年分红基金的 85% 用于当年分红兑现;当年分红基金的 15% 结转下年,累加到下年提取的分红基金;以后每年都按照这个比例滚动分红基金

续表

序号	项目	具体内容(部分)
6	定股价	按照以下公式计算出虚拟股权每股现金价值: 虚拟股权每股现金价值 = 当年实际参与分配的分红基金规模 ÷ 实际参与分红的虚拟股权总数(即加总所有股权享有者当年实际参与分红的股权数量)。 例如:实行虚拟股权激励制度的第一年,假定其当年实际分红基金数额为 12.75 万元,而当年实际参与分红的虚拟股权总数为 115,800 股,所以根据公式,其当年虚拟股权每股现金价值 = 127,500 元 ÷ 115,800 股 = 1.10 元/股
7	定分红	将每股现金价值乘以股权享有者持有的股权数量,就可以得到每一个股权享有者当年的分红现金数额。 例如:某员工持有的股权总数为 5800 股,则其当年可拿到的虚拟股权分红数额 = 1.10 元/股 × 5800 股 = 6380 元。 员工应按照"当年分红兑现:结转下年 = 90% :10%"的比例结构滚动分配分红现金。即当年发放分红现金的 90% 部分,剩下的 10% 部分计入个人分红账户,然后结转到虚拟股权享有者下年的分红所得中
8	正常退出	1. 正常退出条件,即发生以下情况,公司可收回所授予虚拟股份: (1)正常离职:从离职之日起所授予虚拟股份自动丧失; (2)退休:从退休之日起所授予虚拟股份自动丧失; (3)丧失行为能力或死亡:同退休处理。 2. 对于符合正常退出条件的,可享有一定的应分而未分的红利。 (1)离任审计合格后可根据当年在职时间占全年工作时间的比例获得最后一次分红; $末次分红数 = \frac{当年在职时间}{全年工作时间} \times 当年原有虚拟股份应得分红$ (2)若从授予虚拟股份起到离任之日,公司从未进行分红,则在离任审计合格后以其原有虚拟股份额度获得公司此后最近的一次分红
9	过错退出	1. 符合以下强制退出条件,公司可强制收回所授予虚拟股份: (1)因辞退、解雇与公司解除劳动合同关系的; (2)刑事犯罪被追究刑事责任的; (3)履行职务时,有故意损害公司利益的行为; (4)执行职务时的错误行为,致使公司利益受到重大损失的; (5)有其他重大违反公司规章制度的行为。 2. 自被辞退、解雇之日起所授予虚拟股份自动丧失,且不再享有任何分红权,包括尚未分红的部分也不再分红

(二)限制性股权

1. 限制性股权概述

根据《上市公司股权激励管理办法》(中国证券监督管理委员会令第 148

号)(2018 修正)第 22 条,本办法所称限制性股票是指激励对象按照股权激励计划规定的条件,获得的转让等部分权利受到限制的本公司股票。限制性股票在解除限售前不得转让、用于担保或偿还债务。在非上市公司称为限制性股权,见图 2 – 3:

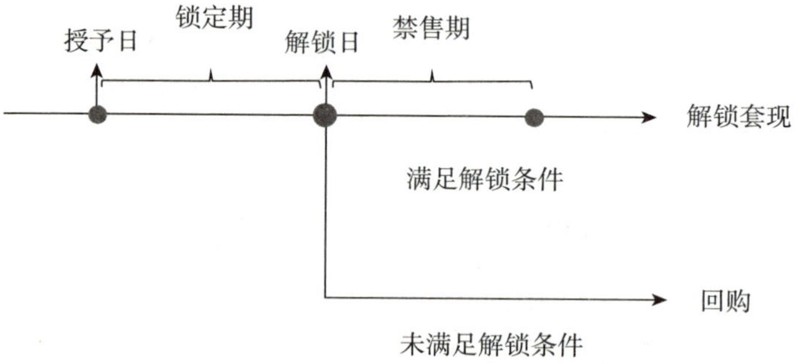

图 2 – 3　限制性股权

授予日:由公司执行机构对激励对象授予股权的日期。

解锁日:是指考核激励对象的锁定期结束的日期。

锁定期:激励对象自授予之日起一段时间内不得转让、不得用于担保或偿还债务,而在这段时间内根据设定的业绩条件或其他条件进行考核。

禁售期:例如激励对象在任职期间每年转让的股权或股份不得超过其所持有本公司股权或股份总数的 25%;在离职后半年内,不得转让其所持有的本公司股权或股份。

满足解锁条件:激励对象在禁售期结束后可以转让股份套现。

未满足解锁条件:激励对象其持有的限制性股票由公司原股东以约定价格回购。

2. 限制性股权相关法规链接

《上市公司股权激励管理办法》(2018 修正)

第二十三条　上市公司在授予激励对象限制性股票时,应当确定授予价格或授予价格的确定方法。授予价格不得低于股票票面金额,且原则上不得低于下列价格较高者:

(一)股权激励计划草案公布前 1 个交易日的公司股票交易均价的 50%;

(二)股权激励计划草案公布前 20 个交易日、60 个交易日或者 120 个交易日的公司股票交易均价之一的 50%。

上市公司采用其他方法确定限制性股票授予价格的,应当在股权激励计划中对定价依据及定价方式作出说明。

第二十四条 限制性股票授予日与首次解除限售日之间的间隔不得少于12个月。

第二十五条 在限制性股票有效期内,上市公司应当规定分期解除限售,每期时限不得少于12个月,各期解除限售的比例不得超过激励对象获授限制性股票总额的50%。

当期解除限售的条件未成就的,限制性股票不得解除限售或递延至下期解除限售,应当按照本办法第二十六条规定处理。

第二十六条 出现本办法第十八条、第二十五条规定情形,或者其他终止实施股权激励计划的情形或激励对象未达到解除限售条件的,上市公司应当回购尚未解除限售的限制性股票,并按照《公司法》的规定进行处理。

对出现本办法第十八条第一款情形负有个人责任的,或出现本办法第十八条第二款情形的,回购价格不得高于授予价格;出现其他情形的,回购价格不得高于授予价格加上银行同期存款利息之和。

3. 限制性股权落地操作方案,见表2-2

表2-2 限制性股权落地操作方案

序号	项目	具体内容(部分)
1	定来源	1. 限制性股票来源于现股东,按照股权比例稀释。 2. 股东会决定对激励对象授予限制性股票,董事会根据股东会决议执行
2	定对象	1. 职位为公司总监及以上; 2. 年龄35岁以上; 3. 与公司建立劳动关系连续满3年; 4.《×××有限公司股权激励方案实施考核办法》考核合格; 5. 全体股东一致认可的,激励对象条件可不受上条限制
3	定数量	限制性股票的授予数量总额由股东会决定,占公司总股权5%
4	授予日	自股权授予日起30日内符合本方案“授予条件”的激励对象根据其与公司及现股东签订的股权激励协议缴纳对应的股权受让价款。公司自授予股权之日起45日内办理工商变更登记,为了便于管理,公司授予激励对象的股权均由××××投资中心(有限合伙)直接持有,激励对象通过持有××××投资中心(有限合伙)的份额而持有公司相应股权

续表

序号	项目	具体内容(部分)
5	锁定期	授予的限制性股票自授予之日起24个月内为锁定期。在限制性股票解锁之前,激励对象根据本方案获授的限制性股票不得转让、不得用于担保或偿还债务
6	解锁日	解锁日,根据激励对象是否满足解锁条件: 满足解锁条件的激励对象,办理解锁事宜并书面通知激励对象; 未满足解锁条件的激励对象,由公司原股东以授予价格回购
7	禁售期	自最后一次解锁时间届满之日起,激励对象在任职期间每年转让的股权或股份不得超过其所持有本公司股权或股份总数的25%;在离职后半年内,不得转让其所持有的本公司股权或股份
8	离职	1. 劳动合同到期,公司不再与之续约的,已行权的股权继续有效;已授予但尚未行权和尚未授予的股权不再授予,予以作废。 2. 有下列情形之一的,其已行权的股权继续有效,已授予但尚未行权和未授予的标的股权不再行权和授予,予以作废: (1)劳动合同到期,本人与公司协商一致不再续签的; (2)到法定年龄退休且退休后不接受公司返聘的; (3)经和公司协商一致提前解除劳动合同或聘用合同的; (4)因经营考虑,公司单方面终止或解除与激励对象订立的劳动合同或聘用合同的。 3. 激励对象与公司的劳动合同未到期,未经公司同意,擅自离职的,其已行权的股权无效,公司原股东有权要求该激励对象无条件将已获得的股权以授予价格回售;已授予但尚未行权和未授予的标的股权不再解锁和授予,予以作废
9	特别约定	当激励对象出现以下情形之一时,经公司董事会批准,其已获授但尚未解锁的股权或股份,公司原股东有权以授予价格予以回购: 1. 违反国家法律法规、《公司章程》或公司内部管理规章制度的规定,发生劳动合同约定的失职、渎职行为,严重损害公司利益或声誉,给公司造成直接或间接经济损失; 2. 公司有充分证据证明该激励对象在任职期间,存在受贿、索贿、贪污、盗窃、泄露经营和技术秘密等损害公司利益、声誉等的违法违纪行为,直接或间接损害公司利益; 3. 因犯罪行为被依法追究刑事责任

注:此方案主要是针对上市公司,对于非上市公司,以“限制性股权”作为工具做股权激励的并不多见,但是以“限制性股权”的内容来弥补其他工具不足的时候,我们会发现这样的工具可以起到非常大的作用。

（三）股权期权

1. 股权期权概述

根据《上市公司股权激励管理办法》（中国证券监督管理委员会令第148号）第28条，本办法所称股票期权是指上市公司授予激励对象在未来一定期限内以预先确定的条件购买本公司一定数量股份的权利。激励对象获授的股票期权不得转让、用于担保或偿还债务。激励对象可以以其获授的股票期权在规定的期间内以预先确定的价格和条件购买上市公司一定数量的股份，也可以放弃该权利，在非上市公司称为股权期权。见图2－4：

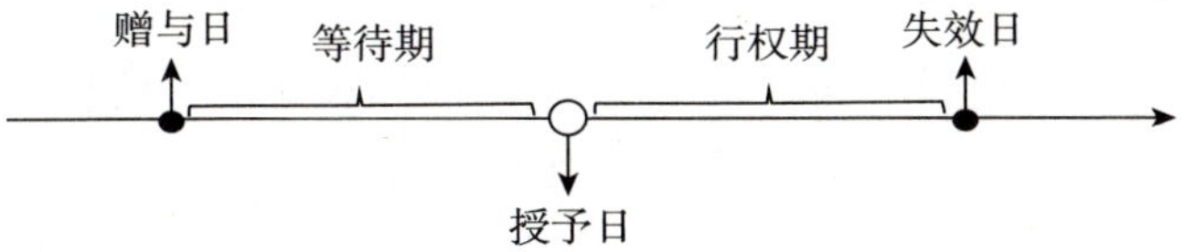

图2－4　股权期权

赠与日：公司与激励对象签约确定在未来的一定期限内以预先确定的价格和条件购买公司一定数量股份的日期。

授予日：是指激励对象可以行权的日期。

失效日：如果激励对象在一定的期限内没有行权，超过失效日即不能行权。

等待期：自从公司与激励对象签约后，公司设定了一定的条件（考核、积分、业绩等），如果在这一段期间，激励对象符合这些条件到达授予日即可行权。

行权期：激励对象在此期间都可以行权。

2. 股权期权相关法规链接

《上市公司股权激励管理办法》（2018修正）

第二十九条　上市公司在授予激励对象股票期权时，应当确定行权价格或者行权价格的确定方法。行权价格不得低于股票票面金额，且原则上不得低于下列价格较高者：

（一）股权激励计划草案公布前1个交易日的公司股票交易均价；

（二）股权激励计划草案公布前20个交易日、60个交易日或者120个交易日的公司股票交易均价之一。

上市公司采用其他方法确定行权价格的，应当在股权激励计划中对定价依据及定价方式作出说明。

第三十条　股票期权授权日与获授股票期权首次可行权日之间的间隔不

得少于12个月。

第三十一条　在股票期权有效期内，上市公司应当规定激励对象分期行权，每期时限不得少于12个月，后一行权期的起算日不得早于前一行权期的届满日。每期可行权的股票期权比例不得超过激励对象获授股票期权总额的50%。

当期行权条件未成就的，股票期权不得行权或递延至下期行权，并应当按照本办法第三十二条第二款规定处理。

第三十二条　股票期权各行权期结束后，激励对象未行权的当期股票期权应当终止行权，上市公司应当及时注销。

出现本办法第十八条、第三十一条规定情形，或者其他终止实施股权激励计划的情形或激励对象不符合行权条件的，上市公司应当注销对应的股票期权。

3. 股权期权的作用机理

一般为了起到激励的效果，行权的价格都会低于市场价，故当激励对象行权的时候已经获得了“行权收入”；那么在激励对象出售其股票或转让其股份的时候，正常来讲，企业又将增值，激励对象会再次获得“股票转让时的收入”。具体作用机理见图2－5：

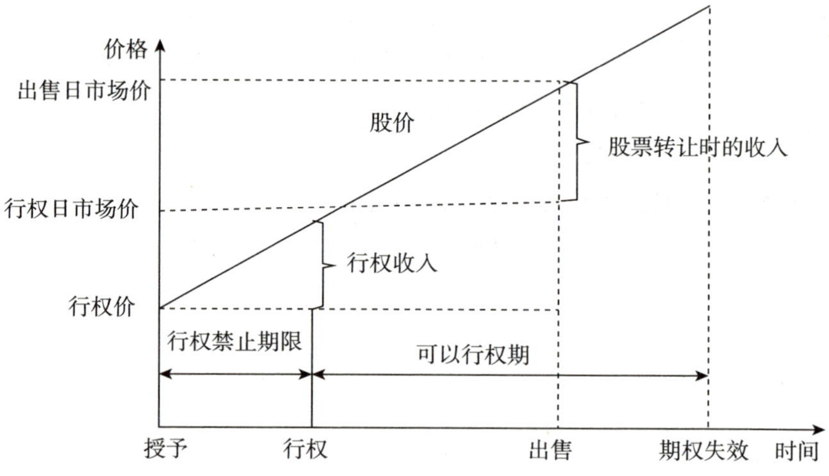

图2－5　股权期权的作用机理

4. 股权期权落地操作方案，见表 2－3

表 2－3　股权期权落地操作方案

序号	项目	具体内容(部分)
1	定来源	1. 股票期权来源于现股东，按照股权比例稀释。 2. 公司股东决定对激励对象授予股票期权，董事会根据股东会决议执行
2	定对象	1. 职位为公司部门经理及以上； 2. 年龄 30 岁以上； 3. 与公司建立劳动关系连续满 3 年； 4. 全体股东一致认可的，激励对象条件可不受上条限制
3	定数量	股票期权的授予数量总额由股东会决定，股票期权占公司总股权 10%
4	定方式	按照激励对象所得积分兑换，积分评定因素包括但不限于激励对象的价值观、岗位、工龄、职位等，具体参照《×××有限公司员工股票期权评定方法》
5	等待期	等待期为 2 年，符合上述条件且经董事会同意的激励对象自与现股东签订股票期权协议书起，即进入等待期
6	定条件	在股权认购预备期和行权期内符合相关考核标准。考核标准详见本规定《×××有限公司员工股权激励考核办法》
7	定价格	激励对象行权期内行权的，按照《×××有限公司股票期权激励协议》(根据具体情况，行权价格不同)所确定的认购价格认购
8	行权方式	1. 按照 3 年分 3∶3∶4 方式行权，具体为：激励对象第 1 年以其被授予的股票数 30% 行权，第 2 年以 30% 行权，第 3 年以 40% 行权； 2. 每次行权以激励对象所分得的利润行权(按照已经行权的比例分红，未行权的比例不参与分红)，激励对象所分得的利润不直接分配给激励对象，而是转给提供股票期权来源的现股东。通过行权，股权期股转变为实股，股票期权持有人成为公司股东，公司进行相应的工商变更登记。在进行工商登记变更前，股票期权持有人不享有除利润分配权之外的其他股东权利
9	丧失行权资格的情形	激励对象在等待期及行权期出现下列情形之一，即丧失行权资格： 1. 因辞职、辞退、解雇、退休、离职等原因与公司解除劳动合同关系的； 2. 丧失劳动能力或民事行为能力或者死亡的； 3. 被追究行政或刑事责任的； 4. 有故意损害公司利益或原股东合法利益的行为； 5. 任何致使公司利益受到重大损失的； 6. 没有达到规定的业务指标、盈利业绩，或者经公司认定对公司亏损、经营业绩下降负有直接责任的； 7. 不满足考核标准或者有其他重大违反公司规章制度的

续表

序号	项目	具体内容(部分)
10	股票期权转让的限制	1. 激励对象转让其股权时,公司原股东有优先购买权。 2. 激励对象不得将股权转让、赠与、质押和清偿债务等。 3. 激励对象在符合法定退休年龄之前出现下列情形之一的,应当将其持有的股权全部转让给公司原股东: (1)因辞职、辞退、解雇、退休、离职等与公司解除劳动合同关系的; (2)丧失劳动能力或民事行为能力或死亡的; (3)被追究行政或刑事责任的; (4)有故意损害公司利益和原股东合法利益的行为; (5)任何致使公司利益受到重大损失的; (6)其他重大违反公司规章制度的

(四)业绩股权

1. 业绩股权概述

是指在期初确定一个较为合理的业绩目标,如果激励对象到考核期结束后时达到预定的目标,则公司授予其一定数量的股权或提取一定的奖励基金购买公司股权。

实例:

某电子有限公司李老板拥有100%股份,其打算拿出30%的股份作为股权激励。

方案:

总体思路:分3期,每期3年,计划9年执行完毕,每年分别执行10%。

具体方案:业绩股份的转让加赠与。

具体操作:设定业绩目标,激励对象若完成100%,则购买1%股份,同时赠与1%(第二年6月30日履行,以下同);若完成90%,以1%的价格转让0.9%加赠与0.9%……直至70%。完成率低于70%的不赠与。

2. 业绩股权落地方案,见表2-4

表2-4 业绩股权落地操作方案

序号	项目	具体内容(部分)
1	定来源	1. 业绩股权来源于现股东,按照股权比例稀释。 2. 公司股东决定对激励对象授予业绩股权,董事会根据股东会决议执行
2	定对象	1. 职位为销售主管、经理及以上; 2. 年龄30岁以上; 3. 与公司建立劳动关系连续满3年; 4. 全体股东一致认可的,激励对象条件可不受上条限制

续表

序号	项目	具体内容（部分）
3	定数量	业绩股权的授予数量总额由股东会决定，业绩股权占公司总股权 30%
4	定方式	按照激励对象的价值观、岗位、工龄、职位等，具体参照《×××有限公司员工业绩股权评定方法》
5	等待期	等待期（业绩考核期）为 3 年，符合上述条件且经董事会同意的激励对象自与现股东签订业绩股权协议书起，即进入等待期
6	定业绩	按照在股权认购预备期和行权期内每年超出上一年度的销售业绩增长率计算。计算公式：销售业绩增长率 =（当年销售额 - 上年度销售额）÷ 上年度销售额 ×100% 1. 若销售业绩增长率≦10%，不计提。 2. 若销售业绩增长率 >10%： 若 10% ~15%（含本数）计提（当年销售额 - 上年度销售额）×5% 作为股权认购基金； 若 15% ~20%（含本数）计提（当年销售额 - 上年度销售额）×7% 作为股权认购基金； 若 20% ~25%（含本数）计提（当年销售额 - 上年度销售额）×10% 作为股权认购基金； 若 25% ~30%（含本数）计提（当年销售额 - 上年度销售额）×14% 作为股权认购基金； 以此类推
7	定价格	按照净资产计算的同时结合销售业绩增长率计算认购价格。 若 10% ~15%（含本数），按照净资产的 90% 计算股价； 若 15% ~20%（含本数），按照净资产的 85% 计算股价； 若 20% ~25%（含本数），按照净资产的 80% 计算股价； 若 25% ~30%（含本数），按照净资产的 75% 计算股价； 以此类推
8	行权方式	1. 三年期满后，激励对象选择是否行权（一次性行权，不分次）。 2. 行权基金不够买所得股权比例的，由个人出资购买
9	丧失行权资格的情形	激励对象在等待期及行权期出现下列情形之一，即丧失行权资格： 1. 因辞职、辞退、解雇、退休、离职等原因与公司解除劳动合同关系的； 2. 丧失劳动能力或民事行为能力或者死亡的； 3. 被追究行政或刑事责任的； 4. 有故意损害公司利益或原股东合法利益的行为； 5. 任何致使公司利益受到重大损失的； 6. 没有达到规定的业务指标、盈利业绩，或者经公司认定对公司亏损、经营业绩下降负有直接责任的； 7. 不满足考核标准或者有其他重大违反公司规章制度的

续表

序号	项目	具体内容(部分)
10	业绩股权转让的限制	1. 激励对象转让其股权时,公司原股东有优先购买权。 2. 激励对象不得将股权转让、赠与、质押和清偿债务等。 3. 激励对象在符合法定退休年龄之前出现下列情形之一的,应当将其持有的股权全部转让给公司原股东: (1)因辞职、辞退、解雇、退休、离职等与公司解除劳动合同关系的; (2)丧失劳动能力或民事行为能力或死亡的; (3)被追究行政或刑事责任的; (4)有故意损害公司利益和原股东合法利益的行为; (5)任何致使公司利益受到重大损失的; (6)其他重大违反公司规章制度的

(五)股权增值权

1. 股权增值权概述

通常与认购权配合使用,其中股权增值权不需要实际购买股权,经理人直接就期末公司股权增值部分(= 期末股权价 - 约定价格)得到一笔报酬,经理人可以选择增值的现金或购买公司股权。此外,由于经理人并未实际购买股权,故可避免"避险行为"的发生。

> 实例:
> 公司授予经理人 10 万股的股票增值权,期限 3 年,授予时是 10 元每股,3 年后涨到 25 元每股,那么这个差价收益就是经理的,根据合同约定给付经理人现金、股份或者混合。

2. 股票增值权落地操作方案,见表 2 - 5

表 2 - 5　股票增值权落地操作方案

序号	项目	具体内容(部分)
1	定来源	1. 股票增值权来源于前十大股东,前十大股东同比例稀释。 2. 公司股东决定对激励对象授予股票增值权,董事会根据股东会决议执行
2	定对象	1. 公司各总监; 2. 年龄 30 岁以上; 3. 与公司建立劳动关系连续满 3 年; 4. 全体股东一致认可的,激励对象条件可不受上条限制

续表

序号	项目	具体内容(部分)
3	定数量	股票增值权的授予数量总额由股东会决定,股票增值权共计 300 万股
4	等待期	等待期为 18 个月,符合上述条件且经董事会同意的激励对象自与现股东签订股票增值权协议书起,即进入等待期
5	定考核	1. 按照公司相关考核制度,必须完成率在 80% 及以上; 2. 净利润在等待期最后一个会计年度比上年度净利润增长率不少于 13%; 3. 第一个行权期内,比上年度净利润增长率不少于 15%; 4. 第二个行权期内,比上年度净利润增长率不少于 20%; 5. 第三个行权期内,比上年度净利润增长率不少于 23%
6	定价格	1. 本次授予的股票增值权的行权价格为 X 元/股。 2. 激励对象提出行权时兑付价格行权申请日 A 股股票收盘价 Y 元/股
7	行权方式	1. 18 个月后,激励对象选择是否行权,行权分三年完成,按照 30%:30%:40% 比例行权。 2. 行权方式有 3 种: ①公司支付激励对象行权现金,行权收益 = 激励对象该次提出行权股票增值权的有效数量 ×(Y - X); ②激励对象可以以该行权利益直接通过股权转让的方式受让十大控股股东其对应的股权,股权转让价格按照行权价; ③激励对象可以以该行权利益获得 1/2 现金,剩余 1/2 通过股权转让的方式受让十大控股股东其对应的股权,股权转让价格按照行权申请日 A 股股票收盘价
8	丧失行权资格的情形	激励对象在等待期及行权期出现下列情形之一,即丧失行权资格: 1. 因辞职、辞退、解雇、退休、离职等原因与公司解除劳动合同关系的; 2. 丧失劳动能力或民事行为能力或者死亡的; 3. 被追究行政或刑事责任的; 4. 有故意损害公司利益或原股东合法利益的行为; 5. 任何致使公司利益受到重大损失的; 6. 没有达到规定的业务指标、盈利业绩,或者经公司认定对公司亏损、经营业绩下降负有直接责任的; 7. 不满足考核标准或者有其他重大违反公司规章制度的
9	股票增值权转让的限制	1. 激励对象转让其股权时,公司原股东有优先购买权。 2. 激励对象不得将股权转让、赠与、质押和清偿债务等。 3. 激励对象在符合法定退休年龄之前出现下列情形之一的,应当将其持有的股权全部转让给公司原股东: (1)因辞职、辞退、解雇、退休、离职等与公司解除劳动合同关系的; (2)丧失劳动能力或民事行为能力或死亡的;

续表

序号	项目	具体内容(部分)
		(3)被追究行政或刑事责任的; (4)有故意损害公司利益和原股东合法利益的行为; (5)任何致使公司利益受到重大损失的; (6)其他重大违反公司规章制度的

(六)干股

根据获得赠与股份的方式不同进行判断,如果仅由受赠人与赠与人签订类似《股权赠与协议》而获得的股份,一般无需出资、无表决权等,仅享有分红权,本书称之为协议赠与,为分红股,其是虚股的一种类型;如果由受赠人与赠与人签订类似《股权赠与协议》,而且又通过国家行政管理机构登记注册为股东,则其所享有的股权为干股,一般无须出资、有表决权,享有分红权,本书称之为注册赠与,其是实股的一种类型,为干股。

> 实例:
> 一公司聘请总经理,老板想给其 30 万股。
> 设计方案:岗位干股转实股模式。
> 具体操作:授予总经理 30 万岗位股,期限 5 年,5 年内业绩考核合格,其中 20 万在 5 年后转化实股,有 10 万继续作为岗位分红股。
> 适用于:成长阶段中后期和成熟期企业。

(七)期股

1. 期股概述

期股制是在学习和借鉴国外股票期权制度的基础上,根据我国国情进行了一定的改造后形成的。期股制是企业所有者与经营者达成的一份书面协议,允许经营者在任期内按既定价格用各种方式获得本企业一定数量的股份,先行取得所购股份的分红权等部分权益,然后再分期支付购股款项。购股款项一般以分红所得分期支付,在既定时间内支付完购股款项后,取得股份的完全所有权。如分红所得不足以支付本期购股款项,购股者以其自筹资金购买。期股制主要适用于效益较好的股份有限公司和有限责任公司。

实例：

某公司，核算净资产8000万元，设置总股本8000万股，股价：每股1元。计划让总经理持1%股份（80万股），按持股数是出资的4倍来确定期股，则总经理持有实股20万股，期股60万股。

期股方案：总经理签订协议时出资20万元，以后3年每年抵补20万股，每年将20万股转为实股，用期权和实股分红购买，分红不够的自筹资金，分红剩余的转下一年购股款。

2. 期股落地操作方案，见表2－6

表2－6　期股落地操作方案

序号	项目	具体内容（部分）
1	定来源	经股东会同意，由公司大股东方（出让方）同公司被激励员工（受让方）商定在5年内，受让方按既定价格购买一定数量的公司股份并相应享有其权利和履行相应的义务
2	定对象	高级管理人员、高级技术人员
3	定数量	公司总股份10%（即100万股）为员工股权，其中30万股用作留存股份，作为公司将来每年业绩评定后有资格获得期股分配的员工授予期股的股份来源，留存账户不足时可再通过增资扩股的方式增加
4	等待期	约定在5年期限内每年按原始价格的20%转让股份。在按约定价格转让完毕后，期股即转为实股，在此之前期股所有者享有表决权和收益权，但无所有权，期股收益权不能得到现金分红，其所得的红利只能购买期股
5	定考核	公司每年度对员工进行综合评定，对于符合公司激励要求的员工给予其分配公司期股的权利。具体操作：可将其根据评定办法确定的年终奖金的30%不以现金的方式兑付，而是根据公司当年的净资产给予相应数量的期股的方式兑现
6	定价格	公司聘请具有评估资格的专业资产评估公司对公司资产进行评估，期股的每股原始价格按照公式计算： 期股原始价格＝公司资产评估净值÷公司总的股份数
7	行权方式	1. 受让方申购期股分期偿付现金的期限为5年，共分5期，偿付现金。 2. 本计划开始实行第一年期股价款由员工自行筹款缴纳，如未按规定时间缴纳款项，视自动放弃本次期股奖励。 3. 往后当年红利不足当年需缴纳期股价款的，由员工本人自行筹款补缴差额。当年红利超过当年需缴纳期股价款的，超出部分自动转入下一年期股价款。 4. 最后一年期股价款缴纳完成后，如有剩余红利将向持股员工发放

续表

序号	项目	具体内容(部分)
8	丧失行权资格的情形	有下列情形之一的取消激励资格: 1. 严重失职,渎职或严重违反公司章程、规章制度及其他有损公司利益的行为。 2. 个人违反国家有关法律法规,因此被判定刑事责任的。 3. 公司有足够的证据证明激励对象在任职期间,有受贿、挪用资金、贪污盗窃、泄露公司商业秘密、严重损害公司声誉与利益等行为,给公司造成损失的。 4. 为取得公司利益,采取短期行为虚报业绩、进行虚假会计记录的
9	转让的限制	1. 激励对象离职 (1)有下列情形之一的,公司将按照员工已缴纳期股股款回购股份,放入公司留用股份账户。 ①激励对象与公司的劳动合同到期,本人与公司协商一致不再续签的或公司不再与之续约的; ②到法定年龄退休且退休后不接受公司返聘的; ③经和公司协商一致提前解除劳动合同或聘用合同的; ④因经营考虑,公司单方面终止或解除与激励对象订立的劳动合同或聘用合同的; (2)激励对象与公司的劳动合同未到期,未经公司同意,擅自离职和本方案第8条行为的,公司有权取消激励对象的期股奖励和在此期间的分红,退回员工自行缴纳的期股价款,公司将收回股份统一放入留用股份账户中。 2. 激励对象丧失劳动能力 (1)激励对象因工丧失劳动能力的,公司将按照期股实际价值×已缴款比例回购股份,回购金额不低于员工已缴纳期股股款,回购股份放入公司留用股份账户。 (2)激励对象非因工丧失劳动能力的:公司将按照员工已缴纳期股股款回购股份,放入公司留用股份账户。 3. 激励对象退休 激励对象退休的,公司将按照期股实际价值×已缴款比例回购股份,回购金额不低于员工已缴纳期股股款,回购股份放入公司留用股份账户。 4. 激励对象死亡 (1)激励对象因工死亡的,公司将按照期股实际价值×已缴款比例回购股份,回购金额不低于员工已缴纳期股股款,回购股份放入公司留用股份账户。 (2)激励对象死亡的,公司将按照员工已缴纳期股股款回购股份,放入公司留用股份账户

(八)员工持股计划

ESOP(Employee Stock Ownership Plans)即员工持股计划,根据《中国证券

监督管理委员会公告〔2014〕33号——关于上市公司实施员工持股计划试点的指导意见》第2条第4款，员工持股计划是指上市公司根据员工意愿，通过合法方式使员工获得本公司股票并长期持有，股份权益按约定分配给员工的制度安排。员工持股计划的参加对象为公司员工，包括管理层人员。

法条链接

《中国证券监督管理委员会公告〔2014〕33号——关于上市公司实施员工持股计划试点的指导意见》

二、员工持股计划的主要内容

（五）员工持股计划的资金和股票来源

1. 员工持股计划可以通过以下方式解决所需资金：

（1）员工的合法薪酬；（2）法律、行政法规允许的其他方式。

2. 员工持股计划可以通过以下方式解决股票来源：

（1）上市公司回购本公司股票；（2）二级市场购买；（3）认购非公开发行股票；（4）股东自愿赠与；（5）法律、行政法规允许的其他方式。

（六）员工持股计划的持股期限和持股计划的规模

1. 每期员工持股计划的持股期限不得低于12个月，以非公开发行方式实施员工持股计划的，持股期限不得低于36个月，自上市公司公告标的股票过户至本期持股计划名下时起算；上市公司应当在员工持股计划届满前6个月公告到期计划持有的股票数量。

2. 上市公司全部有效的员工持股计划所持有的股票总数累计不得超过公司股本总额的10%，单个员工所获股份权益对应的股票总数累计不得超过公司股本总额的1%。员工持股计划持有的股票总数不包括员工在公司首次公开发行股票上市前获得的股份、通过二级市场自行购买的股份及通过股权激励获得的股份。

（七）员工持股计划的管理

1. 参加员工持股计划的员工应当通过员工持股计划持有人会议选出代表或设立相应机构，监督员工持股计划的日常管理，代表员工持股计划持有人行使股东权利或者授权资产管理机构行使股东权利。

2. 上市公司可以自行管理本公司的员工持股计划，也可以将本公司员工持股计划委托给下列具有资产管理资质的机构管理：（1）信托公司；（2）保险资产管理公司；（3）证券公司；（4）基金管理公司；（5）其它符合条件的资产管理机构。

案例 1：

火炬电子发布第三期员工持股计划。该员工持股计划将通过公司回购股份，以零价格转让予员工持股计划取得公司股份并持有，合计1,376,553 股，占公司总股本的比例为 0.304%。该员工持股计划的存续期为 24 个月。（摘自金融界）

解读：

1. 股票来源：上市公司回购本公司股票。

2. 员工取得方式：无偿赠与，即无须支付股权对价。

3. 存续期：24 个月，自股东会审议通过本次员工持股计划并且员工持股计划成立之日起算 24 个月内该员工持股计划有效。

案例 2：

厦门钨业公告，截至 2019 年 2 月 11 日，公司第一期员工持股计划已通过二级市场完成股票购买，累计买入公司股票 110.12 万股，占公司总股本的 0.078%，成交总金额为 1366.90 万元，成交均价约 12.41 元/股，股票锁定期 1 年。（摘自上证报讯）

厦门钨业公告（2018 年 9 月 6 日），本次员工持股计划的资金来源为公司员工的合法薪酬、自筹资金及法律法规允许的其他方式，不包括杠杆融资结构化设计产品。本次员工持股计划的存续期为 24 个月，自股东会审议通过本次员工持股计划并且员工持股计划成立之日起算。（摘自东方财富网）

解读：

1. 股票来源：通过二级市场购买。

2. 资金来源：员工的合法薪酬、自筹资金及法律法规允许的其他方式。

3. 锁定期：12 个月，即自上市公司公告标的股票过户至本期持股计划名下时起算 12 个月内受让员工不得减持其股票。

4. 存续期：24 个月，自股东会审议通过本次员工持股计划并且员工持股计划成立之日起算 24 个月有效。

案例 3：

重庆钢铁（01053. HK）公布，公司 2018 年至 2020 年员工持股计划已获得公司 2017 年度股东周年大会批准，本期员工持股计划由员工持股计划管理委员会委托资产管理公司进行日常管理（而非由公司自行管理），为持股计划日常管理

提供管理、咨询等服务。（摘自格隆汇）

对象范围包括：公司执行董事，监事，高级管理人员，核心管理、技术、业务骨干，合计不超过111人，其中含董事、监事、高级管理人员9人，合计获授份额占本期员工持股计划总份额的比例为51%，其余持有人获授份额占本期员工持股计划总份额的比例为49%。员工持股管理委员会可根据员工变动情况、考核情况，对存续期内持有人的权益进行调整。

本期员工持股计划持有人以智力资本投入贡献参与公司持股计划。本期员工持股计划资金来源为公司提取的激励基金，依据2018年度经审计合并报表利润总额（提取激励基金前）的3.125%计提。

解读：

1. 员工持股计划管理：委托资产管理公司进行日常管理。

2. 对象范围：执行董事，监事，高级管理人员，核心管理、技术、业务骨干。

3. 资金来源：公司提取的激励基金，依据2018年度经审计合并报表利润总额（提取激励基金前）的3.125%计提。

四、经理层的约束

经理层的约束（managers' restraint），是指为了避免经理的道德风险，《公司法》及公司采取的一系列制衡与监督经理的措施总和。本部分内容详见本章第二节第三部分，不再赘述。关于经理层的管理，本书给出以下合规建议：(1)根据《公司法》(2023修订)第74条，有限责任公司可以设立经理，也可以不设立，其他类型公司（国有独资公司和股份有限公司）应当设立经理。(2)经理的任职资格和职权等可以根据自己公司的需要进行细化和补充，经理根据公司章程的规定或者董事会的授权行使职权。(3)公司董事会可以决定由董事会成员兼任经理，但是国有独资公司应经国有资产监督管理机构同意，董事会成员才可以兼任经理。(4)高级管理人员应按照法律法规的规定尽职履职，承担忠实义务和勤勉义务。

案例1：公司高级管理人员损害公司商业利益赔偿纠纷。［北京市第一中级人民法院(2010)一中民终字第10249号］

中冶全泰（北京）工程科技有限公司（以下简称全泰公司）在国内市场主要从事冶金项目承包、耐火材料制品及大型冶金设备供应。2005年3月，从某民任总经理职务，负责公司全面的经营管理。自2006年年初，从某民作为全泰公司总经理一直与 ATIBIR INDUSTRIES CO. LTD,INDIA(以下简称 ATIBIR 公司)商谈合作事项,为 ATIBIR 公司制造年产 24.5 万吨炼铁工程和 30 万吨氧化球团工程项目,均是利用全泰公司平台、人力资源和技术信息。2007 年 10 月 31 日,丛某民突然向公司提出辞职,在未经公司法定代表人同意的情况下,未办理任何离职移交手续擅自离开公司。同时,还挖走全泰公司的 14 名技术员工,拷贝走所有工程部电脑资料和工程技术信息等商业秘密。丛某民离职后的一周内,在全泰公司办公楼的另一侧租赁了办公场所,并将原属全泰公司商务部对外电话及传真电话转移到其办公房间里,同时侵占了全泰公司网站域名、网络资源和公开邮箱,办公室墙壁上悬挂名称为"中冶京泰(北京)工程技术有限公司"(以下简称京泰公司)。经过向北京市工商行政管理局丰台分局进行档案查询发现,京泰公司是由丛某民和张某艺两人于 2006 年 10 月 19 日,在北京市丰台区工商局注册的一家内资企业,其中丛某民占 51% 的股权,张某艺占 49% 的股权,并由丛某民担任该公司法定代表人及董事长兼总经理。根据 2008 年 11 月 28 日北京市宣武区人民法院(2008)宣刑初字第 385 号刑事判决书,丛某民系利用任全泰公司总经理的职务便利,将 100 万元的承兑汇票兑换成现金,用此款注册成立京泰公司。判决认定丛某民犯挪用资金罪,判处有期徒刑 3 年,缓刑 3 年。ATIBIR 公司是全泰公司的海外客户,在 2006 年年初就与全泰公司进行联系,丛某民作为全泰公司的总经理与 ATIBIR 公司进行合作洽谈。ATIBIR 公司多次到国内进行考察,全泰公司不仅提供财物,而且提供了全面技术信息。2007 年 10 月,丛某民以京泰公司名义与 ATIBIR 公司签订了制造年产 24.5 万吨炼铁工程和年产 30 万吨氧化球团工程项目。全泰公司认为,丛某民作为全泰公司的高级管理人员,负有保守公司商业秘密的职责,对公司负有忠实义务和勤勉义务。但丛某民却以营利为目的,挪用公司巨额资金,为自己注册成立公司,不仅犯挪用资金罪,并且在任职期间,促成全泰公司的客户 ATIBIR 公司与自己注册成立的京泰公司签约,谋取属于全泰公司的商业机会。其行为损害了全泰公司的利益,其所得的全部收益均应归属于全泰公司所有。故诉至法院请求:判令丛某民、京泰公司、张某艺连带赔偿全泰公司 3051 万元整。

法院认为,《供货合同》的谈判与签约活动均发生于丛某民担任全泰公司总经理职务期间,并且丛某民动用了全泰公司的物力、人力资源参与了涉案项目的缔约过程,涉案项目又与全泰公司的经营活动密切相关,由此取得的商业机会理应属于全泰公司的商业机会。丛某民作为全泰公司的总经理,挪用了公司资金成立了与全泰公司具有同类营业的京泰公司，并在未经全泰公司股东会同意，亦未举证证明全泰公司曾明确表示放弃该商业机会，或全泰公司因其他原因无法利用该商业机会的情况下，操纵其作为控股股东的京泰公司与ATIBIR公司签署《供货合同》，依据《公司法》(2005修正)规定，已构成了对全泰公司商业机会的侵犯，应对其违反忠实义务的侵权行为向全泰公司承担赔偿责任。其赔偿数额应相当于京泰公司履行合同而获得的利润，法院根据《供货合同》的合同价款和经确认的利润率，以及判决作出之日的汇率对赔偿数额予以酌定2100万元。同时，因从某民为京泰公司的控股股东，京泰公司的注册资金来源于从某民挪用全泰公司的资金，从某民的意志对于京泰公司具有决定性作用，二者在侵犯全泰公司商业机会的过程中为利益共同体，具有共同的侵权行为。因此，京泰公司应对从某民的上述损害赔偿义务承担连带的赔偿责任。

案例2:公司经理不履行董事会决议造成公司损失应承担赔偿责任。［北京市第二中级人民法院(2008)二中民终字第03331号］

2005年3月8日，薛某作为北京国际艺苑有限公司(以下简称艺苑公司)董事被聘任为该公司的总经理。2006年7月27日，艺苑公司拟向交通银行股份有限公司北京分行申请4000万元贷款，以偿还于2006年8月3日到期的该行等额借款，该事宜已取得包括被告薛某在内的全体董事一致同意，并形成了董事会会议。艺苑公司制作了《不可撤销承诺函》，并签署了《借款合同》和《抵押合同》。但被告身为艺苑公司总经理，拒不执行董事会决议，且私自藏匿上述文件致使艺苑公司无法向银行申请贷款，导致银行因艺苑公司逾期还款而加收罚息、强制扣收贷款、限制艺苑公司对外支付款项。被告的行为给艺苑公司造成了巨额经济损失，故诉至法院要求被告赔偿给艺苑公司造成的损失50.347,905万元(含逾期贷款的罚息利率比约定利率上浮30%造成额外支付的利息24.151,969万元、复利1.996,927万元、交行北京分行起诉的诉讼费9.6036万元、给付北京正基宏业商贸有限公司违约金1.5万元及执行费0.1197万元、给付中国新兴建设开发总公司违约金8万元及执行费0.3311万元)。

法院认为，根据相关法律规定，公司的高级管理人员应当遵守法律、行政法规和公司章程，对公司负有忠实义务和勤勉义务；公司高级管理人员执行职务时违反法律、行政法规或者公司章程的规定，给公司造成损失的应当承担赔偿责任。本案被告作为原告的总经理，应按公司章程的规定，组织领导原告的日常经营管理工作，直接对董事会负责，执行董事会的各项决定。2006年7月28

日原告董事会做出决议、原告给交行北京分行出具不可撤销担保函后，被告未按董事会的指示，将董事会决议及其他文件送交交行北京分行，致使未能与交行北京分行重新办理贷款事宜。原告董事长邓某强得知被告的不作为情况后，曾发送召开紧急董事会的通知，但包括被告在内的3名中方董事共同致函邓某强，表示不能参与。中方3名董事均不出席董事会时，原告无法通过命令被告交出董事会决议或重新形成新的董事会决议的途径，达到与交行北京分行签订新贷款合同以偿还已到期贷款的目的。被告虽称其将文件拿出后即交给了副董事长孙某栋，但2006年8月7日，中方3名董事共同给邓某强的回函中已明确表示合资公司的重要经营文件在薛某总经理的保管之下，正是其职责所在。因被告未执行董事会决议，原告又无其他救济途径，致使交行北京分行对原告逾期还款加收罚息和复利，并通过诉讼向原告主张权利，由此给原告造成的支付复利及支付诉讼费等经济损失，被告应承担赔偿责任。

被告作为原告的总经理，应按《公司法》及公司章程的规定履行自己对公司的义务。被告不但不执行董事会决议，而且还将董事会决议等重要文件取出交与他人，以致给原告造成经济损失，对此被告亦应承担赔偿责任。法院的生效判决虽认为被告的行为与原告的损失间不存在因果关系，但因此认定是劳动争议纠纷，对此事实的认定，并不影响本案经过庭审质证后对侵权行为与损害后果之因果关系的认定，故对被告的上述答辩意见，不予采信。

对于被告认为的原告、被告主体不合格的答辩意见，因公司法股东派生诉讼条款是当公司受到侵害时，公司不提起诉讼的救济方式，本案公司已自行提起诉讼，主张权利，无须采取派生诉讼的救济方式维护公司权益，故原告具有诉讼主体资格。被告虽是原告中方股东的法定代表人，但被告也是原告董事会聘用的总经理，被告不执行原告董事会的决议，是不履行原告总经理的义务，而不是在行使原告中方股东法定代表人的职权，故被告认为应由原告中方股东承担被告不执行原告董事会的决议所引起的法律后果的答辩意见，不予采信。判决被告薛某于本判决生效后10日内赔偿原告北京国际艺苑有限公司罚息损失241,519.69元、复利损失19,969.27元、其他经济损失180,544元。

第三章
控股股东与中小股东利益冲突解决方案

第一节　股东会与股东权利

一、股东治理概述

股东治理(shareholder governance),是指在公司所有权和经营权分离的情况下,存在经营管理人损害股东利益的现象,为了保护股东利益不受损害而进行的一系列制度的设计和安排。具体包括投票表决制度、股东会的召开程序与职权和中小股东权益保护等。

二、股东“用手投票”与“用脚投票”

(一)股东“用手投票”(voting with their hands)

股东“用手投票”,也称表决权,这是作为股东享有的重要权利之一,也是股东参与公司决策和管理的重要手段之一。在有限责任公司中,股东会会议由股东按照出资比例行使表决权;在股份有限公司中,股东出席股东会会议,所持每一股份有一表决权。

但是,经所有股东同意,可以在公司章程中规定,表决权不按照股权比例行使,即我们通常所说的 AB 股。AB 股制度,即同股不同权,指上市公司可以同股不同权,通常是一般股东一股一票,但公司少数高级管理人员可以一股数票。这是一种通过分离现金流和控制权而对公司实行控制的有效手段。

法条链接

《中华人民共和国公司法》(2023修订)

第六十五条　股东会会议由股东按照出资比例行使表决权;但是,公司章程另有规定的除外。

第一百一十六条第一款　股东出席股东会会议,所持每一股份有一表决权,类别股股东除外。公司持有的本公司股份没有表决权。

第一百四十四条第一款　公司可以按照公司章程的规定发行下列与普通股权利不同的类别股:

……

(二)每一股的表决权数多于或者少于普通股的股份;

……

《国务院关于开展优先股试点的指导意见》(国发〔2013〕46号)

一、优先股股东的权利与义务

……

(五)表决权限制。除以下情况外,优先股股东不出席股东大会会议,所持股份没有表决权:

(1)修改公司章程中与优先股相关的内容;

(2)一次或累计减少公司注册资本超过百分之十;

(3)公司合并、分立、解散或变更公司形式;

(4)发行优先股;

(5)公司章程规定的其他情形。

上述事项的决议,除须经出席会议的普通股股东(含表决权恢复的优先股股东)所持表决权的三分之二以上通过之外,还须经出席会议的优先股股东(不含表决权恢复的优先股股东)所持表决权的三分之二以上通过。

《优先股试点管理办法》(2023修订)

第十条　出现以下情况之一的,公司召开股东大会会议应通知优先股股东,并遵循《公司法》及公司章程通知普通股股东的规定程序。优先股股东有权出席股东大会会议,就以下事项与普通股股东分类表决,其所持每一优先股有一表决权,但公司持有的本公司优先股没有表决权:

(一)修改公司章程中与优先股相关的内容;

(二)一次或累计减少公司注册资本超过百分之十;

（三）公司合并、分立、解散或变更公司形式；

（四）发行优先股；

（五）公司章程规定的其他情形。

上述事项的决议，除须经出席会议的普通股股东（含表决权恢复的优先股股东）所持表决权的三分之二以上通过之外，还须经出席会议的优先股股东（不含表决权恢复的优先股股东）所持表决权的三分之二以上通过。

（二）股东"用脚投票"（voting with their feet）

也称股东的退股权，异议股东股份收买请求权，是指股东会做出严重影响股东利害关系的决议（如公司营业转让决议、为限制股份转让而变更公司章程的决议、公司合并分立等情形）时，股东有权请求公司购回自己的股份。[①]

法条链接

《中华人民共和国公司法》（2023 修订）

第八十九条　有下列情形之一的，对股东会该项决议投反对票的股东可以请求公司按照合理的价格收购其股权：

（一）公司连续五年不向股东分配利润，而公司该五年连续盈利，并且符合本法规定的分配利润条件；

（二）公司合并、分立、转让主要财产；

（三）公司章程规定的营业期限届满或者章程规定的其他解散事由出现，股东会通过决议修改章程使公司存续。

自股东会决议作出之日起六十日内，股东与公司不能达成股权收购协议的，股东可以自股东会决议作出之日起九十日内向人民法院提起诉讼。

公司的控股股东滥用股东权利，严重损害公司或者其他股东利益的，其他股东有权请求公司按照合理的价格收购其股权。

公司因本条第一款、第三款规定的情形收购的本公司股权，应当在六个月内依法转让或者注销。

第一百六十一条　有下列情形之一的，对股东会该项决议投反对票的股东可以请求公司按照合理的价格收购其股份，公开发行股份的公司除外：

（一）公司连续五年不向股东分配利润，而公司该五年连续盈利，并且符合本法规定的分配利润条件；

---

① 参见刘俊海：《新公司法的制度创新：立法争点与解释难点》，法律出版社 2006 年版，第 215 页。

（二）公司转让主要财产；

（三）公司章程规定的营业期限届满或者章程规定的其他解散事由出现，股东会通过决议修改章程使公司存续。

自股东会决议作出之日起六十日内，股东与公司不能达成股份收购协议的，股东可以自股东会决议作出之日起九十日内向人民法院提起诉讼。

公司因本条第一款规定的情形收购的本公司股份，应当在六个月内依法转让或者注销。

三、股东会职权与议事规则

股东会（shareholders meeting）是公司的权力机构，由全体股东组成的，决定公司经营管理的重大事项的机构，股东会会议分为定期会议和临时会议。

（一）股东会职权

根据《公司法》（2023 修订）规定，股东会行使下列职权：选举和更换董事、监事，决定有关董事、监事的报酬事项；审议批准董事会的报告；审议批准监事会的报告；审议批准公司的利润分配方案和弥补亏损方案；对公司增加或者减少注册资本作出决议；对发行公司债券作出决议；对公司合并、分立、解散、清算或者变更公司形式作出决议；修改公司章程；公司章程规定的其他职权。

根据《公司法》（2023 修订）规定，股份有限公司的成立大会行使下列职权：审议发起人关于公司筹办情况的报告；通过公司章程；选举董事、监事；对公司的设立费用进行审核；对发起人非货币财产出资的作价进行审核；发生不可抗力或者经营条件发生重大变化直接影响公司设立的，可以作出不设立公司的决议。

（二）股东会召开程序与表决方式

1. 有限责任公司的相关规定

（1）股东会会议的通知与记录：召开股东会会议，应当于会议召开 15 日前通知全体股东；但是，公司章程另有规定或者全体股东另有约定的除外。股东会应当对所议事项的决定作成会议记录，出席会议的股东应当在会议记录上签名。

（2）股东的表决权：股东会会议由股东按照出资比例行使表决权；但是，公司章程另有规定的除外。

（3）代表 1/10 以上表决权的股东，1/3 以上的董事，监事会或者不设监事会的公司的监事提议召开临时会议的，应当召开临时会议。

2. 股份有限公司的相关规定

(1)股东会会议的通知与记录:召开股东会会议,应当将会议召开的时间、地点和审议的事项于会议召开20日前通知各股东;临时股东会应当于会议召开15日前通知各股东;发行无记名股票的,应当于会议召开30日前公告会议召开的时间、地点和审议事项。单独或者合计持有公司1%以上股份的股东,可以在股东会召开10日前提出临时提案并书面提交董事会;董事会应当在收到提案后2日内通知其他股东,并将该临时提案提交股东会审议。临时提案的内容应当属于股东会职权范围,并有明确议题和具体决议事项。股东会不得对前两款通知中未列明的事项作出决议。无记名股票持有人出席股东会会议的,应当于会议召开5日前至股东会闭会时将股票交存于公司。股东会应当对所议事项的决定作成会议记录,主持人、出席会议的董事应当在会议记录上签名。会议记录应当与出席股东的签名册及代理出席的委托书一并保存。

(2)股东表决权:股东出席股东会会议,所持每一股份有一表决权。但是,公司持有的本公司股份没有表决权。股东会作出决议,必须经出席会议的股东所持表决权过半数通过。但是,股东会作出修改公司章程、增加或者减少注册资本的决议,以及公司合并、分立、解散或者变更公司形式的决议,必须经出席会议的股东所持表决权的2/3以上通过。

(3)有下列情形之一的,应当在2个月内召开临时股东会:董事人数不足《公司法》规定人数或者公司章程所定人数的2/3时;公司未弥补的亏损达实收股本总额1/3时;单独或者合计持有公司10%以上股份的股东请求时;董事会认为必要时;监事会提议召开时;公司章程规定的其他情形。

(三)股东会议事方式与表决程序

1. 有限责任公司的相关规定

股东会的议事方式和表决程序,除《公司法》有规定的外,由公司章程规定。股东会会议作出修改公司章程、增加或者减少注册资本的决议,以及公司合并、分立、解散或者变更公司形式的决议,必须经代表2/3以上表决权的股东通过。

2. 股份有限公司的相关规定

股东出席股东会会议,所持每一股份有一表决权。但是,公司持有的本公司股份没有表决权。股东会作出决议,必须经出席会议的股东所持表决权过半数通过。但是,股东会作出修改公司章程、增加或者减少注册资本的决议,以及公司合并、分立、解散或者变更公司形式的决议,必须经出席会议的股东所持表决权的2/3以上通过。

（四）累积投票制与类别股东表决制

1. 累积投票制

累积投票制（accumulative voting method），是指在公司的选举会上，实行每个股份持有者按其有表决权的股份数与被选人数的乘积为其应有的选举权利，选举者可以将这一定数的权利进行集中或分散投票的选举办法。例如，股东会需选五名董事，某股东持有200个普通股，这样他就有了1000票的权利。他可以用1000票去投某一名候选人，对其他候选人一票也不投；也可以把票分布开，同时去投几名候选人。

法条链接

《中华人民共和国公司法》（2023修订）

第一百一十七条　股东会选举董事、监事，可以按照公司章程的规定或者股东会的决议，实行累积投票制。

本法所称累积投票制，是指股东会选举董事或者监事时，每一股份拥有与应选董事或者监事人数相同的表决权，股东拥有的表决权可以集中使用。

《上市公司治理准则》（2018修订）

第十七条　董事、监事的选举，应当充分反映中小股东意见。股东大会在董事、监事选举中应当积极推行累积投票制。单一股东及其一致行动人拥有权益的股份比例在30%及以上的上市公司，应当采用累积投票制。采用累积投票制的上市公司应当在公司章程中规定实施细则。

《深圳证券交易所上市公司自律监管指引第2号——创业板上市公司规范运作（2023年12月修订）》（深证上〔2023〕1146号）

2.1.5　召集人应当合理设置股东大会提案，保证同一事项的提案表决结果明确清晰。除采用累积投票制以外，股东大会对所有提案应当逐项表决，股东大会对同一事项有不同提案的，应当按照提案提出的时间顺序进行表决，股东或者其代理人不得对同一事项的不同提案同时投同意票。

2.1.15　上市公司应当在董事、监事选举时实行累积投票制度，选举一名董事或者监事的情形除外。本所鼓励公司选举董事、监事时实行差额选举。

股东大会选举董事时，独立董事和非独立董事的表决应当分别进行。

2. 类别股东表决制

类别股东表决制（classified shareholder voting system）是指涉及不同类别股

东权益的议案,需经各类别股东及其他类别股东分别审议,并获得各自的绝对多数同意才能通过的制度。进行股东类别区分的实质是限制优势股东的优势,保护弱势股东的利益。

法条链接

《中华人民共和国公司法》(2023 修订)

第一百一十六条第一款　股东出席股东会会议,所持每一股份有一表决权,类别股股东除外。公司持有的本公司股份没有表决权。

第一百四十四条第一款　公司可以按照公司章程的规定发行下列与普通股权利不同的类别股:

……

(二)每一股的表决权数多于或者少于普通股的股份;

……

第一百四十六条　发行类别股的公司,有本法第一百一十六条第三款规定的事项等可能影响类别股股东权利的,除应当依照第一百一十六条第三款的规定经股东会决议外,还应当经出席类别股股东会议的股东所持表决权的三分之二以上通过。

公司章程可以对需经类别股股东会议决议的其他事项作出规定。

四、中小股东权益保护制度

中小股东权益保护(protection of small shareholders' rights and interests),因为中小股东持股比例有限,信息不对等,不管是在决策权还是在参与经营管理的权利上都受到一定的限制,故我国《公司法》(2023 修订)在制度设计的时候赋予了股东以下权利,中小股东可以基于此保护和维护其合法权益。

(一)表决权

表决权,也称投票权,这是作为股东享有的重要权利之一,也是股东参与公司决策和管理的重要手段之一。在有限责任公司中,股东会会议由股东按照出资比例行使表决权;在股份有限公司中,股东出席股东会会议,所持每一股份有一表决权。

但是,特殊安排如下:

(1)经所有股东同意,可以在公司章程中规定,表决权不按照股权比例行使,即我们通常所说的 AB 股等。

(2)累积投票权,是指股东在股东会选举董事或者监事时,按照累积投票方式参加选举董事或者监事的权利。所谓累积投票,是指股东所持的每一股份都拥有与股东会拟选举的董事或者监事数量相等的投票权,股东既可以把全部投票权集中选举一个人,亦可分散选举数人,最后按得票多寡决定当选的董事或者监事。

(3)优先股,是指有优先取得股息和分得剩余财产的权利,但其一般没有表决权,除非公司没有支付股息。

法条链接

《中华人民共和国公司法》(2023修订)

第六十五条　股东会会议由股东按照出资比例行使表决权;但是,公司章程另有规定的除外。

第一百一十六条第一款　股东出席股东会会议,所持每一股份有一表决权,类别股股东除外。公司持有的本公司股份没有表决权。

第一百一十七条　股东会选举董事、监事,可以按照公司章程的规定或者股东会的决议,实行累积投票制。

本法所称累积投票制,是指股东会选举董事或者监事时,每一股份拥有与应选董事或者监事人数相同的表决权,股东拥有的表决权可以集中使用。

第一百四十四条　公司可以按照公司章程的规定发行下列与普通股权利不同的类别股:

(一)优先或者劣后分配利润或者剩余财产的股份;

(二)每一股的表决权数多于或者少于普通股的股份;

(三)转让须经公司同意等转让受限的股份;

(四)国务院规定的其他类别股。

公开发行股份的公司不得发行前款第二项、第三项规定的类别股;公开发行前已发行的除外。

公司发行本条第一款第二项规定的类别股的,对于监事或者审计委员会成员的选举和更换,类别股与普通股每一股的表决权数相同。

《国务院关于开展优先股试点的指导意见》(国发〔2013〕46号)

一、优先股股东的权利与义务

(五)表决权限制。除以下情况外,优先股股东不出席股东大会会议,所持股份没有表决权:(1)修改公司章程中与优先股相关的内容;(2)一次或累计减少公司注册资本超过百分之十;(3)公司合并、分立、解散或变更公司形式;(4)发行优先股;(5)公司章程规定的其他情形。上述事项的决议,除须经出席会议的普通股股东(含表决权恢复的优先股股东)所持表决权的三分之二以上通过之外,还须经出席会议的优先股股东(不含表决权恢复的优先股股东)所持表决权的三分之二以上通过。

(二)资产收益权

资产收益权,是作为股东享有的财产上的权利,具体包括三类:一是获得公司分红的权利;二是因公司增值而获得的股份(票)增值权;三是在公司清算后,清偿所有税、债务和费用后的剩余财产的分配权。资产收益权的分配比例,可以通过公司章程或股东协议等方式约定不按照股份比例分配。

法条链接

《中华人民共和国公司法》(2023修订)

第二百一十条第四、五款　公司弥补亏损和提取公积金后所余税后利润,有限责任公司按照股东实缴的出资比例分配利润,全体股东约定不按照出资比例分配利润的除外;股份有限公司按照股东所持有的股份比例分配利润,公司章程另有规定的除外。

公司持有的本公司股份不得分配利润。

第二百三十六条　清算组在清理公司财产、编制资产负债表和财产清单后,应当制订清算方案,并报股东会或者人民法院确认。

公司财产在分别支付清算费用、职工的工资、社会保险费用和法定补偿金,缴纳所欠税款,清偿公司债务后的剩余财产,有限责任公司按照股东的出资比例分配,股份有限公司按照股东持有的股份比例分配。

最高人民法院《关于适用〈中华人民共和国公司法〉若干问题的规定(四)》(2020修正)

第十四条　股东提交载明具体分配方案的股东会或者股东大会的有效决议,请求公司分配利润,公司拒绝分配利润且其关于无法执行决议的抗辩理由不成立的,人民法院应当判决公司按照决议载明的具体分配方案向股东分配利润。

第十五条　股东未提交载明具体分配方案的股东会或者股东大会决议,请求公司分配利润的,人民法院应当驳回其诉讼请求,但违反法律规定滥用股东权利导致公司不分配利润,给其他股东造成损失的除外。

案例:未经股东会决议,股东无权直接诉清分配公司利润。[福建泉州中院(2011)泉民终字第1987号]

福建省兴泰建筑工程有限公司(以下简称兴泰公司)成立于2004年2月18

日，注册资本为685万元。原告白某章、李某通均为兴泰公司的原始股东。其中，白某章实物折价出资205.50万元、持股30%；李某通实物折价出资137万元、持股20%。谢某荣实物折价出资274万元、持股40%；谢某坤实物折价出资68.50万元、持股10%。《兴泰公司章程》第17条约定："公司不设董事会，只设一名执行董事，执行董事谢某荣为公司的法定代表人。"第18条约定："执行董事对股东会负责，行使以下职权：(1)负责召集股东会，并向股东会报告工作；(2)执行股东会决议；(3)决定公司的经营计划和投资方案；(4)拟定公司的年度财务预算方案、决算方案；(5)制订公司的利润分配方案和弥补亏损方案的权利；(6)拟定公司增加或者减少注册资本的方案；(7)拟定公司合并、分立、变更公司形式、解散的方案。"

原告白某章、李某通诉称：根据《兴泰公司章程》第10条约定，股东有"按照出资比例分取红利"的权利。兴泰公司自开办以来，发展良好，盈利总计在600万元以上，但公司执行董事谢某荣不依法履行职责，几年来既不通报公司账务，也不按照公司章程约定，制订公司的利润分配方案，合理分配股东应得红利，两原告多次交涉未果，只好诉诸法律，请求法院判决被告兴泰公司支付给原告白某章、李某通应分配红利(现暂定200万元，具体以委托会计师事务所对公司成立至2011年5月31日的股东分配利润进行审计鉴定的鉴定结论计算)。两原告在起诉的同时，申请人民法院委托会计师事务所，对兴泰公司从成立至2011年5月31日的股东分配利润进行审计鉴定，以便确定两原告按股份可分配利润数额。

法院认为：白某章、李某通作为兴泰公司工商登记的股东，提起公司盈余诉讼的主体是适格的。《公司法》(2005修订)第47条第5项对董事会职权规定"制订公司的利润分配方案和弥补亏损方案"，兴泰公司的公司章程第17条规定"不设董事会，只设一名执行董事"，同时第18条第5项规定执行董事职权为"制订公司的利润分配方案和弥补亏损方案"。因此，根据《公司法》(2005修订)的上述规定和兴泰公司的章程规定，只有兴泰公司的执行董事制订公司的利润分配方案和弥补亏损方案，且由股东会审议批准利润分配方案的情况下，股东才具有实际参与利润分配的权利。目前，白某章、李某通无证据证明兴泰公司股东会已决定进行公司利润分配而不予分配，因此，法院对此不予干预较妥。故白某章、李某通的上诉理由不能成立。

(三)知情权

股东知情权，是指公司股东了解公司信息的权利。包括公司财务报告资料、账簿等有关公司经营、决策、管理的相关资料等。具体见表3－1：

表3－1 股东知情权

权利主体	权利内容	权利范围
（有限责任公司/股份有限公司）股东	查阅与复制	公司章程、股东名册、股东会会议记录、董事会会议决议、监事会会议决议和财务会计报告
	查阅	会计账簿、会计凭证

但股东有以下四种不正当目的情形的，公司可以拒绝查阅和复制：一是自营或者为他人经营与公司主营业务有实质性竞争关系业务的；二是为了向他人通报有关信息查阅公司会计账簿，可能损害公司合法利益的；三是在向公司提出查阅请求之日前的3年内，曾通过查阅公司会计账簿，向他人通报有关信息损害公司合法利益的；四是有不正当目的的其他情形。

法条链接

《中华人民共和国公司法》（2023修订）

第五十七条 股东有权查阅、复制公司章程、股东名册、股东会会议记录、董事会会议决议、监事会会议决议和财务会计报告。

股东可以要求查阅公司会计账簿、会计凭证。股东要求查阅公司会计账簿、会计凭证的，应当向公司提出书面请求，说明目的。公司有合理根据认为股东查阅会计账簿、会计凭证有不正当目的，可能损害公司合法利益的，可以拒绝提供查阅，并应当自股东提出书面请求之日起十五日内书面答复股东并说明理由。公司拒绝提供查阅的，股东可以向人民法院提起诉讼。

股东查阅前款规定的材料，可以委托会计师事务所、律师事务所等中介机构进行。

股东及其委托的会计师事务所、律师事务所等中介机构查阅、复制有关材料，应当遵守有关保护国家秘密、商业秘密、个人隐私、个人信息等法律、行政法规的规定。

股东要求查阅、复制公司全资子公司相关材料的，适用前四款的规定。

第一百一十条 股东有权查阅、复制公司章程、股东名册、股东会会议记录、董事会会议决议、监事会会议决议、财务会计报告，对公司的经营提出建议或者质询。

连续一百八十日以上单独或者合计持有公司百分之三以上股份的股东要

求查阅公司的会计账簿、会计凭证的,适用本法第五十七条第二款、第三款、第四款的规定。公司章程对持股比例有较低规定的,从其规定。

股东要求查阅、复制公司全资子公司相关材料的,适用前两款的规定。

上市公司股东查阅、复制相关材料的,应当遵守《中华人民共和国证券法》等法律、行政法规的规定。

最高人民法院《关于适用〈中华人民共和国公司法〉若干问题的规定(四)》(2020 修正)

第八条　有限责任公司有证据证明股东存在下列情形之一的,人民法院应当认定股东有公司法第三十三条第二款规定的“不正当目的”:

(一)股东自营或者为他人经营与公司主营业务有实质性竞争关系业务的,但公司章程另有规定或者全体股东另有约定的除外;

(二)股东为了向他人通报有关信息查阅公司会计账簿,可能损害公司合法利益的;

(三)股东在向公司提出查阅请求之日前的三年内,曾通过查阅公司会计账簿,向他人通报有关信息损害公司合法利益的;

(四)股东有不正当目的的其他情形。

第九条　公司章程、股东之间的协议等实质性剥夺股东依据公司法第三十三条、第九十七条规定查阅或者复制公司文件材料的权利,公司以此为由拒绝股东查阅或者复制的,人民法院不予支持。

案例:(1)股东要求查阅公司会计账簿,但公司怀疑股东查阅会计账簿的目的是为公司涉及的其他案件的对方当事人收集证据,并以此为由拒绝提供查阅的,不属于上述规定中股东具有不正当目的、可能损害公司合法利益的情形。(2)查阅范围应按照公司法规定。(3)查阅地点在公司。[来源《最高人民法院公报》2011 年第 8 期(总第 178 期)]

原告李某君、吴某、孙某、王某兴诉称:4 人为被告江苏佳德置业发展有限公司(以下简称佳德公司)合法股东。因佳德公司在经营形势大好的情况下却拖欠大量债务,4 人作为股东对佳德公司情况无法知悉,故依法要求行使股东知情权,了解公司的实际情况,但佳德公司对此非法阻挠,严重侵犯了 4 人作为股东的合法权益。请求判令 4 人对佳德公司依法行使知情权,查阅、复制佳德公司的会计账簿、议事录、契约书、通信、纳税申报书等(含会计原始凭证、传票、电传、书信、电话记录、电文等)所有公司资料。

被告佳德公司辩称：佳德公司从未不同意4原告查阅、复制公司章程、股东会会议记录和财务会计报告，但鉴于4原告具有不正当目的，请求驳回其要求查阅、复制佳德公司会计账簿的诉讼请求。

法院认为：本案的关键在于4上诉人要求行使知情权是否具有不正当目的。由于股东的知情权涉及股东和公司之间的利益冲突，在保护股东利益的同时也应适当照顾公司的利益，使双方利益平衡，故知情权的行使应当符合一定的条件并受一定的限制。本案中，4上诉人向被上诉人佳德公司提出书面请求说明其行使知情权的目的是了解公司实际经营现状，显属其作为有限责任公司股东应享有的知情权。佳德公司以4上诉人具有不正当目的为由拒绝其查阅，则应对四上诉人具有不正当目的并可能损害其合法利益承担举证责任。

被上诉人佳德公司认为4上诉人查阅会计账簿的目的是为了收集并向广厦公司提供工程款纠纷仲裁一案中对佳德公司不利的证据，损害佳德公司及其他股东的合法利益，其主要证据是4上诉人提交的申请书、诉状及授权委托书中均由张某林代李某君签名，而张某林系广厦公司派驻佳德公司工程的项目经理，且直接参与了广厦公司与佳德公司的仲裁一案。但佳德公司所举证据不足以证明4上诉人查阅公司会计账簿具有不正当的目的，且可能损害佳德公司合法利益。理由如下：(1)因李某君的股份系受让自张某林，故其临时委托张某林代为签名也在情理之中。其后李某君本人在诉状及授权委托书上亲自签名，表明提起知情权诉讼系其真实意思表示。张某林之前受李某君委托在诉状及授权委托书中代为签名，其法律效力及法律后果应由李某君承担，张某林本身不是本案主张行使知情权的主体，并非如佳德公司所主张的系代替李某君行使知情权。最终能够实际行使知情权的也只能是佳德公司股东李某君，而非张某林。(2)4上诉人合计持有佳德公司54%的股权，其与佳德公司的利益从根本上是一致的。佳德公司如在与广厦公司仲裁一案中失利，客观上将对4上诉人的股东收益权造成不利影响。且提起本案诉讼的系上诉人李某君、吴某、孙某、王某兴4名股东，而非李某君一名股东，佳德公司仅以张某林代李某君签名，而认为四上诉人提起本案诉讼的目的在于为其利益冲突方广厦公司收集仲裁一案的不利证据，显然依据不足。(3)佳德公司主张4上诉人在查阅公司会计账簿后可能会为广厦公司收集到直接导致佳德公司在仲裁一案中多支付工程款的相关证据，但未明确证据的具体指向。法院认为，《公司法》(2005修订)第34条规定的公司拒绝查阅所保护的是公司的合法利益，而不是一切利益。基于诚实信用原则,案件当事人理应对法庭或仲裁庭如实陈述,并按法庭或仲裁庭要求提供自己掌握的真实证据,以拒不出示不利于己的证据为手段而获得不当利益的行为为法律所禁止。如佳德公司持有在仲裁一案中应当提供而未提供相关证据,则不能认定股东查阅公司账簿可能损害其合法利益。综上,股东知情权是股东固有的、法定的基础性权利,无合理根据证明股东具有不正当目的,则不应限制其行使该权利。佳德公司拒绝4上诉人对公司会计账簿行使查阅权的理由和依据不足,不予采信。

关于4上诉人主张行使知情权的范围是否符合法律规定。4上诉人请求查阅、复制被上诉人佳德公司的会计账簿、议事录、契约书、通信、纳税申报书等(含会计原始凭证、传票、电传、书信、电话记录、电文等)所有公司资料。被上诉人佳德公司辩称其已向4上诉人提交了自公司成立起的全部工商设立、变更、年检登记文件及审计报告等资料,履行了配合股东行使知情权的法定义务。对此,法院认为,股东知情权是股东享有对公司经营管理等重要情况或信息真实了解和掌握的权利,是股东依法行使资产收益、参与重大决策和选择管理者等权利的基础性权利。从立法价值取向上看,其关键在于保护中小股东合法权益。《公司法》(2005修订)第34条第2款规定,"股东可以要求查阅公司会计账簿。"账簿查阅权是股东知情权的重要内容。股东对公司经营状况的知悉,最重要的内容之一就是通过查阅公司账簿了解公司财务状况。《会计法》第9条第1款规定:"各单位必须根据实际发生的经济业务事项进行会计核算,填制会计凭证,登记会计账簿,编制财务会计报告。"第14条第1、2、5款规定:"会计凭证包括原始凭证和记账凭证。办理本法第10条所列的经济业务事务,必须填制或者取得原始凭证并及时送交会计机构。记账凭证应当根据经过审核的原始凭证及有关资料编制。"第15条第1款规定:"会计账簿登记,必须以经过审核的会计凭证为依据,并符合有关法律、行政法规和国家统一的会计制度的规定。……"因此,公司的具体经营活动只有通过查阅原始凭证才能知晓,不查阅原始凭证,中小股东可能无法准确了解公司真正的经营状况。会计准则规定,相关契约等有关资料也是编制记账凭证的依据,应当作为原始凭证的附件入账备查。据此,4上诉人查阅权行使的范围应当包括会计账簿(含总账、明细账、日记账和其他辅助性账簿)和会计凭证(含记账凭证、相关原始凭证及作为原始凭证附件入账备查的有关资料)。对于4上诉人要求查阅其他公司资料的诉请,因超出了《公司法》(2005修订)第34条规定的股东行使知情权的查阅范围,不予支持。关于查阅时间和地点,《公司法》赋予股东知情权的目的和价值在于保障股东权利的充分行使,但这一权利的行使也应在权利平衡的机制下进行,即对经营效率、经营秩序等公司权益未形成不利影响。因此,4上诉人查阅的应当是和其欲知情的事项相互关联的材料,而并非对公司财务的全面审计,故查阅应当在公司正常的业务时间内且不超过10个工作日,查阅的方便地点应在佳德公司。

(四)优先认购权

优先认购权包括两方面内容:一是股东享有的同等条件下优先购买其他股东拟转让股权的权利,即转股优先购买权。该优先购买权是有限责任公司股东特有的一种法定权利。二是公司发行新股或可转债时老股东可以按原先持有股份数量的一定比例优先于他人进行认购的权利,即新股优先认购权。

法条链接

《中华人民共和国公司法》(2023修订)

第八十四条　有限责任公司的股东之间可以相互转让其全部或者部分股权。

股东向股东以外的人转让股权的,应当将股权转让的数量、价格、支付方式和期限等事项书面通知其他股东,其他股东在同等条件下有优先购买权。股东自接到书面通知之日起三十日内未答复的,视为放弃优先购买权。两个以上股东行使优先购买权的,协商确定各自的购买比例;协商不成的,按照转让时各自的出资比例行使优先购买权。

公司章程对股权转让另有规定的,从其规定。

第二百二十七条　有限责任公司增加注册资本时,股东在同等条件下有权优先按照实缴的出资比例认缴出资。但是,全体股东约定不按照出资比例优先认缴出资的除外。

股份有限公司为增加注册资本发行新股时,股东不享有优先认购权,公司章程另有规定或者股东会决议决定股东享有优先认购权的除外。

最高人民法院《关于适用〈中华人民共和国公司法〉若干问题的规定(三)》(2020修正)

第十六条　股东未履行或者未全面履行出资义务或者抽逃出资,公司根据公司章程或者股东会决议对其利润分配请求权、新股优先认购权、剩余财产分配请求权等股东权利作出相应的合理限制,该股东请求认定该限制无效的,人

.民法院不予支持。

案例1:不得恶意撤销已成就的其他股东行使优先权的条件。[最高人民法院民事判决书(2011)民提字第113号]

楼某君与方某荣等8名股东均系湖南株洲天山房地产开发有限公司(以下简称天山公司)的股东,其中楼某君出资占天山公司注册资本的6.91%,方某荣等8名股东出资占注册资本的93.09%。2008年10月至2009年10月,方某荣为天山公司的法定代表人。

2009年4月16日方某荣等8名股东与伍某红、劳某武、卢某文签订《资产转让协议》一份,约定:(1)方某荣等8名股东将天山公司所有的资产转让给伍某红等3人。(2)转让价格为总价9480万元,价款支付方式为①协议签订之日起3个工作日内支付定金10,000万元;②协议签订之日起30个工作日内支付6000万元;③待完成股份转让手续后5个工作日内支付余款2480万元。(3)转让天山公司所有的资产,协议对具体资产进行了约定,以上资产和债务经伍某红等3人确认后,伍某红等3人支付方某荣等8名股东9480万元,一切过户及税收相关费用等由伍某红等3人自负。……(5)伍某红等3人经30个工作日调查,对天山公司资产及债务情况予以接受,则协议自签订之日起生效;若对天山公司资产及债务情况有异议,双方可以继续协商;若对天山公司资产及债务情况不能接受,伍某红等3人可以单方终止协议,无须承担违约责任,方某荣等8名股东应于3个工作日内退还定金。(6)自协议签订之日起,伍某红等3人经调查愿意继续履行合同,方某荣等8名股东不能履行合同,视为违约,应向伍某红等3人支付违约金10,000万元。如伍某红等3人在30个工作日内不能给方某荣等8名股东明确答复,视为自动放弃。(7)未尽事宜,另行协商,协商不成,由资产所在地法院管辖。

最高人民法院认为:《公司法》(2005修订)第72条规定,股东对外转让股权时应当书面通知股权转让事项,在同等条件下,其他股东有优先购买权。方某荣等8名股东在签订对外转让股权合同后,在公司股东会中公布转让股权事项时有所隐瞒,将其转让股权款的支付方式,由对伍某红等3人转让合同中规定的先交付10,000万元定金,交付4000万元的股权转款后办理股权过户,过户完毕后再交付余款等,变更为一次性支付股权转让款;对伍某红等3人转让合同中约定的债务由转让股东方某荣等8名股东承担等内容不再涉及。方某荣等8名股东在股东会中提出的股权转让条件与其对伍某红等3人签订股权转让合同中约定的条件相比，虽然价格一致，但增加了股权受让方的合同义务和责任。方某荣等8名股东的该行为，未如实向公司其他股东通报股权转让真实条件，采取内外有别的方式提高股权转让条件，不符合《公司法》相关规定，有违诚实信用原则。楼某君在自己获悉方某荣等8名股东对伍某红等3人的股权转让合同后，坚持明确主张按方某荣等8名股东对伍某红等3人转让合同的条件行使优先购买权，系合理主张共有权益人的权利，符合《公司法》(2005修订)的规定，楼某君的主张应获得支持。在本案一审诉讼期间，7月20日，方某荣等8名股东与伍某红等3人签订《解除股权转让协议》，约定解除涉及转让本案股权的3份合同，方某荣等8名股东退还定金10,000万元，赔偿损失2000万元。9月11日，天山公司召开股东会，方某荣等8名股东在会上明确表示不再对外转让。方某荣等8名股东的上述行为表明其恶意撤销已经成就的他人行使优先权的条件。在本案再审程序中，方某荣等8名股东与楼某君协商，将楼某君与天山公司的其他债务及涉及本案转让的股权一并处理，双方又重新达成协议，方某荣等8名股东又再次明确其转让股权的意思，且双方对股权转让的价格及公司债务的承担等达成一致意见并签署了协议，但双方关于股权转让款先支付到哪一个共管账户的问题未形成一致意见。在楼某君按照协议的约定备足股权转让款时，方某荣等8名股东又提出反悔意见。其中，吴某灯、徐某梅表示全面反悔协议内容，方某荣表示在先支付股权转让款的情况下可以转让股权，其余5名股东表示在保证拿到股权转让款的情况下，履行约定的内容。

根据本案在一审、二审及再审程序中查明的事实，方某荣等8名股东因转让股权，有两次签订合同的行为，第一次是在受理本案之前与伍某红等3人签订，第二次是在再审程序中与楼某君签订，又先后选择放弃合同，对其股权是否转让及转让条件作了多次反复的处理。方某荣等8名股东虽然合法持有天山公司股权，但其不能滥用权利，损害相对人的合法民事权益。作为公司其他股东的楼某君为受让方某荣等8名股东股权，继续经营公司，两次按照方某荣等8名股东的合同行为准备价款，主张行使优先购买权，但方某荣等8名股东均以各种理由予以拒绝。尤其是在法院再审期间，方某荣等8名股东已经同意将股权转让给楼某君，并将公司与股东及公司以外的其他债务均一并进行了处理，但方某荣等8名股东在签订协议后又反悔。在此情形下，法院如果支持了方某荣等8名股东的再审主张，允许方某荣等8名股东多次随意变更意思表示，不顾及对交易相对人合理利益的维护，对依法享有优先购买权的公司其他股东明显不公平，同时也纵容了不诚信的行为。

案例2：股东优先认缴新增资本权利因超合理期间而丧失。［最高人民法院民事判决书（2010）民提字第48号］

绵阳高新区科创实业有限公司（以下简称科创公司）于2001年7月成立。在2003年12月科创公司增资扩股前，公司的注册资金为475.37万元。其中蒋某出资额67.6万元，出资比例14.22%，为公司最大股东；绵阳市红日实业有限公司（以下简称红日公司）出资额27.6万元，出资比例5.81%。科创公司第一届董事长由蒋某担任。2003年召开股东会，蒋某和红日公司明确反对以多数决方式吸收陈某为公司股东，陈某增资800万元，并享有56.4%股份的决议，嗣后，科创公司又召开股东会将其股权赠与投资公司，蒋某及红日公司未表示反对。2005年，红日公司、蒋某以科创公司侵犯其优先认缴新增资本的权利，诉请确认股东会决议无效。

最高人民法院认为：根据本案的事实和双方当事人的诉辩主张，本案再审程序中有以下两个争议焦点：(1)2003年12月16日科创公司作出的股东会决议和2003年12月18日科创公司与陈某高签订的《入股协议书》是否有效；(2)红日公司和蒋某是否能够行使对科创公司2003年新增的615.38万股股份的优先认缴权。

关于第一个争议焦点。2003年12月16日科创公司作出股东会决议时，《公司法》（2005修订）尚未实施，根据最高人民法院《关于适用〈中华人民共和国公司法〉若干问题的规定（一）》第2条的规定，当时的法律和司法解释没有明确规定的，可参照适用现行《公司法》（2005修订）的规定。《公司法》（1999修正）第33条规定："……公司新增资本时，股东可以优先认缴出资。"根据《公司法》（2005修订）第35条的规定，公司新增资本时，股东的优先认缴权应限于其实缴的出资比例。2003年12月16日科创公司作出的股东会决议，在其股东红日公司、蒋某明确表示反对的情况下，未给予红日公司和蒋某优先认缴出资的选择权，径行以股权多数决的方式通过了由股东以外的第三人陈某高出资800万元认购科创公司全部新增股份615.38万股的决议内容，侵犯了红日公司和蒋某按照各自的出资比例优先认缴新增资本的权利，违反了上述法律规定。《公司法》（2005修订）第22条第1款规定："公司股东会或者股东大会、董事会的决议内容违反法律、行政法规的无效。"根据上述规定，科创公司2003年12月16日股东会议通过的由陈某高出资800万元认购科创公司新增615.38万股股份的决议内容中，涉及新增股份中14.22%和5.81%的部分因分别侵犯了蒋某和红日公司的优先认缴权而归于无效，涉及新增股份中79.97%的部分因其他股东以同意或弃权的方式放弃行使优先认缴权而发生法律效力。四川省绵阳市中级人民法院(2006)绵民初字第2号民事判决认定决议全部有效不妥，应予纠正。该股东会将吸纳陈某高为新股东列为一项议题，但该议题中实际包含增资800万元和由陈某高认缴新增出资两方面的内容，其中由陈某高认缴新增出资的决议内容部分无效不影响增资决议的效力，科创公司认为上述两方面的内容不可分割缺乏依据，法院不予支持。

2003年12月18日科创公司与陈某高签订的《入股协议书》系科创公司与该公司以外的第三人签订的合同，应适用《合同法》的一般原则及相关法律规定认定其效力。虽然科创公司2003年12月16日作出的股东会决议部分无效，导致科创公司达成上述协议的意思存在瑕疵，但作为合同相对方的陈某高并无审查科创公司意思形成过程的义务，科创公司对外达成协议应受其表示行为的制约。上述《入股协议书》是科创公司与陈某高作出的一致意思表示，不违反国家禁止性法律规范，且陈某高按照协议约定支付了相应对价，没有证据证明双方恶意串通损害他人利益，因此该协议不存在《合同法》(1999修正)第52条所规定的合同无效的情形，应属有效。《入股协议书》对科创公司新一届董事会的组成及董事长、总经理人选等公司内部事务作出了约定，但上述约定并未排除科创公司内部按照法律和章程规定的表决程序作出决定，不导致合同无效。二审法院根据《民法通则》(1986版)第58条第1款第5项的规定认定《入股协议书》无效属适用法律错误，法院予以纠正。

关于第二个争议焦点问题，虽然科创公司2003年12月16日股东会决议因侵犯了红日公司和蒋某按照各自的出资比例优先认缴新增资本的权利而部分无效，但红日公司和蒋某是否能够行使上述新增资本的优先认缴权还需要考虑其是否恰当地主张了权利。股东优先认缴公司新增资本的权利属形成权，虽然现行法律没有明确规定该项权利的行使期限，但为维护交易安全和稳定经济秩序，该权利应当在一定合理期间内行使，并且由于这一权利的行使属于典型的商事行为，对于合理期间的认定应当比通常的民事行为更加严格。本案红日公司和蒋某在科创公司2003年12月16日召开股东会时已经知道其优先认缴权受到侵害，且作出了要求行使优先认缴权的意思表示，但并未及时采取诉讼等方式积极主张权利。在此后科创公司召开股东会、决议通过陈某高将部分股权赠与固生公司提案时，红日公司和蒋某参加了会议，且未表示反对。红日公司和蒋某在股权变动近两年后又提起诉讼，争议的股权价值已经发生了较大变化，此时允许其行使优先认缴出资的权利将导致已趋稳定的法律关系遭到破坏，并极易产生显失公平的后果，故四川省绵阳市中级人民法院(2006)绵民初字第2号民事判决认定红日公司和蒋某主张优先认缴权的合理期间已过并无不妥。故法院对红日公司和蒋某行使对科创公司新增资本优先认缴权的请求不予支持。

(五)提案权

股东提案权是指股东有向股东会提出供股东会审议或表决的议题或者议案的权利。该项权利能够保证少数股东将其关心的问题提交给股东会讨论，有助于提高少数股东在股东会中的主动地位，实现对公司经营的决策参与、监督与纠正作用。具体议题和决议案包括修改公司章程、选任董事、股份分派等。

1. 行使提案权的条件

《公司法》(2023 修订)第115 条第2 款规定，股东提案权适用于所有股份公司，股份有限公司包括上市公司和非上市公司。但是，上市公司的股东提案权还应适用《上市公司股东大会规则》(2022 修订)，结合《上市公司股东大会规则》(2022 修订)上市公司股东行使提案权的条件包括以下3 点：

(1)股东资格

《公司法》(2023 修订)及《上市公司股东大会规则》(2022 修订)规定，享有提案权的股东为单独或者合计持有公司1%以上股份的股东。这一规定不但没有“持股期间”的限制，而且对于1%持股比例的计算，不仅允许一个股东单独持有的情形，还明确允许复数以上的股东合计持有的情形。

另外，《公司法》(2023 修订)没有明确规定股东提案权是否以享有表决权为必要。但是《上市公司股东大会规则》(2022 修订)第14 条，明确了行使提案权的股东必须享有表决权，即普通股股东或者表决权恢复的优先股股东。

(2)股东提案权的行使

①行使时间。股东应该在股东会召开10 日前提出临时提案。如果股东未在10 日前提出提案，则无权在本次股东会上提出提案。换言之，股东提案制度不允许在会议现场突然袭击。

②行使方式。股东应该以书面形式向会议召集人提出。股东提案的接受主体，原则上应为公司董事会。董事会作为公司的执行机构，是股东会的法定

召集人。另,中国证监会颁布的《上市公司股东大会规则》(2022 修订)以及《上市公司章程指引》(2023 修订)都将股东提案的接受主体确定为“股东会召集人”。这是因为,股东会的召集存在多种情形,除了董事会召集以外,还存在其他召集方式。例如《公司法》(2023 修订)第 63 条第 2 款、第 114 条第 2 款的规定,监事会可以召集股东会。此外,连续 90 日以上单独或者合计持有公司 10% 以上股份的股东,符合条件时也可以召集股东会。在这些特殊情况下,提案的接受人应为监事会或者符合条件的股东。

③告知其他股东。《公司法》(2023 修订)第 115 条第 2 款规定,董事会应当在收到提案后 2 日内通知其他股东。《上市公司股东大会规则》(2022 修订)第 14 条第 1 款则规定,股东会召集人应当公告临时提案的内容。

(3)提案内容

《上市公司股东大会规则》(2022 修订)第 13 条规定,临时提案的内容应当符合以下条件:①属于股东会职权范围。②有明确议题。议题是指向股东会提出的讨论事项,例如选任董事的事宜。③具体决议事项。决议事项是指具体决议的方案,例如提出选李某为董事的议案。在《公司法》(2023 修订)中,对于股东的提案并不区分针对实体性问题的提案与针对程序性问题的提案。因此,无论是针对实体性问题还是针对程序性问题的提案,都必须要遵守股东提案权的其他规则。④符合法律、行政法规和公司章程的有关规定。

2. 提案的审查

《公司法》(2023 修订)第 115 条第 2 款、《上市公司股东大会规则》(2022 修订)第 13 条、《上市公司章程指引》(2023 修正)第 53 条、《上市公司治理准则》(2018 修订)第 13 条等均规定了,临时提案的内容应当属于股东会职权范围,并有明确议题和具体决议事项,提案内容还应当符合法律、行政法规和公司章程的有关规定。董事会(召集人)应该审查提案的内容是否属于股东会职权范围,是否有明确议题和具体决议事项,是否符合法律、行政法规和公司章程的有关规定等,同时还应当审查提案人是否具有行使提案权的其他条件。

法条链接

《中华人民共和国公司法》(2023 修订)

第一百一十五条第二款　单独或者合计持有公司百分之一以上股份的股东,可以在股东会会议召开十日前提出临时提案并书面提交董事会。临时提案应当有明确议题和具体决议事项。董事会应当在收到提案后二日内通知其他股东，并将该临时提案提交股东会审议；但临时提案违反法律、行政法规或者公司章程的规定，或者不属于股东会职权范围的除外。公司不得提高提出临时提案股东的持股比例。

《上市公司股东大会规则》（2022 修订）

第十三条　提案的内容应当属于股东会职权范围，有明确议题和具体决议事项，并且符合法律、行政法规和公司章程的有关规定。

第十四条第一款　单独或者合计持有公司百分之三以上股份的普通股股东（含表决权恢复的优先股股东），可以在股东会召开十日前提出临时提案并书面提交召集人。召集人应当在收到提案后二日内发出股东会补充通知，公告临时提案的内容。①

《上市公司章程指引》（2023 修订）

第五十三条　提案的内容应当属于股东大会职权范围，有明确议题和具体决议事项，并且符合法律、行政法规和本章程的有关规定。

第五十四条　公司召开股东大会，董事会、监事会以及单独或者合并持有公司百分之三以上股份的股东，有权向公司提出提案。

单独或者合计持有公司百分之三以上股份的股东，可以在股东会召开十日前提出临时提案并书面提交召集人。召集人应当在收到提案后两日内发出股东大会补充通知，公告临时提案的内容。

除前款规定的情形外，召集人在发出股东会通知公告后，不得修改股东大会通知中已列明的提案或增加新的提案。

股东大会通知中未列明或不符合本章程第五十三条规定的提案，股东会不得进行表决并作出决议。

注释：计算本条所称持股比例时，仅计算普通股和表决权恢复的优先股。

（六）质询权

股东质询权是重要的股东权利之一，是股东了解公司信息的重要渠道，是股东其他权利的保障手段，是指公司股东有权就公司的经营情况向公司经营者提出质询。具体包括：对公司的经营提出建议或者质询和对董事、监事、高级管理人员质询。

---

① 本条单独或者合计持有公司百分之三以上，此后对《上市公司股东大会规则》的修订应当按照《公司法》（2023 修订）改为单独或者合计持有公司百分之一以上。

法条链接

《中华人民共和国公司法》(2023 修订)

第一百一十条第一款　股东有权查阅、复制公司章程、股东名册、股东会会议记录、董事会会议决议、监事会会议决议、财务会计报告,对公司的经营提出建议或者质询。

第一百八十七条　股东会要求董事、监事、高级管理人员列席会议的,董事、监事、高级管理人员应当列席并接受股东的质询。

(七)诉权

股东诉权是指:(1)当股东会、董事会决议存在程序上或内容上违反法律或章程规定时,赋予中小股东提起撤销决议之诉或确认决议无效之诉或不成立之诉的权利;(2)当公司其他股东或经营者违反法律或章程规定等损害了股东利益或公司利益的时候,其有权提起损害赔偿之诉或代表之诉等。股东诉权共包括五大类:解散公司之诉、瑕疵公司决议之诉、对经营者索赔之诉、代表诉讼(派生诉讼)、对其他股东之诉。

1. 解散公司之诉

公司经营管理发生严重困难,继续存续会使股东利益受到重大损失,通过其他途径不能解决的,持有公司全部股东表决权百分之十以上的股东,可以请求人民法院解散公司。

法条链接

《中华人民共和国公司法》(2023 修订)

第二百三十一条　公司经营管理发生严重困难,继续存续会使股东利益受到重大损失,通过其他途径不能解决的,持有公司百分之十以上表决权的股东,可以请求人民法院解散公司。

最高人民法院《关于适用〈中华人民共和国公司法〉若干问题的规定(二)》(2020 修正)

第一条　单独或者合计持有公司全部股东表决权百分之十以上的股东,以下列事由之一提起解散公司诉讼,并符合公司法第一百八十二条规定的,人民法院应予受理:

(一)公司持续两年以上无法召开股东会或者股东大会,公司经营管理发生严重困难的;

(二)股东表决时无法达到法定或者公司章程规定的比例,持续两年以上不能做出有效的股东会或者股东大会决议，公司经营管理发生严重困难的；

（三）公司董事长期冲突，且无法通过股东会或者股东大会解决，公司经营管理发生严重困难的；

（四）经营管理发生其他严重困难，公司继续存续会使股东利益受到重大损失的情形。

股东以知情权、利润分配请求权等权益受到损害，或者公司亏损、财产不足以偿还全部债务，以及公司被吊销企业法人营业执照未进行清算等为由，提起解散公司诉讼的，人民法院不予受理。

案例1：大股东利用优势地位单方决策，擅自将公司资金出借给其关联公司，损害小股东利益，致使股东矛盾激化，公司经营管理出现严重困难，经营目的无法实现，且通过其他途径已无法解决，小股东诉请解散公司的，人民法院应予支持。［最高人民法院（2019）最高法民申1474号民事裁定书］来源于《最高人民法院公报》2021年第1期（总第291期）

再审申请人吉林省金融资产管理有限公司（以下简称金融管理公司）、宏运集团有限公司（以下简称宏运集团公司）因与被申请人吉林省金融控股集团股份有限公司（以下简称金融控股公司）公司解散纠纷一案，不服吉林省高级人民法院（2018）吉民终619号民事判决，向法院申请再审。法院依法组成合议庭进行了审查，现已审查终结。

法院认为，本案当事人各方争议的核心是金融管理公司是否符合司法解散的条件，审查的焦点问题为：金融管理公司经营管理是否发生严重困难，继续存续是否会使股东利益受到重大损失；公司困境是否能够通过其他途径解决。

一、关于公司经营管理是否发生严重困难，继续存续是否会使股东利益受到重大损失问题

对于公司经营管理发生严重困难可以提起司法解散的情形，有关法律、司法解释作出了明确规定。《公司法》（2013修正）第182条规定，公司经营管理发生严重困难，继续存续会使股东利益受到重大损失，通过其他途径不能解决的，持有公司全部股东表决权10%以上的股东，可以请求人民法院解散公司。最高人民法院《关于适用〈中华人民共和国公司法〉若干问题的规定（二）》第1条第1款规定，股东以下列事由之一提起解散公司诉讼，并符合公司法第182条规定的，人民法院应予受理：（1）公司持续两年以上无法召开股东会或者股东会，公司经营管理发生严重困难的；（2）股东表决时无法达到法定或者公司章程规定

的比例,持续2年以上不能做出有效的股东会或者股东大会决议,公司经营管理发生严重困难的;(3)公司董事长期冲突,且无法通过股东会或者股东大会解决,公司经营管理发生严重困难的;(4)经营管理发生其他严重困难,公司继续存续会使股东利益受到重大损失的情形。本案中,认定金融管理公司经营管理是否发生严重困难、应否司法解散即以此为据。根据一、二审判决查明的事实,法院认为一、二审判决认定金融管理公司经营管理发生严重困难符合司法解散的条件并无不当。

首先,从公司经营方面看。金融管理公司作为吉林省人民政府批准设立的省内唯一一家地方资产管理公司,主营业务为不良资产批量收购、处置,以防范和化解地方金融风险。但金融管理公司成立后不久,在未经股东会、董事会审议决定的情况下,宏运集团公司即利用对金融管理公司的控制地位,擅自将10亿元注册资本中的9.65亿元外借给其实际控制的关联公司宏运投资控股有限公司、辽宁足球俱乐部股份有限公司及宏运商业集团有限公司,这是股东之间产生矛盾乃致其后公司人合性丧失的诱因。虽然此后金融控股公司及吉林省金融监管部门多次催促宏运集团公司解决借款问题、保障公司回归主营业务,宏运集团公司也承诺最迟于2015年年底前收回外借资金,但截至2016年12月31日,金融管理公司的对外借款问题仍未解决,其银行存款余额仅为2,686,465.85元。由于金融管理公司的经营资金被宏运集团公司单方改变用途作为贷款出借且长期无法收回,导致公司批量收购、处置不良资产的主营业务无法正常开展,也使公司设立的目的落空,公司经营发生严重困难。

其次,从公司管理机制运行方面看。金融管理公司于2015年2月28日成立后,除2015年4月27日召开过董事会之外,未按公司章程规定召开过股东年会和董事会例会。2015年12月18日召开的股东会、董事会,是在股东双方发生分歧之后召开的临时股东会和董事会临时会议。此后直至金融控股公司于2017年10月提起本案诉讼,虽然股东双方之间已经出现矛盾,公司经营也已出现严重困难,但金融管理公司未能召开股东会、董事会对存在的问题妥善协商加以解决。金融控股公司提起本案诉讼后,金融管理公司虽于2017年11月先后召开了董事会和股东会,但董事出席人数不符合章程规定的董事会召开条件,股东会也仅有宏运集团公司单方参加。金融控股公司完全否认该次股东会、董事会召集程序的合法性和决议的有效性,且股东双方已经对簿公堂,证明股东之间、董事之间的矛盾已经激化且无法自行调和,股东会、董事会机制已经不能正常运行和发挥作用。在此情形下，继续维持公司的存续和股东会的非正常运行，只会产生大股东利用其优势地位单方决策，压迫损害另一小股东利益的后果。

二、关于公司困境是否能够通过其他途径解决问题

金融控股公司与宏运集团公司因资金外借出现矛盾后，双方自2015年起即开始协调解决，但直至本案成讼仍未妥善解决，股东间的信任与合作基础逐步丧失。其间，双方也多次沟通股权结构调整事宜，但始终未能就股权转让事宜达成一致。在本案诉讼期间，一审法院于近10个月的期间内，多次组织双方进行调解，试图通过股权转让、公司增资、公司控制权转移等多种途径解决纠纷，但股东双方均对对方提出的调解方案不予认可，最终未能达成调解协议。在司法解散之外的其他途径已经穷尽仍无法解决问题的情形下，一审、二审法院判决解散金融管理公司，于法于理均无不当。

案例2：公司僵局并不必然导致公司解散，司法应审慎介入公司事务，凡有其他途径能够维持公司存续的，不应轻易解散公司。［最高人民法院民事判决书（2011）民四终字第29号］

富钧新型复合材料（太仓）有限公司（以下简称富钧公司）注册资本1000万美元。永利集团有限公司（以下简称永利公司）占40%的出资比例，仕丰科技有限公司（以下简称仕丰公司）占60%的出资比例。2004年4月28日，在仕丰公司缺席情况下，永利公司假冒仕丰公司董事签名，伪造董事会决议，单方修改章程，确定“董事长由乙方（即永利公司）委派”，以虚假材料报批并进行了变更登记。永利公司通过欺诈手段，使得其委派的董事黄某胜“合法”地通过董事长地位控制富钧公司，将仕丰公司委派董事排挤出富钧公司，并与其关联公司恶意交易，严重损害富钧公司大股东利益。富钧公司长期不召开董事会，未向仕丰公司通报经营及财务状况，永利公司又拒绝仕丰公司关于纠正公司治理结构的合理主张，仕丰公司作为股东所享有的资产收益、参与重大决策和选择管理者的权利完全落空。仕丰公司认为，富钧公司股东间的利益冲突和矛盾，使得富钧公司的运行机制完全失灵，作为权力机构的董事会无法对富钧公司的任何事项作出决议，公司运行陷于僵局，经营管理发生严重困难，导致富钧公司及大股东合法利益受到严重侵害，符合《公司法》（2005修订）第183条规定的情形。请求判令解散富钧公司。

法院认为：本案系公司解散纠纷，被请求解散的富钧公司是由两名外国投

资者在中华人民共和国境内以有限责任公司形式设立的外资企业。根据《公司法》(2005 修订)第 2 条以及第 218 条的规定,在中国境内设立的公司之解散纠纷应当适用中国法律。各方当事人对本案应适用中国法律解决争议均无异议,法院予以确认。由于《外资企业法》以及《外资企业法实施细则》没有对股东请求人民法院解散公司的情形作出具体规定,根据《公司法》(2005 修订)第 218 条"外商投资的有限责任公司和股份有限公司适用本法"的规定,本案应当根据《公司法》(2005 修订)第 183 条以及最高人民法院《关于适用〈中华人民共和国公司法〉若干问题的规定(二)》(以下简称《公司法司法解释(二)》)的规定审查仕丰公司请求解散富钧公司的主张能否成立。

《公司法》(2005 修订)第 183 条规定:"公司经营管理发生严重困难,继续存续会使股东利益受到重大损失,通过其他途径不能解决的,持有公司全部股东表决权百分之十以上的股东,可以请求人民法院解散公司。"《公司法司法解释(二)》第 1 条第 1 款规定:"单独或者合计持有公司全部股东表决权百分之十以上的股东,以下列事由之一提起解散公司诉讼,并符合公司法第一百八十三条规定的,人民法院应予受理:(一)公司持续两年以上无法召开股东会或者股东会,公司经营管理发生严重困难的;(二)股东表决时无法达到法定或者公司章程规定的比例,持续两年以上不能做出有效的股东会或者股东会决议,公司经营管理发生严重困难的;(三)公司董事长期冲突,且无法通过股东会或者股东会解决,公司经营管理发生严重困难的;(四)经营管理发生其他严重困难,公司继续存续会使股东利益受到重大损失的情形。"上述规定既是公司解散诉讼的立案受理条件,同时也是判决公司解散的实质审查条件。

首先,关于富钧公司是否经营管理发生严重困难。公司经营管理严重困难包括两种情况:一是公司权力运行发生严重困难,股东会、董事会等权力机构和管理机构无法正常运行,无法对公司的任何事项作出任何决议,即公司僵局情形;二是公司的业务经营发生严重困难,公司经营不善、严重亏损。如公司仅业务经营发生严重困难,不存在权力运行严重困难的,根据《公司法司法解释(二)》第 1 条第 2 款的规定,不符合《公司法》(2005 修订)第 183 条的解散公司条件。

本案中,根据富钧公司章程第 17 条、第 21 条的规定,富钧公司董事会是公司最高权力机关,仕丰公司和永利公司均以委派董事的形式对富钧公司进行经营管理,即由董事会直接行使董事会和股东会的双重职能。同时,根据富钧公司章程第19条的规定，生产销售计划、财务预算决算方案、财务决算盈利和亏损的处理方法、经理级以上高级职员的任免等公司经营管理事项均需要全体董事同意才能生效。富钧公司治理结构由股东特别约定而实行的严格一致表决机制，使得人合性成为富钧公司最为重要的特征。自2005年4月起，永利公司和仕丰公司因富钧公司的厂房租赁交易、公司治理结构安排、专利权许可使用等问题发生了实质分歧，股东之间逐渐丧失了信任和合作基础。富钧公司董事会不仅长期处于无法召开的状态，而且在永利公司和仕丰公司各自律师的协调下召开的唯一一次临时董事会中，也因为双方股东存在重大分歧而无法按照章程规定的表决权比例要求形成董事会决议。富钧公司权力决策机制长期失灵，无法运行长达7年时间，属于《公司法司法解释(二)》第1条第1款第1、2项规定的经营管理严重困难的公司僵局情形。

其次，关于公司解散是否应当考虑公司僵局产生的原因以及过错。富钧公司上诉认为，仕丰公司委派的董事张某钦擅自离职，不参加董事会会议，人为制造公司僵局，损害富钧公司利益，法院不应支持仕丰公司具有恶意目的的诉讼；仕丰公司则抗辩认为永利公司以欺诈方式取得董事长职位而导致公司僵局。法院认为，公司能否解散取决于公司是否存在僵局以及是否符合《公司法》(2005修订)第183条规定的实质条件，而不取决于公司僵局产生的原因和责任。《公司法》(2005修订)第183条没有限制过错方股东解散公司，因此即使一方股东对公司僵局的产生具有过错，其仍然有权依据该条规定，请求解散公司。本案中仕丰公司提出解散富钧公司的背景情况为，富钧公司已陷入公司僵局并由永利公司单方经营管理长达7年，仕丰公司持有60%的股份，其行使请求司法解散公司的诉权，符合《公司法》(2005修订)第183条的规定，不属于滥用权利、恶意诉讼的情形。至于仕丰公司委派的董事张某钦，是否存在违反董事竞业禁止义务的过错行为、应否承担赔偿富钧公司损失的民事责任，由富钧公司通过另案解决，与本案无涉。

再次，关于富钧公司继续存续是否会使股东利益受到重大损失。从富钧公司经营情况看，富钧公司僵局形成后，公司经营即陷入非常态模式，在永利公司单方经营管理期间，富钧公司业务虽然没有停顿，但持续亏损，没有盈利年度，公司经营能力和偿债责任能力显著减弱，股东权益已大幅减损至不足实收资本的1/2。富钧公司关于其生产经营正常，亏损额正在减少，有望扭亏转盈的上诉理由没有充分证据证明，法院不予采信。另从富钧公司注册资本到位情况看，仕丰公司和永利公司至今均未足额出资，在双方股东不愿意共同经营富钧公司、冲突对立无法调和的情况下，富钧公司注册资本难以充实，无法实现预期的经营目的。综合上述情况，富钧公司不仅丧失了人合基础，权力运行严重困难，同时业务经营也处于严重困难状态，继续存续将使股东利益受到重大损失。

最后，关于替代解决途径的可行性。《公司法司法解释（二）》第5条第1款规定："人民法院审理解散公司诉讼案件，应当注重调解。当事人协商同意由公司或者股东收购股份，或者以减资等方式使公司存续，且不违反法律、行政法规强制性规定的，人民法院应予支持。当事人不能协商一致使公司存续的，人民法院应当及时判决。"公司僵局并不必然导致公司解散，司法应审慎介入公司事务，凡有其他途径能够维持公司存续的，不应轻易解散公司。然而本案经过一审、二审法院多轮的调解，永利公司和仕丰公司始终不能就转让股权、公司回购或减资等维系富钧公司存续的解决方案达成合意。尤其是在二审调解过程中，仕丰公司愿意受让永利公司股权，使富钧公司存续，其与永利公司就股权转让价格亦基本达成一致，但由于富钧公司不愿意全面公开在永利公司单方经营期间的经营状况和对外债务，故最终未能达成调解协议。《公司法》（2005 修订）没有确立解决公司僵局的其他替代性救济措施，现富钧公司的持续性僵局已经穷尽其他途径仍未能化解，如维系富钧公司，股东权益只会在僵持中逐渐耗竭。相较而言，解散富钧公司能为双方股东提供退出机制，避免股东利益受到不可挽回的重大损失。

综上所述，富钧公司经营管理发生严重困难，继续存续会使股东利益受到重大损失，通过其他途径不能解决，仕丰公司作为持有60%股份的股东，提出解散富钧公司的请求，符合《公司法》（2005 修订）第183条的规定，应予准许。富钧公司的上诉理由不能成立，应予驳回。

2. 瑕疵公司决议之诉

公司股东会、董事会的决议内容违反法律、行政法规的无效。股东会、董事会的会议召集程序、表决方式违反法律、行政法规或者公司章程，或者决议内容违反公司章程的，股东可以自决议作出之日起六十日内，请求人民法院撤销。具体包括以下几种情形，见表3－2：

表 3－2　瑕疵公司决议之诉的情形

案由	情形
无效之诉	决议内容违反法律、行政法规
撤销之诉	召集程序、表决方式违反法律、行政法规或者公司章程
	决议内容违反公司章程的
不成立之诉	未召开会议的
	未对决议事项进行表决的
	出席会议的人数或者所持表决权数未达到《公司法》(2023 修订)或者公司章程规定的人数或者所持表决权数
	同意决议事项的人数或者所持表决权数未达到本法或者公司章程规定的人数或者所持表决权数

法条链接

《中华人民共和国公司法》(2023 修订)

第二十五条　公司股东会、董事会的决议内容违反法律、行政法规的无效。

第二十六条　公司股东会、董事会的会议召集程序、表决方式违反法律、行政法规或者公司章程,或者决议内容违反公司章程的,股东自决议作出之日起六十日内,可以请求人民法院撤销。但是,股东会、董事会的会议召集程序或者表决方式仅有轻微瑕疵,对决议未产生实质影响的除外。

未被通知参加股东会会议的股东自知道或者应当知道股东会决议作出之日起六十日内,可以请求人民法院撤销;自决议作出之日起一年内没有行使撤销权的,撤销权消灭。

第二十七条　有下列情形之一的,公司股东会、董事会的决议不成立:

(一)未召开股东会、董事会会议作出决议;

(二)股东会、董事会会议未对决议事项进行表决;

(三)出席会议的人数或者所持表决权数未达到本法或者公司章程规定的人数或者所持表决权数;

(四)同意决议事项的人数或者所持表决权数未达到本法或者公司章程规定的人数或者所持表决权数。

第二十八条　公司股东会、董事会决议被人民法院宣告无效、撤销或者确认不成立的,公司应当向公司登记机关申请撤销根据该决议已办理的登记。

股东会、董事会决议被人民法院宣告无效、撤销或者确认不成立的,公司根据该决议与善意相对人形成的民事法律关系不受影响。

最高人民法院《关于适用〈中华人民共和国公司法〉若干问题的规定（四）》（2020 修正）

第五条　股东会或者股东大会、董事会决议存在下列情形之一，当事人主张决议不成立的，人民法院应当予以支持：

（一）公司未召开会议的，但依据公司法第三十七条第二款或者公司章程规定可以不召开股东会或者股东会而直接作出决定，并由全体股东在决定文件上签名、盖章的除外；

（二）会议未对决议事项进行表决的；

（三）出席会议的人数或者股东所持表决权不符合公司法或者公司章程规定的；

（四）会议的表决结果未达到公司法或者公司章程规定的通过比例的；

（五）导致决议不成立的其他情形。

案例 1：李某军诉上海佳动力环保科技有限公司公司决议撤销纠纷案。（指导性案例 10 号，人民法院案例库　入库编号：2012－18－2－270－001）

裁判要点

人民法院在审理公司决议撤销纠纷案件中应当审查会议召集程序、表决方式是否违反法律、行政法规或者公司章程，以及决议内容是否违反公司章程。在未违反上述规定的前提下，解聘总经理职务的决议所依据的事实是否属实，理由是否成立，不属于司法审查范围。

基本案情

原告李某军诉称被告上海佳动力环保科技有限公司（以下简称佳动力公司）免除其总经理职务的决议所依据的事实和理由不成立，且董事会的召集程序、表决方式及决议内容均违反了《公司法》（2005 修订）的规定，请求法院依法撤销该董事会决议。

被告佳动力公司辩称：董事会的召集程序、表决方式及决议内容均符合法律和章程的规定，故董事会决议有效。

法院经审理查明：原告李某军系被告佳动力公司的股东，并担任总经理。佳动力公司股权结构为：葛某乐持股 40%，李某军持股 46%，王某胜持股 14%。3 位股东共同组成董事会，由葛某乐担任董事长，另两人为董事。公司章程规定：董事会行使包括聘任或者解聘公司经理等职权；董事会须由 2/3 以上的董事出席方才有效；董事会对所议事项作出的决定应由占全体股东2/3以上的董事表决通过方才有效。2009年7月18日，佳动力公司董事长葛某乐召集并主持董事会，3位董事均出席，会议形成了“鉴于总经理李某军不经董事会同意私自动用公司资金在二级市场炒股，造成巨大损失，现免去其总经理职务，即日生效”等内容的决议。该决议由葛某乐、王某胜及监事签名，李某军未在该决议上签名。

法院生效裁判认为：根据《公司法》(2005修订)第22条第2款的规定，董事会决议可撤销的事由包括：(1)召集程序违反法律、行政法规或公司章程；(2)表决方式违反法律、行政法规或公司章程；(3)决议内容违反公司章程。从召集程序看，佳动力公司于2009年7月18日召开的董事会由董事长葛某乐召集，3位董事均出席董事会，该次董事会的召集程序未违反法律、行政法规或公司章程的规定。从表决方式看，根据佳动力公司章程规定，对所议事项作出的决定应由占全体股东2/3以上的董事表决通过方才有效，上述董事会决议由3位股东(兼董事)中的2位表决通过，故在表决方式上未违反法律、行政法规或公司章程的规定。从决议内容看，佳动力公司章程规定董事会有权解聘公司经理，董事会决议内容中“总经理李某军不经董事会同意私自动用公司资金在二级市场炒股，造成巨大损失”的陈述，仅是董事会解聘李某军总经理职务的原因，而解聘李某军总经理职务的决议内容本身并不违反公司章程。

董事会决议解聘李某军总经理职务的原因如果不存在，并不导致董事会决议撤销。首先，《公司法》尊重公司自治，公司内部法律关系原则上由公司自治机制调整，司法机关原则上不介入公司内部事务；其次，佳动力公司的章程中未对董事会解聘公司经理的职权作出限制，并未规定董事会解聘公司经理必须要有一定原因，该章程内容未违反《公司法》(2005修订)的强制性规定，应认定有效，因此佳动力公司董事会可以行使公司章程赋予的权力作出解聘公司经理的决定。故法院应当尊重公司自治，无须审查佳动力公司董事会解聘公司经理的原因是否存在，即无须审查决议所依据的事实是否属实，理由是否成立。综上，原告李某军请求撤销董事会决议的诉讼请求不成立，依法予以驳回。

案例2：对股东会决议召集程序的异议须在法定期限内提出。［浙江省高级人民法院(2007)浙民二终字第287号］

原告徐某华、陈某诉称：2006年7月12日，被告东方建设集团有限公司(以下简称东方公司)致函原告，通知原告于2006年7月28日上午9时召开股东会决议,议题为申报特级企业增加注册资金具体方案、通报公司经营情况等。但在2006年7月17日,被告在原告根本不知情的情况下,召开股东会,并作出股东会决议:公司增加注册资金2888万元,其中2400万元由公司法定代表人、股东郦某敏认购,488万元由郦某敏之妻、股东祝某华认购,同时载明"其他股东放弃增加投资优先权"内容,并在决议上由他人假冒了两原告的签名。被告以此决议进行了公司章程修改,并在工商行政管理部门办理了变更登记。而当2006年7月28日上午9时,原告依通知来参加股东会会议时,被告称会议取消,并始终隐瞒其作出虚假股东会决议的事实。原告认为,被告召开2006年7月17日股东会议属于召开程序违法,其据以进行增加公司注册资本的股东会决议,是在未按公司法规定的程序通知原告参加并假冒原告签名的情况下形成的,其内容侵犯了法律所规定的股东表决权,剥夺了法律所规定的股东新股认购优先权,故该决议内容因违反法律规定而无效。根据《公司法》(2005修订)第22条、第35条、第42条之规定,请求判令确认被告2006年7月17日所作的股东会决议无效。

法院认为:根据2006年1月1日起实施的修订后的《公司法》(2005修订)第42条之规定,公司召开股东会会议,应当于会议召开15日以前通知全体股东。被告在2006年7月17日召开股东会时未按规定通知原告,属于召开会议程序违法。根据《公司法》(2005修订)第22条第2款的规定,股东会的会议召集程序违反法律、行政法规或者决议内容违反公司章程的,股东可以自决议作出之日起60日内,请求人民法院撤销。因此,被告召开股东会时未按规定通知两原告可以作为撤销股东会决议的事由,但不能作为主张股东会决议无效的事由。2006年5月9日起实施的最高人民法院《关于适用〈中华人民共和国公司法〉若干问题的规定(一)》第3条规定:"原告以公司法第二十二条第二款、第七十五条第二款规定事由,向人民法院提起诉讼时,超过公司法规定期限的,人民法院不予受理。"原告于2007年1月16日向法院提起诉讼,对东方公司2006年7月17日股东会决议的召集程序所提出的异议事由,超过了法律规定的期间,故对该事由依法不予审理。

案例3:股东会通知违反时限规定并不必然导致决议被撤销。[(2007)沪二中民三(商)终字第443号]

2004年9月21日,被告经工商登记依法成立,注册资本100万元,股东为原告及第三人,原告系法定代表人。2005年1月10日,被告上海国电实业有限公司形成股东会决议，确认公司注册资本增加至3000万元。同年2月3日，原告与3名第三人共同形成股东会决议，确认：截至2005年2月3日，公司实际投资增加到5183.8万元，其中原告出资比例为25.95%，第三人王某伟、支某芳、胡某华出资比例各为36.23%、28.37%、9.45%。2006年1月8日，第三人王某伟、支某芳、胡某华召开股东会并形成决议：撤销原告的执行董事和法定代表人职务，以2005年2月3日股东会决议为依据，确定公司注册资本及各股东股份。原告缺席该股东会会议。公司变更后的注册资本由某会计师事务所验资到位，并明确各股东出资份额如上。

2006年11月2日，第三人胡某华向原告发出提议于12月20日召开股东会临时会议的函，由原告本人于11月24日签收。2006年12月3日，第三人胡某华因未收到原告召集股东会的通知，再行向原告发函，通知原告于12月19日参加公司临时股东会，该函件由原告之妻、被告公司职员叶某瑛于12月4日签收。同年12月19日，第三人王某伟、支某芳、胡某华召开股东会，在原告缺席的情况下，通过了国电股东会(2006)第1号、第2号、第3号决议，决定免去原告执行董事和法定代表人的职务，推选第三人王某伟担任被告法定代表人，修改公司章程、注册资本及股东的出资比例。

法院认为：原告陈某新之妻叶某瑛于12月4日签收通知，从签收次日至股东会召开日仅14日，通知时限确与《公司法》(2005修订)的规定有所不符。但从《公司法》(2005修订)关于通知时限的本义分析，其目的是保障股东有足够的时间对股东会需审议的事项进行相应准备，确保股东有效行使权利。本案中，对系争股东会审议的相关事项，公司其他股东于2005年12月开始即不断提出，在原告拒绝召集股东会的情况下，通过监事召集临时股东会议的方式进行审议。因此，陈某新对审议的事项应属明知，通知时限短少1日并不影响其对审议事项进行准备，也不影响其股东权利的实际行使。从公司治理的效率原则以及股东行使权利应遵循诚信原则出发，《公司法》(2005修订)规定的通知时限，不能成为股东拒绝参加股东会议的当然理由。如陈某新认为该通知时限过短，影响到其对审议事项的准备，应当向公司明示异议，并提出合理的理由。陈某新以收到通知距股东会召开之日不满15日为由，要求撤销股东会决议，不符合诚信原则。系争股东会的召集程序、表决方式及决议内容等并不违反公司章程及《公司法》(2005修订)的实质规定，原告主张撤销股东会决议的诉求缺乏依据，故判决驳回原告的诉讼请求。

3. 对经营者索赔之诉

公司的董事、高级管理人员作为公司经营管理的决策者和执行者，其一般是职业经理人，而职业经理人的利益与股东的利益在有些情况下并非统一，故有可能存在职业经理人在违法、违背公司章程规定的情况下作出损害股东利益的行为，因此为了保护股东的合法利益而给予股东此权利，当然该处所述的董事、高级管理人员不排除其具有股东身份。

法条链接

《中华人民共和国公司法》(2023 修订)

第一百八十条　董事、监事、高级管理人员对公司负有忠实义务，应当采取措施避免自身利益与公司利益冲突，不得利用职权牟取不正当利益。

董事、监事、高级管理人员对公司负有勤勉义务，执行职务应当为公司的最大利益尽到管理者通常应有的合理注意。

公司的控股股东、实际控制人不担任公司董事但实际执行公司事务的，适用前两款规定。

第一百九十条　董事、高级管理人员违反法律、行政法规或者公司章程的规定，损害股东利益的，股东可以向人民法院提起诉讼。

案例：上海某流体设备技术有限公司诉施某某损害公司利益责任纠纷案——公司参与交易背景下公司商业机会被谋取的司法认定。[参考案例：人民法院案例库　入库编号 2023－08－2－276－003]

裁判要旨

1. 在商业机会的归属认定上，坚持以公平为原则，着重从公司的经营活动范围、公司对商业机会的实质性努力等方面综合判断。在明确当事人的职务身份的基础上，采用客观化的要素分析考量商业机会的归属。首先，通过公司的经营活动范围确定公司商业机会的保护边界，在司法审查中从形式和实质两个层面进行把握：形式上对公司登记的经营范围进行审查，若该商业机会不在注册的范围内，则需进一步从实质方面进行审查，即公司实际的经营活动范围。其次，属于公司的商业机会产生离不开公司的实质性努力。实质性努力是公司董事、高级管理人员等具有特定身份的人实施的营造行为，这种营造行为一般表现为公司为获取该商业机会而投入的人力、财力等资源，或者是在以往经营中逐渐形成的，尤其在案件审理过程中需明确商业机会来源的核心资源，对于核心资源的判断应以对商业机会生成起到关键作用为标准，比如人力资本、财力、信息、渠道、资料等。最后，对商业机会归属的判断，也应考量机会提供者对交易相对人的预期。理论及实务界对这一因素普遍持认可态度，实务中多数机会提供者没有明确意向，但若机会提供者有明确意向，在案证据亦可佐证，审理中可据此作出判断。

2. 在高级管理人员的行为是否构成"谋取"上，应以善意为标准，重点审查披露的及时性、完全性、有效性。针对有限责任公司合意性较强的特点，重点审查公司是否在事实上同意，而公司同意的前置条件在于高级管理人员对公司尽到了如实的披露义务，甄别高级管理人员的披露动机是否善意，以判断其是否履行忠实义务。在披露时间的及时性上，从理性管理人的角度考虑，审查高级管理人员是否在利用公司机会之前就将商业机会披露给公司，除非在诉讼中能够承担其行为对公司公平的举证责任；在披露内容的完全性，高级管理人员向公司应真实、准确以及完整地披露包括交易相对方、性质及标的等与机会本身有关的事实、与公司利益有关联的信息，不得故意陈述虚伪事实或者隐瞒真实情况，具体认定上应从正常合理的角度去考量，高级管理人员应作出一个普通谨慎的人在同等情形下应作出的勤勉和公正；在披露效果的有效性上，需确保公司决定是在已及时、充分了解商业机会相关的所有内容的情况下作出的，而非基于瑕疵披露的"引诱"作出的错误决定。

基本案情

上海某流体设备技术有限公司系由上海某投资有限公司与西班牙某公司合资的外商投资企业，系西班牙某公司阀门在中国的独家代理商。在涉案业务期间，施某某系上海某流体设备技术有限公司的总经理、董事。

2017 年 9 月 6 日，长沙市某科技股份有限公司向施某某在上海某流体设备技术有限公司的工作邮箱发送询价邮件，邀请其对伊拉克格拉芙项目所涉的阀门邀请报价。9 月 26 日，长沙市某科技股份有限公司再次向施某某的工作邮箱发邮件邀请报价，施某某安排上海某流体设备技术有限公司销售部工作人员刘某某予以跟进。后续，刘某某就西班牙某公司阀门样本简介、资质文件以及价格等与长沙市某科技股份有限公司进一步磋商。

2017 年年底，施某某安排刘某某以其实际控制的香港某商贸有限公司参与涉案项目的投标工作，并以提高效率为由向长沙市某科技股份有限公司解释更换投标主体。2018 年 1 月，香港某商贸有限公司与长沙市某科技股份有限公司进行签约，长沙市某科技股份有限公司向香港某商贸有限公司采购西班牙某公司阀门2853台，总价款3，133，439美元。

2018年2月至3月，施某某通过上海某流体设备技术有限公司相关人员促成西班牙某公司与香港某商贸有限公司签约，涉及西班牙某公司阀门2853台，总价款1，910，675美元。后续，西班牙某公司安排上海某流体设备技术有限公司共同参与上述合同项下阀门的生产、运输等，并直接向长沙市某科技股份有限公司指定地点交货。

上海某流体设备技术有限公司认为，施某某利用职务便利，非法谋取原本属于上海某流体设备技术有限公司的商业机会，获得合同差价122.2764万美元，故应将该122.2764万美元赔偿给原告。被告施某某则认为，系争商业机会系其个人的商业机会，并向上海某流体设备技术有限公司披露，双方共同参与，共同获益，没有损害上海某流体设备技术有限公司利益。

上海市青浦区人民法院于2021年1月28日作出(2019)沪0118民初17485号民事判决书，判决被告施某某应于判决生效之日起10日内赔偿原告上海某流体设备技术有限公司经济损失122.2764万美元。一审判决后生效。

裁判理由

法院生效裁判认为，本案的争议焦点为：一是长沙市某科技股份有限公司提供的商业机会归属于施某某个人还是上海某流体设备技术有限公司；二是上海某流体设备技术有限公司参与交易是否已构成事实上同意施某某个人利用商业机会。

首先，来自长沙市某科技股份有限公司的业务机会属于上海某流体设备技术有限公司的商业机会。上海某流体设备技术有限公司系西班牙某公司在华代理商，案涉商业机会属于其经营范围。涉案业务发生期间，施某某作为上海某流体设备技术有限公司的总经理，对上海某流体设备技术有限公司负有忠实义务，在其履行职务行为过程中营造的商业机会均应属于上海某流体设备技术有限公司所有，且刘某某系上海某流体设备技术有限公司员工，为获取该商业机会，上海某流体设备技术有限公司付出了人力及财力成本。考虑长沙市某科技股份有限公司的意向，是与西班牙某公司的中国代理商上海某流体设备技术有限公司合作，并认为香港某商贸有限公司系上海某流体设备技术有限公司的关联公司。

其次，施某某未将商业机会向上海某流体设备技术有限公司如实披露，私自将涉案商业机会安排给香港某商贸有限公司。施某某虽向上海某流体设备技术有限公司披露长沙市某科技股份有限公司需采购西班牙某公司阀门，但其披露的目的并非履行其总经理职务，使上海某流体设备技术有限公司获得长沙市某科技股份有限公司的商业机会，而是通过上海某流体设备技术有限公司促成西班牙某公司与香港某商贸有限公司签约，以实现其攫取公司商业机会的目的。因此，施某某利用其作为上海某流体设备技术有限公司总经理的职务便利，私自将属于上海某流体设备技术有限公司的商业机会安排给香港某商贸有限公司，损害了上海某流体设备技术有限公司利益，构成侵权。

综上，董事、高级管理人员未经股东会或者股东大会同意，不得利用职务便利为自己或者他人谋取属于公司的商业机会，自营或者为他人经营与所任职公司同类的业务。在本案中，施某某作为上海某流体设备技术有限公司的总经理、董事，对上海某流体设备技术有限公司负有忠实义务，不得谋取属于上海某流体设备技术有限公司的商业机会是其履行该义务的具体体现。施某某明知涉案业务属于上海某流体设备技术有限公司的商业机会，未经股东会同意，私自将该商业机会安排给香港某商贸有限公司，造成上海某流体设备技术有限公司利益损失，其行为构成侵权，应当予以赔偿。查明事实反映，涉案业务带来的收益为香港某商贸有限公司2份合同差价122.2764万美元，故上海市青浦区人民法院依法作出如上裁判。

4. 代表诉讼

股东代表诉讼，是指公司拒绝或者怠于通过诉讼追究公司董事、监事、高级管理人员、控股股东、实际控制人和第三人对公司所负的义务或者责任时，具备法定资格的股东有依据法定程序以自己的名义，但为了公司利益而提出诉讼，其又称为“股东派生诉讼”。[①] 提出股东代表诉讼应满足法定条件，见表3－3：

表3－3　股东代表诉讼法定条件

条件	内容
实质条件	董事、监事、高级管理人员执行职务违反法律、行政法规或者公司章程的规定，给公司造成损失的

① 参见刘俊海：《新公司法的制度创新：立法争点与解释难点》，法律出版社2006年版，第250－251页。

续表

条件	内容
诉讼主体	有限责任公司的股东
	股份有限公司连续180日以上单独或者合计持有公司1%以上股份的股东
程序要件	监事会或者董事会收到前款规定的股东书面请求后拒绝提起诉讼，或者自收到请求之日起30日内未提起诉讼
紧急情况	情况紧急、不立即提起诉讼将会使公司利益受到难以弥补的损害的，前款规定的股东有权为公司利益以自己的名义直接向人民法院提起诉讼
其他情形	他人侵犯公司合法权益，给公司造成损失的，本条第1款规定的股东可以依照前两款的规定向人民法院提起诉讼
双重代表诉讼	公司全资子公司的董事、监事、高级管理人员有前条规定情形，或者他人侵犯公司全资子公司合法权益造成损失的，可以依照前3款规定书面请求全资子公司的监事会、董事会向人民法院提起诉讼或者以自己的名义直接向人民法院提起诉讼

法条链接

《中华人民共和国公司法》(2023修订)

第一百八十八条　董事、监事、高级管理人员执行职务违反法律、行政法规或者公司章程的规定，给公司造成损失的，应当承担赔偿责任。

第一百八十九条　董事、高级管理人员有前条规定的情形的，有限责任公司的股东、股份有限公司连续一百八十日以上单独或者合计持有公司百分之一以上股份的股东，可以书面请求监事会向人民法院提起诉讼；监事有前条规定的情形的，前述股东可以书面请求董事会向人民法院提起诉讼。

监事会或者董事会收到前款规定的股东书面请求后拒绝提起诉讼，或者自收到请求之日起三十日内未提起诉讼，或者情况紧急、不立即提起诉讼将会使公司利益受到难以弥补的损害的，前款规定的股东有权为公司利益以自己的名义直接向人民法院提起诉讼。

他人侵犯公司合法权益，给公司造成损失的，本条第一款规定的股东可以依照前两款的规定向人民法院提起诉讼。

公司全资子公司的董事、监事、高级管理人员有前条规定情形，或者他人侵犯公司全资子公司合法权益造成损失的，有限责任公司的股东、股份有限公司连续一百八十日以上单独或者合计持有公司百分之一以上股份的股东，可以依照前三款规定书面请求全资子公司的监事会、董事会向人民法院提起诉讼或者以自己的名义直接向人民法院提起诉讼。

最高人民法院《关于适用〈中华人民共和国公司法〉若干问题的规定(四)》(2020 修正)

第二十三条　监事会或者不设监事会的有限责任公司的监事依据公司法第一百五十一条第一款规定对董事、高级管理人员提起诉讼的,应当列公司为原告,依法由监事会主席或者不设监事会的有限责任公司的监事代表公司进行诉讼。

董事会或者不设董事会的有限责任公司的执行董事依据公司法第一百五十一条第一款规定对监事提起诉讼的,或者依据公司法第一百五十一条第三款规定对他人提起诉讼的,应当列公司为原告,依法由董事长或者执行董事代表公司进行诉讼。

最高人民法院《关于适用〈中华人民共和国公司法〉若干问题的规定(一)》(2014 修正)

第四条　公司法第一百五十一条规定的 180 日以上连续持股期间,应为股东向人民法院提起诉讼时,已期满的持股时间;规定的合计持有公司百分之一以上股份,是指两个以上股东持股份额的合计。

最高人民法院《关于适用〈中华人民共和国公司法〉若干问题的规定(二)》(2020 修正)

第二十三条　清算组成员从事清算事务时,违反法律、行政法规或者公司章程给公司或者债权人造成损失,公司或者债权人主张其承担赔偿责任的,人民法院应依法予以支持。

有限责任公司的股东、股份有限公司连续一百八十日以上单独或者合计持有公司百分之一以上股份的股东,依据公司法第一百五十一条第三款的规定,以清算组成员有前款所述行为为由向人民法院提起诉讼的,人民法院应予受理。

公司已经清算完毕注销,上述股东参照公司法第一百五十一条第三款的规定,直接以清算组成员为被告、其他股东为第三人向人民法院提起诉讼的,人民法院应予受理。

《上市公司治理准则》(2018 修订)

第十一条　股东有权依照法律、行政法规的规定,通过民事诉讼或者其他法律手段维护其合法权利。

第二十三条　董事应当对董事会的决议承担责任。董事会的决议违反法律法规或者公司章程、股东会决议，致使上市公司遭受严重损失的，参与决议的董事对公司负赔偿责任。但经证明在表决时曾表明异议并记载于会议记录的，该董事可以免除责任。

案例1：在能够证明依法有权代表公司提起诉讼的公司机关基本不存在提起诉讼的可能性，由原告履行前置程序已无意义的情况下，不宜以股东未履行公司法第151条规定的前置程序为由驳回起诉。［最高人民法院（2019）民终1679号民事裁定书］来源于《最高人民法院公报》2020年第6期（总第284期）

湖南汉业公司系2002年在湖南省工商行政管理局注册成立，注册资本为1000万元，股东为周某春、范某汉（两人系夫妻关系）。2004年经湖南省人民政府批准，湖南汉业公司变更为有限责任公司（台港澳与境内合资），公司注册资本增加至人民币2500万元。其中周某春出资人民币250万元，持股比例10%；新时代投资有限公司出资人民币2250万元，持股比例90%。湖南汉业公司《中外合资经营企业章程》第15条规定：董事会由5名董事组成，其中1名由周某春出任，新时代投资有限公司委派4名，董事长由新时代投资有限公司指定。2011年12月29日，湖南汉业公司的法定代表人由范某汉变更为李某慰。湖南汉业公司董事会由李某慰（董事长）、彭某傑、庄某农、李某心、周某春组成。另查明，庄士中国公司2004年至2017年财政年度业绩报告载明，李某心、彭某傑、李某慰系庄士中国公司董事，庄某农系庄士中国公司高层管理人员。

上诉人周某春向法院上诉请求：撤销一审裁定，指令湖南省高级人民法院审理本案。事实与理由：(1)一审法院否认周某春提交的2010年11月18日湖南汉业公司《董事会决议》的真实性，属于认定事实错误。长沙市中级人民法院(2012)长中民四初字第0590号民事判决书（以下简称0590号民事判决）否认《董事会决议》的真实性，违反了最高人民法院《关于民事诉讼证据的若干规定》关于证据效力认定的规定。周某春提交了《董事会决议》原件，还提交了彭某傑、李某慰签名且认可真实性的湖南汉业公司的相关文件材料进行比对，从肉眼对比，无论是从字体字形、书写习惯，还是笔画顺序，即可发现高度的一致性。一审法院依据0590号民事判决否定《董事会决议》的真实性并否定周某春的笔迹鉴定申请错误，否认周某春提起股东代表诉讼的程序合法性，认定事实错误。(2)一审裁定认为在湖南汉业公司没有监事的情况下，周某春应向湖南汉业公司董事会提起诉讼申请，在董事会拒绝后方能以自己名义提起股东代表诉讼，并认定周某春未履行股东代表诉讼的前置程序而起诉不合法，属于适用法律错误。①《公司法》(2013 修正)第 151 条关于股东代表诉讼的制度中,对于公司董事侵害公司利益的,公司股东仅需要向公司监事会或监事提出诉讼请求,根本无须向公司或者公司董事会提起诉讼请求。一审法院要求周某春向湖南汉业公司或者公司董事会提起诉讼申请,并在湖南汉业公司或董事会未提起诉讼后,方可提起股东代表诉讼的认定,缺乏法律依据。②一审裁定以湖南汉业公司董事会有 5 名董事,而本案被上诉人(一审被告)仅为其中 2 名董事,因此主张周某春向湖南汉业公司董事会提出诉讼申请,该董事会可能会提起诉讼的论点根本不能成立,周某春提交的庄士中国公司的年报已证明,除周某春外,其他 4 名董事均在庄士中国公司任高级管理人员职务,有密切利害关系。因此,湖南汉业公司董事会根本不可能对本案被上诉人的侵权行为提起诉讼。最高人民法院(2015)民四终字第 54 号民事裁定书中指出:"如在公司内部组织机构已经失灵,或公司董事、监事均存在给公司造成损失的情况且作为案件被告时,代表公司进行意思表示的机关(董事会、监事会)将不会以公司名义向法院起诉自己,此时应免除股东代位诉讼时的前置程序义务。"湖南汉业公司在未设定监事职务,而湖南汉业公司董事和实际控制人损害公司利益的情况下,考虑到本案被上诉人控制的董事会根本不会提起诉讼的情况下,应免除湖南汉业公司股东提起股东代表诉讼的前置程序,允许周某春直接提起股东代表诉讼。判例显示,可以不履行前置程序,即使要履行前置程序,周某春已经向湖南汉业公司监事周某科提出了申请。湖南汉业公司是合资企业,董事会是湖南汉业公司的最高决策机构,经 5 名董事同意任命周某科作为公司监事。周某春提交的新证据《北京京安拓普文书司法鉴定中心鉴定咨询意见书》可证明 2010 年 10 月 18 日湖南汉业公司的董事会决议,李某慰(董事长)、彭某傑、李某心 3 位董事的签名是真实签名。周某春提交了该份董事会决议的原件,内容是完整的。周某春提交的新证据足以推翻生效民事裁判所确定的事实。

最高人民法院认为,根据《公司法》(2013 修正)第 151 条规定:"董事、高级管理人员有本法第一百四十九条规定的情形的,有限责任公司的股东、股份有限公司连续一百八十日以上单独或者合计持有公司百分之一以上股份的股东,可以书面请求监事会或者不设监事会的有限责任公司的监事向人民法院提起诉讼;监事有本法第一百四十九条规定的情形的,前述股东可以书面请求董事会或者不设董事会的有限责任公司的执行董事向人民法院提起诉讼。监事会、不设监事会的有限责任公司的监事,或者董事会、执行董事收到前款规定的股东书面请求后拒绝提起诉讼,或者自收到请求之日起三十日内未提起诉讼,或者情况紧急、不立即提起诉讼将会使公司利益受到难以弥补的损害的,前款规定的股东有权为了公司的利益以自己的名义直接向人民法院提起诉讼。他人侵犯公司合法权益,给公司造成损失的,本条第一款规定的股东可以依照前两款的规定向人民法院提起诉讼。”股东先书面请求公司有关机关向人民法院提起诉讼,是股东提起代表诉讼的的前置程序。一般情况下,股东没有履行前置程序的,应当驳回起诉。但是,该项前置程序针对的是公司治理的一般情况,即在股东向公司有关机关提出书面申请之时,存在公司有关机关提起诉讼的可能性。如果不存在这种可能性,则不应当以原告未履行前置程序为由驳回起诉。具体到本案中,分析如下:

其一,根据《公司法》(2013 修正)第 151 条的规定,董事、高级管理人员有《公司法》(2013 修正)第 149 条规定的情形的,有限责任公司的股东可以书面请求监事会或者不设监事会的有限责任公司的监事提起诉讼。本案中,李某慰、彭某傑为湖南汉业公司董事,周某春以李某慰、彭某傑为被告提起股东代表诉讼,应当先书面请求湖南汉业公司监事会或者监事提起诉讼。但是,在二审询问中,湖南汉业公司明确表示该公司没有工商登记的监事和监事会。周某春虽然主张周某科为湖南汉业公司监事,但这一事实已为另案人民法院生效民事判决否定,湖南汉业公司明确否认周某科为公司监事,周某春二审中提交的证据也不足以否定另案生效民事判决认定的事实。从以上事实来看,本案证据无法证明湖南汉业公司设立了监事会或监事,周某春对该公司董事李某慰、彭某傑提起股东代表诉讼的前置程序客观上无法完成。

其二,《公司法》(2013 修正)第 151 条第 3 款规定,“他人侵犯公司合法权益,给公司造成损失的,本条第一款规定的股东可以依照前两款的规定向人民法院提起诉讼。”庄士中国公司不属于湖南汉业公司董事、监事或者高级管理人员,因湖南汉业公司未设监事会或者监事,周某春针对庄士中国公司提起代表诉讼的前置程序应当向湖南汉业公司董事会提出,但是,根据查明的事实,湖南汉业公司董事会由李某慰(董事长)、彭某傑、庄某农、李某心、周某春组成。除周某春以外,湖南汉业公司其他 4 名董事会成员均为庄士中国公司董事或高层管理人员,与庄士中国公司具有利害关系,基本不存在湖南汉业公司董事会对庄士中国公司提起诉讼的可能性,再要求周某春完成对庄士中国公司提起股东代表诉讼的前置程序已无必要。

本案系湖南汉业公司股东周某春以庄士中国公司和李某慰、彭某傑为被告代表公司提起的损害公司利益责任纠纷诉讼，诉请3原审被告承担共同赔偿责任。综合以上情况，法院认为，周某春主张可以不经股东代表诉讼前置程序直接提起本案诉讼的上诉理由成立。一审裁定驳回起诉不当，应予纠正。

案例2：[最高人民法院(2008)民二终字第123号民事调解书]，来源于《最高人民法院公报》2009年第6期(总第152期)

裁判摘要

有限责任公司的股东依照《公司法》(2005修订)第152条的规定，向公司的董事、监事、高级管理人员或者他人提起股东代表诉讼后，经人民法院主持，诉讼各方达成调解协议的，该调解协议不仅要经过诉讼各方一致同意，还必须经过提起股东代表诉讼的股东所在的公司和该公司未参与诉讼的其他股东同意后，人民法院才能最终确认该调解协议的法律效力。

2006年1月，通和置业经工商行政管理部门核准变更登记，公司股权依法变更为广厦创业持有50%股权，东阳市江南置业有限公司持有40%股权，金科公司持有10%股权。2006年2月28日，通和控股作出2006年第2次临时股东会决议，通过了《关于委托广厦创业代公司追回部分应收账款的议案》，同意广厦创业全权行使通和控股的债权人权利，代为追回通和置业利润补偿款15,912.5万元以及富沃公司受让通和置业股权的欠款7250万元及利息，通和控股不再行使该项权利。2006年10月，通和置业又经变更登记，广厦创业持有通和置业100%股权。2006年11月7日，通和控股向广厦创业出具委托付款书，要求广厦创业将收回的富沃公司股权转让款5112万元直接支付给浙江大学生物科技股份有限公司。同年11月10日，广厦创业作为付款人，向该公司支付5112万元。2007年1月12日、3月2日，广厦创业先后向通和置业发出催款函，要求通和置业支付通和控股项目利润补偿款15,912.5万元。2007年3月12日、4月16日，浙江和信电力开发有限公司(以下简称和信公司)、金华市大兴物资有限公司(以下简称大兴公司)等通和控股股东先后给通和控股发出《关于要求公司立即通过诉讼追回被违法占用资金和转移项目的函》和《关于要求公司立即通过诉讼追索应收债权，切实维护公司及其股东合法权益的紧急催告函》，要求公司通过诉讼向广厦创业、通和置业、富沃公司追回公司的巨额应收债权，追回被广厦创业侵吞的蚌埠新区发展股份有限公司股权转让款和分红等。2007年4月17日，通和控股总裁徐某函复和信公司、大兴公司等，称基于公司当时的状况及用章的审批程序,公司无法根据股东的要求提起诉讼、向通和置业、富沃公司和广厦创业追索公司的巨额应收债权。2007年4月25日,和信公司、大兴公司共同向原审法院提起诉讼,请求:(1)通和置业立即向通和控股支付利润补偿款23,750万元及利息1049.71万元;(2)富沃公司立即向通和控股支付股权转让款9000万元及利息1419.5万元;(3)撤销通和控股对广厦创业的委托代收的授权;若广厦创业已经收取部分债权,则应返还通和控股;(4)通和置业、富沃公司、广厦创业承担诉讼费用。

另查明,2007年10月,广厦创业将其持有的全部股权转让给广厦股份,现广厦股份持有通和置业100%股权。根据通和置业2006年财产表报,截至2006年12月31日,通和置业处于亏损状态。但广厦股份2007年半年度报告载明,通和置业在报告期内,为公司贡献净利润136,926,503.08元。

原审法院认为和信公司、大兴公司作为通和控股的股东,在公司怠于行使权利的情况下,依照《公司法》(2005修订)第152条的规定,有权提起股东派生诉讼,其具备原告的主体资格。和信公司、大兴公司在本案中提起的诉讼分别涉及利润补偿款、股权转让款的支付以及解除委托关系等3项请求,而请求的对象虽涉及3个不同的主体,但由于原告的请求是以实现股权转让款这一同一标的作为其事实上的牵连而构成了必要的共同诉讼,该案可以合并审理。

通和置业未按股权转让框架协议的约定在公司取得盈利的情况下,向通和控股支付补偿款,应就其盈利的部分承担支付补偿款的民事责任。富沃公司未按股权转让协议及还款协议的约定,如数向通和控股支付股权转让款,应按实际欠款额承担付款并赔偿损失的民事责任。广厦创业在接受通和控股委托当时,未如实告知其与通和置业之间存在的关联关系,且在接受委托后,也未积极履行委托人的义务,原告在通和控股怠于行使任意解除权的情况下,提起代位诉讼,理由正当。故判决:(1)通和置业投资有限公司于该判决生效之日起10日内支付通和投资控股有限公司补偿款130,080,177.93元;(2)上海富沃企业发展有限公司于该判决生效之日起10日内支付通和投资控股有限公司股权转让款3888万元及利息(从2005年7月1日至2006年11月10日止,款项为9000万元按还款协议约定的年利率8.5%计付;2006年11月11日至付清之日止,款项为3888万元按还款协议约定的年利率8.5%计付);(3)撤销通和投资控股有限公司对广厦控股创业投资有限公司的委托代收债权的授权;(4)驳回原告和信公司、大兴公司的其他诉讼请求。如果未按该判决指定的期间履行金钱给付义务,应当按照《民事诉讼法》(2007 修正)第 229 条之规定,加倍支付迟延履行期间的债务利息。案件一审受理费 1,802,760 元,由原告和信公司、大兴公司共同负担 901,380 元,被告通和置业投资有限公司负担 630,966 元,被告上海富沃企业发展有限公司负担 270,414 元。

二审审理期间,经法院主持调解,本案各方当事人基于自愿、合法原则,经友好协商,于 2009 年 3 月 17 日达成调解协议。法院经审查认为,调解协议是各方当事人在自愿基础上的真实意思表示,不违反法律、行政法规的禁止性规定。调解协议的内容不仅经过了提起代表诉讼的股东即和信公司、大兴公司以及作为诉讼第三人的公司即通和控股的同意,而且也已经经过了通和控股中的其他所有股东的书面同意,所以调解协议没有损害通和控股及其股东的利益。法院对以上调解协议予以确认。调解书与判决书具有同等法律效力。

5. 对其他股东之诉

是指股东未履行或者未全面履行出资义务,公司或者其他股东请求其向公司依法全面履行出资义务的诉讼。

法条链接

最高人民法院《关于适用〈中华人民共和国公司法〉若干问题的规定(三)》(2020 修正)

第十三条第一款　股东未履行或者未全面履行出资义务,公司或者其他股东请求其向公司依法全面履行出资义务的,人民法院应予支持。

第十四条第一款　股东抽逃出资,公司或者其他股东请求其向公司返还出资本息、协助抽逃出资的其他股东、董事、高级管理人员或者实际控制人对此承担连带责任的,人民法院应予支持。

案例:股东对其他抽逃出资的控股股东提出派生诉讼。[广东省佛山市中级人民法院(2003)佛中法民二终字第 0169 号]

顺德市国信实业有限公司(以下简称国信公司)、顺德市贸促信息有限公司(以下简称贸促公司)与顺德市凤城贸易有限公司(以下简称凤城公司)三方经协商各自出资 10 万元、85 万元、5 万元申请成立顺德市京顺拍卖行有限公司(以下简称京顺公司)。2000 年 3 月,京顺公司成立,按出资比例,国信公司、贸促公司、凤城公司分别占京顺公司股本的 10%、85%、5%,并经协商决定由贸促公司派其股东黄某华任京顺公司法定代表人。京顺公司成立后,贸促公司掌握了京顺公司的管理权,并分别于 2000 年 1 月 18 日、3 月 21 日将其投入京顺公司的85万元资金抽走。经京顺公司催告，贸促公司仍未重新注资。2002年2月20日，国信公司遂向原审法院起诉，请求判令贸促公司立即将抽逃的注册资金85万元重新注入京顺公司。

法院认为：国信公司、贸促公司与凤城公司出资成立京顺公司，均为该公司股东，根据《公司法》（1999修正）的规定公司股东作为出资者享有相应的资产受益等财产权利；股东在公司登记后，不得抽回出资。在本案中，贸促公司分别于2000年1月18日、3月21日两次从京顺公司抽回投资款85万元与其在京顺公司的出资数额相同，且2000年1月18日收据也表明是退回出资款，贸促公司亦无证据证实在京顺公司抽回85万元属借款，故贸促公司的行为应属抽逃资金行为，已违反上述法律的规定。由于贸促公司掌握了京顺公司的管理权，致使京顺公司怠于行使诉权，直接损害了国信公司作为股东享有的合法权益。根据《公司法》（1999修正）第111条、第209条的规定，国信公司享有对贸促公司的诉权，因此，国信公司是适格的原告，贸促公司应依《公司法》（1999修正）规定将资金返还京顺公司。

（八）退股权

股东的退股权，又称异议股东股份收买请求权，是指股东会作出严重影响股东利害关系的决议（如公司营业转让决议，为限制股份转让而变更章程的决议，公司合并、分立等决议）时，股东有权请求公司购回自己的股份。[①] 股东可以行使的退股权情形见图3－1：

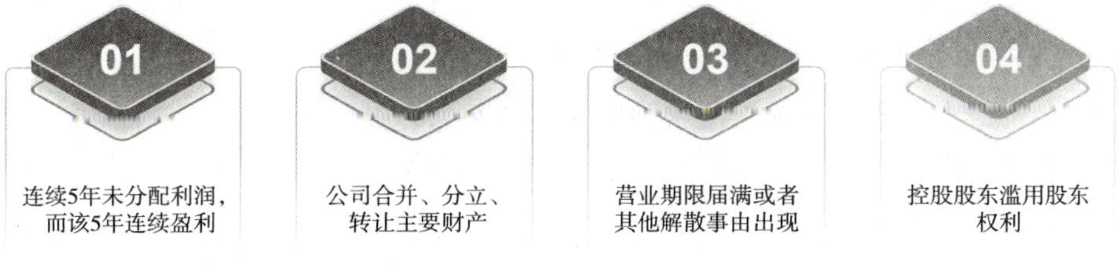

图3－1　股东行使退股权的情形

法条链接

《中华人民共和国公司法》（2023修订）

第八十九条　有下列情形之一的，对股东会该项决议投反对票的股东可以

① 参见刘俊海：《新公司法的制度创新：立法争点与解释难点》，法律出版社2006年版，第215页。

请求公司按照合理的价格收购其股权：

（一）公司连续五年不向股东分配利润，而公司该五年连续盈利，并且符合本法规定的分配利润条件；

（二）公司合并、分立、转让主要财产；

（三）公司章程规定的营业期限届满或者章程规定的其他解散事由出现，股东会通过决议修改章程使公司存续。

自股东会决议作出之日起六十日内，股东与公司不能达成股权收购协议的，股东可以自股东会决议作出之日起九十日内向人民法院提起诉讼。

公司的控股股东滥用股东权利，严重损害公司或者其他股东利益的，其他股东有权请求公司按照合理的价格收购其股权。

公司因本条第一款、第三款规定的情形收购的本公司股权，应当在六个月内依法转让或者注销。

第一百六十一条　有下列情形之一的，对股东会该项决议投反对票的股东可以请求公司按照合理的价格收购其股份，公开发行股份的公司除外：

（一）公司连续五年不向股东分配利润，而公司该五年连续盈利，并且符合本法规定的分配利润条件；

（二）公司转让主要财产；

（三）公司章程规定的营业期限届满或者章程规定的其他解散事由出现，股东会通过决议修改章程使公司存续。

自股东会决议作出之日起六十日内，股东与公司不能达成股份收购协议的，股东可以自股东会决议作出之日起九十日内向人民法院提起诉讼。

公司因本条第一款规定的情形收购的本公司股份，应当在六个月内依法转让或者注销。

第二百一十九条　公司与其持股百分之九十以上的公司合并，被合并的公司不需经股东会决议，但应当通知其他股东，其他股东有权请求公司按照合理的价格收购其股权或者股份。

案例：上海某实业公司诉上海某房地产公司等请求公司收购股份纠纷案。（参考案例：人民法院案例库　入库编号 2023－08－2－268－001）

裁判要旨

1. 有限责任公司转让财产，属于公司章程规定的股东会职权的，应当提交股东会讨论表决，如未召开，异议股东仍可通过其他途径表示反对，并有权自知道或应当知道异议事项之日起90日内要求公司收购其股权。

2. 判断是否属于公司法意义上的公司主要财产，应当从转让财产价值占公司资产的比重、转让的财产对公司正常经营和盈利的影响以及转让财产是否导致公司发生根本性变化等多角度进行考察，并以转让财产是否导致公司发生根本性变化，即对公司的设立目的、存续等产生实质性影响，作为判断的主要标准，其余两项则作为辅助性判断依据。

基本案情

上海某实业公司诉称：持有上海某房地产公司10%股权，第三人上海某发展公司持有上海某房地产公司90%股权。上海某实业公司于2019年2月28日才知悉，上海某房地产公司已将公司主要财产上海市某大厦101、102、201、301、401、1301、1901、2001室房产（建筑面积共计7118.15平方米，以下简称案涉房产）出售，影响了公司的正常经营。上海某房地产公司及第三人处理公司主要财产却不召开股东会，致上海某实业公司未能提出异议，该行为侵犯了上海某实业公司的合法权益。根据法律规定，上海某实业公司有权要求上海某房地产公司收购股权，故诉请上海某房地产公司以23,375,555.56元的价格收购上海某实业公司持有的上海某房地产公司10%股权。

上海某房地产公司辩称：不同意上海某实业公司的诉讼请求，主要理由：(1)上海某房地产公司转让案涉房产属公司正常的经营行为，无须召开股东会讨论决定。(2)案涉房产并非公司主要财产。(3)即便上海某实业公司有权要求公司收购股权，但其主张时已过法律规定的90天期间，该权利已归于消灭。

上海某发展公司、上海某置业公司述称：同意上海某房地产公司的答辩意见，请求法院驳回上海某实业公司的诉讼请求。

法院经审理查明，(1)上海某房地产公司股东和章程等情况：上海某房地产公司原股东情况为上海某实业公司持股10%，第三人上海某置业公司持股90%。上海某实业公司于2016年10月前为第三人上海某置业公司的控股股东，之后转让了持有的全部股份。2018年8月，第三人上海某置业公司将持有的上海某房地产公司90%股权转让给了其新设的全资子公司即第三人上海某发展公司，上海某实业公司持股10%不变。上海某房地产公司章程明确股东会行使下列职权：决定公司的经营方针和投资计划等。

(2)本案所涉房产转让情况：2018年9月21日，第三人上海某置业公司召开股东大会，审议通过决议并发布公告，出售上海某房地产公司所有的上海市某大厦101、102、201、301、401、1301、1901、2001室房产,建筑面积为7118.15平方米。上海某房地产公司于2018年9月在资产负债表中将上述房产由投资性房产调整记载为存货,在未召开公司股东会的情况下,于2018年9月28日转让了上述房产,转让价共计132,397,589.63元(含税)。第三人上海某置业公司于2018年11月14日公告,出售房产的款项已于2018年11月12日履行完毕。

(3)上海某房地产公司资产和经营情况:上海某房地产公司经营范围包括房地产开发经营、建筑装潢材料。2016年9月,在上海某实业公司作为第三人上海某置业公司、上海某房地产公司实际控制人期间,上海某房地产公司未经股东会决议,出售了某大厦9384.32平方米房产,案涉房产为该次出售后剩余的房产。2017年上海某房地产公司营业收入8,592,943.23元,其中租金收入6,820,000元,当时上海某房地产公司在某大厦的房产的出租率约90%。2018年上海某房地产公司营业收入132,131,906.67元。2018年9月30日,上海某房地产公司委托某资产评估有限公司对其资产作评估,评估报告确认上海某房地产公司总资产296,064,800元,总负债30,510,700元,所有者权益265,554,000元,转让房产可变现价值78,610,000元(不含税费53,790,600元)。2019年上半年上海某房地产公司的营业收入为198,521.14元。2019年9月19日,上海某房地产公司账上有资金98,805,479.44元。上海某房地产公司出售案涉房产后继续经营房屋租赁业务。

(4)上海某实业公司主张上海某房地产公司收购股权情况:2019年3月6日上海某实业公司向上海某房地产公司经营地寄送要求上海某房地产公司收购股权的函,由前台签收。

法院生效裁判认为,本案涉及以下争议焦点:

一、上海某房地产公司出售案涉房产是否应当经过股东会表决

上海某房地产公司章程规定股东会的职权包括决定公司的经营方针和投资计划等。因此案涉房产转让应由上海某房地产公司股东会进行讨论,理由如下:第一,上海某房地产公司原来的经营方式以自有房产出租为主,其出售房产后,转为以转租方式经营,与原有的经营方式相比发生了重大的变化。上海某房地产公司出售房产的行为符合经营方针转变的评价标准。第二,上海某房地产公司原将案涉房产记载为投资性房产,从持有变为出售就是对投资计划的变更。第三,从小股东权利保护角度来看,作为房产实际所有人的上海某房地产公司的小股东应有权参与讨论表决。因此,上海某房地产公司转让公司案涉房

产的事项符合上海某房地产公司关于股东会职权的相关规定，应当提交股东会讨论表决。

二、上海某实业公司主张由上海某房地产公司收购股权时是否已过法律规定的主张期间

根据《公司法》(2018 修正)第 74 条第 2 款规定，异议股东可以自股东会会议决议通过之日起 90 日内提起诉讼。该条规定应以异议股东参加股东会并提出异议为前提，在公司应召开而未召开股东会进行表决的情况下，则应以异议股东知道或者应当知道异议事项时起算主张期间。就本案来看，应以上海某房地产公司通知上海某实业公司转让房产的事实这一时间点作为判断上海某实业公司主张期间起算的时点。鉴于上海某房地产公司始终未正式通知上海某实业公司，而上海某实业公司自认于 2019 年 2 月 28 日知悉该事实，故应以该时点起算主张期间。

三、上海某房地产公司出售房产是否属于转让《公司法》(2018 修正)第 74 条第 1 款第 2 项所规定的主要财产

判断是否属于公司法意义上的公司主要财产，应当以转让财产是否导致公司发生根本性变化，即对公司的设立目的、存续等产生实质性影响，作为判断的主要标准，以转让财产价值占公司资产的比重、转让的财产对公司正常经营和盈利的影响作为辅助性判断依据。从本案来看，上海某房地产公司转让房产尚未达到造成公司产生根本性变化的程度：首先，从转让房产价值占比角度来看，上海某房地产公司转让的房产价值占其实有资产价值的比重尚未达到 50%，故认定其为公司法意义上的公司主要财产，依据尚不够充分。其次，从公司是否正常经营角度来看，上海某房地产公司转让房产实际上是一次性兑现收益还是分期实现收益的商业判断问题，上海某房地产公司仍可以转让房产所得收益用于投资经营。上海某实业公司对房产转让价格也未提出异议，因此不能就此认为公司利益受损、经营不可持续。最后，从上海某房地产公司设立目的来看，上海某房地产公司章程从未将公司经营业务范围限定为从事自有房产的出租业务这一项，且上海某实业公司在作为上海某房地产公司实际控制人期间也曾出售房产获取大量资金，因此上海某房地产公司此次转让房产的行为不能被认定为违背公司设立的目的。上海某房地产公司因此次房产出售发生的变化都谈不上是根本性的变化。综上，法院认为，上海某房地产公司转让房产的行为并不足以被认定为公司法意义上的转让公司主要财产，上海某实业公司不能据此

获得要求公司收购股权的权利。

综上所述，本案中上海某实业公司主张异议股东收购请求权，法律上的依据并不充分，法院难以支持。

五、股东治理的合规建议

1. 公司章程或股东协议不可以取消或改变已列出的股东会职权，但可以通过变更公司章程增加股东会职权。

2. 股东会的召开可以约定提前开会时间可长可短，但要合理（例如股东长期在较远的外地，只提前一天等不合理）；还可以通过签订股东协议等形式变更。

3. 表决权不同的执行依据可以在公司章程中体现，也可以约定变动的表决权比例。

4. 临时股东会召开的情形可以根据公司的情况增加，以便处理应急事务。

5. 股东会议事方式，是指公司以什么方式就公司的重大问题进行讨论并作出决议，比如微信群等；表决程序是指公司的股东会如何表决和表决时需要多少股东赞成，才能通过某一特定的决议，比如57%的股东赞成则决议通过。

6. 股东的法定权利不得未经其股东本人的同意而通过公司章程或其他形式进行限制。

第二节　公司章程与股东协议

一、公司章程概述

公司章程是公司股东就公司性质、宗旨、经营范围、运行方式、组织机构、活动方式、权利义务分配等重要事务内容进行安排和记载的基本规范性文件。制定公司章程是公司设立的必备条件之一。在性质上，公司章程不仅约束制定章程的制定者或者发起人，而且当然约束公司各机关（董事会及董事、监事会及监事、经理和财务负责人等）及新加入公司的股东，因此，公司章程具有自治法规的性质，兼具契约性质，所以公司章程是公司自治性质兼具契约性质的根本规则。

鉴于公司章程具有自治性质兼具契约性质，故对公司章程条款按照这一标准，即公司章程规范的事项是属于公司内部事项还是限制了股东等他人的利益事项，分为两类：一类为章程性质的条款（自治性质），即属于规范公司内部事项；一类为合同性质的条款（契约性质），即属于限制股东等他人的利益事项。二类条款的生效判断遵循不同原理，前者依据资本多数决原则，后者依据合意原则；前者的约束对象具有法定性，后者的约束对象仅限于同意股东。

另外，对公司章程条款按照权利义务进行分类，一类是股东权利，另一类是法定义务。股东权利中我们认为有一部分权利属于法定不可限缩的权利，包括知情权、临时股东会议召集权、提案权、出席股东会的权利、诉权和退股权，这部分的权利不得因全体股权的合意而受到限制，但是可以扩张，比如可以让权利行使条件更低和权利范围更广。而另一部分权利属于可扩张和限缩的权利，包括资产收益权（分红权、股权价值增值权和剩余财产分配权）、表决权和优先认购权，这部分权利可因全体股权的合意而受到限制。对于法定义务，我们认为其不可豁免，但可以加重，包括出资义务和出资瑕疵责任，董事、监事、高级管理人员的勤勉尽职义务，公司清算义务，等等。

二、股权转让的章程扩张与限缩及合规建议

（一）对于有限责任公司

1. 有限责任公司股权转让的法定标准

（1）有限责任公司的股东之间可以相互转让其全部或者部分股权。

（2）股东向股东以外的人转让股权的，应当将股权转让的数量、价格、支付方式和期限等事项书面通知其他股东，其他股东在同等条件下有优先购买权。股东自接到书面通知之日起 30 日内未答复的，视为放弃优先购买权。

（3）在同等条件下，其他股东有优先购买权。2 个以上股东主张行使优先购买权的，协商确定各自的购买比例；协商不成的，按照转让时各自的出资比例行使优先购买权。

2. 有限责任公司的章程对股权转让设置高于法定标准

（1）股权锁定，不能对外转让股份。

（2）股权锁定期为 3 年，在 3 年内不能将股权质押、转让给任何第三人。

（3）某股东的股权在某情形下必须以一定的价格转让给某股东。

3. 有限责任公司的章程对股权转让设置低于法定标准

例如，股权可以对内对外任意转让，不设任何条件。

合规建议

1. 上述所涉关于股权转让的公司章程规定都是影响了股东权利的内容，故只有对表决同意的股东才具有法律效力，对于异议股东无法律效力。

2. 投资人如果打算入股一家公司，对于公司章程对此的相关内容也要做尽职调查报告，以便确定是否能够接收这样的公司章程条款。

3. 如果要保证这样的公司章程条款生效，必须严格按照公司章程规定的程序召开股东会并获得全部股东的同意。

案例：章程关于股权转让的限制对异议股东无效——常熟市人民法院(2006)常民二初字第335号滕某青诉常熟市建发医药有限公司股东权纠纷案。

滕某青系常熟市建发医药有限公司的自然人股东，出资4万元，拥有0.45%的股权。2002年7月28日，常熟市建发医药有限公司股东会对原章程第12条进行修改，增加“自然人股东因本人原因离开企业或解职落聘的，必须转让全部出资，由工会股东接收”的内容。该章程的修改以公司880万元注册资本，每1万元出资额为一计票额进行表决，最终以872票同意、8票弃权而获得通过。2004年7月31日，滕某青离职。常熟市建发医药有限公司于2004年12月8日书面通知滕某青，其股东权已依章程转让工会持股会，并要求其领取相应的转让款。之后，滕某青没有将出资证明交付给常熟市建发医药有限公司，常熟市建发医药有限公司也未将转让款交付给滕某青。

2006年3月10日，滕某青起诉要求确认其股东身份，并判令常熟市建发医药有限公司强制转让股东权的行为无效，诉讼费由常熟市建发医药有限公司负担。

常熟市人民法院经审理认为，股东权具有财产权与身份权的双重属性，非经权利人的意思表示或法定的强制执行程序不能被变动。常熟市建发医药有限公司在滕某青没有作出同意的意思表示情况下所作出的通知及股东会决议，对滕某青没有约束力。因此，在滕某青不接受的情况下股东权不能作出变动。股权转让合同系双务履行合同，需要转让方和受让方双方的履行才能完成转让行为。本案中，争议双方没有进行股权转让的要约和承诺，既没有将出资证明这一股权的权利凭证进行转移，也没有交付转让款，因此应认定不存在股权转让合同，也无履行行为。因此，对滕某青方确认股权的请求应予以支持；而滕某青关于判令常熟市建发医药有限公司强制转让股东权行为无效的请求，因股权转让不存在合同行为也无实际履行行为，没有作出合同效力判断的基础，故而对该诉请不予支持。依照《公司法》(2005 修订)第 72 条之规定,判决确认滕某青为常熟市建发医药有限公司的股东,在常熟市建发医药有限公司中拥有 0.45% 比例的股权。

(二)对于股份有限公司

股份有限公司的股东持有的股份对内对外自由转让,但是公开发行的股份有一年限售的规定,对于公司董事、监事、高级管理人员还有每年不得转让超过其持有本公司股份总数的 25% 的限制。内部职工持有的股份在公司配售 3 年内不得转让,3 年后也只能在内部职工之间转让,不得在市场上转让交易。

法条链接

《中华人民共和国公司法》(2023 修订)

第一百五十七条　股份有限公司的股东持有的股份可以向其他股东转让,也可以向股东以外的人转让;公司章程对股份转让有限制的,其转让按照公司章程的规定进行。

第一百六十条　公司公开发行股份前已发行的股份,自公司股票在证券交易所上市交易之日起一年内不得转让。法律、行政法规或者国务院证券监督管理机构对上市公司的股东、实际控制人转让其所持有的本公司股份另有规定的,从其规定。

公司董事、监事、高级管理人员应当向公司申报所持有的本公司的股份及其变动情况,在就任时确定的任职期间每年转让的股份不得超过其所持有本公司股份总数的百分之二十五;所持本公司股份自公司股票上市交易之日起一年内不得转让。上述人员离职后半年内,不得转让其所持有的本公司股份。公司章程可以对公司董事、监事、高级管理人员转让其所持有的本公司股份作出其他限制性规定。

股份在法律、行政法规规定的限制转让期限内出质的,质权人不得在限制转让期限内行使质权。

《定向募集股份有限公司内部职工持股管理规定》(原国家经济体制改革委员会 1993 年 7 月 3 日发布)

第二十二条　内部职工持有的股份在公司配售三年内不得转让,三年后也只能在内部职工之间转让,不得在社会上转让交易。

第二十三条　内部职工持有的股份,在持有人脱离公司、死亡或其他特殊情况下,可以不受转让期限限制,转让给本公司其他内部职工,也可以由公司收购。

第二十九条　内部职工持股的定向募集公司转为社会募集公司时,应按《股票发行与交易管理暂行条例》规定的审批程序办理。内部职工持有的股份从配售之日起,满三年后才能上市转让。

合规建议

1. 一般情况下,股份有限公司的章程不得对股权转让设定限制条件,因为这种对股权让渡不合理的限制,除妨碍正常的股权交易外,还必然影响股权转让的价格。章程对股权转让所作的限制性规定,违反了股权转让的基本原则,变相剥夺了股东的股权转让权。

2. 关于"股东持有的股份可以依法转让"的理解。对于股份有限公司而言,大多数股东无力与公司管理层进行协商并对其进行有效的监督和制约,中小股东易被边缘化和外部化,利益易遭侵害,法律实施中对此必须予以关注;股份有限公司属于资合公司,股份流通性是其生命,股份转让的自由度不仅直接影响公司自身利益和公司内部中小股东的利益,更关涉公司外部第三人利益。因此,有关股份有限公司的股份转让,立法既已作出规定,就不能通过公司章程予以变更。"股东持有的股份可以依法转让",在现有的立法框架下应包含两层含义:一是股份转让必须依法进行;二是只要依法进行,股份就可以转让。

3. 对股份有限公司发起人、董事、监事、高级管理人员作了转让股权的限制规定,公司章程可以对公司董事、监事、高级管理人员转让其所持有的本公司股份作出其他限制性规定。

4. 内部职工持有的股份按照《定向募集股份有限公司内部职工持股管理规定》进行上市交易。

5. 对于内部职工持有的股份的股权转让采用法定标准,公司章程不得设置其他标准,除非与内部职工协商一致作出比法定标准更高的标准,也就是说,即使与内部职工协商一致也不能作出比法定标准更低的标准。但是内部职工提前离职的,公司与职工可以约定在离职的时候转让股份。

6. 若公司章程仅对股份转让作了限制,且无正当理由,更无相应的救济措施,这使得公司可以无须任何理由地拒绝股东的股份转让请求,构成对股份转让的变相禁止,不符合股份有限公司的资合性特征及相关立法精神。例如在公司章程限制股份转让时,股东转让请求没有被批准的,可以由公司(大股东)回购股份。

案例:限制性规定剥夺股份转让权的无效认定——常州百货大楼股份有限公司(以下简称百货公司)诉常州市信和信息咨询有限公司(以下简称信和公司)等股权转让纠纷案。

百货公司在国营常州百货大楼的基础上改制成立于1993年4月27日,注册资金为5000万元,股权结构为:国家股2000万元,占股本总额的40%;法人股2300万元,占股本总额的46%;职工个人股700万元,占股本总额的14%。百货公司章程第17条载明:"一个法人股股东持有本公司的股份,原则上不得超过本公司股份总额的5%,对于突破本条界限的法人股东,在获得公司股份总额5%以上时,必须经本公司同意。"

自2003年7月起,信和公司、希慎公司、太古公司、惠泽公司分别与百货公司股东大诚公司等18家单位签订股权转让协议共22份,合计受让百货公司法人股4,464,222股,占百货公司总股本的7.292%。百货公司以信和公司、希慎公司、太古公司、惠泽公司系关联企业,其为规避百货公司章程关于股份转让所作的限制,采取一致收购行动,未经百货公司同意收购百货公司法人股超过股份总额5%的行为违反了百货公司章程,依法应确认为无效民事行为为由,诉至法院,请求判令:(1)确认被告与百货公司的股东大诚公司等签订的22份股权转让协议无效,计价值人民币9,864,792元;(2)判令被告交还新的股权证并恢复百货公司原股东身份和股权证书原状。

法院经审理认为:股份有限公司股权的依法自由转让是其基本要求。百货公司章程规定的对股权转让的限制,不仅不符合我国《公司法》就股份有限公司关于股权转让的规定,而且没有必要的正当理由,更无相应的补救措施。这种对股权让渡不合理的限制,除妨碍正常的股权交易外,还必然影响股权转让价格。因此,章程对股权转让所作的限制性规定,违反股权转让的基本原则,变相剥夺股东的股份转让权,应认定无效。

三、股东会、董事会、监事会和经理职权的章程扩张与限缩及合规建议

股东会的职权是股东会作为公司的最高权力机构就公司内部重大事务的处理所具有的权限。其在性质上属于私法意义上的职权,可以部分授予董事会行使,但不能无限制地授予,导致股东会无重大事项决策权。因为这样一是违背了《公司法》搭建的公司基本的治理结构;二是可能会损害股东利益,特别是中小股东的表决权。当然股东会也可以收缩部分董事会的职权,这也并非无限

制的。目前在立法和司法实践方面关于这方面的章程的扩张与限缩没有明确的界限,需要根据个案判断,董事会对经理的职权也是如此。但是,对于监事会职权,鉴于监事会的特殊地位是监督董事、监事、高级管理人员的机构,法定监督义务不能豁免,所以我们认为,公司章程对于监事会的职权不得在法定职权的基础上进行限缩,而只能扩张。

目前对上述观点,司法实践中存在争议,参考下面两则案例。

案例1:贵州省高级人民法院(2015)黔高民商终字第61号——仅限重大特别事项不得授权董事会,其他职权都可以授权。

2009年10月19日,原告徐某霞与第三人报业公司为设立被告报业宾馆共同拟定了《安顺绿洲报业宾馆有限公司章程》,该章程主要载明:由报业公司发起,由报业公司和徐某霞共同出资租赁安顺报社办公楼为场所,合股经营报业宾馆;注册资本为250万元;股东为报业公司和徐某霞;出资方式为现金;出资额为报业公司51%(127.5万元);徐某霞49%(122.5万元);营业期限12年,自2009年8月10日起至2021年8月10日止;章程由双方共同订立,自××××年××月××日起生效。该章程第7条规定:宾馆设董事会,行使下列权利:(1)决定宾馆的经营方针和投资计划;(2)决定总经理、副总经理的报酬事项;(3)选择和更换由股东派出的监事;(4)审议批准宾馆总经理的报告;(5)审议批准宾馆监事会的报告;(6)审议批准宾馆的年度财务预算方案、决算方案;(7)审议批准宾馆的利润分配方案和弥补亏损方案;(8)对宾馆增加或者减少注册资本作出决议;(9)对股东向股东以外的人转让出资作出决议;(10)对宾馆合并、分立、变更、解散和清算等事项作出决议;(11)修改宾馆章程;(12)制定宾馆的基本管理制度。该章程第32条规定宾馆有下列情况之一,可以解散:(1)宾馆章程规定的营业期限届满;(2)董事会决议解散;(3)宾馆合并或者分立需要解散;(4)宾馆违反法律、行政法规被依法责令关闭;(5)不可抗力事件致使宾馆无法继续经营;(6)宾馆被宣告破产。上述章程签订后,报业宾馆于2009年10月22日在安顺市工商局注册成立,登记股东为徐某霞和报业公司。

贵州省高级人民法院认为:《公司法》(2005修订)第38条、第47条分别以列举的形式规定了股东会和董事会的职权,从两条法律规定来看,董事会、股东会均有法定职权和章程规定职权。无论是法定职权还是章程规定职权,强调的都是权利,在没有法律明确禁止的情况下,权利可以行使、可以放弃,也可以委托他人行使。

但《公司法》(2005修订)第44条第2款规定:“股东会会议作出修改公司章程、增加或者减少注册资本的决议,以及公司合并、分立、解散或者变更公司形式的决议,必须经代表三分之二以上表决权的股东通过。”从此条规定中的法律表述用语“必须”可以看出,对于修改公司章程、增加或者减少注册资本的决议,以及公司合并、分立、解散的决议有且只有公司股东会才有决定权,这是股东会的法定权利。报业宾馆章程第7条第8、10、11项,第32条第2项将股东会的法定权利规定由董事会行使,违反了上述强制性法律规定,应属无效。

案例2:上海市第一中级人民法院(2013)沪一中民四(商)终字第822号——利润分配方案决定权不得授权给董事会。

1997年5月12日闵行区人民政府作出关于“上海D机械厂改制为股份合作制企业”的批复,2004年10月11日上海D机械厂企业名称变更为B公司。2008年11月B公司章程中登记的公司注册资本为930,000元,登记的股东为H公司(出资比例26.88%),彭C、杨J、宋K、何L、赵M、蒋N、彭O、袁A(出资比例1.11%)、孙P、何Q、蒋R、朱S、盛T、陆U、王V、孙X、蒋Y、沈Z、何AA、李BB、杨CC、王DD、陆EE、王FF、罗F、朱G、徐E,上述27名自然人股东共计持有73.12%股权。该份公司章程记载董事会行使下列职权:执行股东会决议;决定公司的经营计划和投资方案;制订公司的利润分配方案和弥补亏损方案。

上海市第一中级人民法院认为:资产收益是公司股东享有的根本权利之一,应由公司全体股东决定公司未分配利润的分配方案;即使存在不按照出资比例分取红利的情况,也应建立在公司全体股东对分配方案认可的基础上。现股东会决议中概括性授权董事会决定上岗股东奖的分配方案问题,并约定“以前及今后由董事会决定的上岗股东奖金分配方案,股东会均表示认可”。该决议内容未考虑到今后公司是否有利润、利润多少、上岗股东具体奖金利润分配方案如何,即股东在无法预见自己利益损失的情况下且未经全体股东充分讨论,也未告知议事事项供股东分析该决议对自己的股东利益是否有损。故该决议内容限制了股东对未知奖金利润分配方案行使否决的行为,一旦实施完全有可能终止或者限制股东的资产收益权,因此股东会决议的该条内容违反了法律的规定,应确认为无效。

四、部分股东权利的公司章程扩张与限缩及合规建议

（一）有限责任公司关于表决权的一般性规定及章程授权

1. 表决权行使方式

《公司法》第65条规定，股东会会议由股东按照出资比例行使表决权；但是，公司章程另有规定的除外。

2. 议事方式和表决程序

《公司法》第66条规定，股东会的议事方式和表决程序，除该法有规定的外，由公司章程规定。股东会作出决议，应当经代表过半数表决权的股东通过。股东会作出修改公司章程、增加或者减少注册资本的决议，以及公司合并、分立、解散或者变更公司形式的决议，应当经代表2/3以上表决权的股东通过。

合规建议

1. 股东会决议的一般事项要经1/2以上表决权的股东通过，也可以设定其他比例，比如40%、60%、88%和100%等，可以在章程里自由约定。对于重大事项，可以约定超过2/3的比例，比如77%、90%、100%等。

2.《公司法》第65条规定的股东表决权行使方法既包括了比例决，也包括了人数决，或其他方式行使表决权，包括但不限于用公司章程规定按照股东人数比例行使表决权。

3. 对于议事方式和表决程序可以约定的内容很多，包括但不限于：①每年召开股东会的次数和时间、临时股东会召开的条件和必须召开的规定；②股东会谁提议召开、谁主持、通知方式、通知的内容、何时通知；③提案什么时候提、有什么条件、提案谁审核、不通过怎么办；④股东会召开期间的记录、委托人的审核、投票、计票、异议复审；⑤决议的书面形式、签字盖章、归档、保管和备案等。因此，股东也可以通过议事方式和表决程序来扩张和限制其表决权，如委托投票、一票否决权和签订一致行动协议。

（二）关于部分股东权利的公司章程扩张与限缩的示范条款

本书关于表决权的扩张与限制是以大股东角度阐述的，如果大股东通过章程扩张其控制权，则为权利集中；如果限制其表决权，则为对中小股东股权权益的保护。以下为相关示范条款。

1. 关于优先购买权的条款

（1）大股东相对其他所有股东享有股权转让的优先购买权。

(2)大股东相对其他所有股东在增资扩股时享有优先购买权。

(3)按照出资比例由多到少的顺序行使优先购买权。

2. 关于表决权

(1)提高推选候选董事的条件。

(2)小股东表决权委托给大股东。

(3)大股东享有一票否决权。

(4)签订一致行动协议。

(5)重要事项必须经股东会全票通过,即提高决策表决权通过比例。

(6)大股东有推荐超过半数董事会席位董事的权利。

(7)股东会的一般事项按照股东人数表决。

3. 关于资产收益权

(1)公司同意派发股息、分红时,A 系列优先股股东有权优先于其他普通股股东获得按照投资额累计的 8% 的年有限股息,同时 A 系列优先股股东还有有权按可转换基础上的普通股数量按比例参与普通股对派发的剩余股息分配。

(2)在支付给 A 系列优先股股东清算优先权回报之后,剩余资产由普通股股东与 A 系列优先股股东按相当于转换后股份比例进行分配;但 A 系列优先股股东一旦其获得的回报达到 × 倍于原始购买价格以及宣布但尚未发放的股利,将停止参与分配。之后,剩余的资产将由普通股股东按比例分配。

(3)激励对象在行权后只享有公司利润分红的权利,不享有公司增值的权利。

第三节 关联交易

一、关联交易的内涵与外延

关联交易指公司与其关联方之间发生的一切转移资源或者义务的法律行为,是企业关联方之间的交易。关联交易本身是中性的,并不必然对公司不利,关联方并不当然滥用权力。相反,对公司而言,关联交易具有提高交易效率、节省交易成本、扩展经营等重大价值,甚至有的公司的生存离不开关联交易。但是,若关联方在关联交易中滥用控制权,损害公司的利益,会构成不公平关联交易,为法律所不能容忍。法律不禁止、事实上也无法禁止关联交易的发生,但需要规制不公平的关联交易，这是公司法、证券法、会计法、税法等多个部门法的共同任务，公司法居于核心。控股股东忠实义务的其中一个主要适用场合就是关联交易，法律加强对控制股东自我交易的规制，就是对控股股东忠实义务的最好落实。《公司法》主要通过以下 3 个条款加强规制。《公司法》第 22 条规定，公司的控股股东、实际控制人、董事、监事、高级管理人员不得利用关联关系损害公司利益。违反前款规定，给公司造成损失的，应当承担赔偿责任。这是公司法关于关联交易的一般性规定，核心思想是不禁止关联交易本身，而是要求控股股东、实际控制人等不得违反对公司的忠实义务，通过不公平关联交易损害公司利益。《公司法》第 182 条规定，董事、监事、高级管理人员，直接或者间接与本公司订立合同或者进行交易，应当就与订立合同或者进行交易有关的事项向董事会或者股东会报告，并按照公司章程的规定经董事会或者股东会决议通过。董事、监事、高级管理人员的近亲属，董事、监事、高级管理人员或者其近亲属直接或者间接控制的企业，以及与董事、监事、高级管理人员有其他关联关系的关联人，与公司订立合同或者进行交易，适用前款规定。《公司法》第 265 条规定，关联关系，是指公司控股股东、实际控制人、董事、监事、高级管理人员与其直接或者间接控制的企业之间的关系，以及可能导致公司利益转移的其他关系。但是，国家控股的企业之间不仅因为同受国家控股而具有关联关系。

关联交易在市场经济条件下广为存在，虽然其可以节约大量商业谈判等方面的交易成本，但是可能使交易的价格、方式等在非竞争的条件下出现不公正情况，形成对股东或部分股东权益的侵犯，也易导致债权人利益受到损害。因此《公司法》及相关法律法规对关联交易作了详细的说明和规定，其中关联交易相关术语的定义，见表 3 – 4。

表 3 – 4　关联交易相关术语的定义

术语	定义	法条依据
关联关系	公司控股股东、实际控制人、董事、监事、高级管理人员与其直接或者间接控制的企业之间的关系，以及可能导致公司利益转移的其他关系。但是，国家控股的企业之间不仅因为同受国家控股而具有关联关系	《公司法》第 265 条第 4 项

续表

术语	定义	法条依据
关联方	在企业财务和经营决策中，一方控制、共同控制另一方或对另一方施加重大影响，以及两方或两方以上同受一方控制、共同控制或重大影响的，构成关联方	财政部《企业会计准则第 36 号——关联方披露》第 3 条第 1 款
	下列各方构成企业的关联方： 1. 该企业的母公司。 2. 该企业的子公司。 3. 与该企业受同一母公司控制的其他企业。 4. 对该企业实施共同控制的投资方。 5. 对该企业施加重大影响的投资方。 6. 该企业的合营企业。 7. 该企业的联营企业。 8. 该企业的主要投资者个人及与其关系密切的家庭成员。主要投资者个人，是指能够控制、共同控制一个企业或者对一个企业施加重大影响的个人投资者。 9. 该企业或其母公司的关键管理人员及与其关系密切的家庭成员。关键管理人员，是指有权力并负责计划、指挥和控制企业活动的人员。与主要投资者个人或关键管理人员关系密切的家庭成员，是指在处理与企业的交易时可能影响该个人或受该个人影响的家庭成员。 10. 该企业主要投资者个人、关键管理人员或与其关系密切的家庭成员控制、共同控制或施加重大影响的其他企业	财政部《企业会计准则第 36 号——关联方披露》第 4 条
	《企业所得税法》第 41 条所称关联方，是指与企业有下列关联关系之一的企业、其他组织或者个人： 1. 在资金、经营、购销等方面存在直接或者间接的控制关系； 2. 直接或者间接地同为第三者控制； 3. 在利益上具有相关联的其他关系	国务院《企业所得税法实施条例》第 109 条
关联方交易	关联方交易，是指关联方之间转移资源、劳务或义务的行为，而不论是否收取价款	财政部《企业会计准则第 36 号——关联方披露》第 7 条
	上市公司的关联交易，是指上市公司或者其控股子公司与上市公司关联人之间发生的转移资源或者义务的事项	《上市公司信息披露管理办法》第 62 条第 4 项

续表

术语	定义	法条依据
上市公司的关联法人(或者其他组织)	1. 直接或者间接地控制上市公司的法人(或者其他组织); 2. 由前项所述法人(或者其他组织)直接或者间接控制的除上市公司及其控股子公司以外的法人(或者其他组织); 3. 关联自然人直接或者间接控制的、或者担任董事、高级管理人员的,除上市公司及其控股子公司以外的法人(或者其他组织); 4. 持有上市公司5%以上股份的法人(或者其他组织)及其一致行动人; 5. 在过去12个月内或者根据相关协议安排在未来12个月内,存在上述情形之一的; 6. 中国证监会、证券交易所或者上市公司根据实质重于形式的原则认定的其他与上市公司有特殊关系,可能或者已经造成上市公司对其利益倾斜的法人(或者其他组织)	《上市公司信息披露管理办法》第62条第4项
上市公司的关联自然人	1. 直接或者间接持有上市公司5%以上股份的自然人; 2. 上市公司董事、监事及高级管理人员; 3. 直接或者间接地控制上市公司的法人的董事、监事及高级管理人员; 4. 上述第1、2项所述人士的关系密切的家庭成员,包括配偶、父母、年满18周岁的子女及其配偶、兄弟姐妹及其配偶,配偶的父母、兄弟姐妹,子女配偶的父母; 5. 在过去12个月内或者根据相关协议安排在未来12个月内,存在上述情形之一的; 6. 中国证监会、证券交易所或者上市公司根据实质重于形式的原则认定的其他与上市公司有特殊关系,可能或者已经造成上市公司对其利益倾斜的自然人	
关联方交易类型	1. 购买或销售商品。 2. 购买或销售商品以外的其他资产。 3. 提供或接受劳务。 4. 担保。 5. 提供资金(贷款或股权投资)。 6. 租赁。 7. 代理。 8. 研究与开发项目的转移。 9. 许可协议。 10. 代表企业或由企业代表另一方进行债务结算。 11. 关键管理人员薪酬	财政部《企业会计准则第36号——关联方披露》第8条

二、上市公司关联交易合规要点

《公司法》(2023 修订)第 139 条规定,上市公司董事与董事会会议决议事项所涉及的企业或者个人有关联关系的,该董事应当及时向董事会书面报告。有关联关系的董事不得对该项决议行使表决权,也不得代理其他董事行使表决权。该董事会会议由过半数的无关联关系董事出席即可举行,董事会会议所作决议须经无关联关系董事过半数通过。出席董事会会议的无关联关系董事人数不足 3 人的,应当将该事项提交上市公司股东会审议。根据中国证监会发布的《监管规则适用指引——发行类第 4 号》(2023 年 2 月 17 日实施)第 4.11 条规定,关于关联交易,应当尊重企业合法合理、正常公允且确实有必要的经营行为,存在关联交易的,应就交易的合法性、必要性、合理性及公允性,以及关联方认定,关联交易履行的程序等事项,基于谨慎原则进行核查,同时请发行人予以充分信息披露,具体如下。

1. 关于关联方认定。发行人应当按照《公司法》、《企业会计准则》(已失效)和中国证监会、证券交易所的相关规定认定并披露关联方。

2. 关于关联交易的必要性、合理性和公允性。发行人应披露关联交易的交易内容、交易金额、交易背景以及相关交易与发行人主营业务之间的关系;还应结合可比市场公允价格、第三方市场价格、关联方与其他交易方的价格等,说明并摘要披露关联交易的公允性,是否存在对发行人或关联方的利益输送。

对于控股股东、实际控制人与发行人之间关联交易对应的营业收入、成本费用或利润总额占发行人相应指标的比例较高(如达到 30%)的,发行人应结合相关关联方的财务状况和经营情况、关联交易产生的营业收入、利润总额合理性等,充分说明并摘要披露关联交易是否影响发行人的经营独立性、是否构成对控股股东或实际控制人的依赖,是否存在通过关联交易调节发行人收入利润或成本费用、对发行人利益输送的情形;此外,发行人还应披露未来减少与控股股东、实际控制人发生关联交易的具体措施。

3. 关于关联交易的决策程序。发行人应当披露章程对关联交易决策程序的规定,已发生关联交易的决策过程是否与章程相符,关联股东或董事在审议相关交易时是否回避,以及独立董事和监事会成员是否发表不同意见等。

4. 关于关联方和关联交易的核查。保荐机构及发行人律师应对发行人的关联方认定，发行人关联交易信息披露的完整性，关联交易的必要性、合理性和公允性，关联交易是否影响发行人的独立性、是否可能对发行人产生重大不利影响，以及是否已履行关联交易决策程序等进行充分核查并发表意见。

三、金融控股公司关联交易管理合规要点

（一）金融控股公司的关联方

根据《金融控股公司关联交易管理办法》（中国人民银行令〔2023〕第1号）第6条规定，金融控股公司的关联方，是指与金融控股公司存在一方控制另一方，或对另一方施加重大影响，以及与金融控股公司同受一方控制或重大影响的自然人、法人、非法人组织或中国人民银行认定的其他主体等。金融控股公司的关联方包括股东类关联方、内部人关联方以及所有附属机构。具体见表3－5。

表3－5 《金融控股公司关联交易管理办法》第7～9条的关联方认定

关联方类型	认定规则
股东类关联方	1. 金融控股公司的控股股东、实际控制人及其一致行动人、受益所有人。 2. 金融控股公司的主要股东及其控股股东、实际控制人、一致行动人、受益所有人。 3. 第1、2项所列关联自然人的配偶、父母、成年子女及兄弟姐妹，以及所列关联法人或非法人组织的董事、监事、高级管理人员。 4. 第1项所列关联方控制或施加重大影响的法人或非法人组织，本条第2项所列关联方控制的法人或非法人组织，以及第1、2项所列关联自然人的配偶、父母、成年子女及兄弟姐妹控制的法人或非法人组织
内部人关联方	1. 金融控股公司的董事、监事、高级管理人员以及具有投融资等核心业务审批或决策权的人员。 2. 第1项所列关联方的配偶、父母、成年子女及兄弟姐妹。 3. 第1、2项所列关联方控制的法人或非法人组织
按照实质重于形式和穿透原则认定的关联方	1. 在过去12个月内或者根据相关协议安排在未来12个月内存在上述规定情形之一的。 2. 股东类关联方第1、2项以及内部人关联方第1项所列关联方的其他关系密切的家庭成员。 3. 股东类关联方第2项，以及内部人关联方第1项所列关联方可以施加重大影响的法人或非法人组织。

续表

关联方类型	认定规则
	4. 金融控股公司附属机构的重要关联方,即可能对金融控股集团经营产生重大影响的附属机构股东、董事、监事、高级管理人员、合营企业、联营企业以及其他可能导致利益不当转移的自然人、法人或非法人组织。 5. 对金融控股公司有影响,与金融控股公司或其附属机构发生或可能发生未遵守商业合理原则、有失公允的交易行为,并可以从交易中获得利益的自然人、法人或非法人组织

(二)关联交易的类型

金融控股公司及其附属机构应当按照实质重于形式和穿透原则,识别、认定、管理关联交易并计算关联交易金额。金融控股集团的关联交易,是指金融控股公司及附属机构与其关联方之间发生的转移资源、劳务或义务的行为。具体类型见表3－6。

表3－6　《金融控股公司关联交易管理办法》第14条的关联交易类型

交易类型	具体内容
投融资类	贷款(含贸易融资)、融资租赁、融资融券、买入返售、票据承兑和贴现、透支、债券投资、金融衍生品交易、特定目的载体投资、投资于关联方发行的金融产品且基础资产涉及其他关联方的交易、证券回购、拆借、开立信用证、保理、担保、保函、贷款承诺以及其他实质上由金融控股公司或其附属机构承担信用风险的业务,投资股权、不动产及其他资产,与关联方共同投资等
资产转移类	自用动产与不动产买卖,信贷资产及其收(受)益权买卖,抵债资产的接收和处置,其他出售资产交易等
提供服务类	征信、信用评级、资产评估、法律、审计、精算、咨询等服务;软件和信息技术服务、互联网数据服务;非金融机构支付服务;金融信息服务,包括但不限于客户信息共享、金融交易风险控制、金融决策分析;信息展示、销售推介、委托或受托销售;有价证券交易经纪服务和承销服务;自用动产与不动产租赁、其他租赁资产交易等
其他类型关联交易	存款、保险业务、投资于关联方发行的金融产品且基础资产不涉及其他关联方的交易以及按照实质重于形式原则认定的其他可能导致金融控股公司及其附属机构利益转移的事项

(三)内部管理制度

根据《金融控股公司关联交易管理办法》第17条规定,金融控股公司应当建立有效的关联交易管理制度,明确事前、事中、事后的全流程管控措施,降低关联交易的复杂程度,提升金融控股集团整体关联交易管理水平,确保金融控股集团各层面关联交易管理制度有效衔接。金融控股公司的关联交易管理制度包括但不限于:(1)管理架构和相应职责分工。(2)金融控股公司关联交易的管理流程、定价指引、限额管理、禁止行为、内部审计和责任追究等。(3)金融控股公司关联方的识别、报告、核验、信息收集与管理。(4)金融控股公司关联交易的发起、定价、审查、回避、报告和披露等。(5)指导和督促金融控股公司附属机构完善关联交易管理。(6)金融控股集团内部交易及其风险敞口的识别、评估和报告。(7)金融控股集团对外关联交易及其风险敞口的识别、评估和报告。(8)金融控股公司关联交易、金融控股公司附属机构关联交易、金融控股集团内部交易和对外关联交易可能产生的风险传染以及对金融控股集团经营稳健性影响的评估检查。

(四)关联交易的报告

金融控股公司应当真实、准确、完整、及时地报告并披露金融控股公司关联交易、金融控股集团内部交易和对外关联交易信息,不得存在任何虚假记载、误导性陈述或重大遗漏。董事会下设的关联交易管理委员会应当统筹管理关联交易信息报告和披露工作,提高金融控股公司关联交易、金融控股集团内部交易和对外关联交易的透明度。

1. 临时专项报告

金融控股公司应当在签订重大关联交易协议后 15 个工作日内逐笔向中国人民银行及其住所地分支机构报送有关情况,内容至少包括:(1)关联交易概述。(2)交易对手情况,包括关联自然人基本情况,关联法人或非法人组织的名称、经济性质或类型、主营业务或经营范围、法定代表人、住所地、注册资本及其变化,与金融控股公司存在的关联关系。(3)关联交易的具体情况,包括关联交易类型、穿透的交易架构图、交易目的、交易条件或对价、定价政策与依据、关联交易金额及相应比例等。(4)关联交易的风险提示,以及对财务状况、经营成果的影响。(5)交易协议,交易涉及的有关法律文件和审批文件,以及中介服务机构出具的专业报告(如有)。(6)股东(大)会、董事会决议,关联交易管理委员会的意见或决议情况,独立董事发表意见情况。

2. 季度报告

金融控股公司应当在每季度结束后 40 日内向中国人民银行及其住所地分

支机构报送关联交易整体情况，包括金融控股公司关联交易、金融控股集团内部交易和对外关联交易的交易类型、交易金额、限额管理情况、交易评估、分析评估报告等。

3. 年度评估报告

金融控股公司关联交易、金融控股集团内部交易和对外关联交易的年度评估报告应当提交董事会批准。金融控股公司董事会应当每年向股东（大）会就金融控股公司关联交易、金融控股集团内部交易和对外关联交易整体情况作出专项报告，并向中国人民银行及其住所地分支机构报送。

（五）关联交易的披露

金融控股公司应当在公司年报中披露当年金融控股公司关联交易的总体情况。金融控股公司应当在签订关联交易协议后 15 个工作日内在公司网站逐笔披露《金融控股公司关联交易管理办法》第 37 条规定须逐笔报告的重大关联交易。一般关联交易应当在每季度结束后 40 日内按照关联方和交易类型在公司网站合并披露。金融控股公司应当在每季度结束后 40 日内在公司网站披露本季度金融控股集团内部交易和对外关联交易的定性与定量信息，并在公司年报中作出专项说明，提高金融控股集团运作的透明度。金融控股公司的关联交易、金融控股集团内部交易和对外关联交易信息涉及国家秘密、商业秘密或者国务院金融管理部门认可的其他情形，金融控股公司可以向中国人民银行申请豁免按照《金融控股公司关联交易管理办法》披露或履行相关义务。

四、关联交易管理的合规建议

对于规范管理企业的关联交易，企业应建立完善的关联交易管理制度，完善公司的治理结构，建立“三会一层”的管理和决策机构，赋予不同层级相应的决策权限，并要求相关人员承诺避免管理交易的承诺，如资金拆借或挪用资金等。对于已经发生的资金拆借情况，应注意调查是否有约定合理的资金使用成本，以及该交易是否存在损害企业利益的情形。关联交易既然不可避免，那么为了防止损害中小股东的利益，就应当对关联交易进行规范管理：

1. 关联交易的真实性。真实的关联交易应有真实交易动机，且符合营业常规。虚假的关联交易不仅背离公司利益，也常常隐藏着违规、违法等因素。比如有些公司虚构并不存在的交易来转移收入和分摊费用，或者通过互拆借资金的方式调解利息费用。这种行为一旦被发现，企业就会面临处罚，公司的信用也会受到影响。因而,公司应关注关联交易的真实性。

2. 注重关联交易的披露。关联交易的存在已不是关注的重点,对关联交易的及时、深入、完全、准确的披露已成为公众投资者关注的焦点和监管部门的工作重点。公司只有坚持披露重于存在的原则,才能使公司更稳健地运行。

3. 关联交易认定与处理原则。尽量避免或减少与关联方之间的关联交易;确定关联交易价格时,应遵循"自愿、平等、诚实信用以及等价有偿"的原则,并以书面协议方式予以确定;关联董事和关联股东回避表决;必要时聘请独立财务顾问或专业评估机构发表意见和报告。

4. 关联交易的股东会表决程序。(1)所有提交股东会审议的议案,应当先由董事会进行关联交易的审查。(2)股东会审议有关关联交易事项时,关联股东可以参加涉及自己的关联交易的审议,并可就该关联交易是否公平、合法以及产生的原因向股东会作出解释和说明,但该股东不应当就该事项参与投票表决,其所代表的有表决权的股份数不计入有效表决总数;股东会决议的公告应当充分披露非关联股东的表决情况。关联股东应提出回避申请,其他股东也有权提出回避。(3)股东会会议所作决议须经出席会议的无关联关系股东所持有效表决权过半数通过。

5. 关联交易的董事会表决程序。(1)对于不需要提交股东会审议由董事会审议的议案,召开董事会时,有关联关系的董事应当尽快向董事会披露其关联关系的性质和程度,并在对相关议案进行审议时回避表决。(2)董事会在审议相关关联事项时,有关联关系的董事应自行回避,董事会也有权通知其回避,不得对该项决议行使表决权,也不得代理其他董事行使表决权。应予回避的关联董事可以参加审议涉及自己的关联交易,并可就该关联交易是否公平、合法及产生的原因等向董事会作出解释和说明,但该董事无权就该事项参与表决。(3)该董事会会议由过半数的无关联关系董事出席即可举行,董事会会议所作决议须经无关联关系董事过半数通过。出席董事会的无关联董事人数不足3人的,应将该事项提交股东会审议。

法条链接

《中华人民共和国公司法》(2023 修订)

第一百三十九条　上市公司董事与董事会会议决议事项所涉及的企业或者个人有关联关系的,该董事应当及时向董事会书面报告。有关联关系的董事不得对该项决议行使表决权,也不得代理其他董事行使表决权。该董事会会议由过半数的无关联关系董事出席即可举行，董事会会议所作决议须经无关联关系董事过半数通过。出席董事会会议的无关联关系董事人数不足三人的，应当将该事项提交上市公司股东会审议。

第一百八十二条　董事、监事、高级管理人员，直接或者间接与本公司订立合同或者进行交易，应当就与订立合同或者进行交易有关的事项向董事会或者股东会报告，并按照公司章程的规定经董事会或者股东会决议通过。

董事、监事、高级管理人员的近亲属，董事、监事、高级管理人员或者其近亲属直接或者间接控制的企业，以及与董事、监事、高级管理人员有其他关联关系的关联人，与公司订立合同或者进行交易，适用前款规定。

第一百八十五条　董事会对本法第一百八十二条至第一百八十四条规定的事项决议时，关联董事不得参与表决，其表决权不计入表决权总数。出席董事会会议的无关联关系董事人数不足三人的，应当将该事项提交股东会审议。

案例：关联交易损害公司利益，进一步损害了债权人利益承担赔偿责任。［最高人民法院（2014）民提字第111号——广州紫云山庄房地产有限公司、中国一拖集团有限公司等保证合同纠纷申请再审］

罗兰德公司（实际控制人为于某轩、樊某朝）与香港国际公司（实际控制人为于某轩）设立紫云山庄公司。2004年，一拖集团公司为建业公司的1.5亿元贷款提供担保，罗兰德公司提供反担保。一拖集团公司如约履行了担保责任，但直至2007年，罗兰德公司仍有93,138,320元反担保责任未履行。2005年1月，罗兰德公司与香港国际公司将持有的紫云山庄公司的全部股权转让给于某轩，于某轩成为紫云山庄公司的唯一股东。2005年3月至2006年11月，罗兰德公司将7块土地的使用权转让给紫云山庄公司，但紫云山庄公司不能提供相关银行付款凭证证明其已付款。一拖集团公司认为上述罗兰德公司将土地使用权转让给紫云山庄公司的行为，构成关联公司间的不当交易，系罗兰德公司为逃避债务而转移公司资产。一拖集团公司遂起诉至法院，请求判令罗兰德公司和紫云山庄公司连带偿还93,138,320元。法院认为，本案系公司的股东利用与关联公司的不当交易，转移公司资产，逃避债务进而引发的争议。争议的焦点在于案涉交易是否构成不当关联交易，以及紫云山庄公司是否应承担相应的赔偿责任。

1.关于案涉土地使用权转让是否为关联交易的问题。自紫云山庄公司成立起，至2005年1月罗兰德公司和香港国际公司将紫云山庄公司股权转让给于某轩之前，罗兰德公司被樊某朝、于某轩通过香港德奥投资有限公司间接控制，紫云山庄公司为樊某朝、于某轩通过罗兰德公司和香港国际公司间接控制。此后，在2007年7月20日广东省增城市新塘管委会同意延期办理紫云山庄公司股权变更手续之前，罗兰德公司仍处于于某轩、樊某朝间接控制之下，紫云山庄公司则为于某轩所控制。紫云山庄公司主张1992年的香港律师说明书不能证明2005年到2006年香港德奥投资有限公司的董事仍然是樊某朝和于某轩，但并无证据予以反证。此外，2006年1月24日，樊某朝与于某轩签署《约定》，约定双方在处理罗兰德公司资产时必须与紫云山庄公司项下资产捆绑共同整体转让。在2006年9月至2007年3月，罗兰德公司与紫云山庄公司法定代表人均为于某轩。而本案实际履行的土地转让协议订立于2006年5月30日，有关发票开具于2007年3月至2007年6月期间。上述事实表明，在案涉土地使用权转让期间内，紫云山庄公司与罗兰德公司存在共同被控制的关系，其相互之间的交易可能导致公司利益转移。根据《公司法》(2013修正)第216条第4项关于"关联关系，是指公司控股股东、实际控制人、董事、监事、高级管理人员与其直接或者间接控制的企业之间的关系，以及可能导致公司利益转移的其他关系"的规定，原审法院认定罗兰德公司和紫云山庄公司之间具有关联关系，案涉土地使用权转让为关联交易并无不妥。

2.关于案涉关联交易是否存有不当的问题。由于双方明确约定在紫云山庄公司回购有关债权的前提下，转让总价为人民币7200万元整，故对紫云山庄公司关于该回购价款5500万元应当冲抵尚未支付的土地使用权转让价款的主张，法院不予支持。紫云山庄公司主张其代罗兰德公司偿付的其他债务应冲抵土地使用权转让价款，但并无相关证据证明，法院不予支持。该协议的补充协议中约定增加的价款系为调高容积率而约定，而罗兰德公司并未负责落实调高容积率，亦未证明其补缴了土地使用权出让款，故原审法院将该款项计入转让价款不妥，法院予以纠正。综上，紫云山庄公司还应当向罗兰德公司支付土地使用权转让款61,683,474.07元(7200万元应付转让价款减去紫云山庄公司已经支付的700万元及3,316,525.93元)。对此，紫云山庄公司不能提供相关银行凭证证明其已经付款。但罗兰德公司向紫云山庄公司开具了金额高达3亿余元的相关发票，双方并签署了内容为罗兰德公司收到紫云山庄公司支付3亿余元土地使用权转让款的确认书，虚构紫云山庄公司已经全部履行付款义务的事实。上述事实表明，案涉土地使用权交易构成不当关联交易，损害了罗兰德公司的利益，并且在罗兰德公司不能履行到期债务的情况下，也损害了该公司债权人中国一拖集团有限公司的合法权益。

3. 关于紫云山庄公司应否承担相应赔偿责任的问题。根据原《侵权责任法》第8条关于“二人以上共同实施侵权行为，造成他人损害的，应当承担连带责任”的规定，以及该法第13条关于“法律规定承担连带责任的，被侵权人有权请求部分或者全部连带责任人承担责任”的规定，紫云山庄公司应当在前述其虚构已付但实际并未支付的款项范围内承担连带责任。

第四节　公众公司信息披露制度

信息披露制度也称公示制度、公开披露制度，是指上市公司为保障投资者利益接受社会公众的监督而依照法律规定将其自身的财务变化、经营状况等信息和资料向证券管理部门和证券交易所报告，并向社会公开或公告，以便使投资者充分了解情况的制度。

在法制健全的证券市场上，上市公司披露的信息是上市公司与投资者、市场监管者的主要交流渠道，投资者鉴别公司质量的唯一手段是阅读公司的信息披露文件，以此可全面如实地了解公司的生产经营情况和财务状况，并作出正确选择。如果信息披露不及时、不全面或不真实，就可能对投资者形成欺诈或误导，损害投资者的利益。因此，充分、及时而有效的信息披露制度是证券市场规范发展的可靠保证。上市公司信息披露制度是世界各国对其上市公司进行规范和管理的最主要的制度之一，这也是上市公司区别于非上市公司的一个最主要特点。

信息披露的方式包括强制性信息披露（mandatory information disclosure）和自愿性信息披露（voluntary information disclosure）。强制性信息披露，是指由相关法律、法规和章程所明确规定的公司必须披露信息的一种基本信息披露制度。强制性信息披露的内容一般包括公司概况及主营业务信息、基本财务信息、重大关联交易信息、审计意见、股东及董事人员信息等基本信息内容。自愿性信息披露，是指除强制性披露的信息之外，基于维护投资者关系、降低资本成本、提高对投资者的吸引力、提升股票价格、回避诉讼风险等动机，公司主动披露信息的行为。其披露内容如管理者对公司长期战略及竞争优势的评价、环境保护和社区责任、公司实际运作数据、前瞻性预测信息、公司治理效果等；管理人员自主性是自愿性信息披露制度的最大特点。

《公司法》(2023修订)第140条规定，上市公司应当依法披露股东、实际控制人的信息，相关信息应当真实、准确、完整。《上市公司信息披露管理办法》(2021修订)第5条规定，除依法需要披露的信息之外，信息披露义务人可以自愿披露与投资者作出价值判断和投资决策有关的信息，但不得与依法披露的信息相冲突，不得误导投资者；信息披露义务人自愿披露的信息应当真实、准确、完整；自愿性信息披露应当遵守公平原则，保持信息披露的持续性和一致性，不得进行选择性披露；信息披露义务人不得利用自愿披露的信息不当影响公司证券及其衍生品种交易价格，不得利用自愿性信息披露从事市场操纵等违法违规行为。《上市公司治理准则》(2018修订)第91条鼓励上市公司除依照强制性规定披露信息外，自愿披露可能对股东和其他利益相关者决策产生影响的信息。自愿性信息披露应当遵守公平原则，保持信息披露的持续性和一致性，不得进行选择性披露，不得利用自愿性信息披露从事市场操纵、内幕交易或者其他违法违规行为，不得违反公序良俗、损害社会公共利益。自愿披露具有一定预测性质信息的，应当明确预测的依据，并提示可能出现的不确定性和风险。《非上市公众公司信息披露管理办法》(2021第二次修正)第9条规定，除依法或者按照该办法及有关自律规则需要披露的信息外，挂牌公司可以自愿披露与投资者作出价值判断和投资决策有关的信息，但不得与依法或者按照该办法及有关自律规则披露的信息相冲突，不得误导投资者。挂牌公司应当保持信息披露的持续性和一致性，避免选择性披露，不得利用自愿披露信息不当影响公司股票及其他证券品种交易价格。自愿披露具有一定预测性质信息的，应当明确预测的依据，并提示可能出现的不确定性和风险。

一、信息披露的原则

《上市公司治理准则》(2018修订)第88条规定，上市公司应当建立并执行信息披露事务管理制度。上市公司及其他信息披露义务人应当严格依照法律法规、自律规则和公司章程的规定，真实、准确、完整、及时、公平地披露信息，不得有虚假记载、误导性陈述、重大遗漏或者其他不正当披露。信息披露事项涉及国家秘密、商业机密的，依照相关规定办理。所以，我国的信息披露的基本原则包括真实、准确、完整、及时和公平5个方面的内容。

（一）真实性原则

真实性是信息披露的首要原则，真实性要求发行人披露的信息必须是客观真实的，而且披露的信息必须与客观发生的事实相一致，发行人要确保所披露的重要事件和财务会计资料有充分的依据。

（二）完整性原则

完整性原则又称充分性原则，要求所披露的信息在数量上和性质上能够保证投资者形成足够的投资判断意识。

（三）准确性原则

准确性原则要求发行人披露信息必须准确表达其含义，所引用的财务报告、盈利预测报告应由具有证券期货相关业务资格的会计师事务所审计或审核，引用的数据应当提供资料来源，事实应充分、客观、公正，信息披露文件不得刊载任何有祝贺性、广告性和恭维性的词句。

（四）及时原则

及时原则又称时效性原则，包括两个方面：一是定期报告的法定期间不能超越；二是重要事实的及时报告制度，即当原有信息发生实质性变化时，信息披露责任主体应及时更改和补充，使投资者获得当前真实有效的信息。任何信息都存在时效性问题，不同的信息披露遵循不同的时间规则。《上市公司信息披露管理办法》（2021 修订）第 62 条第 3 款规定，及时是指自起算日起或者触及披露时点的两个交易日内。

（五）公平原则

应当同时向所有投资者公开披露重大信息，确保所有投资者可以平等获得同一信息，不得私下向特定对象单独披露、泄露或透露信息。

二、上市公司虚假陈述法律责任

案例：2021 年 11 月 12 日，广州市中级人民法院责令康美药业股份有限公司（以下简称康美药业，股票代码 600518. SH，现 * ST 康美）因虚假陈述侵权赔偿证券投资者损失 24.59 亿元。该案被告一共 21 名。其中，康美药业作为上市公司，将承担 24.59 亿元的全额赔偿责任；而康美药业实际控制人马某某夫妇及时任康美药业副总经理、董事长秘书的邱某某、财务总监庄某某等 6 人因组织策划实施财务造假，属故意行为，也被判承担 100% 的连带赔偿责任；另有 13 名责任人按过错程度分别承担 20%、10%、5% 的连带赔偿责任。除此之外，被判承担100%连带赔偿责任的还有某会计师事务所，以及某会计师事务所合伙人、签字会计师杨某某。

（一）关于虚假陈述的概念

根据《最高人民法院关于审理证券市场虚假陈述侵权民事赔偿案件的若干规定》（法释〔2022〕2号）第4条的规定，信息披露义务人违反法律、行政法规、监管部门制定的规章和规范性文件关于信息披露的规定，在披露的信息中存在虚假记载、误导性陈述或者重大遗漏的，人民法院应当认定为虚假陈述。虚假记载，是指信息披露义务人披露的信息中对相关财务数据进行重大不实记载，或者对其他重要信息作出与真实情况不符的描述。误导性陈述，是指信息披露义务人披露的信息隐瞒了与之相关的部分重要事实，或者未及时披露相关更正、确认信息，致使已经披露的信息因不完整、不准确而具有误导性。重大遗漏，是指信息披露义务人违反关于信息披露的规定，对重大事件或者重要事项等应当披露的信息未予披露。

法条链接

《全国法院民商事审判工作会议纪要》（法〔2019〕254号）

85.【重大性要件的认定】审判实践中，部分人民法院对重大性要件和信赖要件存在着混淆认识，以行政处罚认定的信息披露违法行为对投资者的交易决定没有影响为由否定违法行为的重大性，应当引起注意。重大性是指可能对投资者进行投资决策具有重要影响的信息，虚假陈述已经被监管部门行政处罚的，应当认为是具有重大性的违法行为。在案件审理过程中，对于一方提出的监管部门作出处罚决定的行为不具有重大性的抗辩，人民法院不予支持，同时应当向其释明，该抗辩并非民商事案件的审理范围，应当通过行政复议、行政诉讼加以解决。

（二）责任主体

根据《最高人民法院关于审理证券市场虚假陈述侵权民事赔偿案件的若干规定》（法释〔2022〕2号）的相关规定，虚假陈述的责任主体及其责任情形涉及范围较广内容较多，具体如表3-7所示。

表3－7　虚假陈述的责任主体

责任主体	责任情形
发行人的董事（含独立董事）、监事、高级管理人员和其他直接责任人员	1. 主张对虚假陈述没有过错的，人民法院应当根据其工作岗位和职责、在信息披露资料的形成和发布等活动中所起的作用、取得和了解相关信息的渠道、为核验相关信息所采取的措施等实际情况进行审查认定。 2. 不能提供勤勉尽责的相应证据，仅以其不从事日常经营管理、无相关职业背景和专业知识、相信发行人或者管理层提供的资料、相信证券服务机构出具的专业意见等理由主张其没有过错的，人民法院不予支持
发行人、发行人的控股股东、实际控制人	组织、指使发行人实施虚假陈述，致使投资人在证券交易中遭受损失的承担赔偿责任
保荐机构、承销机构等机构及其直接责任人员	提交的尽职调查工作底稿、尽职调查报告、内部审核意见等证据能够证明没有过错的，符合法定条件的可以免责： 1. 已经按照法律、行政法规、监管部门制定的规章和规范性文件、相关行业执业规范的要求，对信息披露文件中的相关内容进行了审慎尽职调查。 2. 对信息披露文件中没有证券服务机构专业意见支持的重要内容，经过审慎尽职调查和独立判断，有合理理由相信该部分内容与真实情况相符。 3. 对信息披露文件中证券服务机构出具专业意见的重要内容，经过审慎核查和必要的调查、复核，有合理理由排除了职业怀疑并形成合理信赖
会计师事务所、律师事务所、资信评级机构、资产评估机构、财务顾问等证券服务机构	1. 证券服务机构制作、出具的文件存在虚假陈述的，人民法院应当按照法律、行政法规、监管部门制定的规章和规范性文件，参考行业执业规范规定的工作范围和程序要求等内容，结合其核查、验证工作底稿等相关证据，认定其是否存在过错。 2. 证券服务机构的责任限于其工作范围和专业领域。证券服务机构依赖保荐机构或者其他证券服务机构的基础工作或者专业意见致使其出具的专业意见存在虚假陈述，能够证明其对所依赖的基础工作或者专业意见经过审慎核查和必要的调查、复核，排除了职业怀疑并形成合理信赖的，人民法院应当认定其没有过错
公司重大资产重组的交易对方	所提供的信息不符合真实、准确、完整的要求，导致公司披露的相关信息存在虚假陈述的承担赔偿责任
发行人的供应商、客户，以及为发行人提供服务的金融机构等	明知发行人实施财务造假活动，仍然为其提供相关交易合同、发票、存款证明等予以配合，或者故意隐瞒重要事实致使发行人的信息披露文件存在虚假陈述的承担赔偿责任

（三）重大性及交易因果关系

1. 关于重大性的认定

虚假陈述的内容具有重大性包括：（1）虚假陈述的内容属于《证券法》第 80 条第 2 款、第 81 条第 2 款规定的情形；（2）虚假陈述的内容属于监管部门制定的规章和规范性文件中要求披露的重大事件或者重要事项；（3）虚假陈述的实施、揭露或者更正导致相关证券的交易价格或者交易量产生明显的变化。但是，虚假陈述并未导致相关证券交易价格或者交易量明显变化的，应当认定虚假陈述的内容不具有重大性。

法条链接

《中华人民共和国证券法》（2019 修订）

第八十条　发生可能对上市公司、股票在国务院批准的其他全国性证券交易场所交易的公司的股票交易价格产生较大影响的重大事件，投资者尚未得知时，公司应当立即将有关该重大事件的情况向国务院证券监督管理机构和证券交易场所报送临时报告，并予公告，说明事件的起因、目前的状态和可能产生的法律后果。

前款所称重大事件包括：

（一）公司的经营方针和经营范围的重大变化；

（二）公司的重大投资行为，公司在一年内购买、出售重大资产超过公司资产总额百分之三十，或者公司营业用主要资产的抵押、质押、出售或者报废一次超过该资产的百分之三十；

（三）公司订立重要合同、提供重大担保或者从事关联交易，可能对公司的资产、负债、权益和经营成果产生重要影响；

（四）公司发生重大债务和未能清偿到期重大债务的违约情况；

（五）公司发生重大亏损或者重大损失；

（六）公司生产经营的外部条件发生的重大变化；

（七）公司的董事、三分之一以上监事或者经理发生变动，董事长或者经理无法履行职责；

（八）持有公司百分之五以上股份的股东或者实际控制人持有股份或者控制公司的情况发生较大变化，公司的实际控制人及其控制的其他企业从事与公司相同或者相似业务的情况发生较大变化；

（九）公司分配股利、增资的计划，公司股权结构的重要变化，公司减资、合并、分立、解散及申请破产的决定，或者依法进入破产程序、被责令关闭；

（十）涉及公司的重大诉讼、仲裁，股东大会、董事会决议被依法撤销或者宣告无效；

（十一）公司涉嫌犯罪被依法立案调查，公司的控股股东、实际控制人、董事、监事、高级管理人员涉嫌犯罪被依法采取强制措施；

（十二）国务院证券监督管理机构规定的其他事项。

公司的控股股东或者实际控制人对重大事件的发生、进展产生较大影响的，应当及时将其知悉的有关情况书面告知公司，并配合公司履行信息披露义务。

第八十一条　发生可能对上市交易公司债券的交易价格产生较大影响的重大事件，投资者尚未得知时，公司应当立即将有关该重大事件的情况向国务院证券监督管理机构和证券交易场所报送临时报告，并予公告，说明事件的起因、目前的状态和可能产生的法律后果。

前款所称重大事件包括：

（一）公司股权结构或者生产经营状况发生重大变化；

（二）公司债券信用评级发生变化；

（三）公司重大资产抵押、质押、出售、转让、报废；

（四）公司发生未能清偿到期债务的情况；

（五）公司新增借款或者对外提供担保超过上年末净资产的百分之二十；

（六）公司放弃债权或者财产超过上年末净资产的百分之十；

（七）公司发生超过上年末净资产百分之十的重大损失；

（八）公司分配股利，作出减资、合并、分立、解散及申请破产的决定，或者依法进入破产程序、被责令关闭；

（九）涉及公司的重大诉讼、仲裁；

（十）公司涉嫌犯罪被依法立案调查，公司的控股股东、实际控制人、董事、监事、高级管理人员涉嫌犯罪被依法采取强制措施；

（十一）国务院证券监督管理机构规定的其他事项。

2. 投资决定与虚假陈述之间的交易因果关系

投资决定与虚假陈述之间的交易因果关系成立三要件：一是信息披露义务人实施了虚假陈述；二是投资人交易的是与虚假陈述直接关联的证券；三是投资人在虚假陈述实施日之后、揭露日或更正日之前实施了相应的交易行为，即在诱多型虚假陈述中买入了相关证券，或者在诱空型虚假陈述中卖出了相关证券。若发行人能够证明以下情形的，则交易因果关系不成立：(1)投资人的交易行为发生在虚假陈述实施前，或者是在揭露或更正之后；(2)投资人在交易时知道或者应当知道存在虚假陈述，或者虚假陈述已经被证券市场广泛知悉；(3)投资人的交易行为是受到虚假陈述实施后发生的上市公司的收购、重大资产重组等其他重大事件的影响；(4)投资人的交易行为构成内幕交易、操纵证券市场等证券违法行为的；(5)投资人的交易行为与虚假陈述不具有交易因果关系的其他情形。

（四）虚假陈述侵权案件诉讼几个要点

虚假陈述民事赔偿案件，是指证券市场上证券信息披露义务人违反《证券法》规定的信息披露义务，在提交或公布的信息披露文件中作出违背事实真相的陈述或记载，侵犯了投资者合法权益而发生的民事侵权索赔案件。

1. 人民法院受理前提：若人民法院受理虚假陈述民事赔偿案件，相关虚假陈述行为须经中国证监会及其派出机构调查并作出生效处罚决定。当事人将查处结果作为提起民事诉讼事实依据的，人民法院方予依法受理。

2. 诉讼时效：按照《民法典》的最新规定，虚假陈述民事赔偿案件的诉讼时效为3年，从中国证监会及其派出机构对虚假陈述行为作出处罚决定之日起计算。

3. 代表诉讼：投资者提起虚假陈述等证券民事赔偿诉讼时，诉讼标的是同一种类，且当事人一方人数众多的，可以依法推选代表人进行诉讼。按照上述规定提起的诉讼，可能存在相同诉讼请求的其他众多投资者的，人民法院可以发出公告，说明该诉讼请求的案件情况，通知投资者在一定期间向人民法院登记。人民法院作出的判决、裁定，对参加登记的投资者发生效力。投资者保护机构受50名以上投资者委托，可以作为代表人参加诉讼，并为经证券登记结算机构确认的权利人依照上述规定向人民法院登记，但投资者明确表示不愿意参加该诉讼的除外。

4. 关于管辖：各直辖市、省会市、计划单列市或经济特区中级人民法院为一审管辖法院；地域管辖采用原告就被告原则，统一规定为：(1)对含有上市公司的被告提起的民事诉讼，由上市公司所在直辖市、省会市、计划单列市或经济特区中级人民法院管辖。(2)对以机构（作出虚假陈述的证券公司、中介服务机构等，下同）和自然人为共同被告提起的民事诉讼，由机构所在直辖市、省会市、计划单列市或经济特区中级人民法院管辖。(3)对以数个机构为共同被告提起的民事诉讼,原告可以选择向其中一个机构所在直辖市、省会市、计划单列市或经济特区中级人民法院提起民事诉讼。原告向两个以上中级人民法院提起民事诉讼的,由最先立案的中级人民法院管辖。

5. 关于揭露日与更正日:虚假陈述揭露日,是指虚假陈述在全国范围发行或者播放的报刊、电台、电视台等媒体上,首次被公开揭露之日。虚假陈述更正日,是指信息披露义务人在证券交易场所网站或者符合监管部门规定条件的媒体上,自行更正虚假陈述之日。

法条链接

《全国法院民商事审判工作会议纪要》(法〔2019〕254 号)

84.【揭露日和更正日的认定】虚假陈述的揭露和更正,是指虚假陈述被市场所知悉、了解,其精确程度并不以“镜像规则”为必要,不要求达到全面、完整、准确的程度。原则上,只要交易市场对监管部门立案调查、权威媒体刊载的揭露文章等信息存在着明显的反应,对一方主张市场已经知悉虚假陈述的抗辩,人民法院依法予以支持。

《最高人民法院关于审理证券市场虚假陈述侵权民事赔偿案件的若干规定》(法释〔2022〕2 号)

第八条　虚假陈述揭露日,是指虚假陈述在具有全国性影响的报刊、电台、电视台或监管部门网站、交易场所网站、主要门户网站、行业知名的自媒体等媒体上,首次被公开揭露并为证券市场知悉之日。

人民法院应当根据公开交易市场对相关信息的反应等证据,判断投资者是否知悉了虚假陈述。

除当事人有相反证据足以反驳外,下列日期应当认定为揭露日:

(一)监管部门以涉嫌信息披露违法为由对信息披露义务人立案调查的信息公开之日;

(二)证券交易场所等自律管理组织因虚假陈述对信息披露义务人等责任主体采取自律管理措施的信息公布之日。

信息披露义务人实施的虚假陈述呈连续状态的,以首次被公开揭露并为证券市场知悉之日为揭露日。信息披露义务人实施多个相互独立的虚假陈述的,人民法院应当分别认定其揭露日。

第九条　虚假陈述更正日,是指信息披露义务人在证券交易场所网站或者符合监管部门规定条件的媒体上，自行更正虚假陈述之日。

6. 关于损失认定：虚假陈述行为人在证券发行市场虚假陈述，导致投资人损失的，投资人有权要求虚假陈述行为人赔偿损失；导致证券被停止发行的，投资人有权要求返还和赔偿所缴股款及银行同期活期存款利率的利息。(1)投资人实际损失范围：①投资差额损失；②投资差额损失部分的佣金和印花税。(2)投资差额损失计算方法：在采用集中竞价的交易市场中，原告因虚假陈述买入相关股票所造成的投资差额损失，按照下列方法计算：①原告在实施日之后、揭露日或更正日之前买入，在揭露日或更正日之后、基准日之前卖出的股票，按买入股票的平均价格与卖出股票的平均价格之间的差额，乘以已卖出的股票数量；②原告在实施日之后、揭露日或更正日之前买入，基准日之前未卖出的股票，按买入股票的平均价格与基准价格之间的差额，乘以未卖出的股票数量。在采用集中竞价的交易市场中，原告因虚假陈述卖出相关股票所造成的投资差额损失，按照下列方法计算：①原告在实施日之后、揭露日或更正日之前卖出，在揭露日或更正日之后、基准日之前买回的股票，按买回股票的平均价格与卖出股票的平均价格之间的差额，乘以买回的股票数量；②原告在实施日之后、揭露日或更正日之前卖出，基准日之前未买回的股票，按基准价格与卖出股票的平均价格之间的差额，乘以未买回的股票数量。(3)投资差额损失计算的基准日，是指虚假陈述揭露或者更正后，为将投资人应获赔偿限定在虚假陈述所造成的损失范围内，确定损失计算的合理期间而规定的截止日期。基准日分别按下列情况确定：①在采用集中竞价的交易市场中，自揭露日或更正日起，被虚假陈述影响的证券集中交易累计成交量达到可流通部分 100% 之日为基准日。②自揭露日或更正日起，集中交易累计换手率在 10 个交易日内达到可流通部分 100% 的，以第 10 个交易日为基准日；在 30 个交易日内未达到可流通部分 100% 的，以第 30 个交易日为基准日。(4)基准价格：虚假陈述揭露日或更正日起至基准日期间每个交易日收盘价的平均价格，为损失计算的基准价格。无法依前款规定确定基准价格的，人民法院可以根据有专门知识的人的专业意见，参考对相关行业进行投资时的通常估值方法，确定基准价格。(5)已经除权的证券，计算投资差额损失时，证券价格和证券数量应当复权计算。

(五)虚假陈述的行政处罚

根据《证券法》(2019 修订)第 193 条规定，违反该法第 56 条第 1 款、第 3 款的规定，编造、传播虚假信息或者误导性信息，扰乱证券市场的，没收违法所得，并处以违法所得1倍以上10倍以下的罚款；没有违法所得或者违法所得不足20万元的，处以20万元以上200万元以下的罚款。违反该法第56条第2款的规定，在证券交易活动中作出虚假陈述或者信息误导的，责令改正，处以20万元以上200万元以下的罚款；属于国家工作人员的，还应当依法给予处分。传播媒介及其从事证券市场信息报道的工作人员违反该法第56条第3款的规定，从事与其工作职责发生利益冲突的证券买卖的，没收违法所得，并处以买卖证券等值以下的罚款。

案例：欣泰电气虚假陈述承担赔偿责任。［福州市中级人民法院（2017）闽01民初462号］

2014年1月15日，欣泰电气股份有限公司（以下简称欣泰电气）在指定媒体刊登《首次公开发行股票并在创业板上市招股说明书》，某某证券股份有限公司（以下简称某某证券）系欣泰电气上市的推荐人和证券承销商。2015年7月15日，欣泰电气发布《关于收到中国证券监督管理委员会立案调查通知书的公告（更正版）》，称公司因涉嫌违反证券法律法规，于2015年7月14日收到中国证监会的《调查通知书》。2015年11月27日，欣泰电气发布《关于对以前年度重大会计差错更正与追溯调整的公告》，称公司2011～2014年存在虚构收回应收账款并于下一会计期初转出资金、转回应收账款情况，导致公司少计提应收账款坏账准备，相关财务报表项目列示不准确，不符合《企业会计准则》的规定，并对相关差错予以更正。2015年12月10日，欣泰电气发布《关于2015年半年度财务报告会计差错更正的公告》，对公司2015年上半年度财务报告会计差错予以更正。2016年6月2日，欣泰电气发布《关于收到中国证券监督管理委员会〈行政处罚和市场禁入事先告知书〉的公告》。2016年7月8日，欣泰电气发布《关于收到中国证券监督管理委员会〈行政处罚决定书〉及〈市场禁入决定书〉》的公告，行政处罚决定书及市场禁入决定书认定欣泰电气存在的违法事实有：(1)首次公开发行股票并在创业板上市申请文件中相关财务数据存在虚假记载。(2)上市后披露的定期报告中存在虚假记载和重大遗漏。2016年7月9日，某某证券发布《关于拟设立欣泰电气欺诈发行先行赔付专项基金情况的公告》，该公告说明事项第2、3项载明虚假陈述揭露日为欣泰电气发布被立案调查公告、暂停上市风险提示公告之日；虚假陈述更正日为欣泰电气发布欺诈发行相关会计差错更正公告之日。但该公告文末载明“先行赔付专项基金成立时，将在基金设立公告中公布正式赔付方案”。2016年7月28日，某某证券发布《关于收到〈行政处罚决定书〉的公告》，行政处罚决定书认定某某证券的违法事实有：在推荐欣泰电气申请首次公开发行股票并在创业板上市过程中，未遵守业务规则和行业规范，未勤勉尽责地对欣泰电气首次公开发行股票申请文件进行审慎核查，其出具的保荐书和《关于欣泰电气2012年度财务报告专项检查自查工作报告》存在虚假记载；在欣泰电气公开发行股票过程中，其作为主承销商，未审慎核查公开发行募集文件的真实性和准确性，未发现招股意向书、招股说明书中的财务数据存在虚假记载。2017年6月9日，某某证券发布《关于设立欣泰电气欺诈发行先行赔付专项基金的公告》。

法院生效判决认为：从中国证监会针对欣泰电气以及相关责任人员作出的行政处罚决定书、市场禁入决定书以及对被告某某证券作出的行政处罚决定书可见，欣泰电气在申请首次公开发行股票并在创业板上市的过程中，在会计周期期末以借款等方式虚构应收账款的收回、冲减应收账款，又在下一会计周期期初将应收账款冲回，从而导致其向中国证监会报送的首次公开发行股票申请文件以及公开发行的募集文件中的相关财务数据存在虚假记载，依照《证券法》关于公司公告的股票或者公司债券的发行和上市文件，必须真实、准确、完整，不得有虚假记载、误导性陈述或者重大遗漏的规定以及《关于审理证券市场因虚假陈述引发的民事赔偿案件的若干规定》第17条关于"证券市场虚假陈述，是指信息披露义务人违反证券法律规定，在证券发行或者交易过程中，对重大事件作出违背事实真相的虚假记载、误导性陈述，或者在披露信息时发生重大遗漏、不正当披露信息的行为"的规定，其行为构成虚假陈述。被告某某证券作为欣泰电气的上市推荐人和证券承销商，未遵守业务规则和行业规范，未勤勉尽责地对欣泰电气的上述文件进行审慎核查，存在过错，依照《关于审理证券市场因虚假陈述引发的民事赔偿案件的若干规定》第23条第1款"证券承销商、证券上市推荐人对虚假陈述给投资人造成的损失承担赔偿责任。但有证据证明无过错的，应予免责"的规定，对于原告黄某嵩因该虚假陈述而遭受的投资损失，某某证券应承担赔偿责任。

针对上述案例讼争双方对于赔付范围以及赔付金额计算方法存在的争议，分析如下。

1. 关于赔付范围

(1)关于虚假陈述更正日或揭露日的认定

《关于审理证券市场因虚假陈述引发的民事赔偿案件的若干规定》(以下简

称《若干规定》)第20条规定:"虚假陈述揭露日,是指虚假陈述在全国范围发行或者播放的报刊、电台、电视台等媒体上,首次被公开揭露之日。虚假陈述更正日,是指虚假陈述行为人在中国证券监督管理委员会指定披露证券市场信息的媒体上,自行公告更正虚假陈述并按规定履行停牌手续之日。"上述案例中,对于欣泰电气的虚假陈述,欣泰电气于2015年7月15日公告称收到中国证监会的立案调查通知书,该立案调查通知书只载明公司涉嫌违反证券法律法规,并未揭露虚假陈述的具体内容,而且该公告发布后亦未对欣泰电气的股价产生不利影响,故该日不应认定为该案的虚假陈述揭露日。此外,被告某某证券于2016年7月9日发布的《关于拟设立欣泰电气欺诈发行先行赔付专项基金情况的公告》虽载明虚假陈述揭露日为欣泰电气发布被立案调查公告、暂停上市风险提示公告之日,但该公告文末亦载明"先行赔付专项基金成立时,将在基金设立公告中公布正式赔付方"。由此可见,该公告中所提及的赔付方案并非正式、有效,原告根据该公告认为揭露日为2015年7月15日的诉讼理由不成立。

欣泰电气于2015年11月27日发布《关于对以前年度重大会计差错更正与追溯调整的公告》,首次对外公开了公司在2011~2014年相关财务报表中的会计差错并自行予以更正,该更正公告所揭露的虚假陈述内容即中国证监会此后在行政处罚决定书中所认定的欣泰电气虚假陈述的内容,故欣泰电气的上述更正行为符合《若干规定》第20条关于更正日的规定,法院对被告某某证券关于2015年11月27日为第一个更正日的诉讼理由予以采信。2015年12月10日,欣泰电气再次发布《关于2015年半年度财务报告会计差错更正的公告》,首次对外说明了公司2015年上半年度财务报告会计差错并自行予以更正,该更正公告所揭露的虚假陈述内容虽不是欣泰电气在某某证券保荐其上市过程中所作出的,而且中国证监会在此后作出的行政处罚决定书中所认定的违法事实也未包含此项,但某某证券自愿增加该日为第二个更正日,而且设定第二个更正日可扩大赔付范围,更有利于保护投资者的利益,故法院对被告某某证券关于2015年12月10日为第二个更正日的诉讼理由亦予采信。此后,虽然欣泰电气于2016年6月2日以及2016年7月8日发布的关于收到中国证监会相关处罚决定书公告中对该虚假陈述的违法行为予以揭露,但该虚假陈述内容早在2015年11月27日欣泰电气《关于对以前年度重大会计差错更正与追溯调整的公告》中就已公开及更正,故此时的揭露已不是"首次被公开揭露",不符合《若干规定》第20条关于揭露日的规定。

综上分析,2015 年 11 月 27 日为该案虚假陈述的第一个更正日、2015 年 12 月 10 日为第二个更正日,依照《若干规定》第 18 条"投资人具有以下情形的,人民法院应当认定虚假陈述与损害结果之间存在因果关系:(一)投资人所投资的是与虚假陈述直接关联的证券;(二)投资人在虚假陈述实施日及以后,至揭露日或者更正日之前买入该证券;(三)投资人在虚假陈述揭露日或者更正日及以后,因卖出该证券发生亏损,或者因持续持有该证券而产生亏损"以及第 19 条"被告举证证明原告具有以下情形的,人民法院应当认定虚假陈述与损害结果之间不存在因果关系:(一)在虚假陈述揭露日或者更正日之前已经卖出证券;(二)在虚假陈述揭露日或者更正日及以后进行的投资;……"的规定,原告只有在 2015 年 11 月 27 日之前买入且在 2015 年 11 月 27 日之后因卖出或持续持有欣泰电气股票,以及在 2015 年 11 月 27 日至 12 月 10 日期间买入且在 12 月 11 日及以后因卖出或者因持续持有欣泰电气股票而遭受的损失,才属于赔付范围。而原告在 2015 年 11 月 27 日之前因卖出欣泰电气股票而遭受的损失,与欣泰电气的虚假陈述不存在因果关系,故不属于赔付范围。

(2)是否应扣除系统风险因素所致损失的问题

《若干规定》第 19 条规定:"被告举证证明原告具有以下情形的,人民法院应当认定虚假陈述与损害结果之间不存在因果关系:……(四)损失或者部分损失是由证券市场系统风险等其他因素所导致;……"系统风险是整个证券市场以及所有投资者共同面临的问题,投资者因系统风险所遭受的损失与虚假陈述行为不具有因果关系,该部分损失不应由虚假陈述行为人承担。在上述案例中,众所周知,从 2015 年中期开始,我国证券市场发生了大幅震荡,欣泰电气所在的创业板综合指数也出现大幅下跌,而且在原告交易欣泰电气股票期间(2015 年 7 月 23 日至 2016 年 7 月 27 日),欣泰电气的价格走势与创业板综合指数走势亦基本一致,由此可见,欣泰电气的股价下跌受到了大盘影响,该案中市场系统风险客观存在,故在认定原告所遭受的损失时应扣除系统风险所致的损失。

在扣减市场风险所致损失时,被告某某证券主张采用个体投资者在买入至卖出欣泰电气股票或股票暂停上市期间,欣泰电气股价涨跌幅与对应的相同区间的创业板综合指数涨跌幅,以个体市场风险相对比例修正法扣减市场风险所致损失,即投资差额损失 = 扣减市场风险因素之前的投资差额损失 ×【1 - 证券买入卖出或暂停上市日期间指数加权平均跌幅 ÷ 证券买入卖出或暂停上市日期间股价加权平均跌幅】,该计算方法公平合理,法院予以采纳。但某某证券在此前发布的关于设立先行赔付专项基金的公告中,已承诺在扣减市场风险所致损失时应减半扣减,该公告还载明该赔付方案在专项基金存续期间不可变更及撤销,而且该公告并未明确对于自行和解者的赔付方案和提起诉讼的投资者的赔付方案将有所差别,故法院对被告某某证券关于不予减半扣减市场风险所致损失的诉讼理由不予采纳。

2. 关于损失的具体计算方法

依照《若干规定》第 30 条的规定,原告的损失为投资差额损失、投资差额损失部分的佣金和印花税,以及上述两项资金的利息损失。对于投资差额损失的具体计算,《若干规定》第 31 条规定"投资人在基准日及以前卖出证券的,其投资差额损失,以买入证券平均价格与实际卖出证券平均价格之差,乘以投资人所持证券数量计算",第 32 条规定"投资人在基准日之后卖出或者仍持有证券的,其投资差额损失,以买入证券平均价格与虚假陈述揭露日或者更正日起至基准日期间,每个交易日收盘价的平均价格之差,乘以投资人所持证券数量计算"。上述规定只是原则性地规定以平均价格之差来计算投资人的实际损失;但具体应当采用什么计算方法,现行法律法规未作出明确规定。现原被告双方对于投资差额损失的计算方法存在争议,原告主张按普通加权平均法计算,如在计算买入均价时,将投资人所购买的所有股票总价与其在揭露日之前出售的所有股票总价相减,同时将其所购买的股票总量与卖出股票总量相减,再将股票总价之差与股票总量之差相除,计算出每一股的买入均价。而被告认为应按移动加权平均法计算,如在计算买入均价时将投资者每笔买入与下一笔买入进行加权计算,将得出的结果再与下一笔买入进行加权计算,如此循环,直至计算至最后一笔买入。上述两种计算方法相比较,普通加权平均法将投资人买入和卖出的股票进行整体核算,虽然计算较为简单、结果也较为客观公平,但在此种计算方法中,因揭露日前卖出股票的价格直接影响了买入均价的计算,即揭露日之前的卖出价越低则计算出的买入平均价就越高,因此可能存在将揭露日之前卖出股票所遭受的损失(与虚假陈述不具因果关系的损失)也计入赔偿范围的情形;而移动加权平均法可避免此问题,其计算过程更为复杂,计算结果也更接近客观真实。综上比较,法院对被告所主张的计算方法予以采纳。

三、我国上市公司信息披露制度体系

我国上市公司信息披露制度的体系包括发行信息披露、持续性信息披露及法律责任救济制度三大方面。其中发行信息披露通常包括初次发行时的发行申报材料、招股说明书，申请证券上市交易时的上市公告书，上市后增发新股的配股说明书等。持续性信息披露则主要包括了定期报告制度和临时报告制度，其中定期报告通常有年度报告、中期报告和季度报告，临时报告通常适用于发生法定的重大事件或重大变动的情形。法律责任和救济手段则是对信息披露制度的最终落实和实现投资者保障目的的重要途径。

（一）发行信息披露

发行信息披露也称首次信息披露。这里主要说明首次公开发行股票和公司债券的信息披露。根据有关规定，发行信息披露主要涉及招股说明书、债券募集说明书和上市公告书等，其主要内容如下。（1）依发行主体不同，可将发行信息披露分为首次公开发行股票并上市的信息披露与上市公司公开发行证券的信息披露。（2）以信息披露的内容划分，发行信息披露的内容可分为：首次公开发行股票并上市的信息披露；上市公司公开发行证券的信息披露；上市公告信息披露。

1. 首次发行股票并上市的信息披露

（1）发行申请文件

拟发行证券的公司（发行人）申请首次公开发行股票，应当按照中国证监会的有关规定制作申请文件，由保荐人保荐并向中国证监会申报。发行申请文件是发行人按照规定的形式和内容报送给主管机关以支持其发行申请的信息披露文件。其作用在于向主管机关提出发行证券的正式申请，同时也是主管机关进行相应审查的根据。

（2）上市申请文件的格式和报送方式

为了规范首次公开发行股票并上市申请文件的格式和报送方式，根据中国证监会发布的《公开发行证券的公司信息披露内容与格式准则第58号——首次公开发行股票并上市申请文件》，发行人被要求披露的发行申请文件一般包括如下内容：招股说明书；关于本次公开发行股票并上市的申请报告；董事会有关本次发行并上市的决议；股东大会有关本次发行并上市的决议；发行保荐书；上市保荐书；会计师关于本次发行上市的文件；财务报告及审计报告；内部控制鉴证报告；经注册会计师鉴证的非经常性损益明细表；发行人律师关于本次发行上市的文件；发行人的企业法人营业执照；发行人公司章程（草案）；发行人关于公司设立以来股本演变情况的说明及其董事、监事、高级管理人员的确认意见;发行人关于最近三年及一期的纳税情况;发行人最近三年及一期所得税纳税申报表;有关发行人税收优惠、政府补助的证明文件;发行人及其重要子公司或主要经营机构最近三年及一期纳税情况的证明;注册会计师对差异情况出具的意见;关于本次发行上市募集资金运用的文件;其他文件,如产权和特许经营权证书,发行人拥有或使用的对其生产经营有重大影响的商标、专利、计算机软件著作权等知识产权以及土地使用权、房屋所有权等产权证书清单(需列明证书所有者或使用者名称、证书号码、权利期限、取得方式、是否及存在何种他项权利等内容)等。

(3)招股说明书

招股说明书是发行人披露发行股票时,依法向社会公众披露的专门表达募集股份的意思并载明有关信息的书面文件。发行申请文件在很大程度上由招股说明书组成。招股说明书具有向潜在购买者出售证券的要约的性质,是投资者对拟发行证券作出投资决策的根本依据。因此各国监管制度均对招股说明书的披露给予极大关注,只要是募集股份,无论是募集设立时发起人向社会披露募集股份,还是已成立的股份有限公司发行新股,都必须制定招股说明书,并予以公告。招股说明书的制作和披露必须符合法定格式、内容和程序。

《公开发行证券的公司信息披露内容与格式准则第 57 号——招股说明书》对首次披露发行股票并上市的招股说明书的制作准则作了明确规定,其第 3、4 条规定如下:"本准则的规定是对招股说明书信息披露的最低要求。不论本准则是否有明确规定,凡对投资者作出价值判断和投资决策所必需的信息,均应披露。本准则某些具体要求对发行人确实不适用的,发行人可根据实际情况,在不影响披露内容完整性前提下作适当调整,并在提交申请时作出说明。""发行人应以投资者投资需求为导向编制招股说明书,为投资者作出价值判断和投资决策提供充分且必要的信息,保证相关信息真实、准确、完整。"

2. 上市公司公开发行证券的信息披露

上市公司发行证券包括股票、可转债、存托凭证以及国务院认定的其他品种,申请向不特定对象发行证券并上市的公司应按相关准则的规定编制募集说明书并予以披露,募集说明书包括配股说明书、增发招股意向书、增发招股说明书、可转债募集说明书等募集文件。发行人应以投资者投资需求为导向编制募集说明书,为投资者作出价值判断和投资决策提供充分且必要的信息,保证相关信息的内容真实、准确、完整。募集说明书涉及应公开而未公开重大信息的,发行人应按有关规定及时履行信息披露义务。中国证监会发布了《公开发行证券的公司信息披露内容与格式准则第60号——上市公司向不特定对象发行证券募集说明书》,对募集说明书及其摘要的制作准则作了详细规定。募集说明书的编制应遵循以下要求:

(1)应客观、全面,使用事实描述性语言,突出事件实质,不得选择性披露,不得使用市场推广的宣传用语;

(2)应使用直接、简洁、确定的语句,尽可能使用短句、解释性句子和表单,尽量避免使用艰深晦涩、生僻难懂的专业术语或公文用语,避免直接从法律文件中摘抄复杂信息而不对相关内容作出清晰正确解释;

(3)披露的内容应具有相关性,围绕发行人实际情况作出充分、准确、具体的分析描述;

(4)对不同章节或段落出现的同一语词、表述、事项的披露应具有一致性,在不影响信息披露的完整性和不致引起阅读不便的前提下,可以相互引征;

(5)应准确引用与本次发行有关的中介机构的专业意见或报告;

(6)引用第三方数据或结论,应注明资料来源并真实、准确、完整引用,确保依据权威、客观、独立并符合时效性要求,应披露第三方数据是否专门为本次发行准备以及发行人是否为此支付费用或提供帮助;

(7)引用的数字应采用阿拉伯数字,货币金额除特别说明外,应指人民币金额,并以元、万元或百万元为单位;

(8)对于曾在定期报告、临时报告或其他信息披露文件中披露过的信息,如事实未发生变化,发行人可采用索引的方法进行披露,并提供查询网址;

(9)发行人可编制募集说明书外文译本,但应保证中、外文文本一致,并在外文文本上注明:"本募集说明书分别以中、英(或日、法等)文编制,对中外文本理解发生歧义时,以中文文本为准。"

(二)持续信息披露

公司发行股票取得上市地位后,仍然需要依照法定的规则和程序持续地披露相关信息,以使公司证券投资价值的变化能够在二级交易市场上继续被合理地评估。股票持有人和市场上的潜在投资者可以此为基础决定继续持有、卖出或买入证券。持续性信息披露也为股东行使权利提供了制度保证,便于监督公司管理层忠实地履行义务以维护公司和股东的权益。同时,持续信息披露使上市公司的运作情况透明化并处于公众监督之下,有利于树立起公众对市场的信心。

《公司法》、《证券法》、中国证监会发布的《上市公司信息披露管理办法》(2021 修订)、《非上市公众公司信息披露管理办法》(2021 第二次修正)、《公开发行证券的公司信息披露编报规则》与我国三大证券交易所发布的《股票上市规则》均规定持续性信息披露包括定期报告制度和临时报告制度，其中定期报告制度又包括年度报告和半年度报告（中期报告）。以《上市公司信息披露管理办法》(2021 修订)介绍持续信息披露的相关内容如下。

1. 定期报告

定期报告内容应当经上市公司董事会审议通过。未经董事会审议通过的定期报告不得披露。公司董事、高级管理人员应当对定期报告签署书面确认意见，说明董事会的编制和审议程序是否符合法律、行政法规和中国证监会的规定，报告的内容是否能够真实、准确、完整地反映上市公司的实际情况。监事会应当对董事会编制的定期报告进行审核并提出书面审核意见。监事应当签署书面确认意见。监事会对定期报告出具的书面审核意见，应当说明董事会的编制和审议程序是否符合法律、行政法规和中国证监会的规定，报告的内容是否能够真实、准确、完整地反映上市公司的实际情况。

(1)年度报告应当在每个会计年度结束之日起 4 个月内编制完成并披露。年度报告应当记载以下内容：公司基本情况；主要会计数据和财务指标；公司股票、债券发行及变动情况，报告期末股票、债券总额、股东总数，公司前十大股东持股情况；持股 5% 以上股东、控股股东及实际控制人情况；董事、监事、高级管理人员的任职情况、持股变动情况、年度报酬情况；董事会报告；管理层讨论与分析；报告期内重大事件及对公司的影响；财务会计报告和审计报告全文；中国证监会规定的其他事项。

(2)中期报告应当在每个会计年度的上半年结束之日起 2 个月内编制完成并披露。中期报告应当记载以下内容：公司基本情况；主要会计数据和财务指标；公司股票、债券发行及变动情况、股东总数、公司前十大股东持股情况，控股股东及实际控制人发生变化的情况；管理层讨论与分析；报告期内重大诉讼、仲裁等重大事件及对公司的影响；财务会计报告；中国证监会规定的其他事项。

2. 临时报告

发生可能对上市公司证券及其衍生品种交易价格产生较大影响的重大事件，投资者尚未得知时，上市公司应当立即披露，说明事件的起因、目前的状态和可能产生的影响。

所谓重大事件包括:《证券法》(2019 修订)第 80 条第 2 款规定的重大事件;公司发生大额赔偿责任;公司计提大额资产减值准备;公司股东权益为负值;公司主要债务人资不抵债或者进入破产程序,公司对相应债权未提取足额坏账准备;新公布的法律、行政法规、规章、行业政策可能对公司产生重大影响;公司开展股权激励、回购股份、重大资产重组、资产分拆上市或者挂牌;法院裁决禁止控股股东转让其所持股份;任一股东所持公司 5% 以上股份被质押、冻结、司法拍卖、托管、设定信托或者被依法限制表决权等,或者出现被强制过户风险;主要资产被查封、扣押或者冻结;主要银行账户被冻结;上市公司预计经营业绩发生亏损或者发生大幅变动;主要或者全部业务陷入停顿;获得对当期损益产生重大影响的额外收益,可能对公司的资产、负债、权益或者经营成果产生重要影响;聘任或者解聘为公司审计的会计师事务所;会计政策、会计估计重大自主变更;因前期已披露的信息存在差错、未按规定披露或者虚假记载,被有关机关责令改正或者经董事会决定进行更正;公司或者其控股股东、实际控制人、董事、监事、高级管理人员受到刑事处罚,涉嫌违法违规被中国证监会立案调查或者受到中国证监会行政处罚,或者受到其他有权机关重大行政处罚;公司的控股股东、实际控制人、董事、监事、高级管理人员涉嫌严重违纪违法或者职务犯罪被纪检监察机关采取留置措施且影响其履行职责;除董事长或者经理外的公司其他董事、监事、高级管理人员因身体、工作安排等原因无法正常履行职责达到或者预计达到 3 个月以上,或者因涉嫌违法违规被有权机关采取强制措施且影响其履行职责;中国证监会规定的其他事项。

案例:华意隆公司财务造假信息披露不实。[深圳证监局开出 2021 年“1 号罚单”]①

2021 年 6 月 8 日,深圳证监部门公布一份涉及信息披露违规的行政处罚决定书。当事方为深圳华意隆电气股份有限公司(以下简称华意隆)以及时任董事长杨某文等 5 名公司高管。

公开信息显示,华意隆成立于 2004 年,旗下共有惠州华意隆电气、深圳肯达焊接、深圳开普锐自动化、深圳开普锐激光等多家子公司;主要产品有中低端逆

---

① 载和讯网,2021 年 6 月 8 日,https://baijiahao.baidu.com/s?id=1701993927280901053&wfr=spider&for=pc。

变焊割设备和高端数字化、自动化逆变焊割设备及其解决方案，产品广泛应用于军工、船舶、汽车、铁路、建筑等众多工业领域。华意隆于2014年11月在新三板挂牌上市，证券代码831365. OC。

经深圳证监部门查明，华意隆存在虚增在建工程、虚构应收款项收回以及其他应付款披露不实的情况。其中，华意隆2015年虚增在建工程8941.76万元，占其公开披露当期总资产的15.15%，虚增其他应付款4120万元，虚构应收账款收回4440.54万元；2016年虚增在建工程200万元，虚构其他应收款收回200万元。华意隆于2014年11月挂牌新三板，可以注意到其自挂牌次年就开始财务造假。

深圳证监部门指出，华意隆2015年、2016年年度报告虚假披露行为违反了《非上市公众公司监督管理办法》相关规定，构成该管理办法所述违规行为。其中，华意隆时任董事长、法定代表人杨某文，时任董事、总经理李某强实施了公司信息披露违法违规行为，是华意隆信息披露违法违规行为直接负责的主管人员。时任财务总监祁某琼，时任董事会秘书王某，时任董事卢某龙是公司信息披露违法违规行为的其他直接责任人员。

依据相关规定，深圳证监部门决定对华意隆责令改正，给予警告，并处以40万元罚款；对主管人员杨某文、李某强给予警告，分别处以罚款30万元和20万元；对其他直接责任人祁某琼、卢某龙、王某给予警告并分别处以罚款，罚款金额合计11万元。

需要注意的是，华意隆此前存在重大诉讼及相关资产被查封冻结，并且已于2021年2月被纳入失信被执行人名单。时任董事长杨某文已于2016年3月辞职。

第五节　独立董事制度

独立董事制度产生于20世纪二三十年代的美国，是针对公司治理模式下的内部人控制问题而设计的一种制度，是改善公司治理机制的重要部分。在我国上市公司的股本结构中，大股东往往都是一股独大的，为解决由一股独大引起的“大股东控制问题”和“内部人控制问题”，加强公司的内部监督，完善公司的治理，我国逐步引入并建立了独立董事制度。

一、我国独立董事制度发展历程

（一）非强制设立阶段

中国证监会于1997年12月16日发布的《上市公司章程指引》第112条规定“公司根据需要，可以设独立董事”，但并非强制设立独立董事。

（二）明确要求设立阶段

2002年1月7日，中国证监会和原国家经济贸易委员会联合颁布实施了《上市公司治理准则》，在当时《公司法》的框架下，明确了公司股东会、董事会、监事会三大机关的行为准则；在规范控股股东行为、利益相关者、信息披露等关键问题上对上市公司提出了要求；规范了董事的行为，并明确要求上市公司按照有关规定建立独立董事制度。

（三）发展阶段

2006年1月1日生效的《公司法》（2005修订）第123条明确规定“上市公司设立独立董事，具体办法由国务院规定”，从法律层面明确了独立董事的法律地位。据中国证监会统计，截至2005年年底，全国1377家上市公司已配备了4640名独立董事，平均每家公司3名以上。

（四）完善阶段

随着全面深化资本市场改革向纵深推进，独立董事定位不清晰、责权利不对等、监督手段不够、履职保障不足等制度性问题亟待解决，上市公司的独立董事制度已不能满足资本市场高质量发展的内在要求。为进一步优化上市公司独立董事制度，提升独立董事履职能力，充分发挥独立董事作用，2023年4月7日国务院办公厅发布了《关于上市公司独立董事制度改革的意见》〔国办发（2023）9号〕；中国证监会于2023年8月1日发布了《上市公司独立董事管理办法》，该办法自2023年9月4日起施行。该办法对于上市公司独立董事任职资格与任免、职责与履职方式、履职保障、监督管理与法律责任进行了细化。以下就该办法内容、体例进行详细解读。

二、独立董事的独立性

1. 关系独立性：独立董事不在上市公司担任除董事外的其他职务，并与其所受聘的上市公司及其主要股东、实际控制人不存在直接或间接利害关系，以及其他可能影响其进行独立客观判断的关系。

2. 履职独立性：独立董事不受上市公司及其主要股东、实际控制人等单位或者个人的影响。

3. 独立性自查：独立董事应当每年对独立性情况进行自查，并将自查情况提交董事会。董事会应当每年对在任独立董事独立性情况进行评估并出具专项意见，与年度报告同时披露。

三、独立董事的专业性

独立董事对上市公司及全体股东负有忠实与勤勉义务，应当按照法律、行政法规、中国证监会规定、证券交易所业务规则和公司章程的规定，认真履行职责，在董事会中发挥参与决策、监督制衡、专业咨询作用，维护上市公司整体利益，保护中小股东合法权益。

上市公司独立董事占董事会成员的比例不得低于1/3，且至少包括一名会计专业人士。上市公司应当在董事会中设置审计委员会。审计委员会成员应当为不在上市公司担任高级管理人员的董事，其中独立董事应当过半数，并由独立董事中会计专业人士担任召集人。上市公司可以根据需要在董事会中设置提名、薪酬与考核、战略等专门委员会。提名委员会、薪酬与考核委员会中独立董事应当过半数并担任召集人。

独立董事原则上最多在3家境内上市公司担任独立董事，并应当确保有足够的时间和精力有效地履行独立董事的职责。

四、独立董事的任职资格与任免

独立董事的任职应当同时满足禁止任职条款（满足独立性要求）和必要任职条款，具体见表3－8。

表 3-8　独立董事禁止任职与必要任职条款

类别	禁止任职条款(独立性的具体要求)	必要任职条款
一般条款	1. 在上市公司或者其附属企业任职的人员及其配偶、父母、子女、主要社会关系; 2. 直接或者间接持有上市公司已发行股份 1% 以上或者是上市公司前十名股东中的自然人股东及其配偶、父母、子女; 3. 在直接或者间接持有上市公司已发行股份 5% 以上的股东或者在上市公司前五名股东任职的人员及其配偶、父母、子女; 4. 在上市公司控股股东、实际控制人的附属企业任职的人员及其配偶、父母、子女; 5. 与上市公司及其控股股东、实际控制人或者其各自的附属企业有重大业务往来的人员,或者在有重大业务往来的单位及其控股股东、实际控制人任职的人员; 6. 为上市公司及其控股股东、实际控制人或者其各自附属企业提供财务、法律、咨询、保荐等服务的人员,包括但不限于提供服务的中介机构的项目组全体人员、各级复核人员、在报告上签字的人员、合伙人、董事、高级管理人员及主要负责人	1. 根据法律、行政法规及其他有关规定,具备担任上市公司董事的资格; 2. 符合《上市公司独立董事管理办法》第 6 条规定的独立性要求; 3. 具备上市公司运作的基本知识,熟悉相关法律法规和规则; 4. 具有 5 年以上履行独立董事职责所必需的法律、会计或者经济等工作经验; 5. 具有良好的个人品德,不存在重大失信等不良记录
特别条款	1. 最近 12 个月内曾经具有上述第 1 项至第 6 项所列举情形的人员; 2. 法律、行政法规、中国证监会规定、证券交易所业务规则和公司章程规定的不具备独立性的其他人员。上述第 1 项至第 6 项中的上市公司控股股东、实际控制人的附属企业,不包括与上市公司受同一国有资产管理机构控制且按照相关规定未与上市公司构成关联关系的企业	法律、行政法规、中国证监会规定、证券交易所业务规则和公司章程规定的其他条件

五、独立董事的职责、职权与述职报告

《上市公司独立董事管理办法》对于独立董事的职责、职权与义务作了比较明确的规定,具体见表 3-9。

表 3-9　独立董事的职责、职权与义务

职责	职权	义务：应当向上市公司股东会提交年度述职报告
1. 参与董事会决策并对所议事项发表明确意见； 2. 对《上市公司独立董事管理办法》第 23 条、第 26 条、第 27 条和第 28 条所列上市公司与其控股股东、实际控制人、董事、高级管理人员之间的潜在重大利益冲突事项进行监督，促使董事会决策符合上市公司整体利益，保护中小股东合法权益； 3. 对上市公司经营发展提供专业、客观的建议，促进提升董事会决策水平； 4. 法律、行政法规、中国证监会规定和公司章程规定的其他职责	1. 独立聘请中介机构，对上市公司具体事项进行审计、咨询或者核查； 2. 向董事会提议召开临时股东会； 3. 提议召开董事会会议； 4. 依法公开向股东征集股东权利； 5. 对可能损害上市公司或者中小股东权益的事项发表独立意见； 6. 法律、行政法规、中国证监会规定和公司章程规定的其他职权。 独立董事行使上述第 1 项至第 3 项所列职权的，应当经全体独立董事过半数同意。 独立董事行使上述所列职权的，上市公司应当及时披露。上述职权不能正常行使的，上市公司应当披露具体情况和理由	1. 出席董事会次数、方式及投票情况，出席股东会次数； 2. 参与董事会专门委员会、独立董事专门会议工作情况； 3. 对《上市公司独立董事管理办法》第 23 条、第 26 条、第 27 条、第 28 条所列事项进行审议和行使《上市公司独立董事管理办法》第 18 条第 1 款所列独立董事特别职权的情况； 4. 与内部审计机构及承办上市公司审计业务的会计师事务所就公司财务、业务状况进行沟通的重大事项、方式及结果等情况； 5. 与中小股东的沟通交流情况； 6. 在上市公司现场工作的时间、内容等情况； 7. 履行职责的其他情况。 独立董事年度述职报告最迟应当在上市公司发出年度股东会通知时披露

六、董事会专门委员会

独立董事在上市公司董事会专门委员会中应当依照法律、行政法规、中国证监会规定、证券交易所业务规则和公司章程履行职责。独立董事应当亲自出席专门委员会会议，因故不能亲自出席会议的，应当事先审阅会议材料，形成明确的意见，并书面委托其他独立董事代为出席。独立董事履职中关注到专门委员会职责范围内的上市公司重大事项，可以依照程序及时提请专门委员会进行讨论和审议。

上市公司应当按照《上市公司独立董事管理办法》规定在公司章程中对专门委员会的组成、职责等作出规定，并制定专门委员会工作规程，明确专门委员会的人员构成、任期、职责范围、议事规则、档案保存等相关事项。国务院有关主管部门对专门委员会的召集人另有规定的,从其规定。董事会专门委员会及其职责见表3-10。

表3-10 董事会专门委员会及职责

专门委员会	职 责
审计委员会	负责审核公司财务信息及其披露、监督及评估内外部审计工作和内部控制
	下列事项应当经审计委员会全体成员过半数同意后,提交董事会审议: 1. 披露财务会计报告及定期报告中的财务信息、内部控制评价报告; 2. 聘用或者解聘承办上市公司审计业务的会计师事务所; 3. 聘任或者解聘上市公司财务负责人; 4. 因会计准则变更以外的原因作出会计政策、会计估计变更或者重大会计差错更正; 5. 法律、行政法规、中国证监会规定和公司章程规定的其他事项
	审计委员会每季度至少召开一次会议;2名及以上成员提议,或者召集人认为有必要时,可以召开临时会议。审计委员会会议有2/3以上成员出席方可举行
提名委员会	负责拟定董事、高级管理人员的选择标准和程序,对董事、高级管理人员人选及其任职资格进行遴选、审核
	就下列事项向董事会提出建议: 1. 提名或者任免董事; 2. 聘任或者解聘高级管理人员; 3. 法律、行政法规、中国证监会规定和公司章程规定的其他事项
	董事会对提名委员会的建议未采纳或者未完全采纳的,应当在董事会决议中记载提名委员会的意见及未采纳的具体理由,并进行披露
薪酬与考核委员会	负责制定董事、高级管理人员的考核标准并进行考核,制定、审查董事、高级管理人员的薪酬政策与方案
	就下列事项向董事会提出建议: 1. 董事、高级管理人员的薪酬; 2. 制订或者变更股权激励计划、员工持股计划,激励对象获授权益、行使权益条件成就; 3. 董事、高级管理人员在拟分拆所属子公司安排持股计划; 4. 法律、行政法规、中国证监会规定和公司章程规定的其他事项
	董事会对薪酬与考核委员会的建议未采纳或者未完全采纳的,应当在董事会决议中记载薪酬与考核委员会的意见及未采纳的具体理由,并进行披露

七、独立董事专门会议

根据《上市公司独立董事管理办法》第 24 条规定，上市公司应当定期或者不定期召开全部由独立董事参加的会议即独立董事专门会议。该办法第 18 条第 1 款第 1 项至第 3 项、第 23 条所列事项，应当经独立董事专门会议审议，即应当经独立董事专门会议审议的事项如下。该办法第 18 条规定的独立聘请中介机构，对上市公司具体事项进行审计、咨询或者核查；向董事会提议召开临时股东大会；提议召开董事会会议。该办法第 23 条规定了应当经上市公司全体独立董事过半数同意后，提交董事会审议的事项：(1) 应当披露的关联交易；(2) 上市公司及相关方变更或者豁免承诺的方案；(3) 被收购上市公司董事会针对收购所作出的决策及采取的措施；(4) 法律、行政法规、中国证监会规定和公司章程规定的其他事项。

1. 独立董事专门会议可以根据需要研究讨论上市公司其他事项。

2. 独立董事专门会议应当由过半数独立董事共同推举一名独立董事召集和主持；召集人不履职或者不能履职时，两名及以上独立董事可以自行召集并推举一名代表主持。

3. 上市公司应当为独立董事专门会议的召开提供便利和支持。

4. 上市公司未在董事会中设置提名委员会、薪酬与考核委员会的，由独立董事专门会议按照该办法第 11 条对被提名人任职资格进行审查，就该办法第 27 条第 1 款、第 28 条第 1 款所列事项向董事会提出建议。

八、独立董事履职保障

上市公司独立董事履职保障机制，应当从组织、人员、资源、信息、经费等方面为独立董事履职提供必要条件，确保独立董事依法充分履职。

(一) 工作条件和人员支持

上市公司应当为独立董事履行职责提供必要的工作条件和人员支持，指定董事会办公室、董事会秘书等专门部门和专门人员协助独立董事履行职责。董事会秘书应当确保独立董事与其他董事、高级管理人员及其他相关人员之间的信息畅通，确保独立董事履行职责时能够获得足够的资源和必要的专业意见。

(二) 知情权

1. 上市公司应当保障独立董事享有与其他董事同等的知情权。为保证独立董事有效行使职权，上市公司应当向独立董事定期通报公司运营情况，提供资料，组织或者配合独立董事开展实地考察等工作。上市公司可以在董事会审议重大复杂事项前，组织独立董事参与研究论证等环节，充分听取独立董事意见，并及时向独立董事反馈意见采纳情况。

2. 会议通知：上市公司应当及时向独立董事发出董事会会议通知，不迟于法律、行政法规、中国证监会规定或者公司章程规定的董事会会议通知期限提供相关会议资料，并为独立董事提供有效沟通渠道；董事会专门委员会召开会议的，上市公司原则上应当不迟于专门委员会会议召开前3日提供相关资料和信息。上市公司应当保存上述会议资料至少10年。

两名及以上独立董事认为会议材料不完整、论证不充分或者提供不及时的，可以书面向董事会提出延期召开会议或者延期审议该事项，董事会应当予以采纳。董事会及专门委员会会议以现场召开为原则。在保证全体参会董事能够充分沟通并表达意见的前提下，必要时可以依照程序采用视频、电话或者其他方式召开。

九、独立董事报告制度

独立董事行使职权的，上市公司董事、高级管理人员等相关人员应当予以配合，不得拒绝、阻碍或者隐瞒相关信息，不得干预其独立行使职权。

1. 向董事会报告：独立董事依法行使职权遭遇阻碍时，可以向公司董事会说明情况，要求公司董事、高级管理人员等相关人员予以配合，并将受到阻碍的具体情形和解决状况记入工作记录。

2. 向中国证监会、证券交易所报告：(1)前述阻碍仍不能消除阻碍的，可以向中国证监会和证券交易所报告。(2)独立董事履职事项涉及应披露信息的，上市公司应当及时办理披露事宜；上市公司不予披露的，独立董事可以直接申请披露，或者向中国证监会和证券交易所报告。

十、独立董事费用保障

上市公司应当承担独立董事聘请专业机构及行使其他职权时所需的费用。上市公司应当给予独立董事与其承担的职责相适应的津贴。津贴的标准应当由董事会制订方案，股东会审议通过，并在上市公司年度报告中进行披露。除上述津贴外，独立董事不得从上市公司及其主要股东、实际控制人或者有利害关系的单位和人员取得其他利益。

十一、责任保险保障

上市公司可以建立独立董事责任保险制度，降低独立董事正常履行职责可能引致的风险。

十二、独立董事的监督管理与法律责任

坚持“零容忍”打击证券违法违规行为，加大对独立董事不履职不尽责的责任追究力度；独立董事不勤勉履行法定职责、损害公司或者股东合法权益的，依法严肃追责。

（一）监督主体及内容

1. 中国证监会：依法对上市公司独立董事及相关主体在证券市场的活动进行监督管理。上市公司、独立董事及相关主体违反《上市公司独立董事管理办法》规定的，中国证监会可以采取责令改正、监管谈话、出具警示函、责令公开说明、责令定期报告等监管措施。依法应当给予行政处罚的，中国证监会依照有关规定进行处罚。

2. 证券交易所/中国上市公司协会：依照法律、行政法规和《上市公司独立董事管理办法》制定相关自律规则，依法对上市公司独立董事进行自律管理。

3. 中国证监会、证券交易所：可以要求上市公司、独立董事及其他相关主体对独立董事有关事项作出解释、说明或者提供相关资料。上市公司、独立董事及相关主体应当及时回复，并配合中国证监会的检查、调查。

4. 有关自律组织：可以对上市公司独立董事履职情况进行评估，促进其不断提高履职效果。

（二）履职尽责情况及其行政责任判断依据

对独立董事在上市公司中的履职尽责情况及其行政责任，可以结合独立董事履行职责与相关违法违规行为之间的关联程度，兼顾其董事地位和外部身份特点，综合以下方面进行认定：

1. 在信息形成和相关决策过程中所起的作用；

2. 相关事项信息来源和内容、了解信息的途径；

3. 知情程度及知情后的态度；

4. 对相关异常情况的注意程度，为核验信息采取的措施；

5. 参加相关董事会及其专门委员会、独立董事专门会议的情况；

6. 专业背景或者行业背景；

7. 其他与相关违法违规行为关联的方面。

（三）独立董事的免责判断依据

独立董事能够证明其已履行基本职责，且存在下列情形之一的，可以认定其没有主观过错，依照《行政处罚法》不予行政处罚。

1. 在审议或者签署信息披露文件前，对不属于自身专业领域的相关具体问题，借助会计、法律等专门职业的帮助仍然未能发现问题的；

2. 对违法违规事项提出具体异议，明确记载于董事会、董事会专门委员会或者独立董事专门会议的会议记录中，并在董事会会议中投反对票或者弃权票的；

3. 上市公司或者相关方有意隐瞒，且没有迹象表明独立董事知悉或者能够发现违法违规线索的；

4. 上市公司拒绝、阻碍独立董事履行职责，导致其无法对相关信息披露文件是否真实、准确、完整作出判断，并及时向中国证监会和证券交易所书面报告的；

5. 能够证明勤勉尽责的其他情形。

在违法违规行为揭露日或者更正日之前，独立董事发现违法违规行为后及时向上市公司提出异议并监督整改，且向中国证监会和证券交易所书面报告的，可以不予行政处罚。独立董事提供证据证明其在履职期间能够按照法律、行政法规、部门规章、规范性文件以及公司章程的规定履行职责的，或者在违法违规行为被揭露后及时督促上市公司整改且效果较为明显的，中国证监会可以结合违法违规行为事实和性质、独立董事日常履职情况等综合判断其行政责任。

十三、独立董事勤勉尽责的判断标准

独立董事与《公司法》中的监事相似，但又不完全一样。独立董事强调独立性，其虽为公司董事，但不参与公司日常经营，是具有一定独立性的董事。独立董事与内部董事不同，其更应关注决策事项对公司运营的合规性、对公司不利影响后果的可能性，注意防范内部人利益输送以及保护中小股东权益。虽然独立董事与内部董事的职权不同，但独立董事与内部董事一样需要对公司和股东尽诚信及勤勉之责，一旦违反相关职责规定，也应对公司及股东承担民事赔偿责任。上市公司的独立董事对公司及全体股东负有诚信与勤勉义务。一般而言，独立董事的勤勉义务既是独立董事在履职过程中应遵守的原则，也是中国证监会以及司法机关要求独立董事承担行政处罚或民事责任的追责标准、判断依据。然而，对于何种情况下应认定独立董事未能勤勉履行义务，司法实践并未有明确统一的标准，我国独立董事制度目前存在的问题之一就是独立董事勤勉义务的责任边界欠清晰。本书将在归纳我国独立董事承担行政责任、民事责任有关规定的基础上，分析司法实践有关行政处罚、证券虚假陈述赔偿纠纷等案例中勤勉履行义务的认定，以为独立董事勤勉履行职责提供一定的指引。

在司法实践中，法院更关注独立董事勤勉义务履行的过程及相关证据，以及其能够提供证据证明充分参与了项目的考察。例如独立董事是否在董事会前阅看相关资料，了解相关背景，就质疑其中发现的异常行为或异常数据并要求公司作出合理解释，然后根据自身经验提出意见和建议；或者是否从程序上着眼做出决策，聘请专业机构辅助对中介机构出具的专业意见作出判断，从而证明其尽到了审核义务。此外，需要注意的是，中国独立董事的来源存在多样性，许多自然人出于各种各样的原因，包括组织委托的原因担任了某些上市公司的独立董事。同时，由于每个独立董事的学识、能力、职责、获取信息渠道的差异性，勤勉义务的抗辩也应当更具有针对性，而不能一概用同一个标准去衡量。例如，上市公司的独立董事是律师、会计财务或本行业的技术专家等类型的专业人士，那么他们对于上市公司披露的与其专业相关方面的信息应尽到却未尽到勤勉义务的时候，独立董事就应当承担相应责任，毕竟某些特定事项的判断涉及专业知识的掌握和运用。反之，如果独立董事并非此类专业人士，还要求其对披露信息承担较高的审核义务，则未免过于苛刻。

1. 在认定上市公司独立董事勤勉义务履行的问题上，一方面，应当考虑独立董事不在公司担任董事外的其他职务，不直接参与公司具体经营的客观实际状况；另一方面，应关注独立董事在公司治理结构中所具有的独立履行职责、独立客观判断，不受上市公司主要股东、管理层及利害关系人影响的特性。综上，应在有限与有为的尺度中，准确界定上市公司独立董事的勤勉义务，即上市公司独立董事应当善意、审慎、合理地履行职责，尽到如同普通谨慎的人在管理其类似个人商业事务的情形下所应有的同等程度的勤勉和注意。

2. 在行政诉讼程序中，因已经履行勤勉尽责义务系信息披露违法行为责任人员的免责事由，根据行政诉讼证明责任分配的一般规则，减免行政责任之要件事实，应由行政相对人承担证明责任。

3. 独立董事勤勉义务的履行具有过程性的特征，要求独立董事在任职期间了解并持续关注公司生产经营状况、财务状况，主动调查、获取决策所需的资料，积极问询、质疑、提供建议，达到能够独立作出判断的程度。不应以能否发现公司违法行为的结果为判断独立董事是否履行勤勉义务的标准。

十四、独立董事履职合规建议

1. 任职前熟悉证券法律法规，了解相关义务和责任。建议独立董事充分认识证券监管大环境的变化趋势，在任职前认真学习相关证券法律法规，熟悉相关义务和责任，充分了解自身可能面临的法律风险，切勿产生独立董事是“花瓶”“摆设”的不正确认识。

2. 任职前充分了解上市公司经营状况。考虑到目前独立董事任职的风险，独立董事在接受上市公司的聘请前需对上市公司进行充分的调查，与上市公司主要股东、实际控制人以及管理层、中介机构进行沟通，以提前了解上市公司的基本情况和其所处行业现状。

3. 考虑适时聘请外部中介机构。鉴于独立董事作为局外人受限于个人精力、专业能力通常难以了解上市公司经营发展现状，为充分了解有关风险，独立董事可以考虑在接受聘任前聘请律师事务所、会计师事务所等中介机构对上市公司进行法律、财务尽职调查。

4. 妥善保留勤勉尽责履行职责的证据。在司法实践中，独立董事如果认为自己尽到了勤勉尽责义务，应当就自己善意、合理、审慎地履行自己的职责承担举证责任。因此，独立董事在履职的过程中应保留与公司、高级管理人员、股东、中介机构沟通的证据，以及留意公司有关会议记录、文件是否已经把有关提议记录在案，以证明已勤勉尽责地履行有关职责。

5. 履职过程中需采取有效措施制止有关违法行为。独立董事对于在履职过程中发现的潜在违法行为，应充分履行勤勉尽责义务，不仅限于程序上的告知义务，而须采取积极有效的措施进行制止，必要时向监管机构书面报告。

6. 购买独立董事责任险。考虑到独立董事履职的高风险，独立董事可与上市公司协商由所任职的上市公司为其购买董事责任险，并应结合公司的实际情况去考虑确定保险的最高保额和责任范围。

法条链接

《最高人民法院关于审理证券市场虚假陈述侵权民事赔偿案件的若干规定》(法释〔2022〕2号)

第十六条　独立董事能够证明下列情形之一的,人民法院应当认定其没有过错:

(一)在签署相关信息披露文件之前,对不属于自身专业领域的相关具体问题,借助会计、法律等专门职业的帮助仍然未能发现问题的;

(二)在揭露日或更正日之前,发现虚假陈述后及时向发行人提出异议并监督整改或者向证券交易场所、监管部门书面报告的;

(三)在独立意见中对虚假陈述事项发表保留意见、反对意见或者无法表示意见并说明具体理由的,但在审议、审核相关文件时投赞成票的除外;

(四)因发行人拒绝、阻碍其履行职责,导致无法对相关信息披露文件是否存在虚假陈述作出判断,并及时向证券交易场所、监管部门书面报告的;

(五)能够证明勤勉尽责的其他情形。

独立董事提交证据证明其在履职期间能够按照法律、监管部门制定的规章和规范性文件以及公司章程的要求履行职责的,或者在虚假陈述被揭露后及时督促发行人整改且效果较为明显的,人民法院可以结合案件事实综合判断其过错情况。

外部监事和职工监事,参照适用前两款规定。

案例:胡某滨与中国证监会二审行政判决书,北京市高级人民法院(2018)京行终6567号,《人民法院案例选》2020年第3辑(总第145辑)。

2017年12月1日,中国证监会针对胡某滨、哈尔滨电气集团佳木斯电机股份有限公司(以下简称佳电股份)以及另外21名案外人作出〔2017〕97号行政处罚决定书,主要内容为:佳电股份存在调增2013年度利润总额158,437,287.54元,调增2014年度利润总额39,942,583.68元,调减2015年度利润总额198,379,871.22元的行为,违反了2014年《证券法》第63条“上市公司依法披露的信息,必须真实、准确、完整,不得有虚假记载”的规定,构成2014年《证券法》第193条第1款所述的行为。根据《上市公司信息披露管理办法》第58条第1款的规定,中国证监会认定在佳电股份2013年度、2014年度、2015年度年报上签字的独立董事胡某滨为其他直接责任人员。中国证监会根据当事人违法行为的事实、性质、情节与社会危害程度,根据2014年《证券法》第193条第1

款之规定,决定对佳电股份责令改正,给予警告,并处以60万元的罚款;对胡某滨给予警告,并处以7万元的罚款。

法院认为,2018年《公司法》第147条第1款规定,董事、监事、高级管理人员应当遵守法律、行政法规和公司章程,对公司负有忠实义务和勤勉义务。该法第112条规定,董事会应当对会议所议事项的决定作成会议记录,出席会议的董事应当在会议记录上签名;董事应当对董事会的决议承担责任。2014年《证券法》第68条第3款规定,上市公司董事、监事、高级管理人员应当保证上市公司所披露的信息真实、准确、完整。《上市公司信息披露管理办法》第58条第1款规定,上市公司董事、监事、高级管理人员应当对公司信息披露的真实性、准确性、完整性、及时性、公平性负责,但有充分证据表明其已经履行勤勉尽责义务的除外。2014年《证券法》第193条第1款规定,发行人、上市公司或者其他信息披露义务人未按照规定披露信息,或者所披露的信息有虚假记载、误导性陈述或者重大遗漏的,责令改正,给予警告,并处以30万元以上60万元以下的罚款;对直接负责的主管人员和其他直接责任人员给予警告,并处以3万元以上30万元以下的罚款。

根据上述法律规定,对于证券信息披露违法行为,信息披露义务人其他直接责任人员的行政责任构成要件有三:一是信息披露义务人实施了信息披露违法行为;二是行为人属于信息披露义务人其他直接责任人员范畴;三是缺乏充分证据证明行为人已经履行勤勉尽责义务。本案争议焦点分析如下。

1. 佳电股份是否存在2014年《证券法》第193条第1款规定的应予行政处罚的信息披露违法行为。因佳电股份年度报告财务数据存在虚假记载,违反了2014年《证券法》第63条的规定,构成了2014年《证券法》第193条规定的信息披露违法的行为,且佳电股份在法定期限内并未对其处罚决定提起诉讼,胡某滨对于被诉处罚决定所认定的佳电股份存在信息披露违法行为亦不持异议,故中国证监会关于佳电股份存在2014年《证券法》第193条规定的信息披露违法行为的认定并无不当。

2. 胡某滨是否属于2014年《证券法》第193条第1款规定的其他直接责任人员范畴。根据前述《公司法》《证券法》等相关法律规定,上市公司董事、监事、高级管理人员对公司负有忠实义务和勤勉义务,一旦公司存在信息披露违法行为,即使上述人员并未组织、策划、主动参与、积极实施违法行为,因其所负有的勤勉义务及保证责任,除非能够确定其已经履行勤勉尽责义务,否则应当作为信息披露违法行为的其他直接责任人员承担相应的行政责任。本案中,根据审理查明的事实,胡某滨作为佳电股份独立董事,在佳电股份存在财务数据虚假记载的情况下,在相关董事会决议上投赞成票并签名“保证年度报告内容真实、准确、完整”,表明其实际参与了上市公司信息披露的过程,故其应属于2014年《证券法》第193条第1款规定的其他直接责任人员范畴。胡某滨主张需要具备主观方面的明知及客观方面的主动参与,并起到重要作用,才符合“其他直接责任人员”构成的诉讼理由,缺乏法律依据,法院不予支持。

3. 是否有充分证据证明胡某滨已经履行勤勉尽责义务。《关于在上市公司建立独立董事制度的指导意见》(证监发〔2010〕102号)规定,上市公司独立董事是指不在公司担任董事外的其他职务,并与其所受聘的上市公司及其主要股东不存在可能妨碍其进行独立客观判断的关系的董事。独立董事对上市公司及全体股东负有诚信与勤勉义务,应当认真履行职责,维护公司整体利益,尤其要关注中小股东的合法权益不受损害。同时,独立董事应当独立履行职责,不受上市公司主要股东、实际控制人、或者其他与上市公司存在利害关系的单位或个人的影响。判断义务履行的客观外化标准是有充分证据证明独立董事已经履行勤勉尽责义务,此亦为公司存在违法行为前提下董事的免责事由。

本案中,胡某滨主张董事履职责任不应适用过错推定归责原则及相应的证明责任分配规则,中国证监会作出被诉处罚决定的证据不足以证明其未履行勤勉尽责义务。对此,法院认为,行政责任的承担及相应的证明责任分配不同于民事责任。根据《行政诉讼法》的规定,被告对作出的行政行为负有举证责任。据此,中国证监会对其作出的针对胡某滨的行政处罚决定负有全面的举证责任,既有义务收集胡某滨应当承担相应行政责任的证据,也有义务收集减轻、免除处罚的相应证据。因胡某滨未履行勤勉尽责义务这一证明对象系否定性事实,故中国证监会在行政程序中经主动调查收集,并要求胡某滨提供能够证明其履行勤勉尽责义务的相关证据后,由于现有证据并不足以表明胡某滨已经履行勤勉尽责义务,在此基础上作出相应认定,并无不当。胡某滨另主张,其在一审程序中已经举证证明履行了勤勉尽责义务,而一审法院对其在法定期限内提供的证据未予审查认定,违反法定程序。

法院认为,独立董事应当能够充分了解公司治理的基本原则,上市公司运作的法律框架,上市公司信息披露和关联交易监管等具体规则,具备内控与风险防范意识和基本的财务报表阅读和理解能力,亦应充分了解所任职公司的经营状况,如此才能基于自己的独立判断尽职履责,发挥独立董事在上市公司治理中的作用,符合独立董事制度设计的初衷。不直接从事经营管理、无相关职业背景、信赖专业机构出具的专业意见等,均不足以表明已经履行了勤勉尽责义务,而仅为判断信息披露违法责任人员责任程度需要考量的因素。胡某滨虽主张其不具有相关财务会计专业背景,但对于专业财务会计报告,可以仔细研究、询问、质疑,保留意见,并对认真审查的过程举证证明。胡某滨虽主张信赖注册会计师无保留审计结论,但该信赖应以其履行勤勉义务,认真研究审核为基础,即具有合理的信赖,而非以信赖替代勤勉尽责义务的履行。综上,胡某滨上述诉讼理由,难以成立。

综上,胡某滨符合2014年《证券法》第193条第1款规定的信息披露违法行为其他直接责任人员的行政责任构成,依法应予处罚;中国证监会在充分考量胡某滨与信息披露违法事实、性质、情节、社会危害后果关系的基础上,决定对其给予警告并处7万元罚款的行政处罚,认定事实清楚,证据确凿,适用法律正确,符合法定程序,被诉复议决定亦具备合法性,依法应予支持。胡某滨的上诉理由及请求缺乏事实和法律依据,法院不予支持。一审法院判决驳回胡某滨的诉讼请求正确,法院予以维持。

主要观点:

1. 独立董事勤勉义务的判断原则

(1)关系独立性:不在上市公司担任其他职务,不参与上市公司的具体经营活动。

(2)履职独立性:独立履行董事职责,不受公司、主要股东、管理层及利害关系人等的影响。

(3)履职要求与能力:履职应当善意、审慎合理。

2. 具体参考标准

(1)专业的独立董事通常由经济、管理、法律等领域的知名专业人士兼任。故精通某领域知识和技能的独立董事负有高于一般标准的注意义务,必须证明经过尽职调查,相信并且有合理理由相信相关内容是真实完整的,方可免责。

(2)非专业的独立董事需要以一系列积极的作为行为表明自身履行了勤勉尽责义务,但并不要求将发现公司违法行为的结果作为判断其是否履行勤勉义务的标准。

3. 证明责任分配

因未履行勤勉尽责义务这一证明对象系否定性事实，故行政机关在行政程序中经主动调查收集，并要求被处罚人提供能够证明其履行勤勉尽责义务的相关证据后，即完成了证明责任。

在行政诉讼程序中，因已经履行勤勉尽责义务系属信息披露违法行为责任人员的免责事由，根据行政诉讼证明责任分配的一般规则，减免行政责任之要件事实应由行政相对人承担证明责任。

第六节　公司僵局预防与解决机制

所谓公司僵局是指公司在存续期间股东之间、董事之间或股东与董事之间矛盾激烈或者发生纠纷，彼此不愿意妥协而处于僵持状态，导致董事会、股东会等权力结构和其他决策机构各方陷入对峙而不能按照法定程序作出决策，从而使公司陷入无法运转的状态。公司僵局，据《布莱克法律词典》的解释，是指“公司的活动被一个或多个股东或董事的派系所停滞的状态，因为他们反对公司政策的某个重大方面”。一般来说，公司僵局主要由股东之间或者公司管理人员之间的利益冲突和矛盾引起，这种矛盾和冲突导致公司决策机制、运行机制不能正常运行，股东会或董事会因为冲突而不能召开，任何一方的提议因为对方的反对而不能获得通过，公司的一切事务都处于瘫痪之中。

公司僵局有很多表现形式。首先是股东会僵局。从司法实践的角度来看，股东会僵局更多体现于有限责任公司，而股份有限公司股东会的程序相关规定相对比较完善。其次是董事会僵局。董事会僵局更多地体现为董事会无法召集。《公司法》第 73 条规定，有限责任公司董事会会议应当有过半数的董事出席方可举行；董事会作出决议，应当经全体董事的过半数通过。《公司法》第 124 条规定，股份有限公司董事会会议应当有过半数的董事出席方可举行；董事会作出决议，应当经全体董事的过半数通过。最后是股东与董事之间存在矛盾。在董事会的授权过于宽泛，特别是董事长作为法定代表人的权利或者义务的规定过于模糊的情况下，董事会与股东会之间就会很容易产生矛盾。

一、公司僵局的预防机制

国家有宪法，公司有章程，章程对于公司的作用就有如宪法对于国家的作用。在市场经济发达的国家，公司法将越来越多的事项授权给股东在公司章程中规定。因为公司章程不但体现了当事人的意思自治，也符合利益最大化的要求，公司股东通过公司章程甚至可以选择公司法的规则，从而使公司制度带有自己的特色。例如可以设置股权强制收购条款、公司股权比例与表决权比例不一致条款、表决权回避制度、特定事项表决权制度、最终决定权制度、表决权限制条款、董事会席位安排及公司分立安排条款等。

1. 股权强制收购条款

从性质上看，公司是社团法人的一种，股东是他的成员，股权就是股东基于其社员资格而享有的权利，包括若干财产请求权和共同管理公司的若干权利。因此，股权的转让既有财产性又有身份性（人合性），同时股权的身份性也决定了股权转让的特点：在尊重自由转让的原则下，还要有限制性和选择性，即要受法定限制和约定的限制。法定的限制、约定的限制包括依章程的股权转让限制、合同的股权转让限制等。法定的限制是一种强制性的限制，是在立法上直接规定股权转让的限制条件，如《公司法》第 84 条规定有限责任公司的股东之间可以相互转让其全部或者部分股权。股东向股东以外的人转让股权的，应当将股权转让的数量、价格、支付方式和期限等事项书面通知其他股东，其他股东在同等条件下有优先购买权；股东自接到书面通知之日起 30 日内未答复的，视为放弃优先购买权。两个以上股东行使优先购买权的，协商确定各自的购买比例；协商不成的，按照转让时各自的出资比例行使优先购买权。约定性限制是一种自治性限制，特点是不对转让限制作出规定，而是交由股东自行处理，允许通过公司章程或合同等形式对股权转让作出限制。《公司法》第 84 条第 3 款规定“公司章程对股权转让另有规定的，从其规定”，部分股东之间可就股权的优先购买权作出互相约定等。因此《公司法》授权公司章程可以就股权转让作出限制和强制收购等约定。

股权强制收购条款包括出售选择权与购买选择权，拖售权与随售权。出售选择权是指卖方有权要求买方在未来一段时间内购买其股权的权利，可以分为：（1）股东要求其他股东购买其股权；（2）股东要求公司购买其股权。购买选择权是卖方股东或目标公司授予买方的权利，买方行使该权利即要求卖方股东或目标公司在将来的一个时间把其持有股权出售给买方或向买方增发新股。拖售权又称领售权、强卖权或强制出售权等，是指如果有第三方向部分股东发出要约，要求收购该部分股东的股权，且这些股东接受要约，则其有权要求其他股东一起按照相同的出售条件和价格向该第三方转让股权。随售权又称随卖权、参售权、共同出售权或跟随权，通常在风险投资交易中用来保护少数股东的权益，多数股东在出售其股票时少数股东有权加入交易，以出售少数股东持有的公司少数股权。

2. 公司股权比例与表决权比例不一致条款

（1）一人一票的表决方式。《公司法》规定，董事会在议事时实行一人一票的表决方式。

（2）累积投票制是股东实行选举权的形式之一。其是指在公司的选举会上，每个股份持有者以其有表决权的股份数与被选人数的乘积为其应有的选举权利，选举者可以将这一定数的权利进行集中或分散投票的选举办法。例如股东会需选5名董事，某股东持有100个普通股，这样该股东就有了500票的权利。他可以用500票去投某一名候选人，对其他候选人一票也不投；也可以把票分布开，同时去投几名候选人。又如某公司要选5名董事，公司股份共1000股，股东共10人，其中1名大股东持有510股，即拥有公司51%股份；其他9名股东共计持有490股，合计拥有公司49%的股份。若按直接投票制度，每一股有一个表决权，则控股51%的大股东就能够使自己推选的5名董事全部当选，其他股东毫无话语权。但若采取累积投票制，表决权的总数就为1000×5＝5000票，控股股东总计拥有的票数为2550票，其他9名股东合计拥有2450票。根据累积投票制，股东可以集中投票给一个或几个董事候选人，并按所得同意票数多少的排序确定当选董事，因此从理论上来说，其他股东至少可以使自己的2名董事当选，而控股比例超过半数的股东也最多只能选上3名自己的董事。

（3）一人一票并经全体合伙人过半数通过。

（4）双重多数标准通过。《破产法》规定，表决权的行使通常指无财产担保债权总额的半数或2/3通过，既有人数的规定也有债权额的规定。《破产法》中还有另外一种表决方式，即分组表决。同种类的债权分组表决，如果该组债权人过半数通过，那么决议通过。例如重整计划的通过。

3. 表决权回避制度

表决权回避制度是指当某股东与股东会讨论的决议事项有特别的利害关

系时,该股东或代理人均不得就其持有的股份行使表决权的制度。在该制度可以运用于公司决策,对部分表决事项相持不下的情况下,如果提前设置了该条款,那么可能就不会出现僵局,而顺利作出决议。表决权回避的相关情形如下。

(1)“为股东提供担保”。股东在公司为其提供担保事项进行表决时,应当回避,若股东违反该项规定从而形成股东会决议,其表决将被认定无效。

法条链接

《中华人民共和国公司法》(2023 修订)

第十五条　公司向其他企业投资或者为他人提供担保,按照公司章程的规定,由董事会或者股东会决议;公司章程对投资或者担保的总额及单项投资或者担保的数额有限额规定的,不得超过规定的限额。

公司为公司股东或者实际控制人提供担保的,应当经股东会决议。

前款规定的股东或者受前款规定的实际控制人支配的股东,不得参加前款规定事项的表决。该项表决由出席会议的其他股东所持表决权的过半数通过。

(2)“与股东自我交易”。在股东会决定是否批准公司与股东之间进行交易时,该股东不得行使表决权。

法条链接

《中华人民共和国公司法》(2023 修订)

第一百八十二条　董事、监事、高级管理人员,直接或者间接与本公司订立合同或者进行交易,应当就与订立合同或者进行交易有关的事项向董事会或者股东会报告,并按照公司章程的规定经董事会或者股东会决议通过。

董事、监事、高级管理人员的近亲属,董事、监事、高级管理人员或者其近亲属直接或者间接控制的企业,以及与董事、监事、高级管理人员有其他关联关系的关联人,与公司订立合同或者进行交易,适用前款规定。

(3)“股东取消资格”。股东未履行出资义务或者抽逃全部出资,经公司在合理期限内催告缴纳或者返还后,股东拒不履行的,股东会可以决议解除该股东的股东资格。决议过程中,该股东不得以其所持有的股份进行表决。

法条链接

《中华人民共和国公司法》(2023 修订)

第五十二条　股东未按照公司章程规定的出资日期缴纳出资,公司依照前条第一款规定发出书面催缴书催缴出资的,可以载明缴纳出资的宽限期;宽限期自公司发出催缴书之日起,不得少于六十日。宽限期届满,股东仍未履行出资义务的，公司经董事会决议可以向该股东发出失权通知，通知应当以书面形式发出。自通知发出之日起，该股东丧失其未缴纳出资的股权。

依照前款规定丧失的股权应当依法转让，或者相应减少注册资本并注销该股权；六个月内未转让或者注销的，由公司其他股东按照其出资比例足额缴纳相应出资。

股东对失权有异议的，应当自接到失权通知之日起三十日内，向人民法院提起诉讼。

最高人民法院《关于适用〈中华人民共和国公司法〉若干问题的规定(三)》(2020 修正)

第十七条第一款　有限责任公司的股东未履行出资义务或者抽逃全部出资，经公司催告缴纳或者返还，其在合理期间内仍未缴纳或者返还出资，公司以股东会决议解除该股东的股东资格，该股东请求确认该解除行为无效的，人民法院不予支持。

(4)上市公司董事与董事会会议决议事项所涉及的企业有关联关系的，不得对该项决议行使表决权，也不得代理其他董事行使表决权。

法条链接

《上市公司章程指引》(2023 修订)

第八十条　股东会审议有关关联交易事项时，关联股东不应当参与投票表决，其所代表的有表决权的股份数不计入有效表决总数；股东会决议的公告应当充分披露非关联股东的表决情况。

注释：公司应当根据具体情况，在章程中制订有关联关系股东的回避和表决程序。

《非上市公众公司监督管理办法》(2023 修订)

第十八条　公众公司应当按照法律的规定，同时结合公司的实际情况在公司章程中约定建立表决权回避制度。

《非上市公众公司收购管理办法》(2020 修正)

第七条　被收购公司的控股股东或者实际控制人不得滥用股东权利损害被收购公司或者其他股东的合法权益。

被收购公司的控股股东、实际控制人及其关联方有损害被收购公司及其他股东合法权益的，上述控股股东、实际控制人在转让被收购公司控制权之前，应当主动消除损害；未能消除损害的，应当就其出让相关股份所得收入用于消除全部损害做出安排，对不足以消除损害的部分应当提供充分有效的履约担保或安排，并提交被收购公司股东会审议通过，被收购公司的控股股东、实际控制人及其关联方应当回避表决。

《非上市公众公司重大资产重组管理办法》(2023 修订)

第十六条　股东会就重大资产重组事项作出的决议，必须经出席会议的股东所持表决权的三分之二以上通过。公众公司股东人数超过二百人的，应当对出席会议的持股比例在百分之十以下的股东表决情况实施单独计票。公众公司应当在决议后及时披露表决情况。

前款所称持股比例在百分之十以下的股东，不包括公众公司董事、监事、高级管理人员及其关联人以及持股比例在百分之十以上股东的关联人。

公众公司重大资产重组事项与本公司股东或者其关联人存在关联关系的，股东会就重大资产重组事项进行表决时，关联股东应当回避表决。

4. 特定事项表决权制度

(1)修改公司章程

公司章程是公司组织和行为的基本规则，是公司活动的依据，法律对其制定、内容、形式等都有明确要求。公司可以对公司章程进行修改，但必须严格按照法定程序进行，必须经代表 2/3 以上表决权的股东通过，方为符合要求。

(2)公司增加或者减少注册资本

公司注册资本是公司设立、存续、发展的物质基础，是法定登记事项。公司在成立以后，可以根据客观需要增加或者减少注册资本，但必须严格按照法定程序进行，必须经代表 2/3 以上表决权的股东通过。

(3)公司合并、分立、解散

公司解散，导致公司消失；公司合并、分立，或者导致公司解散，或者导致公司分裂。因公司合并、分立、解散涉及公司财产的变化，事关股东重大权益，所以必须严格按照法定程序进行，必须经代表 2/3 以上表决权的股东通过。

(4)变更公司形式

公司形式变更又称之为公司的组织变更，是公司法的一项重要制度。公司形式变更是指在不中断公司法人资格的情况下，变更公司的组织形式，使之成为另一种类型的公司的法律行为和程序。例如有限责任公司与股份有限责任公司之间的变更。

5. 最终决定权制度

股东会或董事会出现无法作出决议，但是因公司发展经营及内部管理等需要又必须作出相关决议的情形，则需要考虑设置最终决定权的机制，否则会导致公司陷入僵局。

6. 限制大股东表决权条款

为了更好地保护中小股东，也为了限制收购者拥有过多权力，公司章程中可以加入限制股东表决权的条款。比如，可增加限制条款"凡是在投票时累计持股达 35% 以上的股东，由公司章程限制其表决权，超出 35% 以上的部分按一定比例折算其表决权，具体比例由公司章程规定"。

7. 董事会席位安排条款

董事会是经营决策机构，无论是有限责任公司还是股份有限公司的董事会均按照人数表决，所以董事会席位人数的安排就显得尤为重要，常见的"董事会及成员安排"条款如下。

（1）投资完成后，公司董事会由 × 名董事组成。其中，投资方向公司董事会委派 × 名董事。

（2）董事会成员人数为 × 人。董事会由 × ×（投资方代表）、× ×（创业团队代表）、× × 组成。

（3）董事会由 × 个席位组成。创业团队指派 × 名董事，其中 1 名必须是公司的首席执行官；投资方指派 × 名董事；双方共同推荐 1 名外部董事（独立董事）。

（4）投资方因董事会活动而产生的一切费用，包括但不限于参加会议、伙食、住宿等费用，由公司全部承担。

二、公司僵局发生后的解决机制

（一）司法解散

司法解散内容参考本书第四章"公司与外部利益相关者利益冲突解决方案"第三节"公司解散与清算制度"内容。

（二）根据《公司法》第 57、110 条规定的股东知情权，化解公司僵局

法条链接

《中华人民共和国公司法》（2023 修订）

第五十七条　股东有权查阅、复制公司章程、股东名册、股东会会议记录、

董事会会议决议、监事会会议决议和财务会计报告。

股东可以要求查阅公司会计账簿、会计凭证。股东要求查阅公司会计账簿、会计凭证的，应当向公司提出书面请求，说明目的。公司有合理根据认为股东查阅会计账簿、会计凭证有不正当目的，可能损害公司合法利益的，可以拒绝提供查阅，并应当自股东提出书面请求之日起十五日内书面答复股东并说明理由。公司拒绝提供查阅的，股东可以向人民法院提起诉讼。

股东查阅前款规定的材料，可以委托会计师事务所、律师事务所等中介机构进行。

股东及其委托的会计师事务所、律师事务所等中介机构查阅、复制有关材料，应当遵守有关保护国家秘密、商业秘密、个人隐私、个人信息等法律、行政法规的规定。

股东要求查阅、复制公司全资子公司相关材料的，适用前四款的规定。

第一百一十条　股东有权查阅、复制公司章程、股东名册、股东会会议记录、董事会会议决议、监事会会议决议、财务会计报告，对公司的经营提出建议或者质询。

连续一百八十日以上单独或者合计持有公司百分之三以上股份的股东要求查阅公司的会计账簿、会计凭证的，适用本法第五十七条第二款、第三款、第四款的规定。公司章程对持股比例有较低规定的，从其规定。

股东要求查阅、复制公司全资子公司相关材料的，适用前两款的规定。

上市公司股东查阅、复制相关材料的，应当遵守《中华人民共和国证券法》等法律、行政法规的规定。

案例：股东以未分红、财务不公开为由主张解散公司，不予支持。［最高人民法院(2017)最高法民再373号］

华城公司于2002年3月7日成立。原股东为韩某贵、张某。该公司章程第46条约定，公司经营期限为10年，自营业执照签发之日起计算。第47条第1项约定，公司有下列情形之一的，可以解散：(一)公司章程规定的经营期限届满或者公司章程规定解散的其他事由出现时。第48条约定，公司各股东一致同意延长经营期限时，应由股东会在经营期限届满前6个月作出决议，向公司登记机关申请变更登记。因股权变更，华城公司股东会于2006年3月5日作出章程修正案，修改股东姓名及出资比例为温某生出资517.64万元，占注册资本17.97%；韦某书出资639.41万元，占注册资本22.2%；黄某良出资611.06万元,占注册资本21.21%;刘某出资537.48万元,占注册资本18.67%;李某东出资574.41万元,占注册资本19.95%。2007年6月3日,华城公司就股东股份分红事宜召开股东会并作出股东会决议。刘某对该股东会决议提出反对意见,认为该决议确定的分红方案无依据,应按照工商登记的持股比例进行分配。2009年1月17日,华城公司就工程款债务问题召开股东会,刘某未参加该次股东会议。该会议决议各股东分别再向公司出资共计22万元,其中刘某应出资4万元。2009年7月26日,华城公司召开临时股东会,会议决议内容为:一、由各股东委派财务人员或亲属一人或本人参加审核公司财务、项目部收支情况。审核后各股东不得再就财务问题纠缠。审核自2009年8月1日开始,时间为10天。股东未派人参加,其他股东的审核结果有效。二、审核后,涉及税金、房产办证等税费的支出。在公司款项不足部分,由各股东按股份比例现金出资,在公司办公室或财务通知后五日内支付。逾期由此产生的一切法律责任由未履行义务的股东承担。刘某参加此次股东会且未有异议。华城公司2007年至2011年年检报告书中记载的经营状况分别为:2007年全年净利润-1,214,753,959元;2008年全年净利润-9,990,434.31元;2009年全年净利润27,737,996.74元;2010年全年净利润-2,157,199.04元;2011年全年净利润-1,417,156.85元。

2012年3月9日,华城公司以刘某未返还借款为由向广西壮族自治区南宁市青秀区人民法院起诉,要求刘某返还借款2,847,819元。广西壮族自治区南宁市青秀区人民法院作出(2012)青民二初字299号民事判决,判令刘某向华城公司返还借款2,847,819元。刘某不服提出上诉,一审法院作出(2013)南市民二终字第122号民事判决,驳回上诉,维持原判。刘某不服,向广西壮族自治区南宁市人民检察院申请监督。广西壮族自治区南宁市人民检察院提请广西壮族自治区人民检察院对该案进行抗诉。2014年6月20日,广西壮族自治区人民检察院作出桂检民监〔2014〕100号不支持监督申请决定,认定刘某的申请不符合监督条件。当年,刘某以华城公司未返还借款为由向广西壮族自治区南宁市青秀区人民法院起诉,要求华城公司返还借款227万元及利息。广西壮族自治区南宁市青秀区人民法院作出(2012)青民二初字第452号民事判决,驳回刘某的全部诉讼请求。刘某不服提起上诉,一审法院作出(2013)南市民二终字第103号民事判决,驳回上诉,维持原判。

自此股东关系恶化,遂刘某以华城公司经营管理已经发生严重困难,继续存续会使股东利益受到重大损失，且公司僵局通过其他途径无法解决为由提起解散华城公司之诉。

最高人民法院再审认为，综合华城公司的再审请求、刘某的答辩意见以及韦某书、温某生、李某东的陈述意见，并结合相关证据和事实，本案的争议焦点为：华城公司是否符合法定解散条件应予解散。

首先，华城公司尚不存在公司经营管理发生严重困难的情形。判断“公司经营管理是否发生严重困难”，应从公司组织机构的运行状态进行综合分析，如股东会、董事会以及监事会等公司权力机构和管理机构是否无法正常运行，是否对公司事项无法作出有效决议，公司的一切事务是否处于瘫痪状态等。本案中，虽然华城公司自2009年召开股东会后未再召开股东会，也未召开董事会，但是根据合计持股60.12%的股东（温某生17.97%、韦某书22.2%、李某东19.95%）明确表示不同意解散公司的事实可知，即便持股18.67%的股东刘某不参加股东会，华城公司仍可以召开股东会并形成有效决议。这一推断也被华城公司2017年3月23日召开临时股东会并制定有效公司章程的事实所印证。刘某称其与黄某良的股权合计已经超过华城公司股份总额的1/3，但刘某并无证据证明黄某良同意解散公司。至诉讼时，黄某良虽未出庭并陈述意见，但其已经签收本案相关法律文书，无法认定其是否反对股东会作出的决议。未召开股东会并不等于无法召开股东会，更不等于股东会议机制失灵，刘某提出公司机制失灵的理由不成立。刘某主张其股东权利无法行使，投资设立公司的目的无法实现。最高人民法院认为，公司的法人性质及多数决的权力行使模式决定公司经营管理和发展方向必然不能遵循所有投资人的意志，会议制度的存在为所有参与者提供表达意见的机会，但是最终的结果仍应由多数决作出，除非有例外约定。刘某作为持股比例较低的股东，在会议机制仍能运转的前提下，若认为其意见不被采纳进而损害自己的利益，可采取退出公司等方式维护自己的权益，据此其主张公司应当解散的理由不成立。刘某主张华城公司目前处于歇业状态，但其提交的证据不能予以证明。《企业信用信息公示报告》中显示华城公司的登记状态是存续，《开发资质查询结果》《建设工程规划许可查询结果》《预售许可情况查询结果》也不能证明华城公司处于歇业状态。刘某还主张华城公司是房地产开发公司，仅开发大地华城公司一个项目，该项目已经建设销售完毕，华城公司无存续必要。但在再审庭审中对于法院“公司现在经营情况怎样”的询问，华城公司回应称“部分公司车位未销售完毕，现在正在正常经营。

主要原来的项目未销售完毕,现在无新的项目开发”,对此刘某并未提出充分的证据予以反驳。因此,华城公司并未陷入公司经营管理失灵无法正常运转的局面,公司经营管理并未发生严重困难。

其次,华城公司继续存续并不会使股东利益受到重大损失。前已述及,华城公司并不存在经营管理发生严重困难情形,在此前提下,公司继续存续是否会使“股东利益受到重大损失”应结合股东利益的救济方式进行综合分析。如果有其他途径对股东的利益予以救济,则不宜通过解散公司的方式进行。刘某主要因要求华城公司分红未果以及公司财务不公开等事项而与华城公司及其他股东产生矛盾,属于股东分红请求权、知情权纠纷。依照《公司法》的规定,股东认为上述权利受到侵害的,可以诉请要求分配利润或提供账册查询,性质上不属于公司解散诉讼的受理事由。刘某主张华城公司仅对其提起返还借款诉讼属于差别对待,一审法院作出(2013)南市民二终字第122号民事判决,支持华城公司的诉讼请求,令刘某返还借款。华城公司主张债权的行为属于合法行为,刘某主张差别对待,严重损害其利益的理由不成立。刘某主张华城公司财务状况异常混乱,存在内外账、会计账和出纳账常年不符、款项支付不明、财务凭证不齐等问题,但其提供的证据不足以认定该事实。刘某主张华城公司经营亏损,继续经营会严重损害股东利益。根据《公司法》第182条和最高人民法院《关于适用〈中华人民共和国公司法〉若干问题的规定(二)》第1条的规定,公司经营亏损不属于法定解散事由,法院不予支持。在刘某尚未采取其他法律措施维护自己权利的情况下,就本案现有证据而言,尚不足以证实华城公司继续存续会使股东利益受到重大损失。

主要观点:

1. 刘某与其他股东之间的矛盾的确难以调和,但股东之间的矛盾并非解散公司的法定事由,股东纠纷可采取内部方式(如知情权、分红请求权、股权退出机制)来解决。公司解散对于公司而言是最严厉、最具破坏性的结果,若非万不得已,就不宜选择解散公司的办法来解决股东之间的矛盾,以此维护社会关系的稳定,保障债权人的利益。华城公司各股东之间应本着诚信原则和公平原则,化干戈为玉帛,求同存异,妥善处理好股东之间的矛盾。

2. 根据2015年《公司法》第110条、2023年《公司法》第113条规定,提议召开临时会议来化解股东会僵局状态。

法条链接

《中华人民共和国公司法》(2023 修订)

第六十二条 股东会会议分为定期会议和临时会议。

定期会议应当按照公司章程的规定按时召开。代表十分之一以上表决权的股东、三分之一以上的董事或者监事会提议召开临时会议的,应当召开临时会议。

第一百一十三条 股东会应当每年召开一次年会。有下列情形之一的,应当在两个月内召开临时股东会会议:

(一)董事人数不足本法规定人数或者公司章程所定人数的三分之二时;

(二)公司未弥补的亏损达股本总额三分之一时;

(三)单独或者合计持有公司百分之十以上股份的股东请求时;

(四)董事会认为必要时;

(五)监事会提议召开时;

(六)公司章程规定的其他情形。

案例:公司僵局不是公司解散的充分条件。[新疆维吾尔自治区高级人民法院(2014)新民二终字第 38 号案]

祥平房产公司设立于 2001 年 10 月 11 日,其现有股东分别为祥平实业公司、张某升及豪骏公司,其中祥平实业公司持有祥平房产公司 51% 股权,张某升持有祥平房产公司 39% 股权,豪骏公司持有祥平房产公司 10% 的股权。祥平房产公司章程载明,公司注册资本 1300 万元;股东以其出资份额享有表决权;股东之间可以相互转让其全部或者部分出资;股东转让出资由股东会讨论通过;股东向股东以外的人转让其出资时,必须经全体股东一致同意,不同意转让的股东应当购买该转让的出资,如果不购买该转让的出资,视为同意转让;股东会由全体股东组成;股东会议由股东按照出资比例行使表决权;股东会对修改公司章程、对公司增加或者减少注册资本、分立、合并、解散或者变更公司形式须经代表 2/3 以上表决权的股东通过;其余事项,须经代表 1/2 以上表决权的股东通过方可生效。2010 年 1 月 18 日,乌鲁木齐市公安局对张某升、杨某玲涉嫌职务侵占、挪用资金决定立案侦查,并下发立案决定书。后于 2012 年 2 月 24 日决定不追究其刑事责任,作出撤销案件决定书。2010 年 3 月 23 日,经孟某平申请,新疆维吾尔自治区公证处到新疆心脑血管医院 16 楼 18 床给张某升送达祥平房产公司召开股东会会议通知一份。2010 年 3 月 25 日下午,祥平房产公司召开股东会,审议表决了十项议题,包括免去张某升总经理及法定代表人职务以及聘任林某洲担任总经理及法定代表人的人事任免事宜。豪骏公司及张某升缺席未参加该次股东会,新疆维吾尔自治区公证处对会议过程及会议形成的文件给予公证并出具(2010)新证经第字1613号公证书。2010年5月26日,豪骏公司、张某升向祥平实业公司及祥平房产公司提起诉讼请求:1. 依法撤销2010年3月25日祥平房产公司作出的股东会决议;2. 判令祥平实业公司停止侵权,返还其管理经营祥平房产公司期间的财务账册、经营凭证档案、公司公章及张某升个人私章,撤出强行进驻的祥平房产公司办公楼;3. 判令赔偿损失310万元。经审理后,于2010年11月16日依法作出(2010)乌中民二初字第46号民事判决书,判决:一、撤销2010年3月25日祥平房产公司股东会决议中的第10项即同意将祥平房产公司章程恢复到2009年4月14日公司章程修正案的内容。二、祥平房产公司在判决生效后10日内返还张某升私章。三、驳回豪骏公司的其他诉讼请求。四、驳回张某升的其他诉讼请求。豪骏公司与张某升不服该判决,提出上诉。新疆维吾尔自治区高级人民法院于2011年5月3日依法作出(2011)新民二终字第3号民事判决,驳回上诉,维持原判。上述终审判决作出后,豪骏公司及张某升向最高人民法院申请再审,2012年8月23日,最高人民法院依法作出(2012)民申字第741号民事裁定书,裁定对该案进行再审。2010年3月19日,祥平实业公司起诉祥平房产公司,要求解除双方签订的《合作开发协议》,返还334.5亩土地使用权,并要求祥平房产公司承担违约金350万元。后经法院主持调解,双方达成调解协议,原审法院于2010年4月15日作出(2010)乌中民四初字第32号民事调解书,确认解除双方签订的《合作开发协议》,并确认了各自相应的权利义务。该调解书生效后,豪骏公司与张某升于2011年11月24日向新疆维吾尔自治区高级人民法院申请再审。新疆维吾尔自治区高级人民法院于2012年3月6日作出(2011)新民申字第1441号民事裁定书,裁定对该案提起再审。后新疆维吾尔自治区高级人民法院于2012年10月25日依法作出(2012)新审一民提字第168号民事判决书,判决维持本院(2010)乌中民四初字第32号民事调解书。五、2011年1月10日,祥平实业公司起诉豪骏公司要求支付股权转让款130万元,经乌鲁木齐市新市区人民法院(2011)新民二初字第120号民事判决书及本院(2011)乌中民二终字第481号民事判决,判决支持了祥平实业公司的诉讼请求。豪骏公司不服,向新疆维吾尔自治区高级人民法院申请再审,新疆维吾尔自治区高级人民法院于2012年9

月27日作出(2012)新民申字第1225号民事裁定书,裁定对该案提起再审。2011年3月1日,祥平实业公司起诉张某升要求支付股权转让款533万元,经(2011)乌中民二初字第10号民事判决及新疆维吾尔自治区高级人民法院(2011)新民二终字第87号民事判决,判决支持了祥平实业公司的诉讼请求。张某升不服向最高人民法院申请再审,最高人民法院于2012年8月23日作出(2012)民申字第799号民事裁定书,裁定驳回张某升的再审申请。自2010年3月25日之后,祥平房产公司未再召集股东召开会议或股东大会。

自此股东关系恶化,遂祥平实业公司以股东之间矛盾重重,已经丧失了公司正常经营所需的基础等为由提出解散祥平房产公司之诉。

法院认为,关于祥平房产公司是否符合公司解散法定条件的问题,须从公司解散纠纷的立法目的分析。公司解散纠纷系股东在公司经营出现僵局时提起解散公司申请而引发,其设定目的在于使弱势股东穷尽公司内部的救济手段后,得以运用司法手段调整失衡的利益关系。由此可见,《公司法》的立法本意是希望公司通过公司自治等方式解决股东之间的僵局状态,“通过其他途径不能解决”是股东请求解散公司的必要条件,只有在穷尽一切可能的救济手段仍不能化解公司僵局时,才赋予股东通过司法程序强制解散公司的权利。

本案中,从表面上看各股东之间矛盾较为突出,似乎符合股东僵局的特征,但公司解散并非解决这一僵局的唯一途径。祥平实业公司(祥平房产公司股东)提交的股东(张某升)曾因涉嫌刑事犯罪而被公安机关立案以及股东与股东之间、股东与被解散公司之间发生多起民事纠纷的系列诉讼案件,虽然反映出3年期间祥平房产公司的3位股东为了各自的利益相互诉讼,相互之间失去了彼此信任、交流和协商的基础,但并不能因此确定祥平房产公司的经营管理已发生严重困难。由此可见,《公司法》已对股东各项权益保护予以充分的制度规制,祥平实业公司在参与公司经营决策及享有资产受益等股东权利无法实现时,应当且可以通过其他合法途径予以救济,而不能以此为由请求法院判决解散公司。鉴于本案中祥平实业公司未举证证明其已经穷尽了内部的救济手段,也不能证明祥平房产公司目前存在的僵局通过其他途径不能解决,其要求解散祥平房产公司的主张不符合《公司法》相关规定,法院不予支持。

主要观点:祥平实业公司作为祥平房产公司的股东,可依据祥平房产公司章程和《公司法》相关规定提议召开临时会议,化解股东会僵局状态,依照法律和章程行使相应的股东知情权,还可通过要求公司或者控股股东收购股份,甚至向股东以外的其他人转让股权的方式退出公司，彻底解决股东之间长期存在的分歧和冲突。

（三）通过人事任免、转让股权和请求公司回购以退出公司等彻底解决股东之间长期存在的分歧和冲突

法条链接

《中华人民共和国公司法》（2023 修订）

第六十七条　有限责任公司设董事会，本法第七十五条另有规定的除外。董事会行使下列职权：……

（八）决定聘任或者解聘公司经理及其报酬事项，并根据经理的提名决定聘任或者解聘公司副经理、财务负责人及其报酬事项；

……

第七十四条　有限责任公司可以设经理，由董事会决定聘任或者解聘。

经理对董事会负责，根据公司章程的规定或者董事会的授权行使职权。经理列席董事会会议。

第八十四条　有限责任公司的股东之间可以相互转让其全部或者部分股权。

股东向股东以外的人转让股权的，应当将股权转让的数量、价格、支付方式和期限等事项书面通知其他股东，其他股东在同等条件下有优先购买权。股东自接到书面通知之日起三十日内未答复的，视为放弃优先购买权。两个以上股东行使优先购买权的，协商确定各自的购买比例；协商不成的，按照转让时各自的出资比例行使优先购买权。

公司章程对股权转让另有规定的，从其规定。

第八十九条　有下列情形之一的，对股东会该项决议投反对票的股东可以请求公司按照合理的价格收购其股权：

（一）公司连续五年不向股东分配利润，而公司该五年连续盈利，并且符合本法规定的分配利润条件；

（二）公司合并、分立、转让主要财产；

（三）公司章程规定的营业期限届满或者章程规定的其他解散事由出现，股东会通过决议修改章程使公司存续。

自股东会决议作出之日起六十日内，股东与公司不能达成股权收购协议的，股东可以自股东会决议作出之日起九十日内向人民法院提起诉讼。

公司的控股股东滥用股东权利，严重损害公司或者其他股东利益的，其他股东有权请求公司按照合理的价格收购其股权。

公司因本条第一款、第三款规定的情形收购的本公司股权，应当在六个月内依法转让或者注销。

第一百六十一条　有下列情形之一的，对股东会该项决议投反对票的股东可以请求公司按照合理的价格收购其股份，公开发行股份的公司除外：

（一）公司连续五年不向股东分配利润，而公司该五年连续盈利，并且符合本法规定的分配利润条件；

（二）公司转让主要财产；

（三）公司章程规定的营业期限届满或者章程规定的其他解散事由出现，股东会通过决议修改章程使公司存续。

自股东会决议作出之日起六十日内，股东与公司不能达成股份收购协议的，股东可以自股东会决议作出之日起九十日内向人民法院提起诉讼。

公司因本条第一款规定的情形收购的本公司股份，应当在六个月内依法转让或者注销。

案例：解散公司诉讼两个实质条件缺一不可。［最高人民法院（2015）民申字第 289 号］

通用锅炉公司系由兄弟三人张某峰、张某利、张某军出资设立，公司注册资本 2200 万元人民币，三人持有公司股份的比例分别为 40%、30%、30%，法定代表人为张某峰。自 2007 年 9 月以来，通用锅炉公司股东之间产生严重冲突。张某峰从 2007 年开始，将张某利、张某军赶出公司，不让其参与公司经营管理，股东之间的矛盾不断升级，且至今依然冲突不断，近几年在不同法院多次进行相关法律诉讼及到公安等相关部门投诉，上访。因此，通用锅炉公司自 2007 年以来根本无法召开股东会和形成有效决议，公司股东会已经形同虚设，公司的内部治理结构已完全失灵，公司经营管理已陷入严重僵局，公司目前持续恶化的局面以及名存实亡的实际状况已经给张某军造成了重大损失，如公司继续存续，将会给张某军带来更大的损失，张某军遂起诉到法院请求依法解散通用锅炉公司。

最高人民法院经审查认为，股东请求法院解散公司作为一种特殊的制度安排，根据 2005 年《公司法》第 183 条的规定，必须符合“公司经营管理发生严重困难，继续存续会使股东利益受到重大损失”和“通过其他途径不能解决”两个实质要件。本案中，通用公司是张某峰、张某利和张某军三兄弟开设的公司，股东之间因同胞兄弟这一血缘关系而具有天然的人合性，且三兄弟所占股权比例分别为40%、30%、30%，并未形成由某一个人绝对控股的局面。申请人张某军在本案中所主张的解散事由的核心是其被排除在公司经营管理之外，至于其所列举的股东之间群殴打架、张某峰将其和张胜利赶出公司、张某峰伪造决议处分公司资产等导致其权利受到侵害的事由，均可以通过提议召开股东会讨论人事任免、转让股权和请求公司回购以退出公司等其他合法途径获得救济，并无通过司法诉讼强制解散公司的必要。而在本案中，张某军对其所主张的股东权利受到侵害的情节，直至采取了对其长兄张某峰不断进行控告和诉讼的方式，并未依照《公司法》和通用公司章程的规定行使其股东权利以寻求救济，故其关于解散公司的诉讼请求依法不应得到支持。

主要观点：

1. 申请人主张的解散事由是其被排除在公司经营管理之外和其权利受到侵害的事由等，均可以通过提议召开股东会讨论人事任免、转让股权和请求公司回购以退出公司等其他合法途径获得救济，并无通过司法诉讼强制解散公司的必要。

2. 股权份额已超过2/3以上表决权的大股东，可以通过公司权力机构股东会行使职权，解决公司经营管理问题。

案例：一方股东已超过公司章程规定的多数表决权，不符合解散公司的条件。［广东省高级人民法院(2012)粤高法民二终字第43号］

曾某坚与林某森分别持有汤始公司88%和12%的股权份额。汤始公司公司章程规定：股东会议由股东按照出资比例行使表决权，每1万元人民币为一个表决权；股东会会议应对所议事项作出决议，决议应由代表1/2以上表决权的股东表决通过；但股东会对公司增加或者减少注册资本，公司合并、分立、变更形式、解散和清算，修改公司章程等事项所作出的决议，必须经代表2/3以上表决权的股东表决通过。在曾某坚持有公司88%股权份额已超过公司章程规定的2/3表决权的情况下，汤始公司可以通过公司权力机构股东会行使职权解决公司经营管理问题，并不存在股东会无法有效召集或无法通过有效决议的情形。公司是股东自治的产物，司法介入只是对公司自治机制的补充和救济。公司经营管理发生严重困难，主要是因为股东会机制失灵，无法就公司的经营管理进行决策。股东与股东之间存在矛盾冲突、股东会议的召集及通知方式不符合法律或公司章程的规定，均非公司必须解散的理由。

本案汤始公司双方股东及公司因公司经营管理、公司重大资产归属等问题产生争议，可循法律途径解决，但并不能因此否定公司权力机构继续行使职权。公司股东均应遵循公司章程的规定行使自己的权利，在股东会可以有效召集并达到公司章程规定的表决多数时，不能判定股东会机制已经失灵，亦不能判定公司无法通过股东会行使职权解决公司经营管理中存在的问题。公司是企业法人，解散公司是对公司最为严厉的制裁，应当谨慎从严把握。股东既然选择设立公司，就应遵从公司章程约定的议事规则，通过公司权力机构行使股东权利。在一方股东所持股权份额已经超过公司章程规定的多数表决权时，认定汤始公司治理结构失灵，依据不足。本案林某森诉请解散汤始公司，不符合2005年《公司法》第183条、最高人民法院《关于适用〈中华人民共和国公司〉若干问题的规定(二)》第1条第1款的规定。

主要观点：在一方股东所持股权份额已经超过公司章程规定的多数表决权时，认定公司治理结构失灵，依据不足。股权份额已超过2/3以上表决权的大股东，可以通过公司权力机构股东会行使职权，解决公司经营管理问题。

第四章 实际控制人与利益相关者利益冲突解决方案

第一节　资本制度

一、资本制度概述

公司资本制度是指公司资本的形成、维持、退出等方面的制度安排，具体包括股东出资、资本的增减与资本的退出三个方面所涉及的问题。

二、股东出资方式、期限、额度和加速到期

股东出资是指股东（包括发起人和认股人）在公司设立或者增加资本时，为取得股份或股权，根据协议的约定以及法律和公司章程的规定向公司交付财产或履行其他给付义务以取得股权的行为。

（一）出资方式

出资方式是指合资各方以何种方式出资入股。根据《公司法》第48条规定，股东可以用货币出资，也可以用实物、知识产权、土地使用权、股权、债权等可以用货币估价并可以依法转让的非货币财产作价出资；但是，法律、行政法规规定不得作为出资的财产除外。

1. 关于出资方式的限制性规定

《市场主体登记管理条例》

第十三条第二款　出资方式应当符合法律、行政法规的规定。公司股东、非公司企业法人出资人、农民专业合作社（联合社）成员不得以劳务、信用、自然

人姓名、商誉、特许经营权或者设定担保的财产等作价出资。

最高人民法院《关于适用〈中华人民共和国公司法〉若干问题的规定(三)》(2020 修正)

第十一条第一款　出资人以其他公司股权出资,符合以下条件的,人民法院应当认定出资人已履行出资义务:

(一)出资的股权由出资人合法持有并依法可以转让;

(二)出资的股权无权利瑕疵或者权利负担;

(三)出资人已履行关于股权转让的法定手续;

(四)出资的股权已依法进行了价值评估。

《贷款通则》

第二十条　对借款人的限制:……

三、不得用贷款从事股本权益性投资,国家另有规定的除外。……

2. 关于出资方式的扩充性规定——人力资本出资的相关规定

国务院《关于印发〈进一步深化中国(广东)自由贸易试验区改革开放方案〉的通知》(国发〔2018〕13 号)(2018 年 5 月 4 日)

(十)推动人才管理改革。探索将有关境外人才省级管理权限赋予自贸试验区。开展外国高层次人才服务"一卡通"试点,建立安居保障、子女入学和医疗保健服务通道。创新人力资本入股办法,鼓励企业实施股权分红激励措施。……

国务院《关于印发〈进一步深化中国(天津)自由贸易试验区改革开放方案〉的通知》(国发〔2018〕14 号)(2018 年 5 月 4 日)

(九)创新要素市场配置机制。……创新人力资本入股办法,鼓励企业实施股权分红激励措施。……

珠海市横琴新区管理委员会办公室《关于印发〈中国(广东)自由贸易试验区珠海横琴新区片区人力资本出资管理办法(试行)〉的通知》(珠横新办〔2016〕44 号)(2016 年 12 月 30 日发布,已失效)

第二条　【人力资本定义】本办法所称人力资本,是指依附于公司股东人身,在一定期限内以劳动、服务等形式提供给公司,能够为公司带来一定预期经济效益的人力资源,通过法定形式转化而成的资本,表现为技术人才、管理人才、营销人才的研发技能、管理才能等。

第三条　【适用范围】在横琴自贸片区登记的有限责任公司,其自然人股东可以人力资本作价出资。

第四条　【人力资本出资比例限制】人力资本出资额不得超过公司注册资本的三分之一。

第五条　【劳动合同或者服务合同】以人力资本出资的，股东应当与公司签订劳动合同、服务合同等。

第六条　【对章程的要求】以人力资本出资的，公司章程应当载明人力资本股东姓名、人力资本内容、出资额、出资期限等。

中共湖北省委、湖北省人民政府《关于加快东湖国家自主创新示范区建设的若干意见》（鄂发〔2010〕4号）（2010年3月18日）

三、深化改革，先行先试，建立和完善有利于自主创新的体制机制

……（一）开展股权激励和科技成果转化奖励试点。……支持允许以专利、标准等知识产权、研发技能、管理经验等人力资本作价出资创办、联办高新技术企业。……

中共温州市委办公室、温州市人民政府办公室《关于印发〈温州市人力资本出资登记试行办法〉和〈温州市人力资本出资入股认定试行办法〉的通知》（温委办〔2006〕6号）（2006年2月15日）

二、本办法所称人力资本指依附在投资者身上，能够给公司带来预期经济效益的人才资源，通过法定形式转化而成的资本。表现为：管理人才、技术人才、营销人才的知识、技能、经验等。

三、适用范围：

（一）适用区域范围：在温州市龙湾区和温州经济技术开发区内登记注册的有限责任公司。

（二）适用行业范围：人力资本较为集中及科技含量较高的先进制造业、现代服务业和创新创意性产业。

（三）适用登记类别：上述企业的设立登记、变更（股权转让、注册资本变更）和注销登记。

四、人力资本出资必须经法定评估机构评估作价，报经市人力资本出资试点工作领导小组确认后一次性投资入股。人力资本出资企业注册资本最低限额为人民币100万元，出资比例不得超过公司注册资本总额30%。

《浦东新区人力资本出资试行办法》

一、人力资本的定义：指依附在投资者身上，能够给公司带来预期经济效益

的人才资源，通过法定形式转化而成的资本。表现为：管理人才、技术人才、营销人才的知识、技能、经验等。

二、在浦东新区范围内登记注册的有限责任公司和股份有限公司（不含外商投资企业），属于以金融为核心的现代服务业、以高新技术为主导的先进制造业、以自主知识产权为特征的创新创意产业的，可以人力资本作价投资入股。以人力资本作价出资的金额不得超过公司注册资本的35%。

公司《营业执照》的注册资本栏中应注明货币出资的数额。

三、人力资本可经法定评估机构评估作价，也可经全体股东协商作价并出具由全体股东签字同意的作价协议。

人力资本作价入股应当提交由法定验资机构出具的验资证明。

江苏省科学技术委员会、江苏省经济体制改革委员会《关于推进技术股份化的若干意见》（苏科成〔1999〕517号）（1999年10月29日）

二、鼓励科技人员持大股

应用开发类的科研院所在改制时，骨干科技人员可以持大股。以应用开发类项目的转化应用为主的中小型企业，骨干科技人员的持股比例可以不低于总股本的50%。关系企业生存发展的核心科技人员，可以采用人力资本作价入股的形式。人力资本作价入股，必须由具备相应资质的评估机构采用国际上成熟的人力资本评估方法进行评估，且作价入股的比例不得超过总股本的35%。……

（二）出资期限、出资额度

根据《公司法》第47条、第98条规定，有限责任公司的注册资本自公司成立之日起5年内缴足；股份有限公司无论是以发起方式设立还是以募集方式设立，均应在公司成立前缴足所认缴的出资款。

法条链接

《中华人民共和国公司法》（2023修订）

第四十七条　有限责任公司的注册资本为在公司登记机关登记的全体股东认缴的出资额。全体股东认缴的出资额由股东按照公司章程的规定自公司成立之日起五年内缴足。

法律、行政法规以及国务院决定对有限责任公司注册资本实缴、注册资本最低限额、股东出资期限另有规定的，从其规定。

第九十八条第一款　发起人应当在公司成立前按照其认购的股份全额缴

纳股款。

第一百条　发起人向社会公开募集股份，应当公告招股说明书，并制作认股书。认股书应当载明本法第一百五十四条第二款、第三款所列事项，由认股人填写认购的股份数、金额、住所，并签名或者盖章。认股人应当按照所认购股份足额缴纳股款。

（三）股东出资加速到期

公司不能清偿到期债务的，根据2019年最高人民法院印发的《全国法院民商事审判工作会议纪要》（法〔2019〕254号）的规定，只有在以下两种情形下，债权人可以请求未届出资期限的股东在未出资范围内对公司不能清偿的债务承担补充赔偿责任：（1）公司作为被执行人的案件，人民法院穷尽执行措施无财产可供执行，已具备破产原因，但不申请破产的；（2）在公司债务产生后，公司股东会决议或以其他方式延长股东出资期限的。但是，2023年《公司法》第54条规定，公司不能清偿到期债务的，公司或者已到期债权的债权人有权要求已认缴出资但未届出资期限的股东提前缴纳出资。

法条链接

最高人民法院《关于民事执行中变更、追加当事人若干问题的规定》（2020修正）

第十七条　作为被执行人的营利法人，财产不足以清偿生效法律文书确定的债务，申请执行人申请变更、追加未缴纳或未足额缴纳出资的股东、出资人或依公司法规定对该出资承担连带责任的发起人为被执行人，在尚未缴纳出资的范围内依法承担责任的，人民法院应予支持。

案例：债权人选择在执行程序中申请追加出资不实的股东，股东出资加速到期。［北京市第三中级人民法院（2020）京03民终2292号］

庞贝公司于2004年1月17日成立，企业类型为有限责任公司（自然人投资或控股），注册资本2000万元。其中巩某林认缴出资1000万元，实缴25万元，其余975万元认缴出资时间为2034年1月1日；钱某江认缴出资1000万元，实缴25万元，其余975万元认缴出资时间为2034年1月1日。蒙某与庞贝公司承揽合同纠纷一案，法院于2018年5月31日作出（2018）京0112民初7222号民事判决书，判决庞贝公司于判决生效之日起7日内给付蒙某承揽费26万元及利息（以26万元为基数，自2018年1月5日起至实际给付之日止，按照中国人民银行同期贷款利率计算）。后蒙某依据上述生效文书向法院申请强制执行，该案因被执行人无财产可供执行，法院于2019年7月22日作出(2019)京0112执1821号之一执行裁定书，裁定终结本次执行程序。在该案执行过程中，蒙某向法院申请追加钱某江、巩某林为被执行人。法院于2019年9月2日作出(2019)京0112执异517号执行裁定书，裁定驳回蒙某申请追加钱某江、巩某林为被执行人的请求。蒙某不服该裁定，于2019年9月11日向法院提起执行异议之诉。

本案的争议焦点为蒙某是否有权以钱某江、巩某林未足额出资为由，申请追加其二人为被执行人。对此法院认为，在注册资本认缴制下，股东依法享有期限利益。但在特殊情形下，如公司作为被执行人的案件，人民法院穷尽执行措施无财产可供执行，公司已具备破产原因但不申请破产，债权人以公司不能清偿到期债务为由，请求未届出资期限的股东在未出资范围内对公司不能清偿的债务承担补充赔偿责任的，人民法院应予支持。据本案查明的事实，钱某江、巩某林为庞贝公司的股东，二人认缴出资分别为1000万元，二人分别实缴出资25万元。虽然公司章程中确定的出资时间尚未届满，但庞贝公司对蒙某的债务已于2018年9月12日被北京市第三中级人民法院生效判决予以确认，且蒙某已向法院申请强制执行。庞贝公司作为被执行人的案件，法院穷尽执行措施无财产可供执行，被裁定终结本次执行程序。现钱某江、巩某林并未对庞贝公司具备清偿能力或资产足以清偿债务等进行举证；相反，结合二人的陈述，更能认定庞贝公司已具备破产原因但不申请破产，应认定钱某江、巩某林的股东出资加速到期。因此，一审法院认定钱某江和巩某林应在其未出资范围内对公司债务承担清偿责任，并无不当。

主要观点：根据最高人民法院《关于民事执行中变更、追加当事人若干问题的规定》第17条的规定，“作为被执行人的营利法人，财产不足以清偿生效法律文书确定的债务，申请执行人申请变更、追加未缴纳或未足额缴纳出资的股东、出资人或依公司法规定对该出资承担连带责任的发起人为被执行人，在尚未缴纳出资的范围内依法承担责任的，人民法院应予支持”，蒙某有权申请追加未履行出资义务的股东钱某江、巩某林在其未出资范围内承担责任。

案例：债权人选择通过诉讼程序追究股东出资不实，股东出资加速到期。[广东省广州市中级人民法院(2019)粤01民终19085号]

2014年3月28日，亿必佳公司登记成立，法定代表人为简某辉，注册资本300万元，2014年3月25日的公司章程显示自然人股东为简某辉、简某浩，其中简某浩出资数额为285万元、简某辉出资数额为15万元，出资方式均为货币，出资时间均为2020年3月25日；企业信用信息公示报告显示，2014年4月1日，简某浩实缴出资23.75万元，简某辉实缴出资1.25万元。

2018年1月15日，广州市白云区劳动人事争议仲裁委员会作出穗云劳人仲案字(2017)2471号裁决书，裁决被申请人亿必佳公司向申请人梁某华支付一次性伤残补助金7.15万元、一次性伤残就业补助金9.75万元、一次性工伤医疗补助金2.6万元、停工留薪期工资2.6万元、住院伙食补助费1890元、护理费2700元，合计225,590元。

案件执行期间，2018年5月8日，简某浩（转让方）与程某成（受让方）签订《股东转让出资合同书》，约定：简某浩原出资285万元转让给程某成；2018年5月8日前，受让方需将转让金全部付给转让方；2018年5月8日止，本公司债权债务已核算清楚，无隐瞒，双方均已认可，从2018年5月8日起，程某成成为本公司的股东，承认修改后的本公司章程，享有股东权益；公司红利的收益按本合同签订之日计算，转让方享有转让前的红利，受让方享有转让后的红利；简某浩从转让之日起，不再是公司股东。同日，亿必佳公司制定公司章程，载明：公司认缴注册资本300万元，股东程某成出资数额285万元，股东简某辉出资数额15万元；出资方式均为货币，出资时间均为2020年3月25日。

2018年5月14日，亿必佳公司股东登记由简某浩、简某辉变更为程某成、简某辉。

2019年2月27日，梁某华向一审法院提起本案诉讼。另外，梁某华确认其并未通过申请强制清算、破产等程序向亿必佳公司主张债权。简某辉、程某成确认亿必佳公司已于2017年10月停止经营，至今未进行清算。

关于本案争议的焦点问题，(2017)2471号裁决书已确定亿必佳公司应向梁某华支付一次性伤残补助金、一次性伤残就业补助金、一次性工伤医疗补助金及停工留薪期工资、住院伙食补助费、护理的支付义务，但该公司未履行上述仲裁裁决。该案执行中，由于亿必佳公司的财产不足以清偿上述裁决书确定的义务，故债权人梁某华的债权至今未获清偿。亿必佳公司于2017年停止营业，而且从2019年3月起该公司就已经没有营业场所。在亿必佳公司停业且没有营业场所的情况下，程某成、简某辉作为该公司股东没有举证证明该公司尚有偿还梁某华上述债务的能力或者还有其他财产可以抵偿。因此，根据《企业破产法》第2条第1款“企业法人不能清偿到期债务，并且资产不足以清偿全部债务或者明显缺乏清偿能力的，依照本法规定清理债务”及第7条第1款“债务人有本法第二条规定的情形，可以向人民法院提出重整、和解或者破产清算申请”之规定，亿必佳公司应申请破产清算。

主要观点：程某成、简某辉均未提供证据证明亿必佳公司在资不抵债的情况下已申请破产清算。在亿必佳公司已符合破产清算条件但不申请破产清算的情况下，其股东的出资应适用加速到期原则。

三、股东出资纠纷类型与合规要求

股东出资是指公司股东在公司设立或增加资本时，按照法律、公司章程的规定以及认股协议的约定，向公司交付财产或履行其他给付义务以取得股权的行为。出资是股东对公司的基本义务，也是形成公司财产的基础。如果股东未按规定缴纳出资，或者虚假出资、出资不足、抽逃出资等，即可能引发公司与股东、股东与股东、股东与债权人之间的出资纠纷和诉讼，股东可能被起诉而依法承担继续履行、损害赔偿等违约责任。基于出资制度在整个公司制度中的重要意义，《公司法》不仅对股东出资的数额、期限、方式及其责任等都有所规定，还规定了未履行义务股东或发起人的补缴差额责任和其他股东或发起人的连带认缴责任。此外，违反出资义务造成公司或其他已履行义务的出资人损失的，还须承担损害赔偿责任。

最高人民法院《关于修改〈民事案件案由规定〉的决定》(2020)专门规定了股东出资纠纷案由，以处理各种违法出资行为，并追究股东责任。公司案件审理中常见的股东出资纠纷包括以下类型。

(一)虚假出资纠纷

虚假出资是指股东认购出资而未实际出资，取得公司股权的情形。虚假出资的具体表现形式包括：以无实际现金流通的虚假银行进账单、对账单骗取验资报告；以虚假的实物出资手续骗取验资报告；以实物、知识产权、土地使用权出资，但未办理产权转移手续等。根据最高人民法院《关于适用〈中华人民共和国公司法〉若干问题的规定(三)》(2020修正)第7～11条规定，以下情形被认定为虚假出资。(1)出资人以不享有处分权的财产出资。(2)以贪污、受贿、侵占、挪用等违法犯罪所得的货币出资后取得股权。(3)出资人以划拨土地使用权出资但未办理土地变更手续，或者以设定权利负担的土地使用权出资。(4)出资人以非货币财产出资，未依法评估作价。(5)评估确定的价额显著低于公司章程所定价额。(6)出资人以房屋、土地使用权或者需要办理权属登记的知识产权等财产出资,已经交付公司使用但未办理权属变更手续。(7)出资人以其他公司股权出资,但是不满足以下条件的:①出资的股权由出资人合法持有并依法可以转让;②出资的股权无权利瑕疵或者权利负担;③出资人已履行关于股权转让的法定手续;④出资的股权已依法进行价值评估。

法条链接

《中华人民共和国公司法》(2023 修订)

第四十八条　股东可以用货币出资,也可以用实物、知识产权、土地使用权、股权、债权等可以用货币估价并可以依法转让的非货币财产作价出资;但是,法律、行政法规规定不得作为出资的财产除外。

对作为出资的非货币财产应当评估作价,核实财产,不得高估或者低估作价。法律、行政法规对评估作价有规定的,从其规定。

案例:股东向公司借款或将公司往来款作为注册资金应认定为虚假出资。[《中艺进出口实业公司申请执行北京周氏贸易有限公司案——执行中股东虚假出资的认定》载《执行工作指导·案例分析》①]

2002 年,实业公司申请执行贸易公司过程中,将贸易公司 1997 年增资时大股东周某由 30 万元增资至 300 万元中的 175 万元(系实业公司付给贸易公司货款),列入所有者权益项下的资本公积金项目,再通过资本公积金转增股份方式增资。实业公司据此认为周某虚假出资,应在 175 万元范围内承担连带责任。

法院认为:虽然我国《公司法》对可以作为出资的财产的列举并无债权一项,但作为一种债权重组行为,只要借款关系真实有效,其效力应得到认可。因股东豁免公司对其的债务,债权作为请求权所具有的不确定性就转化为对公司的现实收益,符合资本确定之原则。但是,股东通过制造投资协议的欺诈手段将本属于公司的往来款项伪称为股东个人款项汇入公司,进而算作资本公积金转为对公司的投资,未按《公司法》规定足额缴纳注册资本金,公司资产亦无任何增加,构成虚假出资。股东向公司借款手续不完备,无资金的实际交付,借款股东亦未办理资金转移手续,而是公司将股东所借资金在公司银行账户之间内部转账,股东以该借款为注册资金投入公司的,应认定为虚假出资。

(二)出资不足纠纷

出资不足是指在约定的期限内,股东仅仅履行了部分出资义务或者未能补

① 《强制执行指导与参考》(2005 年第 1 集)(总第 13 集)2005 年 12 月出版,第 46 页。

足出资的情形。出资不足的具体表现形式包括:货币出资只履行了部分出资义务;作为出资的实物、知识产权、土地使用权的实际价额显著低于公司章程所定价额。

法条链接

《中华人民共和国公司法》(2023 修订)

第四十九条　股东应当按期足额缴纳公司章程规定的各自所认缴的出资额。

股东以货币出资的,应当将货币出资足额存入有限责任公司在银行开设的账户;以非货币财产出资的,应当依法办理其财产权的转移手续。

股东未按期足额缴纳出资的,除应当向公司足额缴纳外,还应当对给公司造成的损失承担赔偿责任。

第五十条　有限责任公司设立时,股东未按照公司章程规定实际缴纳出资,或者实际出资的非货币财产的实际价额显著低于所认缴的出资额的,设立时的其他股东与该股东在出资不足的范围内承担连带责任。

第九十九条　发起人不按照其认购的股份缴纳股款,或者作为出资的非货币财产的实际价额显著低于所认购的股份的,其他发起人与该发起人在出资不足的范围内承担连带责任。

案例:股东出资不足应在不实出资限额内承担相应责任。[山东省青岛市市北区人民法院(2001)北经初字第 2103 号]①

1996 年 8 月 8 日,原告与青岛美园大酒店有限公司签订借款协议。原告按协议给付该公司借款 160 万元,但该款未还。核工业青岛疗养院及其劳动服务公司作为青岛美园大酒店有限公司的投资股东,投资不到位。另外,青岛市卫生局(已撤销)接受青岛市人民政府的委托,管理核工业青岛疗养院及其劳动服务公司的资产后组建了青岛市东部医院,其有责任偿还该借款,请求人民法院判令二被告向原告偿还本金 160 万元及利息。

法院认为:基于 1996 年 10 月 9 日青岛疗养院向青岛市规划部门出具的公函的内容以及劳动服务公司未按约定将青岛疗养院内三疗养区大楼及餐厅的房产作为出资投入美园大酒店的事实,青岛疗养院及其劳动服务公司应承担清算责任。被告青岛市东部医院所称青岛疗养院及其劳动服务公司已承担了美

① 《最高人民法院公报·案例》,人民法院出版社 2003 年版,第 359 页。

园大酒店相应的投资不到位的民事责任和经济责任，因未能提供相应的证据，本院不予采纳。由于青岛市人民政府“关于同意接收核工业青岛疗养院的函”中已明确承诺：“青岛疗养院的全部土地使用权及全部财产权划归我市，全部人员由我市接收安置，债权债务亦由我市承担。”青岛市人民政府的《关于将核工业青岛疗养院交由市卫生局管理等有关问题的通知》中明确：“……将划归后的青岛疗养院成建制交由市卫生局管理，并在此基础上组建青岛市东部综合医院。……要尽快研究提出在核工业青岛疗养院的基础上组建青岛市东部综合医院的可行性论证意见。”其后，青岛市卫生局的《关于接管核工业青岛疗养院的通知》中明确原核工业青岛疗养院由其管理后，暂称“青岛市东部医院”，待改造扩建为综合医院后再正式定名。该通知表明青岛市东部医院系青岛疗养院变更后的名称；而且被告青岛市东部医院现使用青岛疗养院的相关房屋及土地，并受益于该资产。因此，本案所涉及的青岛疗养院的债务依法应由被告青岛市东部医院承担。被告青岛市卫生局接受青岛市人民政府的委托管理青岛疗养院并已组建了青岛市东部医院，其履行了作为政府职能部门的职责。在该职责的履行中，未有证据证明被告青岛市卫生局得到了青岛疗养院的债权或其他利益，被告青岛市卫生局不应承担偿还本案借款的民事责任。综上所述，由于美园大酒店未能按期履行向原告郭某连偿还借款的义务，而青岛疗养院在美园大酒店成立时投资不到位，依法应承担相应的民事责任。青岛疗养院暂称为被告青岛市东部医院后，被告青岛市东部医院在本案中有义务偿还青岛疗养院及其劳动服务公司的债务。

（三）逾期出资纠纷

逾期出资是指股东没有按期缴足出资的情形。《公司法》允许注册资本分期缴纳。实践中，经常发生的纠纷就有关股东未按照规定的时间履行出资义务。

法条链接

《中华人民共和国公司法》（2023 修订）

第五十一条　有限责任公司成立后，董事会应当对股东的出资情况进行核查，发现股东未按期足额缴纳公司章程规定的出资的，应当由公司向该股东发出书面催缴书，催缴出资。

未及时履行前款规定的义务，给公司造成损失的，负有责任的董事应当承担赔偿责任。

第五十二条　股东未按照公司章程规定的出资日期缴纳出资，公司依照前条第一款规定发出书面催缴书催缴出资的，可以载明缴纳出资的宽限期；宽限期自公司发出催缴书之日起，不得少于六十日。宽限期届满，股东仍未履行出资义务的，公司经董事会决议可以向该股东发出失权通知，通知应当以书面形式发出。自通知发出之日起，该股东丧失其未缴纳出资的股权。

依照前款规定丧失的股权应当依法转让，或者相应减少注册资本并注销该股权；六个月内未转让或者注销的，由公司其他股东按照其出资比例足额缴纳相应出资。

股东对失权有异议的，应当自接到失权通知之日起三十日内，向人民法院提起诉讼。

第八十八条　股东转让已认缴出资但未届出资期限的股权的，由受让人承担缴纳该出资的义务；受让人未按期足额缴纳出资的，转让人对受让人未按期缴纳的出资承担补充责任。

未按照公司章程规定的出资日期缴纳出资或者作为出资的非货币财产的实际价额显著低于所认缴的出资额的股东转让股权的，转让人与受让人在出资不足的范围内承担连带责任；受让人不知道且不应当知道存在上述情形的，由转让人承担责任。

案例：关于逾期出资，股东之间明确约定了违约责任的承担方式的法院应支持。［山东省烟台市中级人民法院(2016)鲁06民终2640号］

2014年8月4日，被上诉人与上诉人孙某及刘某、姜某君签订了《合作成立公司协议》，约定四方共同出资成立恒邦华金金业有限公司，注册资本5000万元。该协议中约定了各股东认缴的总出资额及出资时间，并为了保障公司顺利设立和运转，约定了各方应在2014年8月8日前按比例缴纳首次出资。该协议签订后，被上诉人按照约定足额按时缴纳了首次出资，而上诉人应缴纳的首次出资125万元始终没有到位。恒邦华金金业有限公司成立后，该公司及被上诉人多次催促上诉人缴纳出资，上诉人均未履行义务，以致该企业经营困难，对被上诉人造成损失。现根据上诉人和被上诉人之间的协议约定以及我国相关的法律规定，要求上诉人承担未按时缴纳出资的违约金12.5万元。

法院认为，本案双方当事人争执的焦点问题是上诉人应否承担违约责任。

2014年8月4日，被上诉人与上诉人及案外人刘某、姜某君签订的《合作成立公司协议》是各方当事人的真实意思表示，内容不违反法律法规的强制性规定,应为合法有效。该合同约定"各合作方应于2014年8月8日前将认缴的首次货币出资(共500万元)足额存入公司账户","合作各方逾期15个工作日仍未缴纳其认缴出资的,已按期足额缴纳出资的其他各方有权单独或共同要求其按认缴金额的10%支付违约金之后退出本协议"。被上诉人于2014年8月21日实缴首期投资款255万元,并未晚于协议约定的宽限期的最后期限,应认定被上诉人依约履行了首期出资义务。上诉人孙某未在上述期限内缴纳首期出资125万元,违反了《合作成立公司协议》的上述约定,故应认定上诉人构成违约。被上诉人要求上诉人按125万元的10%即12.5万元支付违约金,符合合同约定以及2013年《公司法》第28条的规定,原审法院判令上诉人支付违约金并无不当。

(四)抽逃出资纠纷

抽逃出资是指股东在公司成立后违法将出资收回。抽逃出资的具体表现形式包括:股东设立公司时,验资后将出资转出,公司并未实际使用出资;公司收购股东的股份,但未按规定处置该股份;公司未弥补亏损、提取法定公积金即先行分配利润;公司制作虚假会计报表进行利润分配;公司利用关联交易转移出资;等等。根据最高人民法院《关于适用〈中华人民共和国公司法〉若干问题的规定(三)》(2020修正)第12条规定,符合以下情形之一的应认定为股东抽逃出资:(1)制作虚假财务会计报表虚增利润进行分配;(2)通过虚构债权债务关系将其出资转出;(3)利用关联交易将出资转出;(4)其他未经法定程序将出资抽回的行为。股东抽逃出资,协助抽逃出资的其他股东、董事、高级管理人员或者实际控制人在抽逃出资本息范围内承担连带责任。

法条链接

《中华人民共和国公司法》(2023修订)

第五十三条　公司成立后,股东不得抽逃出资。

违反前款规定的,股东应当返还抽逃的出资;给公司造成损失的,负有责任的董事、监事、高级管理人员应当与该股东承担连带赔偿责任。

最高人民法院《关于民事执行中变更、追加当事人若干问题的规定》(2020修正)

第十八条　作为被执行人的营利法人,财产不足以清偿生效法律文书确定的债务,申请执行人申请变更、追加抽逃出资的股东、出资人为被执行人,在抽逃出资的范围内承担责任的,人民法院应予支持。

案例:公司的资产数额属于公司资产增值,相应资产的所有权属于公司,股东对公司的补足出资义务并不因此而免除;股东不论退出公司或将公司股权转让,其对公司补足出资的责任也并不免除。[最高人民法院(2014)民申字第1146号]

董某军与曹某书各自出资408万元和392万元设立庆瑞都公司,分别持有该公司股权51%、49%。2009年6月1日,二人将800万元注册资金汇入庆瑞都公司账户验资。因二人所筹注册资金均通过中介向他人借款,故验资后2009年6月2日庆瑞都公司又将该800万元转出归还于出借人。2011年9月18日,曹某书与董某军签订股权转让协议,约定曹某书将其持有的庆瑞都公司49%股权以392万元价格转让给董某军,后经连云港市海州区人民法院判决,由董某军向曹某书支付该款。之后,曹某书因一直未将其提取的392万元的注册资金归还庆瑞都公司,庆瑞都公司为维护合法权益,请求判令曹某书归还注册资金392万元及利息。

最高人民法院认为:本案主要审查曹某书是否应对庆瑞都公司承担补足出资的责任。

《公司法》规定,公司成立后,股东不得抽逃出资。本案中,曹某书的出资源于向他人借款,在注册验资后即将该出资款转出归还他人,该行为构成抽逃出资,应向公司承担补足出资的责任。

曹某书主张,其与董某军签订股权转让协议时,公司净资产价值不低于1200万元,转让股份是对公司资产一种清算行为,也是其退出公司行为;股份转让后,其与庆瑞都公司已无任何法律上关系,公司只能向现股东追偿。对此,法院认为,庆瑞都公司的资产数额属于公司资产增值,相应资产的所有权属于公司,股东对公司的补足出资义务并不因此而免除;股东不论退出或将公司股份转让,其对公司补足出资的责任也并不免除。对曹某书的该项再审申请理由,法院不予支持。

曹某书主张,股权转让时,价款只针对公司未补足出资时的净资产,若都补足,则股权转让价格不会是392万元,据此认为二审判决不公平。对此,法院认为,曹某书与董某军之间股份的转让、价格的确定等是曹某书与董某军之间的法律关系,对庆瑞都公司并无约束力,二者有关股份转让价格的约定,并不能推导出庆瑞都公司免除了曹某书的补足出资责任。若曹某书认为股份转让时未考虑全部补足出资后庆瑞都公司的资产,价格显失公平,或曹某书认为董某军已经承诺替其向公司补足出资,其可以依据与董某军签订的股份转让合同或董某军的承诺,向董某军另行主张。对曹某书的该项再审申请理由,法院不予支持。

股东对公司补足出资的责任是独立的,庆瑞都公司可以只以曹某书为被告起诉要求补足对庆瑞都公司的出资义务,董某军并非本案必须共同进行诉讼的当事人,一、二审判决未追加董某军为被告并无不妥。对曹某书主张本案应追加董某军为被告的再审申请理由,法院不予支持。一审判决曹某书支付的利息自 2009 年 6 月 3 日起至判决确定给付之日止,按照中国人民银行同期贷款基准利率计算,符合法律规定。

(五)股东出资的合规建议

1. 股东出资的形式不仅包括货币,也包括实物、知识产权、土地使用权等可以用货币估价并可以依法转让的非货币财产。现金以外的其他可以作为出资标的物的非货币财产应当具备以下特性:(1)确定性。用于出资的标的物必须是客观明确的,要求对于公司的出资财产应当在公司章程中予以明确。(2)价值性。出资的标的物必须是有价值之物。(3)可以用货币估价。非货币财产的商业价值具有可确定性,可以通过评估程序予以确定。(4)可转让性。股东用以出资的非货币财产必须具有可转让性,包括法律和行政法规不禁止转让;法律、行政法规规定禁止流通的财产,因不具备可转让性,不得作为出资。(5)法律和行政法规没有禁止性规定。

2. 股东完成出资的认定。股东的出资经过了验资并将出资实际交付给公司或将相关财产权转移给公司后,股东的出资义务才告完成。(1)货币出资。应在办理公司登记前足额存入准备设立的有限公司在银行或其他金融机构开设的临时账户。(2)实物作价出资。根据《公司法》的规定,以实物出资的应当办理财产转移的法定手续。对于实物出资,必须进行评估作价,评估方法包括投资者协商一致和法定评估。(3)知识产权出资。股东必须是该知识产权(包括非专利技术)的合法拥有者,并经过法律程序的确认;对知识产权应进行评估作价,并应在公司办理登记注册之前办妥其转让手续。(4)土地使用权出资。作为出资的土地必须有土地使用证,并在公司成立后办理转移登记手续。(5)其他公司股权出资。(6)未办理权利登记手续的处理。司法实践中对出资人或者发起人约定以他的使用权、房产、船舶、车辆等出资,因未办理财产转移登记发生纠纷的,首先是责令补办财产转移登记手续。补办转移登记前财产已经交公司使用的,实际交付财产的时间为履行出资义务的时间。作为出资的财产存在法律上或者事实的障碍不能办理财产转移手续的,应当在确定未履行出资义务的同时确定对已交付公司财产的相应补偿。

3. 股东必须全面履行出资义务,这不仅是公司资本运作的需求,更是公司给予股东股权也即股东投资收益的依托。出资是股东的法定义务和公司资本充实的保障,也是公司法人人格独立的重要条件。

4. 瑕疵出资包括股东出资不足、出资不实或者抽逃出资。股东瑕疵出资的,对公司承担的责任——足额缴纳出资,不受诉讼时效限制;对其他完全履行出资责任股东承担的责任——违约责任,受诉讼时效限制;对公司债权人承担的责任——补充赔偿责任,不受诉讼时效限制;对公司发起人、董事、高级管理人员承担的责任——赔偿责任;瑕疵出资股东自身的责任——限制自益权乃至剥夺股东资格。

四、资本变动

资本变动是指公司注册资本的增加或减少的行为。对公司增加或者减少注册资本由股东会决议,并且必须经代表 2/3 以上表决权的股东通过。公司需要减少注册资本时,必须编制资产负债表及财产清单。公司应当自作出减少注册资本决议之日起 10 日内通知债权人,并于 30 日内在报纸上公告。债权人自接到通知书之日起 30 日内,未接到通知书的自公告之日起 45 日内,有权要求公司清偿债务或者提供相应的担保。有限责任公司增加注册资本时,股东认缴新增资本的出资,依照设立有限责任公司缴纳出资的有关规定执行。股份有限公司为增加注册资本发行新股时,股东认购新股,依照设立股份有限公司缴纳股款的有关规定执行。

(一)一般规定

注册资本是公司登记事项和公司章程的必备内容,也是公司营业执照应当载明的事项之一。虚报注册资本取得公司设立登记的,公司登记机关应当依照法律、行政法规的规定予以撤销。法律、行政法规以及国务院决定对有限责任公司注册资本实缴、注册资本最低限额、股东出资期限另有规定的,从其规定。注册资本的增加或减少应经过股东会代表 2/3 以上表决权的股东通过方可执行。

法条链接

《中华人民共和国公司法》(2023修订)

第六十六条第三款　股东会作出修改公司章程、增加或者减少注册资本的决议,以及公司合并、分立、解散或者变更公司形式的决议,应当经代表三分之二以上表决权的股东通过。

第一百一十六条第三款　股东会作出修改公司章程、增加或者减少注册资本的决议,以及公司合并、分立、解散或者变更公司形式的决议,应当经出席会议的股东所持表决权的三分之二以上通过。

(二)减少注册资本

公司减资即公司注册资本减少,是指公司依法对已经注册的资本通过一定的程序进行削减的法律行为。公司减资分为实质减资和形式减资,实质减资是指减少注册资本的同时,将一定资产返还给股东,从而减少公司的净资产。形式减资是指只减少注册资本额,注销部分股份,不减少公司净资产的减资,这种减资往往是亏损企业的行为,目的是使公司的注册资本与净资产水平保持相当。

《公司法》第225条即为形式减资,但是无论是实质减资还是形式减资,都有严格的条件和程序规定。按照相关规定,公司减资必须符合以下条件和程序:(1)股东会作出减资决议,并相应地对章程进行修改。在有限责任公司中,作出减资决议必须经代表2/3以上表决权的股东通过;在股份有限公司中,必须经出席会议的股东所持表决权的2/3以上通过。同时,公司减少资本后,其注册资本不得低于法定注册资本最低额。(2)公司必须编制资产负债表及财产清单。(3)通知债权人和对外公告。(4)债务清偿或担保。债权人自接到通知书之日起30日内,未接到通知书的自公告之日起45日内,有权要求公司清偿债务或者提供相应的担保。(5)办理减资登记手续。

公司资本的减少直接涉及股东的股权利益,同时资本的减少也意味着缩小公司责任财产的范围,在实质减资时甚至还直接导致资产流出公司,直接影响公司债权人的利益。因此,根据资本维持原则,注册资本减少一般不被允许,虽然世界上大多数国家都对减资行为采取认可态度,但都规定了较为严格的减资程序,同时规定减资后的注册资本不得低于法定的最低限额。因此,为保护中小股东的利益和债权人的利益,对于违反法定程序的减资,公司股东可以提起诉讼确认减资行为无效或撤销公司减资决议,债权人有权要求公司清偿债务或者提供相应的担保。

法条链接

《中华人民共和国公司法》(2023 修订)

第二百二十四条　公司减少注册资本,应当编制资产负债表及财产清单。

公司应当自股东会作出减少注册资本决议之日起十日内通知债权人,并于三十日内在报纸上或者国家企业信用信息公示系统公告。债权人自接到通知之日起三十日内,未接到通知的自公告之日起四十五日内,有权要求公司清偿债务或者提供相应的担保。

公司减少注册资本,应当按照股东出资或者持有股份的比例相应减少出资额或者股份,法律另有规定、有限责任公司全体股东另有约定或者股份有限公司章程另有规定的除外。

第二百二十五条　公司依照本法第二百一十四条第二款的规定弥补亏损后,仍有亏损的,可以减少注册资本弥补亏损。减少注册资本弥补亏损的,公司不得向股东分配,也不得免除股东缴纳出资或者股款的义务。

依照前款规定减少注册资本的,不适用前条第二款的规定,但应当自股东会作出减少注册资本决议之日起三十日内在报纸上或者国家企业信用信息公示系统公告。

公司依照前两款的规定减少注册资本后,在法定公积金和任意公积金累计额达到公司注册资本百分之五十前,不得分配利润。

第二百二十六条　违反本法规定减少注册资本的,股东应当退还其收到的资金,减免股东出资的应当恢复原状;给公司造成损失的,股东及负有责任的董事、监事、高级管理人员应当承担赔偿责任。

(三)增加注册资本

公司增资是指公司基于筹集资金、扩大经营等目的,依照法定的条件和程序增加公司资本的行为。公司资本增加会增强公司实力,有利于保障债权人的利益和维护交易安全,各国立法通常对增资条件和增资程序限制较少,但公司资本增加必然调整现有的股权结构,直接影响现有股东的利益并可能在股东之间引发利益之争。因此,《公司法》规定有限责任公司或者股份有限公司增加资本的,需经公司股东会作出决议,并且有限责任公司增加资本时,除非全体股东约定不按照出资比例优先认缴出资,否则股东有权优先按照实缴的出资比例认缴出资额。

法条链接

《中华人民共和国公司法》(2023修订)

第二百二十七条　有限责任公司增加注册资本时,股东在同等条件下有权优先按照实缴的出资比例认缴出资。但是,全体股东约定不按照出资比例优先认缴出资的除外。

股份有限公司为增加注册资本发行新股时,股东不享有优先认购权,公司章程另有规定或者股东会决议决定股东享有优先认购权的除外。

第二百二十八条　有限责任公司增加注册资本时,股东认缴新增资本的出资,依照本法设立有限责任公司缴纳出资的有关规定执行。

股份有限公司为增加注册资本发行新股时,股东认购新股,依照本法设立股份有限公司缴纳股款的有关规定执行。

案例:减资行为存在瑕疵,致使减资前形成的公司债权在减资之后清偿不能,股东应在减资数额范围内承担补充赔偿责任。(《最高人民法院公报》2017年第11期刊登)

上海德力西公司与江苏博恩公司于2011年3月签订《电气电工产品买卖合同》,约定江苏博恩公司向上海德力西公司购买高压开关柜等电气设备,总金额为111万元。合同签订后,上海德力西公司交付了全部设备,江苏博恩公司支付货款33.3万元,尚欠77.7万元未付。2012年9月,江苏博恩公司召开股东会,通过减资决议,决定减资1.9亿元,减资后原股东冯某不再具备股东资格,江苏博恩公司在减资前未向上海德力西公司清偿前述债务。上海德力西公司遂向原审法院提起诉讼,请求判令江苏博恩公司向其支付货款人民币77.7万元,同时判令上海博恩公司和冯某在1.9亿元减资范围内对江苏博恩公司应向上海德力西公司支付的货款共同承担补充赔偿责任。

上海市第二中级人民法院二审认为,公司减资本质上虽属于公司内部行为,但应根据《公司法》规定直接通知和公告通知债权人。虽然江苏博恩公司在《江苏经济报》上发布了减资公告,但并未就减资事项直接通知上海德力西公司,该通知方式不符合减资的法定程序。股东对公司减资的法定程序及后果应属明知,亦应对公司通知义务的履行尽到合理注意义务。江苏博恩公司减资行为存在瑕疵,致使减资前形成的公司债权在减资之后清偿不能,上海博恩公司和冯某作为江苏博恩公司股东应在公司减资数额范围内对江苏博恩公司债务不能清偿部分承担补充赔偿责任。故上海市第二中级人民法院改判撤销原审相应判决，判决上海博恩公司在减资人民币1.9亿元的范围内对江苏博恩公司结欠上海德力西公司的上述债务承担补充赔偿责任。

主要观点：

1. 公司减资时对已知或应知的债权人应履行通知义务，不能在未先行通知的情况下直接以登报公告形式代替通知义务。

2. 公司减资时未依法履行通知已知或应知的债权人的义务，公司股东不能证明其在减资过程中对怠于通知的行为无过错的，当公司减资后不能偿付该减资前的债务时，公司股东应就该债务对债权人承担补充赔偿责任。

五、资本退出

资本退出是资本变动的特殊形式，是指公司股东或其他投资人要求公司回购其全部股份的行为，即请求公司收购股份。《公司法》第89条、第161条分别规定了有限责任公司与股份有限公司的异议股东均享有请求公司收购其股份的权利。

异议股东股份收购请求权又称异议评估权、股份评估回购请求权，是指当股东会基于多数表决，就有关公司重大事项作出决议时，持异议的少数股东要求对其所持股份的价值进行评估并由公司以公平价格予以购买的权利。异议股东股份收购请求权制度的价值主要在于保护中小股东的利益，使异议股东选择以获得合理而公平的股份补偿的方式“走开”，而不再受“多数决”形成的决议的约束。同时，该制度还有助于公司提升决策水平、改进经营管理。

《公司法》第89条规定，公司连续5年盈利并符合该法规定的分配利润条件但不向股东分配利润的，或者公司合并、分立、转让主要财产的，或公司章程规定的营业期限届满或者章程规定的其他解散事由出现，股东会会议通过决议修改章程使公司存续的，对股东会该项决议投反对票的股东可以请公司按照合理的价格收购其股权；自股东会会议决议通过之日起60日内，股东与公司不能达成股权收购协议的，股东可以自股东会会议决议通过之日起90日内向人民法院提起诉讼。

股份有限公司的资合性决定了其股份转让较为自由，尤其是公开上市公司的异议股东可以随时通过证券市场卖出股份，所以《公司法》第162条规定股份有限公司不得收购本公司股份。但是，有下列情形之一的除外：(1)减少公司注册资本；(2)与持有本公司股份的其他公司合并；(3)将股份用于员工持股计划或者股权激励；(4)股东因对股东会作出的公司合并、分立决议持异议，要求公司收购其股份；(5)将股份用于转换公司发行的可转换为股票的公司债券；(6)上市公司为维护公司价值及股东权益所必需。

合规建议

为避免公司被要求回购公司股份，应当对《公司法》第89条和第161条的内容谨慎处理，否则可能造成公司不稳定，甚至产生诉累。

案例1：公司连续五年盈利不分红，视为股权回购条件成就。[上海二中院(2010)沪二中民四(商)终字第1406号]①

被告上海尊蓝山餐饮有限公司成立于2001年11月，注册资金为50万元。原告上海建维工贸有限公司系被告的原始股东，占43%股权。2003年6月，被告的原股东刘某将被告57%股权转让给第三人。自此，第三人为法定代表人，一直以种种理由拒绝原告参与案涉酒店管理，隐瞒营业收入，拒不提供财务报表，并以亏损为名不分配利润。原告多次要求被告、第三人召开股东会、董事会，被告均不予理睬。2009年底，案涉酒店因静安寺整体改造、扩建而退租，被告与出租人签订退租补偿协议，被告共获1900万元补偿款，并已领取了几百万元。2009年12月30日案涉酒店的净资产约为85万元，有盈余可供分配。故原告请求判令被告收购原告43%的股权，支付原告股权转让款430万元(按被告此时净资产1000万元计算)；第三人对被告的付款承担连带责任。

上海市静安区人民法院对本案争议焦点审理认定如下。

1. 被告是否具备收购原告股权的条件。被告资产负债表显示，2003年12月至2009年12月，每年均有未分配利润，具备分配利润的条件；此间，被告未召开股东会，也未分配利润。2009年8月6日，原告要求召开股东会，讨论公司利润分配等重大事项，被告也未予召开。按照有关法律规定，公司连续5年不向股东分配利润，而公司该5年连续盈利，并且符合规定的分配利润条件的，对股东会该项决议投反对票的股东可以请求公司按照合理的价格收购其股权。但是本案被告只有两名股东，其中第三人作为公司控制股东在本案审理中明确表示不同意召开股东会，不同意与原告协商利润分配和股权公司回购问题，使得股东会是否召开已无实际意义。故法院认为原告已经具备要求被告收购原告股

---

① 最高人民法院中国应用法学研究所编：《人民法院案例选》2012年版第4辑·总第82辑，中国法制出版社2012年版，第245页。

权的条件。

2. 原告的股权收购的价格。审理中，上海市静安区人民法院提请上海市高级人民法院指定上海众华沪银会计师事务所有限公司对被告的相关会计账簿等进行审计，被告有提供会计账簿和退租补偿协议的义务；但经上海市静安区人民法院多次释明，被告无正当理由仍拒不提供完整的会计账簿和退租补偿协议，致使审计、评估被告资产的目的无法实现，被告应对此承担不利的后果。此外，原告主张的会计账簿和退租补偿协议等证据的内容不利于被告，可以推定原告主张的被告当前净资产 1000 万元的事实成立，即原告股权价值为 400 万元。

案例 2：股东会决议出售公司主要财产，异议股东可以诉讼的方式提出异议并行使股份回购请求权。［北京市第一中级人民法院（2008）一中民初字第 2959 号］①

郭某华系华商公司的股东，其以货币出资 420 万元，持有华商公司 12% 的股权。华商公司的经营范围为房地产开发、房屋出售，注册资本 3500 万元。2008 年 1 月 4 日，郭某华得知华商公司大股东北京市大兴经济开发区开发经营总公司和北京生物工程与医药产业基地开发经营中心已经于 2007 年 11 月 21 日召开了股东会，并盖章签署了（2007）字第 03 号《华商公司股东会议决议》，决议“出售部分厂房偿还贷款以缓解资金压力；出售厂房的价格应为：TOWNFACTORY 厂房 3200 元/平方米，标准厂房 2800 元/平方米，销售价格在上述价格标准以上即可出售”。2007 年 11 月 22 日，华商公司即与北京金海虹氮化硅有限公司签订了厂房租售合同，约定北京金海虹氮化硅有限公司购买华商公司开发的标准厂房北楼，房屋建筑面积 5248.11 平方米，单价为 3300 元/平方米。2008 年 1 月 9 日，郭某华根据 2005 年《公司法》第 75 条的规定向华商公司提出按合理的价格回购其持有的股权的要求，华商公司拒绝了该回购申请。郭某华认为，华商公司出售作为公司主要资产的厂房，是大股东滥用资本多数便利，漠视处于弱势地位小股东权益的行为；为维护自身合法权益，郭某华诉至法院，请求法院依法判令华商公司以人民币 501 万元收购郭某华持有的股权，并承担本案全部受理费。

① 国家法官学院、中国人民大学法学院主编：《中国审判案例要览（2009 年商事审判案例卷）》，人民法院出版社、中国人民大学出版社 2009 年版，第 234 页。

法院认为：华商公司通知其股东于2007年11月21日参加股东会会议时，未有效地通知郭某华，郭某华在华商公司股东会决议作出后，才得知股东会决议的内容；郭某华无法在股东会议上行使自己的权利，故其在知道或应当知道股东会决议内容的法定期间内有权依照2005年《公司法》第22条、第75条的规定向华商公司主张权利。

2007年11月21日华商公司股东会决议是由华商公司出资比例占85.14%的股东表决通过的，由此表明华商公司的大股东依据其章程中有关“股东会决议由股东按照出资比例行使表决权，股东会决议应由代表2/3以上表决权的股东表决通过”的约定而作出出售厂房的决议；由于占华商公司出资比例12%的股东郭某华未能参加此次会议，郭某华可以通过诉讼方式表示其反对此次股东会决议内容。现郭某华依照2005年《公司法》第75条的规定提起诉讼，法院予以支持。

依据华商公司章程的约定，华商公司经营范围为房地产开发、房屋租售。郭某华起诉前，华商公司固定资产包括建筑面积为10,496.22平方米标准厂房2栋、T/F房屋8229.45平方米、4辆汽车、地下配电设备等。根据公司章程的约定和华商公司资产的现状，标准厂房两栋、T/F房屋是华商公司进行日常经营活动所必需的物质基础，应属于华商公司的主要财产。

第二节　公司人格否认制度

一、公司人格否认制度概述

公司人格否认又称“揭开公司面纱”，是指股东违反法律、行政法规和公司章程，滥用公司法人独立地位和股东有限责任，逃避债务，严重损害公司债权人利益的，股东或关联公司应依法对公司债务承担连带责任的行为。公司法人独立地位和股东有限责任，是指公司作为法人以其全部资产独立地对其法律行为和债务承担责任，公司的股东以其出资额为限对公司承担有限责任。所以公司面纱即为“独立法人”，一旦揭开这层面纱，直面公司股东、母子公司或其他平行公司，那么这些股东、母子公司或平行公司就有可能对公司的债务承担连带责任，见图4-1：

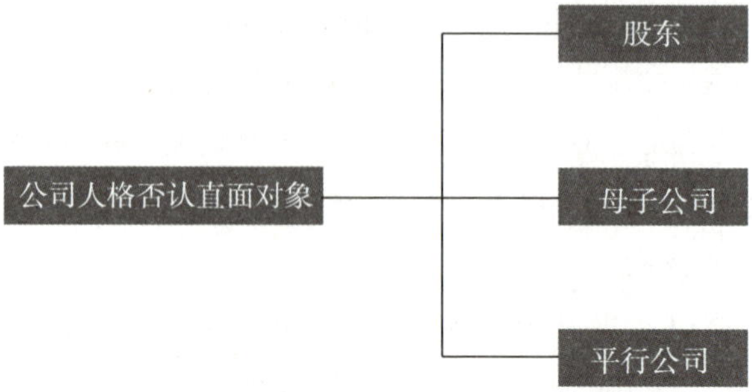

图4－1　公司人格否认后直面的对象

二、公司人格否认制度的司法实践

(一)2005年《公司法》之前

2005年《公司法》是一个里程碑,标志着我国正式以法律的形式规定了“揭开公司面纱”制度,在此之前从散见于最高人民法院的两个批复和一个司法解释中可以看到“揭开公司面纱”的影子。

1. 行政单位(包括党政机关及其所属序列的事业单位及其干部)开办的企业、公司停办后,凡符合相关规定的应由直接批准的业务主管部门负责清理,企业、公司所负债务先由企业、公司的财产清偿,不足部分由直接批准开办企业的业务主管部门或由开办公司的呈报单位负责清偿。

最高人民法院《关于行政单位或企业单位开办的企业倒闭后债务由谁承担的批复》(1987年8月29日)
(2002年5月23日废止)

陕西省高级人民法院:

你院陕高法研(1987)29号请示收悉。关于行政单位或企业单位开办的企业倒闭后债务由谁承担的问题,经研究,我们基本上同意你们的意见,即:

(一)中共中央、国务院中发〔1986〕6号文件《关于进一步制止党政机关和党政干部经商办企业的规定》第六条规定:“党政机关及所属编制序列的事业单位及其干部开办的企业停办以后,应由直接批准的业务主管部门负责清理。由于违法经营导致亏损倒闭、资不抵债,或者造成其他严重后果的,要由直接批准的业务主管部门和企业共同承担经济责任和法律责任。”国务院国发〔1985〕102号文件《关于要进一步清理和整顿各类公司的通知》第三条第一款规定:“呈报单位和各级人民政府、各有关部门，要对成立公司进行认真审核，因审核不当而造成严重后果的，要承担经济、法律责任。”因此，行政单位（包括党政机关及其所属序列的事业单位及其干部）开办的企业、公司停办后，凡符合上述两个文件规定的，应由直接批准的业务主管部门负责清理，企业、公司所负债务先由企业、公司的财产清偿，不足部分由直接批准开办企业的业务主管部门或者由开办公司的呈报单位负责清偿。……

2. 企业不具备企业法人资格（实际投入资金不达标或其他条件不具备）的，人民法院对该企业的法人资格可不予认定。

最高人民法院《关于企业开办的其他企业被撤销或者歇业后民事责任承担问题的批复》（1994 年 3 月 30 日）（2020 年 12 月 29 日废止）

广东省高级人民法院：

你院《关于审理企业开办的其他企业被撤并后的经济纠纷案件是否适用国发〔1990〕68 号文规定的请示》收悉。经研究，答复如下：

一、企业开办的其他企业被撤销、歇业或者依照《中华人民共和国企业法人登记管理条例》第二十二条规定视同歇业后，其民事责任承担问题应根据下列不同情况分别处理：

……

3. 企业开办的其他企业虽然领取了企业法人营业执照，但实际没有投入自有资金，或者投入的自有资金达不到《中华人民共和国企业法人登记管理条例施行细则》第十五条第（七）项或其他有关法规规定的数额，或者不具备企业法人其他条件的，应当认定其不具备法人资格，其民事责任由开办该企业的企业法人承担。

二、人民法院在审理案件中，对虽然领取了企业法人营业执照，但实际上并不具备企业法人资格的企业，应当依据已查明的事实，提请核准登记该企业为法人的工商行政管理部门吊销其企业法人营业执照。工商行政管理部门不予吊销的，人民法院对该企业的法人资格可不予认定。……

3. 企业在进行股份合作制改造、吸收合并或收购时，在一定情形下原企业资产管理人（出资人）、控股企业承担连带责任。

最高人民法院《关于审理与企业改制相关的民事纠纷案件若干问题的规定》(2020修正)

第十一条 企业在进行股份合作制改造时,参照公司法的有关规定,公告通知了债权人。企业股份合作制改造后,债权人就原企业资产管理人(出资人)隐瞒或者遗漏的债务起诉股份合作制企业的,如债权人在公告期内申报过该债权,股份合作制企业在承担民事责任后,可再向原企业资产管理人(出资人)追偿。如债权人在公告期内未申报过该债权,则股份合作制企业不承担民事责任,人民法院可告知债权人另行起诉原企业资产管理人(出资人)。

第三十一条 企业吸收合并后,被兼并企业的债务应当由兼并方承担。

第三十二条 企业新设合并后,被兼并企业的债务由新设合并后的企业法人承担。

第三十四条 以收购方式实现对企业控股的,被控股企业的债务,仍由其自行承担。但因控股企业抽逃资金、逃避债务,致被控股企业无力偿还债务的,被控股企业的债务则由控股企业承担。

(二)2018年《公司法》

虽然2018年《公司法》第20条规定了"公司人格否认"制度,但是该制度仅为原则性的规定,没有具体规定适用条件、程序和方法等。

1. 股东不得滥用公司法人独立地位和股东有限责任情形:2018年《公司法》第20条规定,公司股东应当遵守法律、行政法规和公司章程,依法行使股东权利,不得滥用股东权利损害公司或者其他股东的利益。公司股东滥用公司法人独立地位和股东有限责任,逃避债务,严重损害公司债权人利益的,应当对公司债务承担连带责任。

2. 一人有限责任公司的特别规定:2018年《公司法》第63条规定,一人有限责任公司的股东不能证明公司财产独立于股东自己的财产的,应当对公司债务承担连带责任。

(三)2019年《全国法院民商事审判工作会议纪要》

2019年《全国法院民商事审判工作会议纪要》对"揭开公司面纱"内容作了比较详细的规定,具体表现如下。

1. 适用条件:只有在股东实施了滥用公司法人独立地位及股东有限责任的行为,且该行为严重损害了公司债权人利益的情况下,才能适用。

2. 适用范围：仅限实施了滥用法人独立地位和股东有限责任行为的股东，而其他股东不承担责任。

3. 溯及力：仅限在某具体案件中适用，不是全面、彻底、永久地否定公司的法人资格。

4. 既要审慎适用，又应当用则用。

5. 常见的滥用情形包括人格混同、过度支配与控制、资本显著不足等。

《全国法院民商事审判工作会议纪要》
（法〔2019〕254号）

（四）关于公司人格否认

公司人格独立和股东有限责任是公司法的基本原则。否认公司独立人格，由滥用公司法人独立地位和股东有限责任的股东对公司债务承担连带责任，是股东有限责任的例外情形，旨在矫正有限责任制度在特定法律事实发生时对债权人保护的失衡现象。在审判实践中，要准确把握《公司法》第20条第3款规定的精神。一是只有在股东实施了滥用公司法人独立地位及股东有限责任的行为，且该行为严重损害了公司债权人利益的情况下，才能适用。损害债权人利益，主要是指股东滥用权利使公司财产不足以清偿公司债权人的债权。二是只有实施了滥用法人独立地位和股东有限责任行为的股东才对公司债务承担连带清偿责任，而其他股东不应承担此责任。三是公司人格否认不是全面、彻底、永久地否定公司的法人资格，而只是在具体案件中依据特定的法律事实、法律关系，突破股东对公司债务不承担责任的一般规则，例外地判令其承担连带责任。人民法院在个案中否认公司人格的判决的既判力仅仅约束该诉讼的各方当事人，不当然适用于涉及该公司的其他诉讼，不影响公司独立法人资格的存续。如果其他债权人提起公司人格否认诉讼，已生效判决认定的事实可以作为证据使用。四是《公司法》第20条第3款规定的滥用行为，实践中常见的情形有人格混同、过度支配与控制、资本显著不足等。在审理案件时，需要根据查明的案件事实进行综合判断，既审慎适用，又当用则用。实践中存在标准把握不严而滥用这一例外制度的现象，同时也存在因法律规定较为原则、抽象，适用难度大，而不善于适用、不敢于适用的现象，均应当引起高度重视。

（四）2023年《公司法》

2023年《公司法》除了沿袭了2005年《公司法》关于“人格否认制度”条款，

同时在第23条增加了“股东利用其控制的两个以上公司实施前款规定行为的，各公司应当对任一公司的债务承担连带责任”条款。

法条链接

《中华人民共和国公司法》(2023修订)

第二十一条　公司股东应当遵守法律、行政法规和公司章程，依法行使股东权利，不得滥用股东权利损害公司或者其他股东的利益。

公司股东滥用股东权利给公司或者其他股东造成损失的，应当承担赔偿责任。

第二十三条　公司股东滥用公司法人独立地位和股东有限责任，逃避债务，严重损害公司债权人利益的，应当对公司债务承担连带责任。

股东利用其控制的两个以上公司实施前款规定行为的，各公司应当对任一公司的债务承担连带责任。

只有一个股东的公司，股东不能证明公司财产独立于股东自己的财产的，应当对公司债务承担连带责任。

三、避免发生公司人格否认的合规建议

(一)避免人格混同

认定公司人格与股东人格是否存在混同，最根本的判断标准是公司是否具有独立意思和独立财产，最主要的表现是公司的财产与股东的财产是否混同且无法区分。因此为防止揭开公司面纱，公司应在财产上与股东财产严格区分，财务记载上要清晰明确，根据《全国法院民商事审判工作会议纪要》(法〔2019〕254号)的相关规定，具体如下。

1.股东不应无偿使用公司资金或者财产，即使有无偿使用也应有财务记载。

2.股东不应用公司的资金偿还自己的债务，或者将公司的资金供关联公司无偿使用，即使有也应有财务记载。

3.公司账簿与股东账簿应分开设立，分开保管。

4.公司盈利如果向股东分红应明确，并且应有财务记载。

5.严格区分公司财产和股东财产，特别是在财务记载时要明确。

6.股东的业务、财务和住所与公司的业务、财务和住所要做明确的区分。

7.妥善保管财务账册，以便查阅。

8. 严格按照公司法和公司规定召开股东会、董事会并将相关决议存档备查。

（二）避免过度支配与控制

公司控制股东对公司过度支配与控制，操纵公司的决策过程，会使公司完全丧失独立性，沦为控制股东的工具或躯壳。为防止此过度支配与控制发生，应避免以下情形。

1. 母子公司之间或者子公司之间进行利益输送。

2. 母子公司或者子公司之间进行交易，收益归一方，损失却由另一方承担。

3. 先从原公司抽走资金，然后再成立经营目的相同或者类似的公司，逃避原公司债务。

4. 先解散公司，再以原公司场所、设备、人员及相同或者相似的经营目的另设公司，逃避原公司债务。

5. 过度支配与控制的其他情形。比如控制股东或实际控制人控制多个子公司或者关联公司，滥用控制权使多个子公司或者关联公司财产边界不清、财务混同，利益相互输送，丧失人格独立性，沦为控制股东逃避债务、非法经营，甚至违法犯罪的工具。

案例1：关联公司管理、财务或人员等方面出现实质的混同。［最高人民法院（2007）民二抗字第6号］（《人民司法·案例》2008年第16期）

裁判要点

公司与其他公司之间在管理、财务甚至人员等方面出现实质上的混同，以达到转移公司财产、规避公司债务的非法目的，导致本质上丧失独立承担民事责任的资格，其他公司应对债权人承担连带责任。

1994年8月19日至12月16日，海南日发房地产开发公司（以下简称日发房地产公司）与中国建设银行海南省分行信用卡业务部（以下简称建行信用卡部）签订借款合同4份，约定日发房地产公司向建行信用卡部借款1486万元。1994年10月31日，日发房地产公司与建行信用卡部就借款额为536万元的借款合同签订一份资产抵押协议书，日发房地产公司以位于海南省琼山市石山镇石山管区北铺村荣烈山的736,130.37平方米土地使用权为该笔借款的抵押物。1994年12月16日，建行信用卡部与海南省日发实业发展总公司（以下简称日发实业公司）、钟某勇各签订一份资产抵押协议书，由日发实业公司以其位于海南省海口市海秀大道54号第六层的房屋为该笔借款的抵押物，钟某勇以其自有房屋为该笔借款的抵押物。

建行信用卡部与日发房地产公司签订上述4份借款合同后,建行信用卡部按期履行了借款合同的规定义务,贷款总额为1486万元人民币。日发房地产公司逾期未能归还借款。

上述4份借款合同约定的借款用途分别为修建石山大道工程建设指挥部、修建指挥部(石山工程)、修建石山日发大道、用于海口石山"神仙世界和泰山文化旅游城"项目。日发房地产公司和日发实业公司承认,所贷款项已全部用于修建琼山市石山大道。而前述所称项目均属日发实业公司,所有贷款的实际使用人是日发实业公司。1997年4月28日,中国建设银行海南省分行将建行信用卡部发放给日发房地产公司的4笔贷款及其利息等债权由中国建设银行海南省分行直属金盘支行(以下简称建行金盘支行)承继。1999年12月10日,建行金盘支行与中国信达资产管理公司海口办事处(以下简称信达公司)签订债权转让协议,将本案债权转让给信达公司。经日发房地产公司申请并委托海南省高级人民法院鉴定,建行信用卡部与钟某勇签订的资产抵押协议书上钟某勇的签字非其本人所写。

法院另查明,1992年10月30日,海口日发实业公司经海南省工商行政管理局(已撤销)批准成立,其投资公司为中国粮油进出口公司山东分公司临沂支公司。日发实业公司在初始登记中载明的地址为海口市龙昆北下新村55号,法定代表人为张某荣。

1993年3月10日,日发房地产公司经海南省工商行政管理局批准成立,其投资公司为海口日发实业公司。日发房地产公司在初始登记中载明的地址为海口市龙昆北下新村55号,法定代表人为张某荣。1999年10月16日,海口日发实业公司变更为日发实业公司。2001年8月20日,日发房地产公司因逾期未参加年检被海南省工商行政管理局吊销企业法人营业执照。2006年6月21日,信达公司与海南圣泰嘉园实业有限公司签订了债权转让合同,约定将本案债权由海南圣泰嘉园实业有限公司承继。

1997年12月15日,建行金盘支行向海南省海口市秀英区人民法院提起诉讼,请求法院判令日发房地产公司偿还本金1486万元及利息,日发实业公司及钟某勇承担连带责任。

最高人民法院经审理认为,日发实业公司与日发房地产公司具有相同的主管部门——中国粮油进出口公司山东分公司临沂支公司;两公司的法定代表人同属一人,均为张某荣,并具有相同的法人管理机构。从企业登记上讲,两公司均属全民所有制企业,日发房地产公司的投资方为日发实业公司,且受日发实业公司领导。事实上,作为借款人的日发房地产公司将全部借款用于日发实业公司名下的建设项目,也就是说,本案借款的实际使用人与受益人是日发实业公司。因此,就建行信用卡部与日发房地产公司之间的借款法律关系而言,应当认定日发房地产公司与日发实业公司法人人格混同。日发实业公司就日发房地产公司的400万元借款承担连带清偿责任并无不当。

案例2:关联公司任何财产混同无法区分。[最高人民法院(2008)民二终字第55号],来源:《最高人民法院公报》2008年第10期(总第144期)

裁判摘要

存在股权关系交叉、均为同一法人出资设立、由同一自然人担任各个公司法定代表人的关联公司,如果该法定代表人利用其对于上述多个公司的控制权,无视各公司的独立人格,随意处置、混淆各个公司的财产及债权债务关系,造成各个公司的人员、财产等无法区分,该多个公司法人表面上虽然彼此独立,但实质上构成人格混同。因此损害债权人合法权益的,该多个公司法人应承担连带清偿责任。

装饰公司系1993年由沈氏兄弟投资(香港)有限公司(以下简称沈氏公司)投资成立的港商独资企业,注册资本1032万元,2004年经工商登记变更为中外合资经营企业,股东为娱乐公司和沈氏公司。房屋公司于1992年由沈氏公司投资成立,企业类别为港商独资企业,注册资本300万元。娱乐公司于1995年设立,股东为房屋公司和装饰公司,注册资本50万元。装饰公司、房屋公司、娱乐公司的法定代表人均为沈某源,三公司地址、电话号码相同,财务管理人员在同一时期内存在相同的情况。

1999年11月12日,装饰公司与中行蜀都支行签订《借款合同》约定:借款金额为2200万元,借款期限1999年11月17日至2002年11月16日,其中500万元于2000年12月16日偿还,年利率5.85%;1200万元于2001年11月16日偿还,年利率5.94%;500万元于2002年11月16日偿还,年利率5.94%。付息方式为按季付息,对借款人到期未付利息按日2.1‰的比率计收违约金。借款人未按还款计划还款,贷款人有权就逾期贷款部分从贷款逾期之日起按日2.1‰的比率计收利息。《借款合同》还约定,合同项下全部债务由《最高额抵押合同》提供担保。1999年11月18日,双方完成了借款支付手续。同时,装饰公司、房屋公司与中行蜀都支行签订《最高额抵押合同》。《最高额抵押合同》载明:装饰公司和房屋公司向中行蜀都支行承诺对登记在娱乐公司名下中国酒城内“流金岁月”及“茵梦湖”项目的资产享有所有权和处分权。装饰公司借款大部分投向其他公司,有少部分不属公司自身经营活动需要,而是代集团内公司筹款。2004年6月25日,中行蜀都支行与信达成都办签订《债权转让协议》。中行蜀都支行将涉案债权全部转让给信达成都办,转让清单记载截至2004年5月31日装饰公司尚欠借款本金1986万元。2004年8月19日,中行蜀都支行向装饰公司送达《债权转让通知》,同时向房屋公司和娱乐公司送达《担保权利转让通知》,告知装饰公司、房屋公司、娱乐公司向信达成都办履行还款义务和担保义务。信达成都办主张中行蜀都支行与装饰公司之间的借款关系真实合法,装饰公司应当履行还款义务。抵押合同合法有效,信达成都办依法应对抵押物享有抵押权。房屋公司和娱乐公司作出的愿意对贷款承担连带保证责任的意思表示真实合法,应当对上述借款承担连带清偿责任。并且,装饰公司、房屋公司、娱乐公司资产混同、主体混同,实为同一主体,房屋公司与娱乐公司依法也应当对装饰公司债务承担连带责任。

最高人民法院认为:根据原审查明的本案事实,装饰公司、房屋公司、娱乐公司股权关系交叉,均为关联公司,实际均为沈氏公司出资设立,沈某源作为公司的董事长,同时身兼三公司的法定代表人,其利用对三公司的控制权,将装饰公司贷款大量投入娱乐公司中国酒城项目;在未办理工商变更登记的情况下,将娱乐公司对装饰公司欠款7392万元和对房屋公司欠款1086万元转为两公司对娱乐公司的投资款,且2003年以后装饰公司对娱乐公司的投资只有2795万元,装饰公司的3597万元投资款去向不明;将中国酒城项目的经营收益用于支付所谓泰来集团名下所有公司的房租、水电费、员工工资;将沈氏公司对房屋公司的投资用于支付中国酒城项目设计费。装饰公司、房屋公司、娱乐公司共同为装饰公司贷款还本付息,均认为对“流金岁月”及“茵梦湖”项目的资产享有处分权,以并不存在的泰来集团名义向贷款人出具函件,致使贷款人也无法区分三者间的人员及财产。装饰公司、房屋公司、娱乐公司还存在同一地址办公、联系电话相同、财务管理人员在一段时期内相同的情况。上述事实表明,装饰公司、房屋公司、娱乐公司表面上是彼此独立的公司,但各公司之间已实际构成了人格混同。其行为违背了法人制度设立的宗旨,违反了诚实信用和公平原则,损害了债权人利益。

案例3:要求公司及其关联公司对外承担并列的连带清偿责任,而不要求公司背后的股东以及实际控制人承担连带清偿责任。[江苏高院(2011)苏商终字第107号]

2013年1月31日最高人民法院公布了指导案例15号:徐工集团工程机械股份有限公司(以下简称徐工机械公司)诉成都川交工贸有限责任公司(以下简称川交工贸公司)等买卖合同纠纷案。

川交机械公司成立于1999年,股东为四川省公路桥梁工程总公司二公司、王某礼、倪某、杨某刚等。2001年,股东变更为王某礼、李某、倪某。2008年,股东再次变更为王某礼、倪某。瑞路公司成立于2004年,股东为王某礼、李某、倪某。2007年,股东变更为王某礼、倪某。川交工贸公司成立于2005年,股东为吴某、张某蓉、凌某、过某利、汤某明、武某、郭某,何某庆2007年入股。2008年,股东变更为张某蓉(占90%股份)、吴某(占10%股份),其中张某蓉系王某礼之妻。在公司人员方面,三个公司经理均为王某礼,财务负责人均为凌某,出纳会计均为卢某,工商手续经办人均为张某;三个公司的管理人员存在交叉任职的情形,如过某利兼任川交工贸公司副总经理和川交机械公司销售部经理的职务,且免去过某利川交工贸公司副总经理职务的决定系由川交机械公司作出;吴某既是川交工贸公司的法定代表人,又是川交机械公司的综合部行政经理。在公司业务方面,三个公司在工商行政管理部门登记的经营范围均涉及工程机械且部分重合,其中川交工贸公司的经营范围被川交机械公司的经营范围完全覆盖;川交机械公司系徐工机械公司在四川地区(攀枝花除外)的唯一经销商,但三个公司均从事相关业务,且相互之间存在共用统一格式的《销售部业务手册》《二级经销协议》、结算账户的情形;三个公司在对外宣传中区分不明,2008年12月4日重庆市公证处出具的公证书记载:通过网络查询,川交工贸公司、瑞路公司在相关网站上共同招聘员工,所留电话号码、传真号码等联系方式相同;川交工贸公司、瑞路公司的招聘信息,包括大量关于川交机械公司的发展历程、主营业务、企业精神的宣传内容;部分川交工贸公司的招聘信息中,公司简介全部为对瑞路公司的介绍。在公司财务方面,三个公司共用结算账户,凌某、卢某、汤某明、过某利的银行卡中曾发生高达亿元的往来,资金的来源包括三个公司的款项,对外支付的依据仅为王某礼的签字;在川交工贸公司向其客户开具的收据中,有的加盖其财务专用章,有的则加盖瑞路公司财务专用章;在与徐工机械公司均签订合同、均有业务往来的情况下,三个公司于2005年8月共同向徐工机械公司出具说明，称因川交机械公司业务扩张而注册了另两个公司，要求所有债权债务、销售量均计算在川交工贸公司名下，并表示今后尽量以川交工贸公司名义进行业务往来；2006 年 12 月，川交工贸公司、瑞路公司共同向徐工机械公司出具申请，以统一核算为由要求将 2006 年度的业绩、账务均计算至川交工贸公司名下。

法院生效裁判认为：针对上诉范围，二审争议焦点为川交机械公司、瑞路公司与川交工贸公司是否人格混同，应否对川交工贸公司的债务承担连带清偿责任。

川交工贸公司与川交机械公司、瑞路公司人格混同。一是三个公司人员混同。三个公司的经理、财务负责人、出纳会计、工商手续经办人均相同，其他管理人员亦存在交叉任职的情形，川交工贸公司的人事任免存在由川交机械公司决定的情形。二是三个公司业务混同。三个公司实际经营中均涉及工程机械相关业务，经销过程中存在共用销售手册、经销协议的情形；对外进行宣传时信息混同。三是三个公司财务混同。三个公司使用共同账户，以王某礼的签字为具体用款依据，对其中的资金及支配无法证明已作区分；三个公司与徐工机械公司之间的债权债务、业绩、账务及返利均计算在川交工贸公司名下。因此，三个公司之间表征人格的因素（人员、业务、财务等）高度混同，导致各自财产无法区分，已丧失独立人格，构成人格混同。

川交机械公司、瑞路公司应当对川交工贸公司的债务承担连带清偿责任。

案例 4：以个人名义设立账户。［（2016）最高法民申 2096 号］

宽甸县人民政府规划建设东滨河改造工程，并于 2009 年 12 月 24 日与北京金远房地产开发（集团）有限公司（以下称北京金远公司）签订了《宽甸县城东滨河改造工程及房地产开发项目协议书》，约定由北京金远公司设立宽甸金远房地产开发有限公司（金远公司）承建协议工程。2012 年经李某介绍，金远公司与刘某宇接洽涉案工程项目的融资合作事宜。2012 年 8 月 10 日，金远公司与亚之羽公司签订《项目融资服务专项顾问协议》。协议约定：亚之羽公司为金远公司提供项目专项服务，服务时间以合同签订之日为服务起始日期至次年同日。刘某宇协助金远公司完成涉案工程项目融资及其他相关服务工作。项目融资总额为 5 亿元人民币，刘某宇收取服务费，计费方式为：前期费用 + 融资成功的佣金，其中前期费用为项目融资总额的 1% 即 500 万元人民币，于协议签订后 5 个工作日内支付。协议签订后，金远公司应刘某宇的要求于 2012 年 8 月 25

日将500万元人民币打入刘某宇个人账户。2013年7月15日,金远公司接到亚之羽公司发来关于"项目问题确认"的传真件,告知项目进展缓慢,建议"停止目前项目的推进工作",并承诺:"将贵司已付的前期费用全部返还",还款时间"最迟不会超过明年(2014年)2月底"。根据双方协议约定:刘某宇未完成项目立项及融资,则全额返还金远公司的已付款。金远公司认为,刘某宇没有按照协议约定的内容及目标提供服务,更没有实现任何项目融资,理应按照合同约定和其承诺及法律规定无条件全部退回已付款。但刘某宇屡次违约和违背承诺,至今占用金远公司巨额资金不予返还,导致金远公司的资金成本因时间的拖延越来越大,已给金远公司造成巨大经济损失。金远公司遂起诉到法院要求刘某宇与亚之羽公司连带返还410万元及利息。

最高人民法院认为,关于刘某宇是否承担连带责任问题,根据2013年《公司法》第20条第3款规定,"公司股东滥用公司法人独立地位和股东有限责任,逃避债务,严重损害公司债权人利益的,应当对公司债务承担连带责任",这是对公司法人人格否定制度或揭开公司面纱规则的规定。司法实践中,违背股东与公司分离原则是公司法人人格否定的重要情形,在违背股东与公司分离原则下存在人格混同和财产混同两种情况。本案中,金远公司与亚之羽公司签订合同后,应亚之羽公司的要求将前期费用500万元打入了公司股东刘某宇个人账户,刘某宇收到款项后并未将全部款项转入公司账户,主张在刘某宇个人账户的款项亦用于公司支出,可见刘某宇作为股东的资产与公司资产难分你我、互为所用,公司财产与股东财产难以分辨,属于财产混同,公司已经丧失了独立性;原判决从保护债权人利益的角度出发,认定刘某宇滥用公司法人独立地位,并判决其承担连带责任,适用法律并无不当。

(三)避免资本显著不足

资本显著不足是指公司设立后在经营过程中,股东实际投入公司的资本数额与公司经营所隐含的风险相比明显不匹配。股东利用较少资本从事力所不及的经营,表明其没有从事公司经营的诚意,实质是恶意利用公司独立人格和股东有限责任把投资风险转嫁给债权人。

(四)公司避免只有一个股东

1. 尽量避免设立一个股东的公司。

2. 关于股东和公司财务记载和财产都应严格进行区分。

3. 每一个会计年度对公司进行财务审计。

(五)避免刑事责任

在揭开公司面纱的案件中,当事人的一些违法行为以及为了防止违法行为被揭开而进一步采取的违法行为,可能涉及以下罪名。

1. 隐匿、故意销毁会计凭证、会计账簿、财务会计报告罪。根据《刑法》第162条之一规定,隐匿或者故意销毁依法应当保存的会计凭证、会计账簿、财务会计报告,情节严重的,处5年以下有期徒刑或者拘役,并处或者单处2万元以上20万元以下罚金。单位犯该罪的,对单位判处罚金,并对其直接负责的主管人员和其他直接责任人员,依照该罪的相关规定处罚。

2. 挪用资金罪。根据《刑法》第272条,公司、企业或者其他单位的工作人员,利用职务上的便利,挪用本单位资金归个人使用或者借贷给他人,数额较大、超过3个月未还的,或者虽未超过3个月,但数额较大、进行营利活动的,或者进行非法活动的,处3年以下有期徒刑或者拘役;挪用本单位资金数额巨大的,或者数额较大不退还的,处3年以上10年以下有期徒刑。国有公司、企业或者其他国有单位中从事公务的人员和国有公司、企业或者其他国有单位委派到非国有公司、企业以及其他单位从事公务的人员有上述行为的,依照《刑法》第384条的规定定罪处罚。

第三节　公司解散与清算合规

一、公司任意解散与强制解散

公司解散是指已经成立的公司因公司章程或者法定事由而停止公司的经营活动,并进行法定的清算;公司清算完毕并注销后公司法人资格消灭。根据公司解散的原因不同,解散可分为两大类,一类是任意解散,另一类是强制解散。

(一)任意解散

任意解散也称自愿解散,是指根据公司章程或者股东会决议而解散,是公司基于自己的意思而自愿终止公司活动或者消灭公司法人资格的行为。根据《公司法》第229条,公司章程规定的营业期限届满或者公司章程规定的其他解散事由出现,股东会决议解散,因公司合并或者分立需要解散,这3种情形属于任意解除情形。

（二）强制解散

强制解散是指公司因为政府有关行政部门的决定或者司法机关的裁决而解散，包括行政解散和司法解散两种情形。

1. 行政解散

行政解散制度是工商登记部门以及其他公司活动行政主管部门对有效成立的公司在经营当中严重违反工商、税收、劳动、市场、环境保护、资源、特许经营等法律、法规和规章规定行为做出决定以终止其主体资格、终结其经营活动，使其永久退出市场的行政性处罚制度。因此，从公司行政解散制度的适用场合来分析，该制度就是从社会公共利益考量，以维持良好的社会经济秩序和市场环境为目的，公司主管部门行使国家公权力约束公司设立和经营行为的行政性措施。同时，该制度又是为事后纠正公司设立的准则主义和公司经营不干涉主义的现代公司制度弊端不可或缺的法律制度。行政解散是行政主管机关依据行政程序做出的公司解散决定，其与公司丧失自治能力，法院依公司利害关系人之请求作出解散判决终止公司法人地位的司法解散制度存在本质上的区别。

我国《公司法》第229条第1款第4项规定，公司因依法被吊销营业执照、责令关闭或者被撤销而解散。尽管该规定中的公司被吊销营业执照、责令关闭或者被撤销只是公司解散的前置条件，但公司一旦被吊销营业执照、责令关闭或者被撤销等，最终发生解散这一后果是必然的。这可从两方面佐证：一是现代公司理论中对公司的理解是以营利为目的的企业法人，二是公司须在公司登记部门登记为法人并取得营业执照方取得存续的资格。由此证实，一是公司被行政机关责令关闭、撤销、吊销营业执照意味着公司存续的正当理由和条件已荡然无存；二是从我国公司、市场主体登记管理法律法规和部门规章以及最高人民法院相关司法解释等看，公司被行政机关吊销营业执照、责令关闭（一般包括停产、停业）或者被撤销，应当停止经营活动，依法进行清算并在清算结束后办理注销登记。

在我国，公司行政解散权作为主管部门的公司管理权，从其结构上看是以各级工商登记管理部门为主，多个主管行政管理部门为辅的格局。如各级公司登记部门依据《公司法》第229条规定有权撤销公司登记或者吊销营业执照；依据《公司法》第250条、第260条、第262条规定，《反不正当竞争法》第21条规定，《产品质量法》第49~55条规定有权吊销公司营业执照；依据《银行业监督管理法》第39条规定,银行业监督管理机构有权撤销银行业金融机构(主要是采用公司形式的金融机构);依据《证券法》第207条、第208条规定,中国证监会对证券公司、证券登记结算机构(公司形式)有权责令关闭;依据《环保法》第39条规定,环保主管部门有权责令企业停业、关闭;烟草专卖行政主管部门依据《烟草专卖法》对无烟草专卖生产许可证生产烟草制品的企业有权责令关闭;等等。此外,《产品质量法》《消费者权益保护法》《税收征收管理法》等市场规制法中均规定相应主管部门享有责令关闭公司或建议工商部门吊销营业执照的行政权。

自公司登记主管部门及其他公司主管部门做出的解散决定通告之日起公司解散。公司解散与公司被责令关闭、撤销、吊销营业执照以剥夺公司的权利能力是有区别的。公司被责令关闭、撤销、吊销营业执照是公司解散的前置程序,而公司解散带来的直接后果是通过清算、注销登记等程序终止公司法人的存续。在这里行政解散决定还涉及行政复议直至法院的行政判决,但最终复议或判决仍然支持解散决定时应认定为此决定是自始发生效力的行政行为。这是因为此决定的目的在于通过行政权力终结侵害社会公共利益的公司,其解散公司的程序是非诉讼程序的行政程序。

法条链接

《中华人民共和国公司法》(2023修订)

第二百五十条　违反本法规定,虚报注册资本、提交虚假材料或者采取其他欺诈手段隐瞒重要事实取得公司登记的,由公司登记机关责令改正,对虚报注册资本的公司,处以虚报注册资本金额百分之五以上百分之十五以下的罚款;对提交虚假材料或者采取其他欺诈手段隐瞒重要事实的公司,处以五万元以上二百万元以下的罚款;情节严重的,吊销营业执照;对直接负责的主管人员和其他直接责任人员处以三万元以上三十万元以下的罚款。

第二百六十条第一款　公司成立后无正当理由超过六个月未开业的,或者开业后自行停业连续六个月以上的,公司登记机关可以吊销营业执照,但公司依法办理歇业的除外。

第二百六十二条　利用公司名义从事危害国家安全、社会公共利益的严重违法行为的,吊销营业执照。

2. 司法解散

司法解散也称为判决解散,根据我国的法律制度,是指公司经营管理发生严重困难，继续存续会使股东利益受到重大损失，通过其他途径不能解决的，法院根据持有公司全部股东表决权 10% 以上的股东的请求而判决解散公司。公司司法解散的后果是公司消灭，这一点与公司行政解散的后果是相同的，但与以非诉讼手段来完成的为维护法律、法规和社会公共利益而设立的行政解散制度相比，公司司法解散是公司丧失自治经营管理能力，由股东或利益相关者请求法院裁决解散的司法诉讼制度。

根据《公司法》第 229 条和最高人民法院《关于适用〈中华人民共和国公司法〉若干问题的规定（二）》（2020 修正）第 1 条之规定，单独或者合计持有公司全部股东表决权 10% 以上的股东，以下列事由之一提起解散公司诉讼，并符合《公司法》第 182 条规定的，人民法院应予受理：（1）公司持续两年以上无法召开股东会或者股东会，公司经营管理发生严重困难；（2）股东表决时无法达到法定或者公司章程规定的比例，持续两年以上不能作出有效的股东会或者股东会决议，公司经营管理发生严重困难；（3）公司董事长期冲突，且无法通过股东会或者股东会解决，公司经营管理发生严重困难；（4）经营管理发生其他严重困难，公司继续存续会使股东利益受到重大损失。

案例：林某清诉常熟市凯莱实业有限公司、戴某明公司解散纠纷案。（2012 年最高人民法院发布第二批指导性案例 8 号）［江苏省高级人民法院（2010）苏商终字第 0043 号，江苏省苏州市中级人民法院（2006）苏中民二初字第 0277 号］

裁判要点

2005 年《公司法》第 183 条将“公司经营管理发生严重困难”作为股东提起解散公司之诉的条件之一。判断“公司经营管理是否发生严重困难”，应从公司组织机构的运行状态进行综合分析。公司虽处于盈利状态，但其股东会机制长期失灵，内部管理有严重障碍，已陷入僵局状态，可以认定为公司经营管理发生严重困难。对于符合《公司法》及相关司法解释规定的其他条件的，人民法院可以依法判决公司解散。

基本案情

凯莱公司成立于 2002 年 1 月，林某清与戴某明系该公司股东，各占 50% 的股份，戴某明任公司法定代表人及执行董事，林某清任公司总经理兼公司监事。凯莱公司章程明确规定：股东会的决议须经代表 1/2 以上表决权的股东通过，但对公司增加或减少注册资本、合并、解散、变更公司形式、修改公司章程作出决议时，必须经代表 2/3 以上表决权的股东通过。股东会会议由股东按照出资比例行使表决权。从 2006 年起，林某清与戴某明两人之间的矛盾逐渐显现。2006 年 5 月 9 日，林某清提议并通知召开股东会，由于戴某明认为林某清没有召集会议的权利，会议未能召开。2006 年 6 月 6 日、8 月 8 日、9 月 16 日、10 月 10 日、10 月 17 日，林某清委托律师向凯莱公司和戴某明发函称，因股东权益受到严重侵害，林某清作为享有公司股东会 1/2 表决权的股东，已按公司章程规定的程序表决并通过了解散凯莱公司的决议，要求戴某明提供凯莱公司的财务账册等资料，并对凯莱公司进行清算。2006 年 6 月 17 日、9 月 7 日、10 月 13 日，戴某明回函称，林某清作出的股东会决议没有合法依据，戴某明不同意解散公司，并要求林某清交出公司财务资料。2006 年 11 月 15 日、25 日，林某清再次向凯莱公司和戴某明发函，要求凯莱公司和戴某明提供公司财务账册等供其查阅、分配公司收入，解散公司。

法院生效裁判认为：首先，凯莱公司的经营管理已发生严重困难。根据 2005 年《公司法》第 183 条和最高人民法院《关于适用〈中华人民共和国公司法〉若干问题的规定（二）》第 1 条的规定，判断公司的经营管理是否出现严重困难，应当从公司的股东会、董事会或执行董事及监事会或监事的运行现状进行综合分析。“公司经营管理发生严重困难”的侧重点在于公司管理方面存有严重内部障碍，如股东会机制失灵、无法就公司的经营管理进行决策等，不应片面理解为公司资金缺乏、严重亏损等经营性困难。本案中，凯莱公司仅有戴某明与林某清两名股东，两人各占 50% 的股份，凯莱公司章程规定股东会的决议须经代表 1/2 以上表决权的股东通过，且各方当事人一致认可 1/2 以上不包括本数。因此，只要两名股东的意见存有分歧、互不配合，就无法形成有效表决，显然影响公司的运营。凯莱公司已持续 4 年未召开股东会，无法形成有效股东会决议，也就无法通过股东会决议的方式管理公司，股东会机制已经失灵。执行董事戴某明作为互有矛盾的两名股东之一，其管理公司的行为，已无法贯彻股东会的决议。林某清作为公司监事不能正常行使监事职权，无法发挥监督作用。由于凯莱公司的内部机制已无法正常运行、无法对公司的经营作出决策，即使尚未处于亏损状况，也不能改变该公司的经营管理已发生严重困难的事实。

其次，由于凯莱公司的内部运营机制早已失灵，林某清的股东权、监事权长期处于无法行使的状态，其投资凯莱公司的目的无法实现，利益受到重大损失，且凯莱公司的僵局通过其他途径长期无法解决。《公司法》相关司法解释明确规定了“当事人不能协商一致使公司存续的，人民法院应当及时判决”。本案中，林某清在提起公司解散诉讼之前，已通过其他途径试图化解与戴某明之间的矛盾，服装城管委会也曾组织双方当事人调解，但双方仍不能达成一致意见。两审法院也基于慎用司法手段强制解散公司的考虑，积极进行调解，但均未成功。

综上所述，凯莱公司已符合《公司法》及相关司法解释所规定的股东提起解散公司之诉的条件。二审法院从充分保护股东合法权益、合理规范公司治理结构、促进市场经济健康有序发展的角度出发，依法作出了上述判决。

二、公司清算概述

公司清算是指公司解散或被宣布破产后，依照法定程序理清公司财产、处理与清算有关的公司未了结的业务、清理公司债权债务、分配剩余财产和清缴各种税款等的过程。公司清算是指公司出现法定解散事由或者公司章程所规定的解散事由以后，依法清理公司的债权债务的行为。根据我国《公司法》的规定，公司因股东会决议解散、因公司章程规定的营业期限届满解散、因陷入僵局解散、因违法被强制解散或因司法裁判解散时，公司应当在 15 日内成立清算组。公司的清算组是指公司出现清算的原因以后依法成立的处理公司债权、债务的组织，公司的清算组是公司清算期间的代表者。根据清算的原因不同，可将清算分为自行清算、破产清算和强制清算三大类。

三、公司自行清算的合规要求

自行清算是公司在发生解散事由并且依法应当进行清算的情况下，自行组织清算程序，清理公司资产和债权债务，并最终消灭公司法人资格的程序。自行清算程序体现了公司的自主性，公司之外的实体或个人（不论是法院还是债权人）不能参与公司内部对清算事项的决策。《公司法》第 232 条规定，公司应当在解散事由出现之日起 15 日内成立清算组，开始清算。

（一）清算义务人

根据《民法典》第 70 条，清算义务人指“法人的董事、理事等执行机构或者决策机构的成员”，“清算义务人应当及时组成清算组进行清算”；最高人民法院《关于适用〈中华人民共和国公司法〉若干问题的规定（二）》（2020 修正）第 18 条规定，有限责任公司的股东、股份有限公司的董事和控股股东未在法定期限内成立清算组开始清算或者怠于清算的，如造成债权人损失，债权人可请求其承担责任，该条为清算义务人之实质规定；2023 年修订的《公司法》首次在《公司法》条款中提出了“清算义务人”概念，并且在第 232 条规定了董事为公司清算义务人。根据《公司法》第 232 条的规定，清算组由董事组成，但是公司章程另有规定或者股东会决议另选他人的除外。

（二）清算组职权

根据《公司法》第 234 条，清算组在清算期间行使下列职权：(1)清理公司财产，分别编制资产负债表和财产清单；(2)通知、公告债权人；(3)处理与清算有关的公司未了结的业务；(4)清缴所欠税款以及清算过程中产生的税款；(5)清理债权、债务；(6)分配公司清偿债务后的剩余财产；(7)代表公司参与民事诉讼活动。

（三）清算程序

1. 清理公司财产。清算组全面清理公司的全部资产，包括理清债权债务，然后编制资产负债表和财产清单。清算组在清理公司财产、编制资产负债表和财产清单后，发现公司财产不足清偿债务的，应当依法向人民法院申请宣告破产。公司经人民法院裁定宣告破产后，清算组应当将清算事务移交人民法院。

2. 通知、公告债权人并进行登记。清算组应当自成立之日起 10 日内通知将公司解散清算事书面通知全体已知债权人，并于 60 日内根据公司规模和营业地域范围在全国或者公司注册登记地省级有影响的报纸上进行公告。债权人应当自接到通知书之日起 30 日内，未接到通知书的自公告之日起 45 日内，向清算组申报其债权。未在法定期限内申报债权的，债权人仍可以在公司清算程序终结前补充申报，清算组应予登记。根据最高人民法院《关于适用〈中华人民共和国公司法〉若干问题的规定（二）》（2020 修正）第 14 条，债权人补充申报的债权，可以在公司尚未分配财产中依法清偿。如未分配财产不能全额清偿，债权人可主张股东以其在剩余财产分配中已经取得的财产清偿，但债权人因重大过错未在规定期限内申报债权的，无权提出该主张。根据最高人民法院《关于适用〈中华人民共和国公司法〉若干问题的规定（二）》（2020 修正）第 12 条，公司清算时，债权人可以对清算组核定债权提出异议，并要求重新核算；清算组不予重新核定，或者债权人对重新核定的债权仍有异议，债权人可以公司为被告向人民法院提起诉讼请求确认。

3. 制定清算方案。清算组计算出公司财产的数额，清算方案报股东会或人民法院确认。

4. 清算中止。根据《公司法》第 237 条，清算组在清理公司财产、制定清算方案过程中，发现公司财产不足清偿债务的，应当向人民法院申请破产清算。此时，清算组需中止清算程序，将清算事务移交法院。但是，根据最高人民法院《关于适用〈中华人民共和国公司法〉若干问题的规定（二）》（2020 修正）第 14 条第 2 款，清算中止存在例外情形：债权人补充申报债权后，公司尚未分配财产和股东在剩余财产分配中已经取得的财产，不能全额清偿该补充申报债权的，并不会导致清算程序向破产程序转化，即清算程序不会中止。

5. 执行清算方案。财产分配顺序：(1) 支付清算费用；(2) 支付职工工资、社会保险费用和法定补偿金；(3) 清缴税款；(4) 清偿公司债务；(5) 剩余财产按照股东会决议或《公司法》的规定向各股东分配。

6. 制作清算报告并申请注销公司。公司清算结束后，清算组应当制作清算报告，报股东会、股东会或者人民法院确认，并报送公司登记机关，申请注销公司登记，公告公司终止。

法条链接

《中华人民共和国公司法》（2023 年修订）

第二百三十二条　公司因本法第二百二十九条第一款第一项、第二项、第四项、第五项规定而解散的，应当清算。董事为公司清算义务人，应当在解散事由出现之日起十五日内组成清算组进行清算。

清算组由董事组成，但是公司章程另有规定或者股东会决议另选他人的除外。

清算义务人未及时履行清算义务，给公司或者债权人造成损失的，应当承担赔偿责任。

第二百三十五条　清算组应当自成立之日起十日内通知债权人，并于六十日内在报纸上或者国家企业信用信息公示系统公告。债权人应当自接到通知之日起三十日内，未接到通知的自公告之日起四十五日内，向清算组申报其债权。

债权人申报债权，应当说明债权的有关事项，并提供证明材料。清算组应当对债权进行登记。

在申报债权期间，清算组不得对债权人进行清偿。

最高人民法院《关于适用〈中华人民共和国公司法〉若干问题的规定(二)》(2020 修正)

第十八条　有限责任公司的股东、股份有限公司的董事和控股股东未在法定期限内成立清算组开始清算,导致公司财产贬值、流失、毁损或者灭失,债权人主张其在造成损失范围内对公司债务承担赔偿责任的,人民法院应依法予以支持。

有限责任公司的股东、股份有限公司的董事和控股股东因怠于履行义务,导致公司主要财产、账册、重要文件等灭失,无法进行清算,债权人主张其对公司债务承担连带清偿责任的,人民法院应依法予以支持。

上述情形系实际控制人原因造成,债权人主张实际控制人对公司债务承担相应民事责任的,人民法院应依法予以支持。

《中华人民共和国民法典》

第七十条　法人解散的,除合并或者分立的情形外,清算义务人应当及时组成清算组进行清算。

法人的董事、理事等执行机构或者决策机构的成员为清算义务人。法律、行政法规另有规定的,依照其规定。

清算义务人未及时履行清算义务,造成损害的,应当承担民事责任;主管机关或者利害关系人可以申请人民法院指定有关人员组成清算组进行清算。

案例:被执行人因无可供执行财产而裁定终结认定无法进行清算,清算义务人对公司债务承担连带清偿责任。[北京市高级人民法院(2019)京民再120号]

案情:柯鑫公司于2010年12月12日被吊销营业执照。至本案一审诉讼,柯鑫公司的股东尚未成立清算组,也没有申请强制清算。后在一审判决作出后,柯鑫公司形成2016年11月8日股东会决议表示成立清算组。但鉴于在本案诉讼过程中出现的柯鑫公司7名股东或下落不明或身份信息存疑的情况,以及徐某所述股东会会议召开情况、股东会决议签订情况,法院对2016年11月8日股东会决议的真实性不予认可,故不能认定柯鑫公司实际成立了清算组。柯鑫公司早已被吊销营业执照,股东没有成立清算组,也没有申请强制清算,至今没有进行任何有效的清算工作,故应当认定徐某、张某某、胡某某、王某某等股东怠于履行对柯鑫公司的清算义务。

北京市高级人民法院认为,2015年11月30日,法院作出民事裁定书,以柯鑫公司无财产可供执行为由终结此次执行程序。虽然法院在执行过程中查封了柯鑫公司2007～2009年的财务账册，但不能得出徐某所述执行程序导致柯鑫公司被吊销营业执照的结论，也不能得出执行程序导致徐某等人不能组成清算组的结论。根据相关立法精神以及审判实践可知，当股东没有履行清算义务，出现人民法院因无可供执行财产而裁定终结以公司为被执行人的本次执行程序的情况时，应当认定公司无法进行清算，清算义务人对公司债务承担连带清偿责任。因此，本案柯鑫公司的状态属于无法进行清算，而且该状态与徐某等人作为清算义务人怠于履行清算义务密切相关，故徐某等人应当对柯鑫公司债务承担连带清偿责任。

四、公司强制清算的清算组和期限

强制清算是指在公司因某些特殊事由解散或者被宣告破产后，或者在自行清算发生显著障碍无法继续进行时逾期不成立清算组进行清算或虽然成立清算组但故意拖延清算或违法清算可能严重损害债权人或者股东利益的，人民法院根据债权人或公司股东的申请指定清算组进行清算。根据《公司法》第229条，公司因法定事由而解散的，应当在解散事由出现之日起15日内成立清算组，开始清算。有限责任公司的清算组由股东组成，股份有限公司的清算组由董事或者股东会确定的人员组成。逾期不成立清算组进行清算的，债权人可以申请人民法院指定有关人员组成清算组进行清算。

（一）关于清算组

人民法院受理公司清算案件，应当及时指定有关人员组成清算组。根据最高人民法院《关于适用〈中华人民共和国公司法〉若干问题的规定（二）》（2020修正）第8条、第9条规定，清算组成员可以从下列人员或者机构中产生：（1）公司股东、董事、监事、高级管理人员；（2）依法设立的律师事务所、会计师事务所、破产清算事务所等社会中介机构；（3）依法设立的律师事务所、会计师事务所、破产清算事务所等社会中介机构中具备相关专业知识并取得执业资格的人员。但是，人民法院指定的清算组成员有下列情形之一的，人民法院可以根据债权人、股东的申请，或者依职权更换清算组成员：（1）有违反法律或者行政法规的行为；（2）丧失执业能力或者民事行为能力；（3）有严重损害公司或者债权人利益的行为。

（二）关于强制清算的期限

人民法院组织清算的，清算组应当自成立之日起6个月内清算完毕。因特殊情况无法在6个月内完成清算的，清算组应当向人民法院申请延长。

（三）关于强制清算转破产清算

强制清算原则上要求公司不存在资不抵债情形。如果公司同时符合破产清算和强制清算条件，应当申请破产清算。根据《公司法》第237条，清算组在清理公司财产、编制资产负债表和财产清单后，发现公司财产不足清偿债务的，应当依法向人民法院申请破产清算。人民法院受理破产申请后，清算组应当将清算事务移交给人民法院。《全国法院民商事审判工作会议纪要》（法〔2019〕254号）第117条规定了公司解散清算与破产清算的衔接，即要依法区分公司解散清算与破产清算的不同功能和不同适用条件。债务人同时符合破产清算条件和强制清算条件的，应当及时适用破产清算程序实现对债权人利益的公平保护。债权人对符合破产清算条件的债务人提起公司强制清算申请，经人民法院释明，债权人仍然坚持申请对债务人强制清算的，人民法院应当裁定不予受理。

法条链接

最高人民法院《关于适用〈中华人民共和国公司法〉若干问题的规定（二）》（2020修正）

第七条　公司应当依照民法典第七十条、公司法第一百八十三条的规定，在解散事由出现之日起十五日内成立清算组，开始自行清算。

有下列情形之一，债权人、公司股东、董事或其他利害关系人申请人民法院指定清算组进行清算的，人民法院应予受理：

（一）公司解散逾期不成立清算组进行清算的；

（二）虽然成立清算组但故意拖延清算的；

（三）违法清算可能严重损害债权人或者股东利益的。

五、破产清算程序和要点

破产清算是指在公司不能清偿到期债务的情况下，依照破产法律规定所进行的清算。《公司法》第242条规定，公司被依法宣告破产的，依照有关企业破产的法律实施破产清算。《民法典》第73条规定，法人被宣告破产的，依法进行破产清算并完成法人注销登记时，法人终止。

根据《企业破产法》规定，在企业法人不能清偿到期债务，并且资产不足以清偿全部债务或者明显缺乏清偿能力的情况下，债务人或债权人均可以向人民法院提出破产清算申请。人民法院应当自收到破产申请之日起15日内裁定是否受理。人民法院在裁定受理破产申请的同时，指定破产企业管理人。

（一）破产宣告

破产宣告自人民法院受理破产申请裁定作出之日起5日内送达债务人和管理人，自该裁定作出之日起10日内通知已知债权人，并予以公告。

（二）变价

管理人应当及时拟订破产财产变价方案，提交债权人会议讨论。管理人按照债权人会议通过或者人民法院裁定的破产财产变价方案，通过拍卖变价出售破产财产。债权人会议另有决议的除外。破产企业可以全部或者部分变价出售。企业变价出售时，可以将其中的无形资产和其他财产单独变价出售。按照国家规定不能拍卖或者限制转让的财产，应当按照国家规定的方式处理。

（三）分配

破产财产的分配应当以货币分配方式进行。但是，债权人会议另有决议的除外。管理人应当及时拟订破产财产分配方案，提交债权人会议讨论。破产财产分配方案应当载明下列事项：(1)参加破产财产分配的债权人名称或者姓名、住所；(2)参加破产财产分配的债权额；(3)可供分配的破产财产数额；(4)破产财产分配的顺序、比例及数额；(5)实施破产财产分配的方法。

破产财产在优先清偿破产费用和共益债务后，依照下列顺序清偿：(1)破产人所欠职工的工资和医疗、伤残补助、抚恤费用，所欠的应当划入职工个人账户的基本养老保险、基本医疗保险费用，以及法律、行政法规规定应当支付给职工的补偿金；(2)破产人欠缴的除前述费用以外的社会保险费用和破产人所欠税款；(3)普通破产债权。破产财产不足以满足同一顺序的清偿要求的，按照比例分配。破产企业的董事、监事和高级管理人员的工资按照该企业职工的平均工资计算。

法条链接

最高人民法院《关于适用〈中华人民共和国企业破产法〉若干问题的规定(二)》(2020修正)

第二十四条　债务人有企业破产法第二条第一款规定的情形时，债务人的董事、监事和高级管理人员利用职权获取的以下收入，人民法院应当认定为企业破产法第三十六条规定的非正常收入：

（一）绩效奖金；

（二）普遍拖欠职工工资情况下获取的工资性收入；

（三）其他非正常收入。

债务人的董事、监事和高级管理人员拒不向管理人返还上述债务人财产，管理人主张上述人员予以返还的，人民法院应予支持。

债务人的董事、监事和高级管理人员因返还第一款第（一）项、第（三）项非正常收入形成的债权，可以作为普通破产债权清偿。因返还第一款第（二）项非正常收入形成的债权，依据企业破产法第一百一十三条第三款的规定，按照该企业职工平均工资计算的部分作为拖欠职工工资清偿；高出该企业职工平均工资计算的部分，可以作为普通破产债权清偿。

（四）终结

公司无财产可供分配或最后分配完结后，管理人提请人民法院裁定终结破产程序。人民法院裁定终结破产程序的，应当予以公告。管理人自破产程序终结之日起10日内，持人民法院终结破产程序的裁定，向破产人的原登记机关办理注销登记。

六、清算义务人的忠实义务和勤勉义务及合规建议

公司清算期间，清算组是对内执行清算事务，对外代表公司处理债权债务的公司机构。2018年《公司法》第189条规定：清算组成员应当忠于职守，依法履行清算义务；清算组成员不得利用职权收受贿赂或者其他非法收入，不得侵占公司财产；清算组因故意或者重大过失给公司或者债权人造成损失的，应当承担赔偿责任。清算组成员应当负有忠实勤勉义务，具体包括：(1)在法定期限内成立清算组；(2)妥善保管公司主要财产、账册、重要文件等；(3)及时履行清算义务；(4)及时履行清算职责；(5)不得编制虚假的清算报告；(6)不得隐匿财产或者未清偿债务前分配公司财产。

法条链接

《中华人民共和国公司法》（2023年修订）

第二百三十二条第三款　清算义务人未及时履行清算义务，给公司或者债权人造成损失的，应当承担赔偿责任。

第二百三十八条　清算组成员履行清算职责，负有忠实义务和勤勉义务。

清算组成员怠于履行清算职责，给公司造成损失的，应当承担赔偿责任；因

故意或者重大过失给债权人造成损失的，应当承担赔偿责任。

第二百五十六条　公司在进行清算时，隐匿财产，对资产负债表或者财产清单作虚假记载，或者在未清偿债务前分配公司财产的，由公司登记机关责令改正，对公司处以隐匿财产或者未清偿债务前分配公司财产金额百分之五以上百分之十以下的罚款；对直接负责的主管人员和其他直接责任人员处以一万元以上十万元以下的罚款。

最高人民法院《关于适用〈中华人民共和国公司法〉若干问题的规定(二)》(2020 修正)

第十八条　有限责任公司的股东、股份有限公司的董事和控股股东未在法定期限内成立清算组开始清算，导致公司财产贬值、流失、毁损或者灭失，债权人主张其在造成损失范围内对公司债务承担赔偿责任的，人民法院应依法予以支持。

有限责任公司的股东、股份有限公司的董事和控股股东因怠于履行义务，导致公司主要财产、账册、重要文件等灭失，无法进行清算，债权人主张其对公司债务承担连带清偿责任的，人民法院应依法予以支持。

上述情形系实际控制人原因造成，债权人主张实际控制人对公司债务承担相应民事责任的，人民法院应依法予以支持。

第十九条　有限责任公司的股东、股份有限公司的董事和控股股东，以及公司的实际控制人在公司解散后，恶意处置公司财产给债权人造成损失，或者未经依法清算，以虚假的清算报告骗取公司登记机关办理法人注销登记，债权人主张其对公司债务承担相应赔偿责任的，人民法院应依法予以支持。

第二十条　公司解散应当在依法清算完毕后，申请办理注销登记。公司未经清算即办理注销登记，导致公司无法进行清算，债权人主张有限责任公司的股东、股份有限公司的董事和控股股东，以及公司的实际控制人对公司债务承担清偿责任的，人民法院应依法予以支持。

公司未经依法清算即办理注销登记，股东或者第三人在公司登记机关办理注销登记时承诺对公司债务承担责任，债权人主张其对公司债务承担相应民事责任的，人民法院应依法予以支持。

第二十二条　公司解散时，股东尚未缴纳的出资均应作为清算财产。股东尚未缴纳的出资，包括到期应缴未缴的出资，以及依照公司法第二十六条和第八十条的规定分期缴纳尚未届满缴纳期限的出资。

公司财产不足以清偿债务时，债权人主张未缴出资股东，以及公司设立时的其他股东或者发起人在未缴出资范围内对公司债务承担连带清偿责任的，人民法院应依法予以支持。

第二十三条　清算组成员从事清算事务时，违反法律、行政法规或者公司章程给公司或者债权人造成损失，公司或者债权人主张其承担赔偿责任的，人民法院应依法予以支持。

有限责任公司的股东、股份有限公司连续一百八十日以上单独或者合计持有公司百分之一以上股份的股东，依据公司法第一百五十一条第三款的规定，以清算组成员有前款所述行为为由向人民法院提起诉讼的，人民法院应予受理。

公司已经清算完毕注销，上述股东参照公司法第一百五十一条第三款的规定，直接以清算组成员为被告、其他股东为第三人向人民法院提起诉讼的，人民法院应予受理。

《中华人民共和国民法典》

第七十条第三款　清算义务人未及时履行清算义务，造成损害的，应当承担民事责任；主管机关或者利害关系人可以申请人民法院指定有关人员组成清算组进行清算。

案例：邹某英诉孙某根、刘某工伤事故损害赔偿纠纷案。［《最高人民法院公报》2010 年第 3 期］

裁判摘要

公司法定代表人在组织公司清算过程中，明知公司职工构成工伤并正在进行工伤等级鉴定，却未考虑其工伤等级鉴定后的待遇给付问题，从而给工伤职工的利益造成重大损害的，该行为应认定构成重大过失，应当依法承担赔偿责任。作为清算组成员的其他股东在公司解散清算过程中，未尽到其应尽的查知责任，也应认定存在重大过失，承担连带赔偿责任。

案情概要

仪征市人民法院一审查明：原告邹某英系新威电器职工，2007 年 3 月 23 日，原告在公司工作过程中不慎受伤，2007 年 12 月 4 日，原告的伤情经仪征市劳动和社会保障局（已撤销）认定为工伤。事故发生后，新威电器支付了原告的医疗费以及 2007 年 4 月 17 日至 7 月底的护理费、营养费 3180 元。被告孙某根、刘某系新威电器的股东，该公司经股东会决议解散，于 2008 年 2 月 19 日申请注销。2008 年 6 月 30 日，经扬州市劳动能力鉴定委员会鉴定，原告邹某英的伤残等级为十级。2008 年 9 月 9 日，原告向劳动部门申请仲裁，2008 年 9 月 10 日，仪征市劳动争议仲裁委员会以被诉主体资格不符为由，向原告发出了不予受理案件通知书。

扬州市中级人民法院二审认为：根据《劳动法》第 73 条的规定，劳动者因工伤残，依法享受社会保险待遇。被上诉人邹某英在 2007 年 3 月 23 日于新威电器工作期间受伤，2007 年 12 月 4 日被认定为工伤，依法应当享受工伤保险待遇。根据国务院 2003 年《工伤保险条例》第 2 条和第 60 条的规定，用人单位应当按照规定参加工伤保险，为职工缴纳工伤保险费，未参加工伤保险期间用人单位职工发生工伤的，由该用人单位按照该条例规定的工伤保险待遇项目和标准支付费用。因新威电器未参加社会工伤保险统筹，因此应由新威电器按照国家的有关标准负担被上诉人的工伤保险待遇。

对于上诉人孙某根、刘某提出的新威电器解散清算时，被上诉人邹某英的工伤等级鉴定结果未出，其工伤保险待遇未发生的上诉理由，法院认为，被上诉人于 2007 年 3 月 23 日于工作期间受伤，并已于 2007 年 12 月 4 日被认定为工伤，即依法享有工伤保险待遇。工伤等级鉴定结果是确定工伤保险待遇具体内容的主要依据，被上诉人的工伤等级鉴定结果未出，虽然无法确定工伤保险待遇的具体内容和数额，但并不影响被上诉人工伤保险待遇的发生。新威电器解散前，作为股东之一的孙某根清楚知晓被上诉人遭受工伤，因此虽然公司解散清算时被上诉人的工伤等级尚未鉴定出来，但作为公司法定代表人和清算组成员的孙某根，在明知被上诉人受伤一事且已经认定工伤、正在进行工伤等级鉴定的情况下，亦应当在公司清算过程中将被上诉人的工伤保险待遇计算在内。

综上所述，上诉人孙某根在组织公司清算过程中，明知被上诉人邹某英构成工伤并正在进行工伤等级鉴定，却未考虑被上诉人工伤等级鉴定后的待遇给付问题，从而给被上诉人的利益造成了重大损害，此行为明显构成重大过失。根据 2005 年《公司法》第 190 条的规定，清算组成员因故意或者重大过失给公司或者债权人造成损失的，应当承担赔偿责任。对此，孙某根应依法承担赔偿责任。上诉人刘某系新威电器股东之一，也是清算组成员。在该公司解散清算过程中，刘某对于实际存在的被上诉人工伤事实未能及时查知，显然未尽到清算组成员应尽的责任，也无证据证明另一清算组成员孙某根在清算过程中对其故意隐瞒了被上诉人工伤的事实，故对于被上诉人工伤待遇损失，刘某的行为也构成重大过失，应与孙某根承担连带赔偿责任。如果刘某认为相关责任人对此存在过错,可在承担责任后依法向相关责任人主张权利。

合规建议

1. 清算组成员承担赔偿责任的情形

(1)利用职权收受贿赂或者其他非法收入,侵占公司财产。

(2)因故意或者重大过失给公司或者债权人造成损失。

(3)未按照法律规定履行通知和公告义务,导致债权人未及时申报债权而未获清偿。

(4)执行未经确认的清算方案给公司或者债权人造成损失。

(5)从事清算事务时,违反法律、行政法规或者公司章程给公司或者债权人造成损失。

案例:对已知债权人没有书面通知。[最高人民法院(2019)最高法民申2940号]

案情:于某山等4人作为长春曲线玲珑公司的股东,在明知长春曲线玲珑公司与刘某的连锁加盟合同和特许加盟合同尚未履行完毕、该公司对刘某仍负有合同义务的情况下,未按照上述法律和司法解释的规定通知刘某,致使刘某无法向长春曲线玲珑公司基于合同关系主张违约责任,给作为债权人的刘某造成了实际损失。刘某据此请求于某山等4人承担相应的赔偿责任。

最高人民法院认为,2013年《公司法》第185条第1款规定:"清算组应当自成立之日起十日内通知债权人,并于六十日内在报纸上公告。债权人应当自接到通知书之日起三十日内,未接到通知书的自公告之日起四十五日内,向清算组申报其债权。"第189条第3款规定:"清算组成员因故意或者重大过失给公司或者债权人造成损失的,应当承担赔偿责任。"最高人民法院《关于适用〈中华人民共和国公司法〉若干问题的规定(二)》第11条规定:"公司清算时,清算组应当按照公司法第一百八十五条的规定,将公司解散事宜书面通知全体已知债权人,并根据公司规模和地域范围在全国或者公司注册登记地省级有影响的报纸上进行公告。清算组未按照前款规定履行通知和公告义务,导致债权人未及时申报债权而未获清偿,债权人主张清算组成员对因此造成的损失承担赔偿责任的,人民法院应依法予以支持。"

2. 清算中股东认缴出资的法律责任

(1)公司解散时,股东尚未缴纳的出资均应作为清算财产。股东尚未缴纳的出资,包括到期应缴未缴的出资,以及分期缴纳尚未届满缴纳期限的出资。

(2)公司财产不足以清偿债务时,公司设立时的其他股东或者发起人在未缴出资范围内对公司债务承担连带清偿责任。

合规建议：在设立公司的时候谨慎认缴资本金，不要认为金额越大越好，否则在公司清算的时候要在认缴的范围内承担责任。

案例：股东尚未缴纳的出资均应作为清算财产。［上海市奉贤区人民法院(2018)沪0120民初5910号］

原告上海某数码科技有限公司于2012年12月18日成立，现公司登记的注册资本为400万元，股东为被告、李某某、胡某某、常某某，认缴出资额分别为50万元、50万元、50万元、250万元，被告的出资缴纳期限为2022年12月16日。被告至今未向原告实际缴纳50万元出资。

上海市奉贤区人民法院认为，2017年4月18日法院作出(2017)沪0120民初5770号民事判决书(2017年5月8日生效)，判令解散原告。2017年9月8日，法院作出(2017)沪0120强清7号民事裁定书，依法受理李某某、胡某某要求对原告进行强制清算的申请。2017年9月18日，法院指定相关人员为强制清算组成员。2017年12月28日，原告清算组向被告发送缴纳出资的通知，次日被告收到该通知。

原告章程规定的被告缴纳出资的期限是2022年12月6日，但原告已被法院判令解散，生效时间是2017年5月8日，故被告自2017年5月8日即应向原告补足出资。根据最高人民法院《关于适用〈中华人民共和国公司法〉若干问题的规定(三)》第13条第1款、第14条第1款的规定，未按期缴纳出资的股东，应向公司返还出资本息。现被告并未在2017年5月8日向原告实际履行出资义务，故原告主张自2018年1月5日向原告主张未实际缴纳出资的利息损失，于法有据，法院予以支持。

第五章 国有企业的公司治理合规方案

第一节　国有企业公司治理概述

一、国有企业的概念

在我国，没有法律法规对国有企业（公司）作出统一的定义。全国人大常委会、国家统计局、国务院国资委、财政部等陆续颁布并实施了一系列的国有企业、国有资产监督管理规范性文件等，而关于国有企业的概念和界定散见于以下法律、法规、部门规章及其他规范性文件中。

1. 全国人大常委会2008年10月28日通过的《企业国有资产法》第2条规定该法所称企业国有资产是指国家对企业各种形式的出资所形成的权益；第5条规定该法所称国家出资企业是指国家出资的国有独资企业、国有独资公司，以及国有资本控股公司、国有资本参股公司。《公司法》第186条规定，《公司法》所称国家出资公司是指国家出资的国有独资公司、国有资本控股公司，包括国家出资的有限责任公司、股份有限公司。

上述法律没有采用国有企业表述，而使用了国家出资企业的名称，并将国有资本参股公司归到了国家出资企业的范畴。

2. 国务院国资委、财政部2016年6月24日发布的《企业国有资产交易监督管理办法》第4条规定该办法所称国有及国有控股企业、国有实际控制企业包括：(1)政府部门、机构、事业单位出资设立的国有独资企业（公司），以及上述单位、企业直接或间接合计持股为100%的国有全资企业；(2)该条第1款所列单位、企业单独或共同出资，合计拥有产（股）权比例超过50%，且其中之一为最大股东的企业；（3）该条第1、2款所列企业对外出资，拥有股权比例超过50%的各级子企业；（4）政府部门、机构、事业单位、单一国有及国有控股企业直接或间接持股比例未超过50%，但为第一大股东，并且通过股东协议、公司章程、董事会决议或者其他协议安排能够对其实际支配的企业。该办法将国有企业、国有控股企业和国有实际控制企业分开详细说明。

3. 财政部2017年6月12日发布的《国有企业境外投资财务管理办法》（财资〔2017〕24号）第2条规定该办法所称国有企业是指国务院和地方人民政府分别代表国家履行出资人职责的国有独资企业、国有独资公司以及国有资本控股公司，包括中央和地方国有资产监督管理机构和其他部门所监管的企业本级及其逐级投资形成的企业。

财政部部门规章规定，国有企业包括国有独资企业、国有独资公司以及国有资本控股公司，但是这属于部门规章，法律效力位阶较低，而且该定义只适用于该部规章文件，不能普遍适用。

4. 财政部《关于国有企业认定问题有关意见的函》（财企函〔2003〕9号）规定，对“国有公司、企业”的认定，应从以下角度加以分析：（1）从企业资本构成的角度看，“国有公司、企业”应包括企业的所有者权益全部归国家所有、属《企业法》调整的各类全民所有制企业、公司（指《公司法》颁布前注册登记的非规范公司）以及《公司法》颁布后注册登记的国有独资公司、由多个国有单位出资组建的有限责任公司和股份有限公司。（2）从企业控制力的角度看，“国有公司、企业”还应涵盖国有控股企业，其中，对国有股权超过50%的绝对控股企业，因国有股权处于绝对控制地位，应属“国有公司、企业”范畴；对国有股权处于相对控股的企业，因股权结构、控制力的组合情况相对复杂，如需纳入“国有公司、企业”范畴，须认真研究提出具体的判断标准。

财政部认为，国有企业包括纯国有企业和国有控股企业，对于国有相对控股的企业暂时很难判断。

5. 国家统计局《关于对国有公司企业认定意见的函》（国统函〔2003〕44号）认为，国有企业有广义、狭义之分。广义的国有企业是指具有国家资本金的企业，可分为3个层次：（1）纯国有企业，包括国有独资企业、国有独资公司和国有联营企业3种形式，企业的资本金全部为国家所有。（2）国有控股企业。根据国家统计局《关于统计上对公有和非公有控股经济的分类办法》的规定，国有控股包括国有绝对控股和国有相对控股2种形式。国有绝对控股企业是指在企业的全部资本中，国家资本（股本）所占比例大于50%的企业。国有相对控股企业（含协议控制）是指在企业的全部资本中，国家资本（股本）所占的比例虽未大于50%，但相对大于企业中的其他经济成分所占比例的企业（相对控股）；或者虽不大于其他经济成分，但根据协议规定，由国家拥有实际控制权的企业（协议控制）。（3）国有参股企业，是指具有部分国家资本金，但国家不控股的企业。国有与其他所有制的联营企业，按照上述原则分别划归第二、三层次中。狭义的国有企业仅指纯国有企业。

国家统计局认为，国有企业有广义、狭义之分。广义的国有企业包括纯国有企业、国有控股企业和国有参股企业；狭义的国有企业仅指纯国有企业。

根据上述相关法律和其他规范性文件，本书认为，国有企业（公司）的概念是无法也不适合作统一认定的，目前主要适用国务院国资委、财政部2016年6月24日发布的《企业国有资产交易监督管理办法》区分国有独资及国有控股（包括实际控制）企业。

二、国有企业公司治理依据

完善国有企业法人治理结构是全面推进依法治企、推进国家治理体系和治理能力现代化的内在要求，是新一轮国有企业改革的重要任务。国有企业应从实际情况出发，以建立健全产权清晰、权责明确、政企分开、管理科学的现代企业制度为方向，积极适应国有企业改革的新形势新要求，坚持党的领导、加强党的建设，完善体制机制，依法规范权责，根据功能分类，把握重点，进一步健全各司其职、各负其责、协调运转、有效制衡的国有企业法人治理结构。关于国有企业的法人治理内容散见于各法律法规、政策文件中，具体见表5－1。

表5－1　国有企业公司治理的相关规定

调整范围	规定名称	施行日期	发文机关
总纲	关于进一步完善国有企业法人治理结构的指导意见	2017年4月24日	国务院办公厅
	关于深化国有企业改革的指导意见	2015年8月24日	中共中央、国务院
	关于国有企业发展混合所有制经济的意见	2015年9月23日	国务院

续表

调整范围	规定名称	施行日期	发文机关
总纲	关于鼓励和规范国有企业投资项目引入非国有资本的指导意见	2015 年 10 月 26 日	国家发展和改革委员会、财政部、人力资源和社会保障部、国务院国资委
	国有企业公司章程制定管理办法	2020 年 12 月 31 日	国务院国资委、财政部
国有资产管理体制	企业国有资产法	2009 年 5 月 1 日	全国人大常委会
	关于改革和完善国有资产管理体制的若干意见	2015 年 10 月 25 日	国务院
	企业国有资产交易监督管理办法	2016 年 6 月 24 日	国务院国资委、财政部
	中央企业投资监督管理办法	2017 年 1 月 7 日	国务院国资委
	国务院国资委以管资本为主推进职能转变方案	2017 年 4 月 27 日	国务院办公厅
	关于推进国有资本投资、运营公司改革试点的实施意见	2018 年 7 月 14 日	国务院
	企业国有资产监督管理暂行条例(2019 修订)	2019 年 3 月 2 日	国务院
股权激励与员工持股	关于进一步做好中央企业控股上市公司股权激励工作有关事项的通知	2019 年 10 月 24 日	国务院国资委
	国有控股上市公司(境内)实施股权激励试行办法	2006 年 9 月 30 日	国务院国资委、财政部
	国有控股上市公司(境外)实施股权激励试行办法	2006 年 3 月 1 日	国务院国资委、财政部
	关于国有控股混合所有制企业开展员工持股试点的意见	2016 年 8 月 2 日	国务院国资委、财政部、中国证监会
	国有科技型企业股权和分红激励暂行办法	2016 年 3 月 1 日	财政部、科学技术部、国务院国资委
	关于做好中央科技型企业股权和分红激励工作的通知	2016 年 10 月 31 日	国务院国资委
	关于扩大国有科技型企业股权和分红激励暂行办法实施范围等有关事项的通知	2018 年 9 月 18 日	财政部、科学技术部、国务院国资委

续表

调整范围	规定名称	施行日期	发文机关
董事会、职工董事与专职外部董事	国有独资公司董事会试点企业职工董事管理办法(试行)	2006年3月3日	国务院国资委
	董事会试点中央企业董事会规范运作暂行办法	2009年3月20日	国务院国资委
监事会	关于派出监事工作若干问题的暂行规定	1996年3月11日	国家国有资产管理局(已变更)
高级管理人员	中央企业负责人经营业绩考核办法(2019)	2019年4月1日	国务院国资委

第二节 国有企业公司治理结构

国务院办公厅《关于进一步完善国有企业法人治理结构的指导意见》(国办发〔2017〕36号)首次完整阐述了国有企业法人治理结构和具体内容,具体包括以下内容。

一、基本原则

1. 坚持党的领导,明确国有企业党组织在法人治理结构中的法定地位,发挥国有企业党组织把方向、管大局、保落实的作用。坚持党管干部原则与董事会依法选择经营管理者、经营管理者依法行使用人权相结合。

2. 坚持深化改革,以规范决策机制和完善制衡机制为重点,坚持激励机制与约束机制相结合,体现效率原则与公平原则。

3. 坚持依法治企。依据《公司法》《企业国有资产法》等法律法规,以公司章程为行为准则,规范权责定位和行权方式;法无授权,任何政府部门和机构不得干预企业正常生产经营活动。

4. 坚持权责对等。坚持权利义务责任相统一,规范权力运行、强化权利责任对等;改革国有资本授权经营体制,深化权力运行和监督机制改革,构建符合国情的监管体系;完善履职评价和责任追究机制,对失职、渎职行为严格追责,建立决策、执行和监督环节的终身责任追究制度。

二、治理结构

(一)党组织

国有资本投资、运营公司不设股东会,由政府或国有资产监管机构行使股东会职权,政府或国有资产监管机构可以授权国有资本投资、运营公司董事会行使股东会部分职权。按照中国特色现代国有企业制度的要求,国有资本投资、运营公司设立党组织、董事会、经理层,规范公司治理结构,建立健全权责对等、运转协调、有效制衡的决策执行监督机制,充分发挥党组织的领导作用、董事会的决策作用、经理层的经营管理作用。

把加强党的领导和完善公司治理统一起来。按照"双向进入、交叉任职"的原则,符合条件的党组织领导班子成员可以通过法定程序进入董事会、经理层,董事会、经理层成员中符合条件的党员可以依照有关规定和程序进入党组织领导班子。党组织书记、董事长一般由同一人担任。对于重大经营管理事项,党组织研究讨论是董事会、经理层决策的前置程序。国务院直接授权的国有资本投资、运营公司,应当设立党组。纪检监察机关向国有资本投资、运营公司派驻纪检监察机构。

坚持党的领导、加强党的建设是国有企业的独特优势。要明确党组织在国有企业法人治理结构中的法定地位,将党建工作总体要求纳入国有企业章程,明确党组织在企业决策、执行、监督各环节的权责和工作方式,使党组织成为企业法人治理结构的有机组成部分。要充分发挥党组织的领导核心和政治核心作用,领导企业思想政治工作,支持董事会、监事会、经理层依法履行职责,保证党和国家方针政策的贯彻执行。

充分发挥纪检监察、巡视、审计等监督作用,国有企业董事、监事、经理层中的党员每年要定期向党组(党委)报告个人履职和廉洁自律情况。上级党组织对国有企业纪检组组长(纪委书记)实行委派制度和定期轮岗制度,纪检组组长(纪委书记)要坚持原则、强化监督。纪检组组长(纪委书记)可列席董事会和董事会专门委员会的会议。

积极探索党管干部原则与董事会选聘经营管理人员有机结合的途径和方法。在董事会选聘经理层成员工作中,上级党组织及其组织部门、国有资产监管机构党委应当发挥确定标准、规范程序、参与考察、推荐人选等作用。积极探索董事会通过差额方式选聘经理层成员。

法条链接

《中华人民共和国公司法》(2023修订)

第一百七十条　国家出资公司中中国共产党的组织，按照中国共产党章程的规定发挥领导作用，研究讨论公司重大经营管理事项，支持公司的组织机构依法行使职权。

(二)履行出资人职责的机构

国务院国有资产监督管理机构和地方人民政府按照国务院的规定设立的国有资产监督管理机构，根据本级人民政府的授权，代表本级人民政府对国家出资企业履行出资人职责。国务院和地方人民政府根据需要，可以授权其他部门、机构代表本级人民政府对国家出资企业履行出资人职责。代表本级人民政府履行出资人职责的机构、部门，以下统称履行出资人职责的机构。

1. 股东会是公司的权力机构

(1)国家出资企业的股东会职权如下：①委派或更换董事、监事(不含职工代表)；②审核批准董事会、监事会年度工作报告；③批准公司财务预决算、利润分配方案等方式；④对董事会、监事会以及董事、监事的履职情况进行评价和监督；⑤根据本级人民政府授权对国家出资企业依法享有股东权利。

(2)国有独资公司不设股东会，由出资人机构依法行使股东会职权(同上)。

(3)国家直接出资的国有独资公司，出资人机构重点管好国有资本布局、规范资本运作、强化资本约束、提高资本回报、维护资本安全。

(4)国有全资公司、国有控股企业，出资人机构主要依据股权份额通过参加股东会议、审核需由股东决定的事项、与其他股东协商作出决议等方式履行职责，除法律法规或公司章程另有规定外，不得干预企业自主经营活动。

(5)出资人机构的监管职权包括加强公司章程管理，清理有关规章、规范性文件，研究提出出资人机构审批事项清单，建立对董事会重大决策的合规性审查机制，制定监事会建设、责任追究等具体措施，适时制定国有资本优先股和国家特殊管理股管理办法。

2. 履行出资人的职责

根据《企业国有资产法》第二章之规定，履行出资人的职责如下：(1)代表本级人民政府对国家出资企业依法享有资产收益、参与重大决策和选择管理者等出资人权利。(2)依照法律、行政法规的规定，制定或者参与制定国家出资企业的章程。(3)对法律、行政法规和本级人民政府规定须经本级人民政府批准的履行出资人职责的重大事项，应当报请本级人民政府批准。(4)委派股东代表参加国有资本控股公司、国有资本参股公司召开的股东会会议，应当按照委派机构的指示提出提案、发表意见、行使表决权，并将其履行职责的情况和结果及时报告委派机构。(5)应当依照法律、行政法规以及企业章程履行出资人职责，保障出资人权益，防止国有资产损失。(6)应当维护企业作为市场主体依法享有的权利，除依法履行出资人职责外，不得干预企业经营活动。(7)对本级人民政府负责，向本级人民政府报告履行出资人职责的情况，接受本级人民政府的监督和考核，对国有资产的保值增值负责。(8)应当按照国家有关规定，定期向本级人民政府报告有关国有资产总量、结构、变动、收益等汇总分析的情况。

根据《企业国有资产监督管理暂行条例》(2019 修订)第 13 条规定，国有资产监督管理机构的主要职责如下：(1)依照《公司法》等法律、法规，对所出资企业履行出资人职责，维护所有者权益；(2)指导推进国有及国有控股企业的改革和重组；(3)依照规定向所出资企业委派监事；(4)依照法定程序对所出资企业的负责人进行任免、考核，并根据考核结果对其进行奖惩；(5)通过统计、稽核等方式对企业国有资产的保值增值情况进行监管；(6)履行出资人的其他职责和承办本级政府交办的其他事项。国务院国有资产监督管理机构除上述职责外，可以制定企业国有资产监督管理的规章、制度。

3. 履行出资人职责机构的义务

根据《企业国有资产监督管理暂行条例》(2019 修订)第 14 条，国有资产监督管理机构的主要义务如下：(1)推进国有资产合理流动和优化配置，推动国有经济布局和结构的调整；(2)保持和提高关系国民经济命脉和国家安全领域国有经济的控制力和竞争力，提高国有经济的整体素质；(3)探索有效的企业国有资产经营体制和方式，加强企业国有资产监督管理工作，促进企业国有资产保值增值，防止企业国有资产流失；(4)指导和促进国有及国有控股企业建立现代企业制度，完善法人治理结构，推进管理现代化；(5)尊重、维护国有及国有控股企业经营自主权，依法维护企业合法权益，促进企业依法经营管理，增强企业竞争力；(6)指导和协调解决国有及国有控股企业改革与发展中的困难和问题。

4. 履行出资人职责机构的法律责任

根据《企业国有资产法》第 68 条，履行出资人职责的机构有下列行为之一的，对其直接负责的主管人员和其他直接责任人员依法给予处分：(1)不按照法定的任职条件，任命或者建议任命国家出资企业管理者的；(2)侵占、截留、挪用国家出资企业的资金或者应当上缴的国有资本收入的;(3)违反法定的权限、程序,决定国家出资企业重大事项,造成国有资产损失的;(4)有其他不依法履行出资人职责的行为,造成国有资产损失的。该法第69条规定,履行出资人职责的机构的工作人员玩忽职守、滥用职权、徇私舞弊,尚不构成犯罪的,依法给予处分。

根据《企业国有资产监督管理暂行条例》(2019修订)第36条,国有资产监督管理机构不按规定任免或者建议任免所出资企业的企业负责人,或者违法干预所出资企业的生产经营活动,侵犯其合法权益,造成企业国有资产损失或者其他严重后果的,对直接负责的主管人员和其他直接责任人员依法给予行政处分;构成犯罪的,依法追究刑事责任。

法条链接

《中华人民共和国公司法》(2023修订)

第一百六十九条　国家出资公司,由国务院或者地方人民政府分别代表国家依法履行出资人职责,享有出资人权益。国务院或者地方人民政府可以授权国有资产监督管理机构或者其他部门、机构代表本级人民政府对国家出资公司履行出资人职责。

代表本级人民政府履行出资人职责的机构、部门,以下统称为履行出资人职责的机构。

第一百七十一条　国有独资公司章程由履行出资人职责的机构制定。

第一百七十二条　国有独资公司不设股东会,由履行出资人职责的机构行使股东会职权。履行出资人职责的机构可以授权公司董事会行使股东会的部分职权,但公司章程的制定和修改,公司的合并、分立、解散、申请破产,增加或者减少注册资本,分配利润,应当由履行出资人职责的机构决定。

(三)董事会

董事会是公司的决策机构,对股东会负责,执行股东会决定,依照法定程序和公司章程授权决定公司重大事项,接受股东会、监事会监督,认真履行决策把关、内部管理、防范风险、深化改革等职责。国有独资公司要依法落实和维护董事会行使重大决策、选人用人、薪酬分配等权利,增强董事会的独立性和权威性,落实董事会年度工作报告制度;董事会应与党组织充分沟通,有序开展国有独资公司董事会选聘经理层试点,加强对经理层的管理和监督。

国有资本投资、运营公司设立董事会,根据授权,负责公司发展战略和对外投资，经理层选聘、业绩考核、薪酬管理，向所持股企业派出董事等事项。董事会成员原则上不少于9人，由执行董事、外部董事、职工董事组成。保障国有资本投资、运营公司按市场化方式选择外部董事等权利，外部董事应在董事会中占多数，职工董事由职工代表大会选举产生。董事会设董事长1名，可设副董事长。董事会下设战略与投资委员会、提名委员会、薪酬与考核委员会、审计委员会、风险控制委员会等专门委员会。专门委员会在董事会授权范围内开展相关工作，协助董事会履行职责。

国有资产监管机构授权的国有资本投资、运营公司的执行董事、外部董事由国有资产监管机构委派。其中，外部董事由国有资产监管机构根据国有资本投资、运营公司董事会结构需求，从专职外部董事中选择合适人员担任。董事长、副董事长由国有资产监管机构从董事会成员中指定。

政府直接授权的国有资本投资、运营公司执行董事、外部董事（股权董事）由国务院或地方人民政府委派，董事长、副董事长由国务院或地方人民政府从董事会成员中指定。其中，依据国有资本投资、运营公司职能定位，外部董事主要由政府综合管理部门和相关行业主管部门提名，选择专业人士担任，由政府委派。外部董事可兼任董事会下属专门委员会主席，按照公司治理结构的议事规则对国有资本投资、运营公司的重大事项发表相关领域专业意见。

政府或国有资产监管机构委派外部董事要注重拓宽外部董事来源，人员选择要符合国有资本投资、运营公司定位和专业要求，建立外部董事评价机制，确保充分发挥外部董事作用。

1. 董事会组成、职责与议事规则

（1）董事会组成结构：国有独资、全资公司的董事长、总经理原则上分设，应均为内部执行董事，定期向董事会报告工作。国有独资公司的董事对出资人机构负责，接受出资人机构指导。其中外部董事人选由出资人机构商有关部门提名，并按照法定程序任命。国有全资公司、国有控股企业的董事由相关股东依据股权份额推荐派出，由股东会选举或更换，国有股东派出的董事要积极维护国有资本权益；国有全资公司的外部董事人选由控股股东商其他股东推荐，由股东会选举或更换；国有控股企业应有一定比例的外部董事，由股东会选举或更换。

（2）董事会职权。董事会是公司的决策机构，要对股东会负责，执行股东会决定，依照法定程序和公司章程授权行使下列职权：①决定公司重大事项；②履行决策把关、内部管理、防范风险、深化改革等职责；③决定选人用人、薪酬分配；④对经理层的管理和监督；⑤国有独资公司的董事长作为企业法定代表人，对企业改革发展负首要责任，要及时向董事会和国有股东报告重大经营问题和经营风险；⑥董事会实行年度工作报告制度；⑦董事会应与党组织充分沟通；⑧国有独资公司董事会选聘经理层。

（3）董事会议事规则：①实行集体审议、独立表决、个人负责的决策制度，平等充分发表意见，一人一票表决；②重大事项信息公开和对外披露制度；③董事会会议记录和提案资料的完整性；④建立董事会决议跟踪落实以及后评估制度；⑤与其他治理主体的联系沟通；⑥董事会应当设立提名委员会、薪酬与考核委员会、审计委员会等专门委员会，为董事会决策提供咨询，其中薪酬与考核委员会、审计委员会应由外部董事组成。

2. 董事会职责

（1）对国资委负责，执行国资委的决定，接受国资委的指导和监督，保障公司和董事会的运作对国资委具有透明度。

（2）按照国资委关于公司董事会年度工作报告的有关规定向国资委报告工作。

（3）根据国资委的审核意见，决定公司的发展战略和中长期发展规划，并对其实施进行监控；决定公司的投资计划，批准公司的交易性金融资产投资和非主业投资项目，确定应由董事会决定的公司重大固定投资、对外投资项目的额度，批准额度以上的投资项目。董事会决定的公司发展战略和中长期发展规划、年度投资计划，应当报国资委备案。

（4）批准公司年度预算方案并报国资委备案。

（5）制订公司的年度财务决算方案、利润分配方案和弥补亏损方案。

（6）制订公司增加或者减少注册资本的方案以及发行公司债券的方案。

（7）制订公司合并、分立、解散或者变更公司形式的方案。

（8）决定公司内部管理机构的设置，制定公司的基本管理制度。

（9）按照有关规定，行使对公司高级管理人员职务的管理权；决定聘任或者解聘公司总经理，根据总经理的提名决定聘任或者解聘公司副总经理、总会计师，决定聘任或者解聘董事会秘书。

（10）外部董事人数超过董事会全体成员半数、制度健全、运作规范的董事会，按照国资委有关规定决定公司高级管理人员的经营业绩考核和薪酬等事项。

(11)除应由国资委批准的有关方案外,批准一定金额以上的融资方案、资产处置方案以及对外捐赠或者赞助,具体金额由董事会决定。对公司为他人提供或者不提供担保作出决议。

(12)决定公司内部有关重大改革重组事项或者对有关事项作出决议,包括批准清理整合公司内部过多层级、过多数量子企业的方案,批准公司内部业务结构调整(包括非主业资产剥离、重组)方案,批准公司劳动、人事、分配制度改革方案,对以公司资产进行股份制改革的方案作出决议,对公司职工分流安置方案、辅业改制方案和分离公司办社会机构方案作出决议。其中,涉及公司职工切身利益的有关改革方案,须按照国家有关规定经职工代表大会或者其他民主形式审议通过后,董事会方可批准或者作出决议。

(13)依据国资委有关规定,制订公司的重大收入分配方案,包括企业工资总量预算与决算方案、企业年金方案等;批准公司职工收入分配方案。其中,涉及公司职工切身利益的有关方案,须按照国家有关规定经职工代表大会或者其他民主形式审议通过后,董事会方可批准或者作出决议。

(14)决定公司的风险管理体系,制订公司重大会计政策和会计估计变更方案,审议公司内部审计报告,决定公司内部审计机构的负责人,决定聘用或者解聘负责公司财务会计报告审计业务的会计师事务所及其报酬,决定公司的资产负债率上限,对公司风险管理的实施进行总体监控。

(15)听取总经理工作报告,检查总经理和其他高级管理人员对董事会决议的执行情况,建立健全对总经理和其他高级管理人员的问责制。

(16)建立与监事会联系的工作机制,督导落实监事会要求纠正和改进的问题。

(17)决定公司行使所投资企业股东权利所涉及的事项。公司子企业数量较多的,董事会可以选择其中的重要子企业,由董事会决定行使股东权利所涉及的事项,也可仅对行使重要股东权利所涉及的事项进行决定。董事会选择重要子企业时,应当根据公司子企业的总资产、净资产、营业收入、实现利润、职工人数等指标占公司相应指标的比例和子企业在公司战略中的重要性以及子企业在行业中所处地位等因素确定。

(18)法律、行政法规和公司章程规定的其他职权。

3. 董事会专门委员会的职责（见表5－2）

表5－2　国有企业董事会专门委员会及其职责

专门委员会	主要职责
提名委员会	研究公司高级管理人员的选择标准、程序和方法以及总经理继任计划；按照有关规定，向董事会提名总经理人选并进行考察，对总经理提出的副总经理、总会计师人选和董事长提出的董事会秘书人选进行考察；经董事会授权，可以对子企业董事、监事和不设董事会的子企业总经理人选进行考察，并向董事会提出推荐意见
薪酬与考核委员会	负责拟订公司高级管理人员的经营业绩考核办法和薪酬管理办法，考核、评价高级管理人员的业绩，并依据考核结果，向董事会提出高级管理人员的薪酬兑现建议
审计委员会	指导企业内部控制机制建设；向董事会提出聘请或者更换会计师事务所等有关中介机构及其报酬的建议；审核公司的财务报告、审议公司的会计政策及其变动并向董事会提出意见；向董事会提出任免公司内部审计机构负责人的建议；督导公司内部审计制度的制定及实施；对企业审计体系的完整性和运行的有效性进行评估和督导；与监事会和公司内部、外部审计机构保持良好沟通。董事会未设风险管理委员会的，可以由审计委员会对风险管理制度及其执行情况进行定期检查和评估，并向董事会报告结果
董事会设立其他专门委员会的，其职责由董事会根据公司具体情况确定	

法条链接

《中华人民共和国公司法》（2023修订）

第一百七十三条　国有独资公司的董事会依照本法规定行使职权。

国有独资公司的董事会成员中，应当过半数为外部董事，并应当有公司职工代表。

董事会成员由履行出资人职责的机构委派；但是，董事会成员中的职工代表由公司职工代表大会选举产生。

董事会设董事长一人，可以设副董事长。董事长、副董事长由履行出资人职责的机构从董事会成员中指定。

第一百七十六条　国有独资公司在董事会中设置由董事组成的审计委员会行使本法规定的监事会职权的，不设监事会或者监事。

（四）监事会

监事会由主席1人、监事若干人组成。监事会成员不少于3人。监事分为专职监事和兼职监事:从有关部门和单位选任的监事,为专职;监事会中国务院有关部门、单位派出代表和企业职工代表担任的监事,为兼职。监事会可以聘请必要的工作人员。

1. 监事会的职权

监事会是公司的监督机构,依照有关法律法规和公司章程设立。监事会的职责如下:(1)检查企业贯彻执行有关法律、行政法规和规章制度的情况;(2)检查企业财务,查阅企业的财务会计资料及与企业经营管理活动有关的其他资料,验证企业财务会计报告的真实性、合法性;(3)检查企业的经营效益、利润分配、国有资产保值增值、资产运营等情况;(4)检查企业负责人的经营行为,并对其经营管理业绩进行评价,提出奖惩、任免建议。

2. 监事会的工作方法

(1)听取企业负责人有关财务、资产状况和经营管理情况的汇报,在企业召开与监督检查事项有关的会议。

(2)查阅企业的财务会计报告、会计凭证、会计账簿等财务会计资料以及与经营管理活动有关的其他资料。

(3)核查企业的财务、资产状况,向职工了解情况、听取意见,必要时要求企业负责人作出说明。

(4)向财政、工商、税务、审计、海关等有关部门和银行调查了解企业的财务状况和经营管理情况。

监事会主席根据监督检查的需要,可以列席或者委派监事会其他成员列席企业有关会议。

3. 对监事会工作的保护

企业有下列行为之一的,对直接负责的主管人员和其他直接责任人员,依法给予纪律处分,直至撤销职务;构成犯罪的,依法追究刑事责任:(1)拒绝、阻碍监事会依法履行职责的;(2)拒绝、无故拖延向监事会提供财务状况和经营管理情况等有关资料的;(3)隐匿、篡改、伪报重要情况和有关资料的;(4)有阻碍监事会监督检查的其他行为的。

(五)经理层

经理层是公司的执行机构,依法由董事会聘任或解聘,接受董事会管理和监事会监督。总经理对董事会负责,依法行使管理生产经营、组织实施董事会决议等职权,向董事会报告工作,董事会闭会期间向董事长报告工作。

建立规范的经理层授权管理制度，对经理层成员实行与选任方式相匹配、与企业功能性质相适应、与经营业绩相挂钩的差异化薪酬分配制度，国有独资公司经理层逐步实行任期制和契约化管理。根据企业产权结构、市场化程度等不同情况，有序推进职业经理人制度建设，逐步扩大职业经理人队伍，有序实行市场化薪酬，探索完善中长期激励机制，研究出台相关指导意见。国有独资公司要积极探索推行职业经理人制度，将内部培养和外部引进相结合，畅通企业经理层成员与职业经理人的身份转换通道，积极开展出资人机构委派国有独资公司总会计师试点。

国有资本投资、运营公司的经理层根据董事会授权负责国有资本日常投资运营。董事长与总经理原则上不得由同一人担任。

国有资产监管机构授权的国有资本投资、运营公司党组织隶属中央、地方党委或国有资产监管机构党组织管理，对领导班子及其成员的管理，以改组的企业集团为基础，根据具体情况区别对待。其中，由中管企业改组组建的国有资本投资、运营公司，领导班子及其成员由中央管理；由非中管的中央企业改组组建或新设的国有资本投资、运营公司，领导班子及其成员的管理按照干部管理权限确定。

政府直接授权的国有资本投资、运营公司党组织隶属中央或地方党委管理，领导班子及其成员由中央或地方党委管理。

国有资本投资、运营公司董事长、董事（外部董事除外）、高级经理人员，原则上不得在其他有限责任公司、股份有限公司或者其他经济组织兼职。

1. 经理层的责权

经理层是公司的执行机构，依法由董事会聘任或解聘，接受董事会管理和监事会监督。总经理对董事会负责，依法行使管理生产经营、组织实施董事会决议等职权，向董事会报告工作，董事会闭会期间向董事长报告工作。

2. 经理层管理制度

（1）推行职业经理人制度，实行内部培养和外部引进。

（2）对经理层成员实行与选任方式相匹配、与企业功能性质相适应、与经营业绩相挂钩的差异化薪酬分配制度。

（3）实行任期制和契约化管理。

（4）完善中长期激励机制。

（5）畅通企业经理层成员与职业经理人的身份转换通道。

(6)开展出资人机构委派国有独资公司总会计师试点。

(7)积极探索董事会通过差额方式选聘经理层成员。

法条链接

《中华人民共和国公司法》(2023修订)

第一百七十四条　国有独资公司的经理由董事会聘任或者解聘。

经履行出资人职责的机构同意,董事会成员可以兼任经理。

第一百七十五条　国有独资公司的董事、高级管理人员,未经履行出资人职责的机构同意,不得在其他有限责任公司、股份有限公司或者其他经济组织兼职。

第三节　董事、监事、高级管理人员

根据《公司法》第173条规定,国有独资公司的董事会成员中,应当过半数为外部董事,并应当有公司职工代表。董事会成员由履行出资人职责的机构委派;但是,董事会成员中的职工代表由公司职工代表大会选举产生。

董事、监事、经理层成员应当遵守法律法规和公司章程,对公司负有忠实义务和勤勉义务;要将其信用记录纳入全国信用信息共享平台,违约失信的按规定在"信用中国"网站公开。董事应当出席董事会会议,对董事会决议承担责任;董事会决议违反法律法规或公司章程、股东会决议,致使公司遭受严重损失的,应依法追究有关董事责任。经理层成员违反法律法规或公司章程,致使公司遭受损失的,应依法追究有关经理层成员责任。执行董事和经理层成员未及时向董事会或国有股东报告重大经营问题和经营风险的,应依法追究相关人员责任。企业党组织成员履职过程中有重大失误和失职、渎职行为的,应按照党组织有关规定严格追究责任;按照"三个区分开来"的要求,建立必要的改革容错纠错机制,激励企业领导人员干事创业。

一、董事、监事、高级管理人员的任免

履行出资人职责的机构对拟任命或者建议任命的董事、监事、高级管理人员的人选,应当按照规定的条件和程序进行考察。考察合格的,按照规定的权限和程序任命或者建议任命。未经履行出资人职责的机构同意,国有独资企

业、国有独资公司的董事、高级管理人员不得在其他企业兼职。未经股东会、股东会同意，国有资本控股公司、国有资本参股公司的董事、高级管理人员不得在经营同类业务的其他企业兼职。未经履行出资人职责的机构同意，国有独资公司的董事长不得兼任经理。未经股东会、股东会同意，国有资本控股公司的董事长不得兼任经理。董事、高级管理人员不得兼任监事。

（一）董事、监事、高级管理人员具备的条件

履行出资人职责的机构任命或者建议任命的董事、监事、高级管理人员，应当具备下列条件：

1. 有良好的品行；

2. 有符合职位要求的专业知识和工作能力；

3. 有能够正常履行职责的身体条件；

4. 法律、行政法规规定的其他条件。

董事、监事、高级管理人员在任职期间出现不符合上述规定情形或者出现《公司法》规定的不得担任公司董事、监事、高级管理人员情形的，履行出资人职责的机构应当依法予以免职或者提出免职建议。

（二）董事、监事、高级管理人员的遴选

（1）开展董事任前和任期培训，做好董事派出和任期管理工作；

（2）建立完善外部董事选聘和管理制度，严格资格认定和考试考察程序，拓宽外部董事来源渠道，扩大专职外部董事队伍，选聘一批现职国有企业负责人转任专职外部董事，定期报告外部董事履职情况；

（3）国有独资公司要健全外部董事召集人制度，召集人由外部董事定期推选产生；

（4）外部董事要与出资人机构加强沟通；

（5）改进董事会和董事评价办法，完善年度和任期考核制度，逐步形成符合企业特点的考核评价体系及激励机制；

（6）国有独资、全资公司的董事会中须有职工董事。

法条链接

《董事会试点中央企业董事会规范运作暂行办法》（国资发改革〔2009〕45号）

第二十二条　董事会成员一般不少于7人，不超过13人。公司外部董事人数原则上应当超过董事会全体成员的半数。

第二十六条 各董事应当具有不同业务专长和经验。公司大部分外部董事应当具有大企业经营管理决策的经历和经验；至少1名外部董事具有企业财务负责人的工作经历或者是企业财务会计方面的专家；至少1名外部董事具有企业高级管理人员的选聘、业绩考核和薪酬管理经验。根据公司的实际情况，选聘熟悉公司所处行业业务的人员（不包括一定时期内在公司或者与公司有竞争关系的企业中担任过领导职务的人员）和具有法律、宏观经济等方面专业知识的人员担任外部董事。对于已在或者拟在境外开展一定规模业务的公司，应当根据实际情况，积极考虑从境外大公司或者其在境内投资的公司中选聘具备条件的人员担任外部董事。

（三）董事、监事、高级管理人员的任免与建议任免

根据《企业国有资产法》第22条，履行出资人职责的机构依照法律、行政法规以及企业章程的规定，任免或者建议任免国家出资企业的下列人员：

1. 任免国有独资企业的经理、副经理、财务负责人和其他高级管理人员；
2. 任免国有独资公司的董事长、副董事长、董事、监事会主席和监事；
3. 向国有资本控股公司、国有资本参股公司的股东会、股东会提出董事、监事人选；
4. 国家出资企业中应当由职工代表出任的董事、监事，依照有关法律、行政法规的规定由职工民主选举产生。

根据《企业国有资产监督管理暂行条例》（2019修订）第17条，国有资产监督管理机构依照有关规定，任免或者建议任免所出资企业的企业负责人：

1. 任免国有独资企业的总经理、副总经理、总会计师及其他企业负责人；
2. 任免国有独资公司的董事长、副董事长、董事，并向其提出总经理、副总经理、总会计师等的任免建议；
3. 依照公司章程，提出向国有控股的公司派出的董事、监事人选，推荐国有控股的公司的董事长、副董事长和监事会主席人选，并向其提出总经理、副总经理、总会计师人选的建议；
4. 依照公司章程，提出向国有参股的公司派出的董事、监事人选。

国务院，省、自治区、直辖市人民政府，设区的市、自治州级人民政府，对所出资企业的企业负责人的任免另有规定的，按照有关规定执行。

二、董事、监事、高级管理人员的法律责任

1. 国家出资企业的董事、监事、高级管理人员，应当遵守法律、行政法规以

及企业章程，对企业负有忠实义务和勤勉义务，不得利用职权收受贿赂或者取得其他非法收入和不当利益，不得侵占、挪用企业资产，不得超越职权或者违反程序决定企业重大事项，不得有其他侵害国有资产出资人权益的行为。

2. 出资企业中的国有独资企业、国有独资公司法律责任：出资企业中的国有独资企业、国有独资公司未按照规定向国有资产监督管理机构报告财务状况、生产经营状况和国有资产保值增值状况的，予以警告；情节严重的，对直接负责的主管人员和其他直接责任人员依法给予纪律处分。

3. 企业负责任人法律责任：国有独资企业、国有独资公司和国有资本控股公司的主要负责人，应当接受依法进行的任期经济责任审计。国有及国有控股企业的企业负责人滥用职权、玩忽职守，造成企业国有资产损失的，应负赔偿责任，并对其依法给予纪律处分；构成犯罪的，依法追究刑事责任。对企业国有资产损失负有责任受到撤职以上纪律处分的国有及国有控股企业的企业负责人，5 年内不得担任任何国有及国有控股企业的企业负责人；造成企业国有资产重大损失或者被判处刑罚的，终身不得担任任何国有及国有控股企业的企业负责人。

法条链接

《中华人民共和国企业国有资产法》

第七十一条　国家出资企业的董事、监事、高级管理人员有下列行为之一，造成国有资产损失的，依法承担赔偿责任；属于国家工作人员的，并依法给予处分：

（一）利用职权收受贿赂或者取得其他非法收入和不当利益的；

（二）侵占、挪用企业资产的；

（三）在企业改制、财产转让等过程中，违反法律、行政法规和公平交易规则，将企业财产低价转让、低价折股的；

（四）违反本法规定与本企业进行交易的；

（五）不如实向资产评估机构、会计师事务所提供有关情况和资料，或者与资产评估机构、会计师事务所串通出具虚假资产评估报告、审计报告的；

（六）违反法律、行政法规和企业章程规定的决策程序，决定企业重大事项的；

（七）有其他违反法律、行政法规和企业章程执行职务行为的。

国家出资企业的董事、监事、高级管理人员因前款所列行为取得的收入，依法予以追缴或者归国家出资企业所有。

履行出资人职责的机构任命或者建议任命的董事、监事、高级管理人员有本条第一款所列行为之一，造成国有资产重大损失的，由履行出资人职责的机构依法予以免职或者提出免职建议。

第七十二条　在涉及关联方交易、国有资产转让等交易活动中，当事人恶意串通，损害国有资产权益的，该交易行为无效。

第七十三条　国有独资企业、国有独资公司、国有资本控股公司的董事、监事、高级管理人员违反本法规定，造成国有资产重大损失，被免职的，自免职之日起五年内不得担任国有独资企业、国有独资公司、国有资本控股公司的董事、监事、高级管理人员；造成国有资产特别重大损失，或者因贪污、贿赂、侵占财产、挪用财产或者破坏社会主义市场经济秩序被判处刑罚的，终身不得担任国有独资企业、国有独资公司、国有资本控股公司的董事、监事、高级管理人员。

三、董事的忠实义务与勤勉义务

（一）董事在公司任职期间享有的权利

1. 获得履行董事职责所需的公司信息。

2. 出席董事会会议，充分发表意见，对表决事项行使表决权。

3. 可以对提交董事会会议的文件、材料提出补充、完善的要求。

4. 可以提出召开董事会临时会议、缓开董事会会议和暂缓对所议事项进行表决的建议。

5. 出席任职的专门委员会的会议并发表意见。

6. 根据董事会或者董事长的委托，检查董事会决议执行情况，并要求公司有关部门和人员予以配合。

7. 根据履行职责的需要，可以到公司进行工作调研，向公司有关人员了解情况。

8. 按照国资委关于公司董事报酬管理的有关规定领取报酬、津贴。

9. 按照有关规定在履行董事职务时享有办公、出差等方面的待遇。

10. 董事认为有必要，可以书面或者口头向国资委、监事会反映和征询有关情况和意见。

11. 法律、行政法规和公司章程规定的其他权利。

（二）董事应当遵守法律、行政法规和公司章程，对公司负有的忠实义务

1. 保护公司资产的安全，维护出资人利公司的合法权益。

2. 保守公司商业秘密。

3. 不得利用职权收受贿赂或者其他非法收入，不得侵占公司的财产。

4. 不得利用职务便利，为本人或者他人谋取利益。

5. 不得经营、未经国资委同意也不得为他人经营与公司同类或者关联的业务。

6. 不得违反国资委有关规定接受受聘公司的报酬、津贴和福利待遇。

7. 不得让公司或者与公司有业务往来的企业承担应当由个人负担的费用，不得接受与公司有业务往来的企业的馈赠；外部董事不得接受公司的馈赠。

8. 遵守国有企业领导人员廉洁从业的规定。

9. 法律、行政法规和公司章程规定的其他忠实义务。

（三）董事应当遵守法律、行政法规和公司章程，对公司负有的勤勉义务

1. 投入足够的时间和精力履行董事职责，除不可抗力等特殊情况外，外部董事一个工作年度内在同一任职公司履行职责的时间应当达到国资委规定的时间。

2. 出席公司董事会会议、所任职专门委员会会议，参加董事会的其他活动，除不可抗力等特殊情况外，董事一个工作年度内出席董事会定期会议的次数应当不少于总次数的3/4。

3. 在了解和充分掌握信息的基础上，独立、客观、认真、谨慎地就董事会会议、专门委员会会议审议事项发表明确的意见。

4. 熟悉和持续关注公司的生产经营和改革管理情况，认真阅读公司的财务报告和其他文件，及时向董事会报告所发现的、董事会应当关注的问题，特别是公司的重大损失和重大经营危机事件。

5. 自觉学习有关知识，积极参加国资委、公司组织的有关培训，不断提高履职能力。

6. 如实向国资委提供有关情况和资料，保证所提供信息的客观性、完整性。

7. 法律、行政法规和公司章程规定的其他勤勉义务。

（四）国有独资公司职工董事

根据《国有独资公司董事会试点企业职工董事管理办法（试行）》相关规定，国有独资公司职工董事，是指公司职工民主选举产生，并经国务院国资委同意，作为职工代表出任的公司董事。公司董事会成员中，至少有 1 名职工董事。

1. 担任职工董事应当具备的条件

(1)经公司职工民主选举产生。

(2)具有良好的品行和较好的群众基础。

(3)具备相关的法律知识,遵守法律、行政法规和公司章程,保守公司秘密。

(4)熟悉本公司经营管理情况,具有相关知识和工作经验,有较强的参与经营决策和协调沟通能力。

(5)《公司法》等法律法规规定的其他条件。

2. 不得担任公司职工董事的人员

(1)公司党委(党组)书记和未兼任工会主席的党委副书记、纪委书记(纪检组组长)。

(2)公司总经理、副总经理、总会计师。

3. 职工董事的选任

(1)职工董事候选人由公司工会提名和职工自荐方式产生。职工董事候选人可以是公司工会主要负责人,也可以是公司其他职工代表。

(2)候选人确定后由公司职工代表大会、职工大会或其他形式以无记名投票的方式差额选举产生职工董事。公司未建立职工代表大会的,职工董事可以由公司全体职工直接选举产生,也可以由公司总部全体职工和部分子(分)公司的职工代表选举产生。职工董事选举前,公司党委(党组)应征得国资委同意。

(3)选举后,选举结果由公司党委(党组)报国资委备案后,由公司聘任。职工董事的任期每届不超过3年,任期届满,可连选连任。在董事任期内到期的,自动延长至董事任期结束,公司不得因其履行董事职务的原因降职减薪、解除劳动合同。

法条链接

《国有独资公司董事会试点企业职工董事管理办法(试行)》(国资发群工〔2006〕21号)

第二十一条　职工代表大会有权罢免职工董事,公司未建立职工代表大会的,罢免职工董事的权力由职工大会行使。职工董事有下列行为之一的,应当罢免:

(一)职工代表大会或职工大会年度考核评价结果较差的;

(二)对公司的重大违法违纪问题隐匿不报或者参与公司编造虚假报告的;

（三）泄露公司商业秘密，给公司造成重大损失的；

（四）以权谋私，收受贿赂，或者为自己及他人从事与公司利益有冲突的行为损害公司利益的；

（五）不向职工代表大会或职工大会报告工作或者连续两次未能亲自出席也不委托他人出席董事会的；

（六）其他违反法律、行政法规应予罢免的行为。

第二十二条　罢免职工董事，须由十分之一以上全体职工或者三分之一以上职工代表大会代表联名提出罢免案，罢免案应当写明罢免理由。

第二十三条　公司召开职工代表大会或职工大会，讨论罢免职工董事事项时，职工董事有权在主席团会议和大会全体会议上提出申辩理由或者书面提出申辩意见，由主席团印发职工代表或全体职工。

第二十四条　罢免案经职工代表大会或职工大会审议后，由主席团提请职工代表大会或职工大会表决。罢免职工董事采用无记名投票的表决方式。

第二十五条　罢免职工董事，须经职工代表大会过半数的职工代表通过。

公司未建立职工代表大会的，须经全体职工过半数同意。

第二十六条　职工代表大会罢免决议经公司党委（党组）审核，报国资委备案后，由公司履行解聘手续。

四、监事的约束与激励

（一）监事的人选、任期与回避

1. 监事会主席人选按照规定程序确定，由国务院任命。监事会主席由副部级国家工作人员担任，为专职，年龄一般在60周岁以下。

2. 专职监事由监事会管理机构任命。专职监事由司（局）、处级国家工作人员担任，年龄一般在55周岁以下。

3. 监事会中的企业职工代表由企业职工代表大会民主选举产生，报监事会管理机构批准。企业负责人不得担任监事会中的企业职工代表。

4. 监事会成员每届任期3年，其中监事会主席和专职监事、派出监事不得在同一企业连任。

5. 监事会主席和专职监事、派出监事可以担任1～3家企业监事会的相应职务。

6. 监事会主席和专职监事、派出监事实行回避原则，不得在其曾经管辖的行业、曾经工作过的企业或者其近亲属担任高级管理职务的企业的监事会中任职。

(二) 监事应当具备的条件

1. 熟悉并能够贯彻执行国家有关法律、行政法规和规章制度。

2. 具有财务、会计、审计或者宏观经济等方面的专业知识，比较熟悉企业经营管理工作。

3. 坚持原则，廉洁自持，忠于职守。

4. 具有较强的综合分析、判断和文字撰写能力，并具备独立工作能力。

(三) 约束与激励

1. 约束

监事会成员有下列行为之一的，依法给予行政处分或者纪律处分，直至撤销监事职务；构成犯罪的，依法追究刑事责任：

(1) 监事会成员对企业的重大违法违纪问题隐匿不报或者严重失职，与企业串通编造虚假检查报告。

(2) 监事会成员接受企业的任何馈赠，参加由企业安排、组织或者支付费用的宴请、娱乐、旅游、出访等活动，在企业中为自己、亲友或者其他人谋取私利。

(3) 监事会主席和专职监事、派出监事接受企业的任何报酬、福利待遇，在企业报销任何费用。

(4) 监事会成员未对检查报告内容保密，泄露企业的商业秘密。

2. 激励

监事会成员在监督检查中成绩突出，为维护国家利益做出重要贡献的，给予奖励。

(四) 职工监事

1. 国有独资、全资公司的监事会中须有职工监事。

2. 健全以职工代表大会为基本形式的企业民主管理制度，支持和保证职工代表大会依法行使职权，加强职工民主管理与监督，维护职工合法权益。

(五) 派出监事

1. 派出监事的选任、任期与回避

国务院派出监事会的企业名单，由国有企业监事会管理机构提出建议，报国务院决定。对国务院不派出监事会的国有企业，由省、自治区、直辖市人民政府参照国有企业监事会相关规定，决定派出监事会。

监事会成员每届任期3年，其中监事会主席和专职监事、派出监事不得在同一企业连任。监事会主席和专职监事、派出监事可以担任1～3家企业监事会的相应职务。

监事会主席和专职监事、派出监事实行回避原则，不得在其曾经管辖的行业、曾经工作过的企业或者其近亲属担任高级管理职务的企业的监事会中任职。

2. 工作要求

监事对历次监事会议情况及相关资料应注意保存整理，以便到任后的工作衔接。在参加监事会会议前要及时与企业联系，了解近期国家对监事会工作有关政策规定。监事会会议结束后要写出监事报告，连同监事会议有关文件资料及时提供给企业，以便建立监事工作档案。监事报告应包括以下内容：

(1)本次监事人的主要议题及讨论情况。

(2)本次监事会形成了哪些重要决议。

(3)被监督企业的经营、财务状况。

(4)企业保值增值执行情况及为完成保值增值指标所采取的措施。

(5)企业生产经营中存在的主要问题。

五、高级管理人员的约束与激励

根据《中央企业负责人经营业绩考核办法(2019)》第2条，该办法考核的中央企业负责人，是指经国务院授权由国务院国资委履行出资人职责的企业中由中央或者国务院国资委管理的人员。企业负责人经营业绩考核工作由国务院国资委考核分配工作领导小组组织实施，经营业绩考核包括年度经营业绩考核和任期经营业绩考核两种形式，年度经营业绩考核以公历年为考核期，任期经营业绩考核以3年为考核期。考核期中，国务院国资委对经营业绩责任书执行情况实施预评估，对考核目标完成进度不理想的企业提出预警。

(一)分类考核指标(见表5－3)

表5－3　中央企业负责人分类考核指标

企业分类	考核导向
处于充分竞争行业和领域的商业类企业	以增强国有经济活力、放大国有资本功能、实现国有资本保值增值为导向,重点考核企业经济效益、资本回报水平和市场竞争能力,引导企业优化资本布局,提高资本运营效率,提升价值创造能力
处于关系国家安全、国民经济命脉的重要行业和关键领域、主要承担重大专项任务的商业类企业	以支持企业可持续发展和服务国家战略为导向,在保证合理回报和国有资本保值增值的基础上,加强对服务国家战略、保障国家安全和国民经济运行、发展前瞻性战略性产业情况的考核。适度降低经济效益指标和国有资本保值增值率指标考核权重,合理确定经济增加值指标的资本成本率。承担国家安全、行业共性技术或国家重大专项任务完成情况较差的企业,无特殊客观原因的,在业绩考核中予以扣分或降级处理
公益类企业	以支持企业更好地保障民生、服务社会、提供公共产品和服务为导向,坚持经济效益和社会效益相结合,把社会效益放在首位,重点考核产品服务质量、成本控制、营运效率和保障能力。根据不同企业特点,有区别地将经济增加值和国有资本保值增值率指标纳入年度和任期考核,适当降低考核权重和回报要求。对社会效益指标引入第三方评价,评价结果较差的企业,根据具体情况,在业绩考核中予以扣分或降级处理
国有资本投资、运营公司	加强对落实国有资本布局和结构优化目标、提升国有资本运营效率以及国有资本保值增值等情况的考核
科技进步要求高的企业	重点关注自主创新能力的提升,加强研发投入、科技成果产出和转化等指标的考核。在计算经济效益指标时,可将研发投入视同利润加回
结构调整任务重的企业	重点关注供给侧结构性改革、主业转型升级、新产业新业态新模式发展,加强相关任务阶段性成果的考核
国际化经营要求高的企业	加强国际资源配置能力、国际化经营水平等指标的考核
资产负债水平较高的企业	加强资产负债率、经营性现金流、资本成本率等指标的考核
节能环保重点类和关注类企业	加强反映企业行业特点的综合性能耗、主要污染物排放等指标的考核
具备条件的企业	运用国际对标、行业对标,确定短板指标纳入年度或任期考核

（二）约束与激励

1. 约束

（1）岗位调整：连续两年年度经营业绩考核结果为 D 级或任期经营业绩考核结果为 D 级，且无重大客观原因的，对企业负责人予以调整。

（2）企业发生下列情形之一的，国资委根据具体情节给予降级或者扣分处理；违规经营投资造成国有资产损失或其他严重不良后果，按照有关规定对相关责任人进行责任追究处理；情节严重的，给予纪律处分或者对企业负责人进行调整；涉嫌犯罪的，依法移送国家监察机关或司法机关查处：①违反《会计法》《企业会计准则》等有关法律法规规章，虚报、瞒报财务状况的；②企业法定代表人及相关负责人违反国家法律法规和规定，导致发生较大及以上生产安全责任事故和网络安全事件、重大及以上突发环境事件、重大质量责任事故、重大违纪和法律纠纷案件、境外恶性竞争、偏离核定主业盲目投资等情形，造成重大不良影响或者国有资产损失的。

2. 激励

（1）激励手段：对企业负责人实行物质激励与精神激励。物质激励主要包括与经营业绩考核结果挂钩的绩效年薪和任期激励收入。精神激励主要包括给予任期通报表扬等。①企业负责人的绩效年薪以基本年薪为基数，根据年度经营业绩考核结果并结合绩效年薪调节系数确定。绩效年薪按照一定比例按月预发放。国资委依据年度经营业绩半年预评估结果对企业负责人预发绩效年薪予以调整。②任期收入激励根据任期经营业绩考核结果，在企业负责人任期内年薪总水平的 30% 以内确定。

（2）激励内容：①对科技创新取得重大成果、承担重大专项任务和社会参与贡献突出的企业，在年度经营业绩考核中给予加分奖励。②对经营业绩优秀以及在科技创新、国际化经营、节能环保、品牌建设等方面取得突出成绩的企业，经国资委评定后予以任期激励。

第四节　国有企业股权激励与员工持股

一、中央企业控股上市公司股权激励

根据《中央企业控股上市公司实施股权激励工作指引》（国资考分〔2020〕

178 号）规定，对于中央企业控股上市公司实施股权激励的基本要求如下。

（一）股权激励管理体制

1. 实施流程

如图 5－1 所示，中央企业控股上市公司根据有关政策规定，制定股权激励计划，在股东会审议之前，国有控股股东按照公司治理和股权关系，经中央企业集团公司审核同意，并报国资委批准。

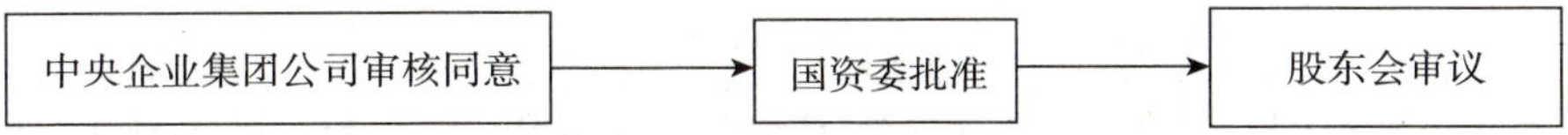

图 5－1　股权激励实施流程

国资委不再审核股权激励分期实施方案（不含主营业务整体上市公司），上市公司依据股权激励计划制定的分期实施方案，国有控股股东应当在董事会审议决定前，报中央企业集团公司审核同意（见图 5－2）。

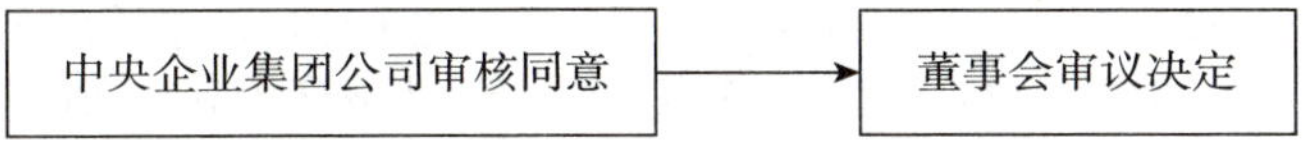

图 5－2　股权激励分期实施方案实施流程

2. 股权激励实施情况的监督管理

国资委依法依规对中央企业控股上市公司股权激励实施情况进行监督管理。未按照法律、行政法规及相关规定实施股权激励计划的，中央企业应当督促上市公司立即进行整改，并对公司及相关责任人依法依规追究责任。在整改期间，中央企业集团公司应当停止受理该公司实施股权激励的申请。

3. 信息披露与报告

国有控股股东应当要求和督促上市公司真实、准确、完整、及时地公开披露股权激励实施情况，不得有虚假记载、误导性陈述或者重大遗漏。上市公司应当在年度报告中披露报告期内股权激励的实施情况和业绩考核情况。中央企业应当于上市公司年度报告披露后，将该企业所控股上市公司股权激励实施情况报告国资委。

(二)股权激励方案(见表5-4)

表5-4　中央企业控股上市公司股权激励实施方案

序号	项目	具体内容
1	定对象	1. 核心骨干人才队伍,结合企业高质量发展需要、行业竞争特点、关键岗位职责、绩效考核评价等因素综合确定。 2. 中央和国务院国资委管理的中央企业负责人不纳入股权激励对象范围
2	定方式	一般为股票期权、股票增值权、限制性股票等方式,也可以结合股票交易市场其他公司实施股权激励的进展情况,探索试行法律、行政法规允许的其他激励方式
3	定授予方式	1. 鼓励上市公司根据企业发展规划,采取分期授予方式实施股权激励,充分体现激励的长期效应。 2. 每期授予权益数量应当与公司股本规模、激励对象人数,以及权益授予价值等因素相匹配。中小市值上市公司及科技创新型上市公司,首次实施股权激励计划授予的权益数量占公司股本总额的比重,最高可以由2%上浮至3%。上市公司两个完整年度内累计授予的权益数量一般在公司总股本的3%以内,公司重大战略转型等特殊需要的可以适当放宽至总股本的5%以内
4	定价格	1. 上市公司应当按照股票上市交易地监管规定和上市规则,确定权益授予的公平市场价格。 2. 限制性股票的授予价格按照不低于公平市场价格的50%确定。股票公平市场价格低于每股净资产的,限制性股票授予价格原则上按照不低于公平市场价格的60%确定。 科创板上市公司的股权激励授予价格特殊处理: 1. 科创板上市公司以限制性股票方式实施股权激励的,若授予价格低于公平市场价格的50%,上市公司应当适当延长限制性股票的禁售期及解锁期,并设置不低于公司近3年平均业绩水平或同行业75分位值水平的解锁业绩目标条件。 2. 尚未盈利的科创板上市公司实施股权激励的,限制性股票授予价格按照不低于公平市场价格的60%确定。 3. 在上市公司实现盈利前,可生效的权益比例原则上不超过授予额度的40%;属于国家重点战略行业且因行业特性需要较长时间才可实现盈利的,应当在股权激励计划中明确提出调整权益生效安排的申请
5	定数量	1. 董事、高级管理人员的权益授予价值,境内外上市公司统一按照不高于授予时薪酬总水平(含权益授予价值)的40%确定。 2. 管理、技术和业务骨干等其他激励对象的权益授予价值,由上市公司董事会合理确定。 3. 股权激励对象实际获得的收益,属于投资性收益,不再设置调控上限

续表

序号	项目	具体内容
6	定业绩	1. 上市公司应当建立健全股权激励业绩考核及激励对象绩效考核评价体系。 2. 上市公司在公告股权激励计划草案时,应当披露所设定业绩考核指标与目标水平的科学性和合理性。 3. 在权益授予环节,业绩考核目标应当根据公司发展战略规划合理设置;股权激励计划无分次实施安排的,可以不设置业绩考核条件。 4. 在权益生效(解锁)环节,业绩考核目标应当结合公司经营趋势、所处行业发展周期科学设置,体现前瞻性、挑战性,可以通过与境内外同行业优秀企业业绩水平横向对标的方式确定
7	动态管理	1. 上市公司应当制定规范的股权激励管理办法,以业绩考核指标完成情况为基础对股权激励计划实施动态管理。 2. 上市公司按照股权激励管理办法和业绩考核评价办法,以业绩考核完成情况决定对激励对象全体和个人权益的授予和生效(解锁)

二、国有控股上市公司(境内)股权激励

(一)股权激励管理体制

根据《国有控股上市公司(境内)实施股权激励试行办法》(国资发分配〔2006〕175 号)规定,对于国有控股上市公司(境内)实施股权激励的基本要求如下。

1. 实施流程

对中央企业及其所出资企业控股的上市公司(境内),其股权激励计划在报股东会审议表决前,由集团公司按照规定的程序报履行国有资产出资人职责的机构或部门审核;对中央企业所出资三级以下企业控股的上市公司,其股权激励计划在上市公司股东会审议前,报履行国有资产出资人职责的机构或部门备案。履行国有资产出资人职责的机构或部门自收到完整的股权激励计划申报材料之日起,20 个工作日内出具审核意见;未提出异议的,国有控股股东可按申报意见参与股东会审议股权激励计划。

地方国有控股上市公司试行股权激励办法,应严格按规定的条件执行。在试点期间,上市公司股权激励计划由各省、自治区、直辖市、计划单列市及新疆生产建设兵团国资委或财政厅(局)统一审核批准后,报国务院国资委和财政部备案。

2. 申报

国有控股股东申报的股权激励报告应包括以下内容:(1)上市公司简要情况,包括公司薪酬管理制度、薪酬水平等情况;(2)股权激励计划和股权激励管理办法等应由股东会审议的事项及其相关说明;(3)选择的期权定价模型及股票期权的公平市场价值的测算、限制性股票的预期收益等情况的说明;(4)上市公司绩效考核评价制度及发展战略和实施计划的说明等。绩效考核评价制度应当包括岗位职责核定、绩效考核评价指标和标准、年度及任期绩效考核目标、考核评价程序以及根据绩效考核评价办法对高级管理人员股权的授予和行权的相关规定。

国有控股股东在下列情况下应按规定重新履行申报审核程序:(1)上市公司终止股权激励计划并实施新计划或变更股权激励计划相关事项;(2)上市公司发行新股、转增股本、合并、分立、回购等导致总股本发生变动或出于其他原因需要调整股权激励对象范围、授予数量等股权激励计划主要内容。

3. 信息披露与备案

国有控股股东应按照有关规定和要求,督促和要求上市公司严格履行信息披露义务,及时披露股权激励计划及董事、高级管理人员薪酬管理等相关信息。

国有控股股东应在上市公司年度报告披露后5个工作日内将以下情况报履行国有资产出资人职责的机构或部门备案:(1)公司股权激励计划的授予、行权或解锁等情况;(2)公司董事、高级管理等人员持有股权的数量、期限、本年度已经行权(或解锁)和未行权(或解锁)的情况及其所持股权数量与期初所持数量的变动情况;(3)公司实施股权激励绩效考核情况、实施股权激励对公司费用及利润的影响等。

(二)实施股权激励的上市公司应具备的条件

1. 公司治理结构规范,股东会、董事会、经理层组织健全,职责明确。外部董事(含独立董事,下同)占董事会成员半数以上。

2. 薪酬委员会由外部董事构成,且薪酬委员会制度健全,议事规则完善,运行规范。

3. 内部控制制度和绩效考核体系健全,基础管理制度规范,建立了符合市场经济和现代企业制度要求的劳动用工、薪酬福利制度及绩效考核体系。

4. 发展战略明确,资产质量和财务状况良好,经营业绩稳健;近3年无财务违法违规行为和不良记录。

5. 证券监管部门规定的其他条件。

（三）股权激励方案（见表5－5）

表5－5　国有控股上市公司（境内）股权激励实施方案

序号	项目	具体内容
1	定来源	1. 可以根据本公司实际情况，通过向激励对象发行股份、回购本公司股份及法律、行政法规允许的其他方式确定。 2. 不得由单一国有股股东支付或擅自无偿量化国有股权
2	定方式	股票期权、限制性股票以及法律、行政法规允许的其他方式。上市公司应以期权激励机制为导向，根据实施股权激励的目的，结合本行业及本公司的特点确定股权激励的方式
3	定对象	1. 原则上限于上市公司董事、高级管理人员以及对上市公司整体业绩和持续发展有直接影响的核心技术人员和管理骨干。 2. 上市公司监事、独立董事以及由上市公司控股公司以外的人员担任的外部董事，暂不纳入股权激励计划。 3. 证券监管部门规定的不得成为激励对象的人员，不得参与股权激励计划。 4. 上市公司母公司（控股公司）的负责人在上市公司担任职务的，可参加股权激励计划，但只能参与一家上市公司的股权激励计划。 5. 在股权授予日，任何持有上市公司5%以上有表决权的股份的人员，未经股东会批准，不得参加股权激励计划
4	定数量	总量： 1. 在股权激励计划有效期内授予的股权总量，应结合上市公司股本规模的大小和股权激励对象的范围、股权激励水平等因素，在0.1%～10%之间合理确定。但上市公司全部有效的股权激励计划所涉及的标的股票总数累计不得超过公司股本总额的10%。 2. 上市公司首次实施股权激励计划授予的股权数量原则上应控制在上市公司股本总额的1%以内
		激励对象： 1. 上市公司任何一名激励对象通过全部有效的股权激励计划获授的本公司股权，累计不得超过公司股本总额的2%，经股东会特别决议批准的除外。 2. 在股权激励计划有效期内，高级管理人员个人股权激励预期收益水平，应控制在其薪酬总水平（含预期的期权或股权收益）的30%以内。 3. 授予董事、高级管理人员的股权，应根据任期考核或经济责任审计结果行权或兑现。授予的股票期权，应有不低于授予总量的20%留至任职（或任期）考核合格后行权；授予的限制性股票，应将不低于20%的部分锁定至任职（或任期）期满后兑现

续表

序号	项目	具体内容
5	定授予价格	1. 上市公司股权的授予价格应不低于下列价格较高者： (1)股权激励计划草案摘要公布前一个交易日的公司标的股票收盘价； (2)股权激励计划草案摘要公布前30个交易日内的公司标的股票平均收盘价。 2. 上市公司首次公开发行股票时拟实施的股权激励计划，其股权的授予价格在上市公司首次公开发行上市满30个交易日以后，依据上述原则规定的市场价格确定
6	有效期	股权激励计划的有效期自股东会通过之日起计算，一般不超过10年。股权激励计划有效期满，上市公司不得依据此计划再授予任何股权
7	行权期	在股权激励计划有效期内，每期授予的股票期权，均应设置行权限制期和行权有效期，并按设定的时间表分批行权： (1)行权限制期为股权自授予日（授权日）起至股权生效日（可行权日）止的期限。行权限制期原则上不得少于2年，在限制期内不可以行权。 (2)行权有效期为股权生效日至股权失效日的期限，由上市公司根据实际确定，但不得低于3年。在行权有效期内原则上采取匀速分批行权办法。超过行权有效期的，其权利自动失效，并不可追溯行使
8	禁售期	在股权激励计划有效期内，每期授予的限制性股票，其禁售期不得低于2年。禁售期满，根据股权激励计划和业绩目标完成情况确定激励对象可解锁（转让、出售）的股票数量。解锁期不得低于3年，在解锁期内原则上采取匀速解锁办法
9	特别规定	1. 上市公司不得为激励对象按照股权激励计划获取有关权益提供贷款以及其他任何形式的财务资助，包括为其贷款提供担保。 2. 发生以下情形之一时，中止实施股权激励计划，自发生之日起一年内不得向激励对象授予新的股权，激励对象也不得根据股权激励计划行使权利或获得收益： (1)企业年度绩效考核达不到股权激励计划规定的绩效考核标准； (2)国有资产监督管理机构或部门、监事会或审计部门对上市公司业绩或年度财务会计报告提出重大异议； (3)发生重大违规行为，受到证券监管及其他有关部门处罚
10	终止授予新的股权并取消其行权资格	股权激励对象有以下情形之一的，上市公司国有控股股东应依法行使股东权利，提出终止授予新的股权并取消其行权资格： (1)违反国家有关法律法规、上市公司章程规定的； (2)任职期间，由于受贿索贿、贪污盗窃、泄露上市公司经营和技术秘密，实施关联交易损害上市公司利益、声誉和对上市公司形象有重大负面影响等违法违纪行为，给上市公司造成损失的

三、国有控股上市公司(境外)股权激励

(一)股权激励管理体制

根据《国有控股上市公司(境外)实施股权激励试行办法》(国资发分配〔2006〕8号)规定,对于国有控股上市公司(境外)实施股权激励的基本要求如下。

1. 实施流程

如图5－3所示,国有控股股东代表在股东会审议批准上市公司拟实施的股权激励计划之前,应将拟实施的股权激励计划及管理办法报履行国有资产出资人职责的机构或部门审核,并根据其审核意见在股东会行使表决权。

图5－3　股权激励实施流程

2. 申报

国有控股股东代表申报的股权激励计划报告应包括以下内容。(1)上市公司的简要情况。(2)上市公司股权激励计划方案和股权激励管理办法,主要应载明以下内容:股权授予的人员范围、授予数量、授予价格和行权时间的确定、权利的变更及丧失,以及股权激励计划的管理、监督等;选择的期权定价模型及股票期权或股票增值权预期收益的测算等情况的说明。(3)上市公司绩效考核评价制度和股权激励计划实施的说明。绩效考核评价制度应当包括岗位职责核定、绩效考核评价指标和标准、年度及任期绩效责任目标、考核评价程序等内容。(4)上市公司实施股权激励计划的组织领导和工作方案。

3. 信息披露与申报

国有控股股东代表应将下列事项在上市公司年度报告披露后10日内报履行国有资产出资人职责的机构或部门备案:(1)公司股权激励计划的授予和行使情况;(2)公司董事、高管人员持有股权的数量、期限,本年度已经行权和未行权的情况及其所持股权数量与期初所持数量的对比情况;(3)公司实施股权激励绩效考核情况及实施股权激励对公司费用及利润的影响情况等。

(二)实施股权激励的上市公司应具备的条件

1. 公司治理结构规范,股东会、董事会、监事会、经理层各负其责,协调运

转,有效制衡。董事会中有3名以上独立董事并能有效履行职责。

2. 公司发展战略目标和实施计划明确,持续发展能力良好。

3. 公司业绩考核体系健全、基础管理制度规范,进行了劳动、用工、薪酬制度改革。

(三)股权激励方案(见表5-6)

表5-6 国有控股上市公司(境外)股权激励实施方案

序号	项目	具体内容
1	定来源	1. 可以根据本公司实际情况,通过向激励对象发行股份、回购本公司股份及法律、行政法规允许的其他方式确定。 2. 不得由单一国有股股东支付或擅自无偿量化国有股权
2	定方式	股票期权、限制性股票以及法律、行政法规允许的其他方式。上市公司应以期权激励机制为导向,根据实施股权激励的目的,结合本行业及本公司的特点确定股权激励的方式
3	定对象	1. 原则上限于上市公司董事、高级管理人员以及对上市公司整体业绩和持续发展有直接影响的核心技术人员和管理骨干。 2. 上市公司监事、独立董事以及由上市公司控股公司以外的人员担任的外部董事,暂不纳入股权激励计划。 3. 证券监管部门规定的不得成为激励对象的人员,不得参与股权激励计划。 4. 上市公司母公司(控股公司)的负责人在上市公司担任职务的,可参加股权激励计划,但只能参与一家上市公司的股权激励计划。 5. 在股权授予日,任何持有上市公司5%以上有表决权的股份的人员,未经股东会批准,不得参加股权激励计划
4	定数量	总量: 1. 在股权激励计划有效期内授予的股权总量,应结合上市公司股本规模的大小和股权激励对象的范围、股权激励水平等因素,在0.1%~10%之间合理确定。但上市公司全部有效的股权激励计划所涉及的标的股票总数累计不得超过公司股本总额的10%。 2. 上市公司首次实施股权激励计划授予的股权数量原则上应控制在上市公司股本总额的1%以内
		激励对象: 1. 上市公司任何一名激励对象通过全部有效的股权激励计划获授的本公司股权,累计不得超过公司股本总额的1%,经股东会特别决议批准的除外。 2. 在股权激励计划有效期内,高级管理人员个人股权激励预期收益水平,应控制在其薪酬总水平(含预期的期权或股权收益)的30%以内。

续表

序号	项目	具体内容
4	定数量	3. 授予董事、高级管理人员的股权，应根据任期考核或经济责任审计结果行权或兑现。授予的股票期权，应有不低于授予总量的 20% 留至任职（或任期）考核合格后行权；授予的限制性股票，应将不低于 20% 的部分锁定至任职（或任期）期满后兑现
5	定授予价格	1. 上市公司股权的授予价格应不低于下列价格较高者： （1）股权激励计划草案摘要公布前一个交易日的公司标的股票收盘价； （2）股权激励计划草案摘要公布前 30 个交易日内的公司标的股票平均收盘价。 2. 上市公司首次公开发行股票时拟实施的股权激励计划，其股权的授予价格在上市公司首次公开发行上市满 30 个交易日以后，依据上述原则规定的市场价格确定
6	有效期	股权激励计划的有效期自股东会通过之日起计算，一般不超过 10 年。股权激励计划有效期满，上市公司不得依据此计划再授予任何股权
7	行权期	在股权激励计划有效期内，每期授予的股票期权，均应设置行权限制期和行权有效期，并按设定的时间表分批行权： （1）行权限制期为股权自授予日（授权日）起至股权生效日（可行权日）止的期限。行权限制期原则上不得少于 2 年，在限制期内不可以行权。 （2）行权有效期为股权生效日至股权失效日的期限，由上市公司根据实际确定，但不得低于 3 年。在行权有效期内原则上采取匀速分批行权办法。超过行权有效期的，其权利自动失效，并不可追溯行使
8	禁售期	在股权激励计划有效期内，每期授予的限制性股票，其禁售期不得低于 2 年。禁售期满，根据股权激励计划和业绩目标完成情况确定激励对象可解锁（转让、出售）的股票数量。解锁期不得低于 3 年，在解锁期内原则上采取匀速解锁办法
9	特别规定	上市公司不得为激励对象按照股权激励计划获取有关权益提供贷款以及其他任何形式的财务资助，包括为其贷款提供担保。 发生以下情形之一时，中止实施股权激励计划，自发生之日起一年内不得向激励对象授予新的股权，激励对象也不得根据股权激励计划行使权利或获得收益： （1）企业年度绩效考核达不到股权激励计划规定的绩效考核标准； （2）国有资产监督管理机构或部门、监事会或审计部门对上市公司业绩或年度财务会计报告提出重大异议； （3）发生重大违规行为，受到证券监管及其他有关部门处罚

续表

序号	项目	具体内容
10	终止授予新的股权并取消其行权资格	股权激励对象有以下情形之一的，上市公司国有控股股东应依法行使股东权利，提出终止授予新的股权并取消其行权资格： （1）违反国家有关法律法规、上市公司章程规定的； （2）任职期间，由于受贿索贿、贪污盗窃、泄露上市公司经营和技术秘密，实施关联交易损害上市公司利益、声誉和对上市公司形象有重大负面影响等违法违纪行为，给上市公司造成损失的

四、国有控股混合制企业员工持股

根据《关于国有控股混合所有制企业开展员工持股试点的意见》（国资发改革〔2016〕133 号）规定，对于国有控股混合所有制企业开展员工持股的基本要求如下。

（一）股权激励管理体制

1. 实施流程

如图 5－4 所示，试点企业应通过职工代表大会等形式充分听取本企业职工对员工持股方案的意见，并由董事会提交股东会进行审议。地方试点企业的员工持股方案经股东会审议通过后，报履行出资人职责的机构备案，同时报省级人民政府国有资产监督管理机构；中央试点企业的员工持股方案经股东会审议通过后，报履行出资人职责的机构备案。

图 5－4　国有控股混合制企业员工持股实施流程

2. 信息公开

试点企业应将持股员工范围、持股比例、入股价格、股权流转、中介机构以及审计评估等重要信息在本企业内部充分披露，切实保障员工的知情权和监督权。

（二）实施股权激励的上市公司应具备的条件

1. 主业处于充分竞争行业和领域的商业类企业。

2. 股权结构合理，非公有资本股东所持股份应达到一定比例，公司董事会中有非公有资本股东推荐的董事。

3. 公司治理结构健全，建立市场化的劳动人事分配制度和业绩考核评价体系，形成管理人员能上能下、员工能进能出、收入能增能减的市场化机制。

4. 营业收入和利润90%以上源于所在企业集团外部市场。

优先支持人才资本和技术要素贡献占比较高的转制科研院所、高新技术企业、科技服务型企业开展员工持股试点。中央企业二级（含）以上企业以及各省、自治区、直辖市及计划单列市和新疆生产建设兵团所属一级企业原则上暂不开展员工持股试点。违反国有企业职工持股有关规定且未按要求完成整改的企业，不开展员工持股试点。

（三）员工持股方案（见表5－7）

表5－7 国有控股混合制企业员工持股实施方案

序号	项目	具体内容
1	定对象	1. 在关键岗位工作并对公司经营业绩和持续发展有直接或较大影响的科研人员、经营管理人员和业务骨干，且与本公司签订了劳动合同。 2. 党中央、国务院和地方党委、政府及其部门、机构任命的国有企业领导人员不得持股。外部董事、监事（含职工代表监事）不参与员工持股。如直系亲属多人在同一企业，只能一人持股
2	出资方式	1. 员工入股应主要以货币出资，并按约定及时足额缴纳。按照国家有关法律法规，员工以科技成果出资入股的，应提供所有权属证明并依法评估作价，及时办理财产权转移手续。 2. 试点企业、国有股东不得向员工无偿赠与股份，不得向持股员工提供垫资、担保、借贷等财务资助。持股员工不得接受与试点企业有生产经营业务往来的其他企业的借款或融资帮助
3	定价格	在员工入股前，应按照有关规定对试点企业进行财务审计和资产评估。员工入股价格不得低于经核准或备案的每股净资产评估值。国有控股上市公司员工入股价格按证券监管有关规定确定
4	定数量	总量：员工持股总量原则上不高于公司总股本的30%
		激励对象：单一员工持股比例原则上不高于公司总股本的1%
5	股权结构	实施员工持股后，应保证国有股东控股地位，且其持股比例不得低于公司总股本的34%
6	持股方式	持股员工可以个人名义直接持股，也可通过公司制企业、合伙制企业、资产管理计划等持股平台持有股权。通过资产管理计划方式持股的，不得使用杠杆融资。持股平台不得从事除持股以外的任何经营活动

续表

序号	项目	具体内容
7	禁售期	实施员工持股,应设定不少于36个月的锁定期。在公司公开发行股份前已持股的员工,不得在公司首次公开发行时转让股份,并应承诺自上市之日起不少于36个月的锁定期。锁定期满后,公司董事、高级管理人员每年可转让股份不得高于所持股份总数的25%
8	退出机制	持股员工因辞职、调离、退休、死亡或被解雇等离开公司的,应在12个月内将其所持股份进行内部转让

五、国有科技型企业股权和分红激励

根据《国有科技型企业股权和分红激励暂行办法》(财资〔2016〕4号)和《关于扩大国有科技型企业股权和分红激励暂行办法实施范围等有关事项》(财资〔2018〕54号)等规定,对于国有控股混合所有制企业开展员工持股的基本要求如下。

(一)激励方案管理体制

1. 实施主体

国有科技型企业,是指中国境内具有公司法人资格的国有及国有控股未上市科技企业(含全国中小企业股份转让系统挂牌的国有企业、国有控股上市公司所出资的各级未上市科技子企业),具体包括:(1)国家认定的高新技术企业;(2)转制院所企业及所投资的科技企业;(3)高等院校和科研院所投资的科技企业;(4)纳入科学技术部“全国科技型中小企业信息库”的企业;(5)国家和省级认定的科技服务机构。

2. 实施条件

实施股权和分红激励的国有科技型企业应当产权明晰、发展战略明确、管理规范、内部治理结构健全并有效运转,同时具备以下条件:(1)企业建立了规范的内部财务管理制度和员工绩效考核评价制度。年度财务会计报告经过中介机构依法审计,且激励方案制定近3年没有因财务、税收等违法违规行为受到行政、刑事处罚;成立不满3年的企业,以实际经营年限计算。(2)对于转制院所企业及所投资的科技企业、高等院校和科研院所投资的科技企业和纳入科学技术部“全国科技型中小企业信息库”的企业,近3年研发费用占当年企业营业收入均在3%以上;激励方案制定的上一年度企业研发人员占职工总数20%以上;成立不满 3 年的企业,以实际经营年限计算。(3)对于国家和省级认定的科技服务机构,近 3 年科技服务性收入不低于当年企业营业收入的 60%。科技服务性收入是指国有科技服务机构营业收入中属于研究开发及其服务、技术转移服务、检验检测认证服务、创业孵化服务、知识产权服务、科技咨询服务、科技金融服务、科学技术普及服务等的收入。

企业成立不满 3 年的,不得采取股权奖励和岗位分红的激励方式。

3. 实施流程

(1)方案拟定:企业总经理班子或者董事会等企业内部决策机构负责拟订企业股权和分红激励方案。

(2)听取职工意见和建议:企业内部决策机构拟订激励方案时,应当通过职工代表大会或者其他形式充分听取职工的意见和建议。

(3)报批:企业内部决策机构应当将激励方案及听取职工意见情况,先行报履行出资人职责或国有资产监管职责的部门、机构、企业批准。中央企业集团公司相关材料报履行出资人职责的部门或机构批准,中央企业集团公司所属子企业相关材料报中央企业集团公司批准。履行出资人职责的国有资本投资、运营公司所属子企业,相关材料报国有资本投资、运营公司批准。中央部门及事业单位所属企业,按国有资产管理权属,相关材料报中央主管部门或机构批准。地方国有企业相关材料,按现行国有资产管理体制,报同级履行国有资产监管职责的部门或机构批准。

(4)出具法律意见书:审核单位应当严格审核企业申报的激励方案,必要时要求企业法律事务机构或者外聘律师对激励方案出具法律意见书。

(5)股东会审议:审核单位批准企业实施股权和分红激励后,企业内部决策机构应将批准的激励方案提请股东会审议。在股东会审议激励方案时,国有股东代表应当按照审批单位书面审定意见发表意见。未设立股东会的企业,按照审批单位批准的方案实施。

(6)备案:除国家另有规定外,企业应当在股东会审议通过激励方案后 5 个工作日内,将经股东会审议通过的激励方案和相关批准文件、股东(大)会决议报送审核单位备案。

(7)定期报告:在激励方案实施期间内,企业应于每年 1 月底前向审核单位报告上一年度激励方案实施情况。报告内容如下:实施激励涉及的业绩条件、净收益等财务信息;激励对象在报告期内各自获得的激励情况;报告期内的股权激励数量及金额，引起的股本变动情况，以及截至报告期末的累计额；报告期内的分红激励金额，以及截至报告期末的累计额；激励支出的列支渠道和会计核算情况；其他应报告的事项。

中央主管部门、机构和中央企业集团公司，应当对所属企业年度股权和分红激励实施情况进行总结，包括实施股权和分红激励企业户数、激励方式、激励人数、激励落实情况、存在的突出问题以及有关政策建议等，并于每年3月底前将上一年度实施情况的总结报告报送财政部、科学技术部。中央企业应当将年度股权和分红激励实施情况总结报告于次年2月底前报送国务院国资委。

地方省级财政部门、科技部门，负责对本省地方国有企业年度股权和分红激励实施情况进行总结，并于每年3月底前将上一年度实施情况的总结报告报送财政部、科学技术部。

4. 激励对象

激励对象为与本企业签订劳动合同的重要技术人员和经营管理人员，具体包括：(1)关键职务科技成果的主要完成人，重大开发项目的负责人，对主导产品或者核心技术、工艺流程做出重大创新或者改进的主要技术人员。(2)主持企业全面生产经营工作的高级管理人员，负责企业主要产品(服务)生产经营的中、高级经营管理人员。(3)通过省、部级及以上人才计划引进的重要技术人才和经营管理人才。但是，企业不得面向全体员工实施股权或者分红激励。企业监事、独立董事不得参与企业股权或者分红激励。

(二)股权激励方案(见表5-8)

表5-8　国有科技型企业股权激励实施方案

序号	项目	具体内容
1	定来源	1. 向激励对象增发股份。 2. 向现有股东回购股份。 3. 现有股东依法向激励对象转让其持有的股权
2	激励方式	股权出售、股权奖励、股权期权等一种或多种方式，但是大、中型企业不得采取股权期权的激励方式。企业的划型标准，按照国家统计局《关于印发统计上大中小微型企业划分办法的通知》(国统字〔2011〕75号，已失效)等有关规定执行。 (1)股权出售应按不低于资产评估结果的价格，以协议方式将企业股权有偿出售给激励对象。资产评估结果应当根据国有资产评估的管理规定，报相关部门、机构或者企业核准或者备案。

续表

序号	项目	具体内容
		(2)企业实施股权奖励,近3年税后利润累计形成的净资产增值额应当占近3年年初净资产总额的20%以上,实施激励当年年初未分配利润为正数。近3年税后利润累计形成的净资产增值额,是指激励方案制定上年末账面净资产相对于近3年首年初账面净资产的增加值,不包括财政及企业股东以各种方式投资或补助形成的净资产和已经向股东分配的利润。 (3)企业用于股权奖励的激励额不超过近3年税后利润累计形成的净资产增值额的15%。企业实施股权奖励,必须与股权出售相结合。 (4)股权奖励的激励对象,仅限于在本企业连续工作3年以上的重要技术人员。单个获得股权奖励的激励对象,必须以不低于的比例购买企业股权,且获得的股权奖励按激励实施时的评估价值折算,累计不超过300万元
3	定价格	小、微型企业采取股权期权方式实施激励的,应当在激励方案中明确规定激励对象的行权价格。确定行权价格时,应当综合考虑科技成果成熟程度及其转化情况、企业未来至少5年的盈利能力、企业拟授予全部股权数量等因素,且不低于制定股权期权激励方案时经核准或者备案的每股评估价值
4	定数量	总量:大型企业的股权激励总额不超过企业总股本的5%;中型企业的股权激励总额不超过企业总股本的10%;小、微型企业的股权激励总额不超过企业总股本的30%。企业不能因实施股权激励而改变国有控股地位
		激励对象:单个激励对象获得的激励股权不得超过企业总股本的3%
5	定业绩	企业应当与激励对象约定股权期权授予和行权的业绩考核目标等条件。业绩考核指标可以选取净资产收益率、主营业务收入增长率、现金营运指数等财务指标,但应当不低于企业近3年平均业绩水平及同行业平均业绩水平。成立不满3年的企业,以实际经营年限计算
6	定期限	企业应当在激励方案中明确股权期权的授权日、可行权日和行权有效期。 股权期权授权日与获授股权期权首次可行权日之间的间隔不得少于2年,股权期权行权的有效期不得超过5年。 企业应当规定激励对象在股权期权行权的有效期内分期行权。有效期过后,尚未行权的股权期权自动失效
7	特别规定	企业不得为激励对象购买股权提供贷款以及其他形式的财务资助,包括为激励对象向其他单位或者个人贷款提供担保。企业要坚持同股同权,不得向激励对象承诺年度分红回报或设置托底回购条款

续表

序号	项目	具体内容
8	退出机制	1. 股权激励的激励对象,自取得股权之日起,5 年内不得转让、捐赠,特殊情形按以下规定处理: (1)因本人提出离职或者个人原因被解聘、解除劳动合同,取得的股权应当在半年内全部退回企业,其个人出资部分由企业按上一年度审计后净资产计算退还本人。 (2)因公调离本企业的,取得的股权应当在半年内全部退回企业,其个人出资部分由企业按照上一年度审计后净资产计算与实际出资成本孰高的原则返还本人。 2. 在职激励对象不得以任何理由要求企业收回激励股权

(三)分红激励方案

中央企业应当从经营发展战略以及自身经济效益状况出发,分类步推进股权和分红激励工作。要坚持效益导向和增量激励原则,根据企业人工成本承受能力和经营业绩状况,合理确定总体激励水平。要坚持生产要素按贡献参与分配原则,从企业人才激励现状和用工市场化程度出发,建立健全以成果贡献为评价标准的科技创新人才薪酬制度,在科学评价科研团队、个人业绩的基础上,适度拉开激励对象收入分配差距。

岗位分红激励总额的确定应当统筹好与当期工资总额管理的关系,避免因实施分红激励出现工资效益不匹配。项目分红激励原则上应当采取与重要技术人员约定的方式进行,明确激励水平、兑现方式和违约责任等,激励总额根据项目规模、市场化程度合理确定。股权激励总额的确定应当从企业规模、发展阶段等实际出发,个人激励水平应当合理适度,确保激励的可持续性和公平性(见表 5 -9)。

表 5 -9 国有科技型企业分红激励实施方案

项目		具体内容
分红类型		1. 项目收益分红; 2. 岗位分红
项目分红	原则规定	在职务科技成果完成、转化后,按照企业规定或者与重要技术人员约定的方式、数额和时限执行。企业制定相关规定,应当充分听取本企业技术人员的意见,并在本企业公开相关规定
	法定情形	企业未规定也未与重要技术人员约定的,按照下列标准执行: (1)将该项职务科技成果转让、许可给他人实施的,从该项科技成果转让净收入或者许可净收入中提取不低于 50% 的比例;

续表

项目		具体内容
项目分红	法定情形	(2)利用该项职务科技成果作价投资的,从该项科技成果形成的股份或者出资比例中提取不低于50%的比例; (3)将该项职务科技成果自行实施或者与他人合作实施的,应当在实施转化成功投产后连续3~5年,每年从实施该项科技成果的营业利润中提取不低于5%的比例
	特殊情况	转让、许可净收入为企业取得的科技成果转让、许可收入扣除相关税费和企业为该项科技成果投入的全部研发费用及维护、维权费用后的金额。企业将同一项科技成果使用权向多个单位或者个人转让、许可的,转让、许可收入应当合并计算
岗位分红	实施条件	近3年税后利润累计形成的净资产增值额应当占企业近3年年初净资产总额的10%以上,且实施激励当年年初未分配利润为正数
	定数量	总量:企业年度岗位分红激励总额不高于当年税后利润的15%
		激励对象:激励对象应当在该岗位上连续工作1年以上,且原则上每次激励人数不超过企业在岗职工总数的30%。激励对象获得的岗位分红所得不高于其薪酬总额的2/3。激励对象自离岗当年起,不再享有原岗位分红权
	定业绩	1. 企业未达到年度考核要求的,应当终止激励方案的实施,再次实施岗位分红激励需重新申报。 2. 激励对象未达到年度考核要求的,应当按约定的条款扣减、暂缓或停止分红激励
	定期限	岗位分红激励方案有效期原则上不超过3年。激励方案中应当明确年度业绩考核指标,原则上各年度净利润增长率应当高于企业实施岗位分红激励近3年平均增长水平
	特别规定	企业实施分红激励所需支出计入工资总额,但不受当年本单位工资总额限制、不纳入本单位工资总额基数,不作为企业职工教育经费、工会经费、社会保险费、补充养老及补充医疗保险费、住房公积金等的计提依据

第六章

外商投资企业的公司治理合规方案

第一节 外商投资企业管理制度

一、外商投资企业概述

外商投资企业，是指全部或者部分由外国投资者投资(外国的自然人、企业或者其他组织)，依照中国法律在中国境内经登记注册设立的企业。

外商投资企业产生于20世纪70年代末我国改革开放初期，是为了引进和吸收外资而创立的企业法律形式。我国相继颁布了《中外合资经营企业法》(1979年7月颁布)、《外资企业法》(1986年4月颁布)和《中外合作经营企业法》(1988年4月颁布)及其他配套法规和规定予以确定和规范。

依照上述3部外商投资企业法的规定，外商投资企业分为以下3种法定类型：中外合资经营企业、中外合作经营企业和外资企业。除了这3种外商投资企业外，20世纪90年代我国又出现了中外股份有限公司，其是由一定人数以上的中外股东设立、全部资本由等额构成，外国股东可自由兑换外币购买并持有公司注册资本一定比例(25%)以上的股份有限公司。

然而，中国经济从快速增长阶段进入了高质量发展阶段，中国对外开放也进入了一个新的历史时期，对外资政策等提出了新的要求。原有的上述3部法律已难以满足新时期引进外资的需求，我国迫切需要一部全面系统的外资管理法律，这是《外商投资法》出台的背景。根据《外商投资法》第42条第1款，该法自2020年1月1日起施行；《中外合资经营企业法》《外资企业法》《中外合作经营企业法》同时废止。

根据《外商投资法》第 42 条第 2 款，该法施行前依照《中外合资经营企业法》《外资企业法》《中外合作经营企业法》设立的外商投资企业，在该法施行后 5 年内可以继续保留原企业组织形式等。具体实施办法由国务院规定。外商企业的组织形式还有 5 年的过渡期，截至 2024 年 12 月 31 日。

《外商投资法》是我国历史上第一部全面系统的外资立法，标志着我国迈进了制度型开放的新阶段，对扩大对外开放和促进外商投资具有里程碑式的意义。《外商投资法》确立了外商投资促进制度、外商投资保护制度和外商投资管理制度，明确了外商投资实行准入前国民待遇和负面清单管理制度，加强了对外商投资企业的产权保护，规定不得利用行政手段强制要求外商技术转让。

二、外商投资企业的权利

根据《外商投资法》及其实施条例，外商投资企业享有如下六大权利。

1. 平等适用政策权。外商投资企业依法平等适用国家支持企业发展的各项政策，包括政府资金安排、土地供应、税费减免、资质许可、标准制定、项目政策、人力资源政策等；也可以依照法律、行政法规或者国务院的规定，享受财政、税收、金融、用地等方面的优惠待遇。

2. 建言建议权。制定与外商投资有关的行政法规、规章、规范性文件，或者政府及其有关部门起草与外商投资有关的法律、地方性法规，应当根据实际情况，采取书面征求意见以及召开座谈会、论证会、听证会等多种形式，听取外商投资企业和有关商会、协会等方面的意见和建议；对反映集中或者涉及外商投资企业重大权利义务问题的意见和建议，应当通过适当方式反馈采纳的情况。

3. 参与标准制定权，是指外商投资企业依法和内资企业平等参与国家标准、行业标准、地方标准和团体标准的制定、修订工作，还可根据需要自行制定或者与其他企业联合制定企业标准。外商投资企业可以向标准化行政主管部门和有关行政主管部门提出标准的立项建议，在标准立项、起草、技术审查以及标准实施信息反馈、评估等过程中提出意见和建议，并按照规定承担标准起草、技术审查的相关工作以及标准的外文翻译工作。

4. 公平竞争权，是指外商投资企业可以通过公平竞争参与政府的采购活动，政府及其有关部门不得阻挠和限制外商投资企业自由进入本地区和本行业的政府采购市场；不得在政府采购信息发布、供应商条件确定和资格审查、评标标准等方面，对外商投资企业实行差别待遇或者歧视待遇。

5. 资金自由汇入汇出权。外国投资者在中国境内的出资、利润、资本收益、资产处置所得、知识产权许可使用费、依法获得的补偿或者赔偿、清算所得等,可以依法以人民币或者外汇自由汇入、汇出。外商投资企业的外籍职工的工资收入和其他合法收入,也可以依法自由汇出。

6. 投诉监督权,是指外商投资企业有权对相关政策措施等反映问题,对侵犯其合法权益的行政机关及其工作人员的行政行为投诉或依法申请行政复议、提起行政诉讼。国家建立外商投资企业投诉工作机制,及时处理外商投资企业或者其投资者反映的问题,协调完善相关政策措施。外商投资企业或者其投资者认为行政机关及其工作人员的行政行为侵犯其合法权益的,可以通过外商投资企业投诉工作机制申请协调解决。外商投资企业或者其投资者认为行政机关及其工作人员的行政行为侵犯其合法权益的,除依照规定通过外商投资企业投诉工作机制申请协调解决外,还可以依法申请行政复议、提起行政诉讼。

三、准入前国民待遇加负面清单管理制度

外商投资法最大的亮点就是坚持中国特色和国际规则相衔接,既立足于当前我国经济的发展阶段和利用外资的实际需要,同时也与国际经济惯例规则相衔接。

准入前国民待遇,是指在投资准入阶段给予外国投资者及其投资不低于本国投资者及其投资的待遇。各级人民政府及其有关部门制定涉及外商投资的规范性文件,应当符合法律法规的规定;没有法律、行政法规依据的,不得减损外商投资企业的合法权益或者增加其义务,不得设置市场准入和退出条件,不得干预外商投资企业的正常生产经营活动。

国家有关部门每年更新出台外商投资准入特别管理措施(负面清单)和自由贸易试验区外商投资准入特别管理措施(负面清单)。投资准入负面清单,是指国家规定在特定领域对外商投资实施的准入特别管理措施。国家对负面清单之外的外商投资,给予国民待遇。外商投资准入负面清单由国务院投资主管部门会同国务院商务主管部门等有关部门提出,报国务院发布或者报国务院批准后由国务院投资主管部门、商务主管部门发布。投资准入负面清单分为3种情形:一是准入负面清单规定禁止投资的领域,外国投资者不得投资;二是准入负面清单规定限制投资的领域,外国投资者进行投资应当符合负面清单规定的条件,包括但不限于符合负面清单规定的股权要求、高级管理人员要求等限制

性准入特别管理措施；三是准入负面清单以外的领域，按照内外资一致的原则实施管理。

四、经营者集中审查制度

外国投资者并购中国境内企业或者以其他方式参与经营者集中的，应当依照《反垄断法》(2022 修正)的规定接受经营者集中审查。具体按照国家市场监督管理总局 2023 年颁布的《经营者集中审查规定》执行。

(一)经营者集中的类型概述

经营者集中的具体类型包括经营者合并、经营者通过取得股权或者资产的方式取得对其他经营者的控制权和经营者通过合同等方式取得对其他经营者的控制权或者能够对其他经营者施加决定性影响 3 种。

1. 经营者合并。根据《公司法》相关规定，合并包括吸收合并和新设合并。所谓吸收合并，即一个经营者吸收其他经营者，被吸收的公司解散，用公式表示就是“A + B = A”。所谓新设合并，即两个以上经营者合并设立一个新的经营者，合并各方解散，用公式表示就是“A + B = C”。

2. 经营者通过取得股权或者资产的方式取得对其他经营者的控制权，包括通过股权和资产两种方式取得其他经营中的控制权。

3. 经营者通过合同等方式取得对其他经营者的控制权或者能够对其他经营者施加决定性影响。此种方式在实践中可能体现为下列交易形式：(1)交易的目的和未来的计划；(2)交易前后其他经营者的股权结构及其变化；(3)其他经营者股东会等权力机构的表决事项及其表决机制，以及其历史出席率和表决情况；(4)其他经营者董事会等决策或者管理机构的组成及其表决机制，以及其历史出席率和表决情况；(5)其他经营者高级管理人员的任免等；(6)其他经营者股东、董事之间的关系，是否存在委托行使投票权、一致行动人等；(7)该经营者与其他经营者是否存在重大商业关系、合作协议等；(8)其他应当考虑的因素。两个以上经营者均拥有对其他经营者的控制权或者能够对其他经营者施加决定性影响的，构成对其他经营者的共同控制。

(二)经营者集中主动申报与被动申报

1. 经营者集中达到国务院规定的申报标准的，经营者应当事先向国务院反垄断执法机构申报，未申报的不得实施集中。

2. 经营者集中未达到国务院规定的申报标准，但有证据证明该经营者集中具有或者可能具有排除、限制竞争效果的,国务院反垄断执法机构可以要求经营者申报。

(三)申报材料

经营者向国务院反垄断执法机构申报集中,应当提交下列文件、资料:(1)申报书,应当载明参与集中的经营者的名称、住所、经营范围、预定实施集中的日期和国务院反垄断执法机构规定的其他事项;(2)集中对相关市场竞争状况影响的说明;(3)集中协议;(4)参与集中的经营者经会计师事务所审计的上一会计年度财务会计报告;(5)国务院反垄断执法机构规定的其他文件、资料。

(四)经营者集中审查考虑因素

审查经营者集中,应当考虑下列因素:(1)参与集中的经营者在相关市场的市场份额及其对市场的控制力;(2)相关市场的市场集中度;(3)经营者集中对市场进入、技术进步的影响;(4)经营者集中对消费者和其他有关经营者的影响;(5)经营者集中对国民经济发展的影响;(6)应当考虑的影响市场竞争的其他因素。

(五)限制性条件承诺方案

为减少集中具有或者可能具有的排除、限制竞争的效果,参与集中的经营者可以向国家市场监督管理总局提出附加限制性条件承诺方案。限制性条件可以包括如下种类:(1)剥离有形资产,知识产权、数据等无形资产或者相关权益等结构性条件;(2)开放其网络或者平台等基础设施、许可关键技术(包括专利、专有技术或者其他知识产权)、终止排他性或者独占性协议、保持独立运营、修改平台规则或者算法、承诺兼容或者不降低互操作性水平等行为性条件;(3)结构性条件和行为性条件相结合的综合性条件。其中,剥离业务一般应当具有在相关市场开展有效竞争所需要的所有要素,包括有形资产、无形资产、股权、关键人员以及客户协议或者供应协议等权益。剥离对象可以是参与集中经营者的子公司、分支机构或者业务部门等。

五、信息报告制度

国家建立外商投资信息报告制度。外国投资者或者外商投资企业应当通过企业登记系统以及企业信用信息公示系统向商务主管部门报送投资信息。根据商务部、国家市场监督管理总局2019年12月30日公布的《外商投资信息报告办法》(自2020年1月1日起施行),外商投资企业的报告制度内容如下。

1. 报告渠道:外商投资企业应当通过企业登记系统以及国家企业信用信息公示系统向商务主管部门报送投资信息。

2. 报告方式:初始报告、变更报告、注销报告、年度报告。

3. 报告内容:(1)初始报告,应当报送企业基本信息、投资者及其实际控制人信息、投资交易信息等信息。(2)变更报告,应当报送企业基本信息、投资者及其实际控制人信息、投资交易信息等信息的变更情况。外商投资的上市公司及在全国中小企业股份转让系统挂牌的公司,可仅在外国投资者持股比例变化累计超过5%或者引起外方控股、相对控股地位发生变化时,报告投资者及其所持股份变更信息。(3)注销或者转为内资企业的,在办理企业注销登记或者企业变更登记后视同已提交注销报告。(4)年度报告,应当报送企业基本信息、投资者及其实际控制人信息、企业经营和资产负债等信息,涉及外商投资准入特别管理措施的,还应当报送获得相关行业许可信息。

4. 报告期限:(1)变更报告:初始报告的信息发生变更,涉及企业变更登记(备案)的,外商投资企业应于办理企业变更登记(备案)时通过企业登记系统提交变更报告。不涉及企业变更登记(备案)的,外商投资企业应于变更事项发生后20个工作日内通过企业登记系统提交变更报告。企业根据章程对变更事项作出决议的,以作出决议的时间为变更事项的发生时间;法律法规对变更事项的生效条件另有要求的,以满足相应要求的时间为变更事项的发生时间。(2)年度报告应于每年1月1日至6月30日通过国家企业信用信息公示系统提交上一年度的年度报告。当年设立的外商投资企业,自下一年起报送年度报告。

5. 信息共享制度:根据《外商投资信息报告办法》第17条规定,商务主管部门与有关部门应当根据信息报告工作需要建立外商投资信息共享机制。除法律、行政法规另有规定外,有关部门在履行职责过程中获取的外商投资信息,应当及时与商务主管部门共享。

六、安全审查制度

国家建立外商投资安全审查制度,对影响或者可能影响国家安全的外商投资进行安全审查。根据国务院办公厅《关于建立外国投资者并购境内企业安全审查制度的通知》(国办发〔2011〕6号)和国务院办公厅《关于印发自由贸易试验区外商投资国家安全审查试行办法的通知》(国办发〔2015〕24号)的规定,外商投资涵盖了外资并购活动及外国投资者在自贸区内的投资行为。

2020年12月19日国家发展和改革委员会与商务部共同发布了《外商投资安全审查办法》（国家发展和改革委员会、商务部令第37号）将安全审查的范围扩大到中国境内的所有外商投资活动。根据《外商投资安全审查办法》第2条之规定，该办法所称外商投资，是指外国投资者直接或者间接在境内进行的投资活动，包括下列情形：(1)外国投资者单独或者与其他投资者共同在境内投资新建项目或者设立企业；(2)外国投资者通过并购方式取得境内企业的股权或者资产；(3)外国投资者通过其他方式在境内投资。我国香港特别行政区、澳门特别行政区、台湾地区投资者进行投资，影响或者可能影响国家安全的，参照《外商投资安全审查办法》的规定进行安全审查。另外，外国投资者通过证券交易所或者国务院批准的其他证券交易场所购买境内企业股票，影响或者可能影响国家安全的，也在《外商投资安全审查办法》的审查范围内。

（一）安全审查机制

由国家发展和改革委员会、商务部牵头，建立外商投资安全审查工作机制，负责组织、协调、指导外商投资安全审查工作，该机制办公室设在国家发展和改革委员会。

（二）投资前主动申报情形

根据《外商投资安全审查办法》第4条规定，下列范围内的外商投资，相关当事人应当在实施投资前主动向外商投资安全审查工作机制办公室申报：(1)投资军工、军工配套等关系国防安全的领域，以及在军事设施和军工设施周边地域投资；(2)投资关系国家安全的重要农产品、重要能源和资源、重大装备制造、重要基础设施、重要运输服务、重要文化产品与服务、重要信息技术和互联网产品与服务、重要金融服务、关键技术以及其他重要领域，并取得所投资企业的实际控制权。

（三）申报材料

1. 申报书。申报书应当载明外国投资者的名称、住所、经营范围、投资的基本情况以及外商投资安全审查工作机制办公室规定的其他事项。

2. 投资方案。

3. 外商投资是否影响国家安全的说明。

4. 外商投资安全审查工作机制办公室规定的其他材料。

七、外资公司治理机制根据《公司法》改造合规建议

《外商投资法》于2020年1月1日起施行，外商投资企业的组织形式、公司结构和经营规则应遵循《公司法》的规定。同时，《外商投资法》为外商投资企业安排了5年的过渡期，即在5年内外商投资企业可以继续保留原公司治理结构。外商投资企业在过渡期内应当逐步将企业调整到与《公司法》相一致的法律层面，否则会有重大法律风险。

《中外合资经营企业法》及其实施条例规定的企业治理机制与现行的《公司法》有很大的区别，具体见表6－1。

表6－1　《中外合资经营企业法》及其实施条例与《公司法》(2023修订)规定对比

类别	《中外合资经营企业法》及其实施条例	《公司法》(2023修订)
股权比例	在合营企业的注册资本中，外国合营者的投资比例一般不低于25%	无
分红比例	合营各方按注册资本比例分享利润和分担风险及亏损	股东按照实缴的出资比例分取红利，但是全体股东约定不按照出资比例分取红利的除外
股权转让	合营者的注册资本如果转让必须经合营各方同意	有限责任公司的股东之间可以相互转让其全部或者部分股权。股东向股东以外的人转让股权的，应当将股权转让的数量、价格、支付方式和期限等事项书面通知其他股东，其他股东在同等条件下有优先购买权。股东自接到书面通知之日起30日内未答复的，视为放弃优先购买权。两个以上股东行使优先购买权的，协商确定各自的购买比例；协商不成的，按照转让时各自的出资比例行使优先购买权。公司章程对股权转让另有规定的，从其规定
出资方式	可以用货币出资，也可以用建筑物、厂房、机器设备或者其他物料、工业产权、专有技术、场地使用权等作价出资。中国合营者的投资可包括为合营企业经营期间提供的场地使用权	可以用货币出资，也可以用实物、知识产权、土地使用权、股权、债权等可以用货币估价并可以依法转让的非货币财产作价出资；但是，法律、行政法规规定不得作为出资的财产除外

续表

类别	《中外合资经营企业法》及其实施条例	《公司法》(2023 修订)
股东会	无	股东会是公司的权力机构,依照规定行使职权
董事会/执行董事/董事	董事会是合营企业的最高权力机构,决定合营企业的一切重大问题	
	董事会成员不得少于 3 人。董事名额的分配由合营各方参照出资比例协商确定。董事的任期为 4 年,经合营各方继续委派可以连任	有限责任公司设董事会,其成员为 3 人以上。董事会设董事长 1 人,可以设副董事长。董事长、副董事长的产生办法由公司章程规定。董事任期由公司章程规定,但每届任期不得超过 3 年。董事任期届满,连选可以连任
	其人数组成由合营各方协商,在合同、章程中确定,并由合营各方委派和撤换。董事长和副董事长由合营各方协商确定或由董事会选举产生。中外合营者的一方担任董事长的,由他方担任副董事长	股东会选举产生
	董事会的职权是按合营企业章程规定,讨论决定合营企业的一切重大问题:企业发展规划、生产经营活动方案、收支预算、利润分配、劳动工资计划、停业,以及总经理、副总经理、总工程师、总会计师、审计师的任命或聘请及其职权和待遇等	董事会对股东会负责,行使下列职权:(1)召集股东会会议,并向股东会报告工作;(2)执行股东会的决议;(3)决定公司的经营计划和投资方案;(4)制订公司的利润分配方案和弥补亏损方案;(5)制订公司增加或者减少注册资本以及发行公司债券的方案;(6)制订公司合并、分立、解散或者变更公司形式的方案;(7)决定公司内部管理机构的设置;(8)决定聘任或者解聘公司经理及其报酬事项,并根据经理的提名决定聘任或者解聘公司副经理、财务负责人及其报酬事项;(9)制定公司的基本管理制度;(10)公司章程规定或者股东会授予的其他职权
经理任命	正副总经理(或正副厂长)由合营各方分别担任	由董事会决定聘任或者解聘。经理对董事会负责
监事会/监事	无	监事会行使监督董事和高级管理人员履职等职权(可以在董事会中设立审计委员会,不设立监事会)

续表

类别	《中外合资经营企业法》及其实施条例	《公司法》(2023 修订)
增资/减资	合营企业注册资本的增加、减少,应当由董事会会议通过,并报审批机构批准,向登记管理机构办理变更登记手续	必须经代表 2/3 以上表决权的股东通过
法定代表人	董事长是合营企业的法定代表人。董事长不能履行职责时,应当授权副董事长或者其他董事代表合营企业	由代表公司执行公司事务的董事或者经理担任

根据《外商投资法实施条例》第 44 条规定,外商投资法施行前依照《中外合资经营企业法》《外资企业法》《中外合作经营企业法》设立的外商投资企业,在外商投资法施行后 5 年内,可以依照《公司法》《合伙企业法》等法律的规定调整其组织形式、组织机构等,并依法办理变更登记,也可以保留原企业组织形式、组织机构等。自 2025 年 1 月 1 日起,对未依法调整组织形式、组织机构等并办理变更登记的现有外商投资企业,市场监督管理部门不予办理其申请的其他登记事项,并将相关情形予以公示。

根据《外商投资法实施条例》,中外合资、中外合作和外商独资等类型企业需要按照现行的《公司法》或《合伙企业法》的规定在 2024 年底前进行组织结构和运行机制的改造。具体方案如下。

1. 重新对协议条款关于出资方式、出资比例、股权转让、分红比例和表决比例谈判,并在公司章程中详细明确表述。

2. 根据《公司法》的要求设立股东会,并确定股东会的职权,另外制定出股东会的议事方式和表决程序。

3. 完善董事选举的过程,确定董事和董事会的职权,制定出董事会的议事方式和表决程序。

4. 完善经理的任命过程,确定经理的职权。

5. 根据《公司法》的要求,确定设立监事会还是在董事会中设立审计委员会行使监事会职权。

第二节　外商投资部分行业领域的特殊规定

外商投资部分特殊行业领域的合规依据：投资保险公司——《外资保险公司管理条例》（2019 修正）和《外资保险公司管理条例实施细则》（2021 修正）；投资银行——《外资银行管理条例》（2019 修订）和《外资银行管理条例实施细则》（2019 修订）；投资证券公司——《外商投资证券公司管理办法》（2020 修正）；投资期货公司——《外商投资期货公司管理办法》；投资人才中介公司——《外商投资人才中介机构管理暂行规定》（2019 修订）；外商投资职业介绍机构——《外商投资职业介绍机构设立管理暂行规定》（2019 修订）；投资国内水路运输业和船舶代理业——《国内水路运输管理条例》（2023 修订）和《国内水路运输管理规定》（2020 修正）；外商投资设立烟草专卖生产企业——《外商投资设立烟草专卖生产企业管理办法》等。

一、外商投资投资性企业的合规要求

外商投资举办投资性公司是指外国投资者在中国以独资或与中国投资者合资的形式设立的从事直接投资的公司。公司形式为有限责任公司或股份有限公司。

针对外商投资投资性公司设立的特别规定，集中体现在商务部制定的《关于外商投资举办投资性公司的规定》（2015 修正）和《关于外商投资举办投资性公司的补充规定》（2015 修正）中。根据前者第 3 条的要求，申请设立投资性公司应符合下列条件。

（1）①外国投资者资信良好，拥有举办投资性公司所必需的经济实力，申请前一年该投资者的资产总额不低于 4 亿美元，且该投资者在中国境内已设立了外商投资企业，其实际缴付的注册资本的出资额超过 1000 万美元；②外国投资者资信良好，拥有举办投资性公司所必需的经济实力，该投资者在中国境内已设立了 10 个以上外商投资企业，其实际缴付的注册资本的出资额超过 3000 万美元。

（2）以合资方式设立投资性公司的，中国投资者应为资信良好，拥有举办投资性公司所必需的经济实力，申请前一年该投资者的资产总额不低于 1 亿元人

民币。

申请设立投资性公司的外国投资者应为一家外国的公司、企业或经济组织，若外国投资者为两个以上，其中应至少有一名占大股权的外国投资者符合上述第1点的规定。

（一）申请外商投资投资性公司的审批程序

1. 商务部审查批准

申请设立投资性公司，投资者应向拟设立投资性公司所在地的省、自治区、直辖市、计划单列市商务主管部门申报，经主管部门审核同意后，报商务部审查批准。

2. 报批过程中投资者应提交的文件

（1）设立合资的投资性公司投资各方签署的申请报告、合同、章程，设立独资的投资性公司外国投资者签署的外资企业申请表、可行性研究报告、章程。

（2）投资各方的资信证明文件、注册登记证明文件（复印件）和法定代表人证明文件（复印件）。

（3）外国投资者已投资企业的批准证书（复印件）、营业执照（复印件）和中国注册会计师出具的验资报告（复印件）。

（4）依法审计的投资各方近3年的资产负债表。

（5）依据《关于外商投资举办投资性公司的规定》第5条应提交的保证函。

（6）商务部要求的其他文件。

（二）外商投资投资性公司的业务范围

投资性公司经商务部批准设立后，可以依其在中国从事经营活动的实际需要，经营下列业务。

1. 在国家允许外商投资的领域依法进行投资。

2. 受其所投资企业的书面委托（经董事会一致通过），向其所投资企业提供下列服务：协助或代理其所投资的企业从国内外采购该企业自用的机器设备、办公设备和生产所需的原材料、元器件、零部件和在国内外销售其所投资企业生产的产品，并提供售后服务；在外汇管理部门的同意和监督下，在其所投资企业之间平衡外汇；为其所投资企业提供产品生产、销售和市场开发过程中的技术支持、员工培训、企业内部人事管理等服务；协助其所投资企业寻求贷款及提供担保。

3. 在中国境内设立科研开发中心或部门，从事新产品及高新技术的研究开发，转让其研究开发成果，并提供相应的技术服务。

4. 为其投资者提供咨询服务，为其关联公司提供与其投资有关的市场信息、投资政策等咨询服务。

5. 承接其母公司和关联公司的服务外包业务。

（三）外商投资投资性公司业务范围的特殊性规定

1. 投资性公司设立后，依法经营，无违法记录，注册资本按照章程的规定按期缴付，投资者实际缴付的注册资本额不低于 3000 万美元且已用于《关于外商投资举办投资性公司的规定》第 8 条所规定的用途，投资性公司经所在地的省、自治区、直辖市或计划单列市商务主管部门审核同意，向商务部提出申请，并获批准的，还可依其在中国从事经营活动的实际需要，依照国家有关规定，经营下列业务。

（1）受所投资企业的书面委托（经董事会一致通过），开展下列业务：在国内外市场以经销的方式销售其所投资企业生产的产品；为其所投资企业提供运输、仓储等综合服务。

（2）以代理、经销或设立出口采购机构（包括内部机构）的方式出口境内商品，并可按有关规定办理出口退税。

（3）购买所投资企业生产的产品进行系统集成后在国内外销售，如所投资企业生产的产品不能完全满足系统集成需要，允许其在国内外采购系统集成配套产品，但所购买的系统集成配套产品的价值不应超过系统集成所需全部产品价值的 15%。

（4）为其所投资企业的产品的国内经销商、代理商以及与投资性公司、其母公司或其关联公司签有技术转让协议的国内公司、企业提供相关的技术培训。

（5）在其所投资企业投产前或其所投资企业新产品投产前，为进行产品市场开发，允许投资性公司从其母公司进口与其所投资企业生产产品相关的母公司产品在国内试销。

（6）为其所投资企业提供机器和办公设备的经营性租赁服务，或依法设立经营性租赁公司。

（7）为其进口的产品提供售后服务。

（8）参与有对外承包工程经营权的中国企业的境外工程承包。

（9）在国内销售（不含零售）投资性公司进口的母公司产品。

2. 投资性公司申请经营上述业务的，应当向商务部报送下列文件：

(1)投资性公司法定代表人签署的申请书；

(2)投资性公司董事会决议；

(3)修改后的投资性公司章程；

(4)投资性公司的批准证书(复印件)、营业执照(复印件)和中国注册会计师出具的验资报告；

(5)中国注册会计师出具的所投资企业的验资报告；

(6)商务部要求的其他文件。

(四)申请认定跨国公司地区总部

1. 申请条件

(1)已缴付注册资本不低于1亿美元，或者已缴付注册资本不低于5000万美元，申请前1年其所投资企业资产总额不低于30亿元人民币，且利润总额不低于1亿元人民币(按合并报表相关规定计)。

(2)投资性公司的注册资本中至少应有3000万美元作为向其投资新设立的外商投资企业的出资，或作为向其母公司或关联公司已投资设立外商投资企业(已依法办理完毕股权转让手续)未缴付完毕的出资额的出资，或增资部分的出资，或用于设立研发中心等机构的投资，或用于购买中国境内公司股东的股权(不包括投资性公司母公司或其关联公司已缴付完毕的出资额形成的股权)。

(3)根据有关规定，已设立研发机构。

2. 申请认定跨国公司地区总部的程序

(1)投资性公司向所在地的省、自治区、直辖市和计划单列市商务主管部门提出申请，经初核后报商务部。

(2)商务部自收到全部申请文件之日起30日内批复，对被认定为地区总部的，换发外商投资企业批准证书(加注“地区总部”)。

(3)投资性公司凭批准证书在30日内，向工商行政管理部门申请办理变更登记手续。

3. 需要提交的文件

(1)投资性公司法定代表人签署的申请书。

(2)投资性公司及其跨国公司董事会或股东会决议。

(3)修改后的投资性公司章程/合同。

(4)投资性公司的批准证书(复印件)、营业执照(复印件)和中国注册会计师出具的验资报告。

(5)所投资企业的批准证书(复印件)和营业执照(复印件)。

(6)中国注册会计师出具的所投资企业的验资报告。

(7)经中国注册会计师审计的投资性公司的主要财务报表。

(8)商务部要求的其他文件。

上述文件除已注明为复印件的,一律应为正式文件。

(五)其他在运营中应遵守的特别规定

1. 投资性公司投资设立企业,投资性公司中折算出的外国投资者单独或与其他外国投资者一起投资的比例一般不低于其所投资设立企业的注册资本的25%,其投资设立的企业享受外商投资企业待遇,发给外商投资企业批准证书和外商投资企业营业执照;出资比例低于25%的,除法律、行政法规另有规定外,均应按照现行设立外商投资企业的审批登记程序进行审批和登记。

2. 投资性公司设立分支机构应报商务部审批。投资性公司申请设立分公司,必须符合以下条件:

(1)投资性公司的注册资本已按照合同、章程的规定按期缴付并且已缴付的出资额不低于3000万美元;或投资性公司已投资设立或拥有10个以上外商投资企业。

(2)拟设立分公司的地区应为投资性公司投资集中地区或产品销售集中地区。

(3)投资性公司在中国境内的投资活动不受公司注册地点的限制。投资性公司不得直接从事生产活动。

二、外商企业从事出版发行业务的合规要求

国家新闻出版广电总局(已撤销)、商务部令第10号《出版物市场管理规定(2016)》第14条规定,国家允许外商投资企业从事出版物发行业务。设立外商投资出版物发行企业或者外商投资企业从事出版物发行业务,申请人应向地方商务主管部门报送拟设立外商投资出版物发行企业的合同、章程,办理外商投资审批手续。地方商务主管部门在征得出版行政主管部门同意后,按照有关法律、法规的规定,作出批准或者不予批准的决定。予以批准的,颁发外商投资企业批准证书,并在经营范围后加注"凭行业经营许可开展";不予批准的,书面通知申请人并说明理由。根据《出版物市场管理规定(2016)》相关规定,对外商投资企业从事出版物批发和零售业务合规要求如下。

(一)单位从事出版物批发业务

1. 应当具备下列条件:(1)已完成工商注册登记,具有法人资格;(2)工商登记经营范围含出版物批发业务;(3)有与出版物批发业务相适应的设备和固定的经营场所,经营场所面积合计不少于50平方米;(4)具备健全的管理制度并具有符合行业标准的信息管理系统。

2. 审批与备案:

(1)审批与备案流程:单位申请从事出版物批发业务,可向所在地市级人民政府出版行政主管部门提交申请材料,地市级人民政府出版行政主管部门在接受申请材料之日起10个工作日内完成审核,审核后报省、自治区、直辖市人民政府出版行政主管部门审批;申请单位也可直接报所在地省、自治区、直辖市人民政府出版行政主管部门审批。省、自治区、直辖市人民政府出版行政主管部门自受理申请之日起20个工作日内作出批准或者不予批准的决定。批准的,由省、自治区、直辖市人民政府出版行政主管部门颁发出版物经营许可证,并报国家新闻出版广电总局备案。不予批准的,应当向申请人书面说明理由。

(2)审批与备案所需要的书面材料:①营业执照正副本复印件;②申请书,载明单位基本情况及申请事项;③企业章程;④注册资本数额、来源及性质证明;⑤经营场所情况及使用权证明;⑥法定代表人及主要负责人的身份证明;⑦企业信息管理系统情况的证明材料。

(二)单位、个人从事出版物零售业务

1. 应当具备下列条件:(1)已完成工商注册登记;(2)工商登记经营范围含出版物零售业务;(3)有固定的经营场所。

2. 审批与备案:

(1)审批与备案流程:单位、个人申请从事出版物零售业务,须报所在地县级人民政府出版行政主管部门审批。县级人民政府出版行政主管部门应当自受理申请之日起20个工作日内作出批准或者不予批准的决定。批准的,由县级人民政府出版行政主管部门颁发出版物经营许可证,并报上一级出版行政主管部门备案;其中门店营业面积在5000平方米以上的应同时报省级人民政府出版行政主管部门备案。不予批准的,应当向申请单位、个人书面说明理由。

(2)审批与备案所需要的书面材料:①营业执照正副本复印件;②申请书,载明单位或者个人基本情况及申请事项;③经营场所的使用权证明。

（三）单位、个人从事出版物出租业务

1. 备案：应当于取得营业执照后15日内到当地县级人民政府出版行政主管部门备案。相关出版行政主管部门应在10个工作日内向申请备案单位、个人出具备案回执。

2. 备案材料包括下列书面材料：（1）营业执照正副本复印件；（2）经营场所情况；（3）法定代表人或者主要负责人情况。

三、外商投资电信企业的合规要求

外商投资电信企业，是指外国投资者同中国投资者在中国境内依法以中外合资经营形式，共同投资设立的经营电信业务的企业。根据《外商投资电信企业管理规定》（2022修订）的规定，对外商投资电信企业合规要求如下。

（一）设立条件

1. 注册资本应当符合下列规定：

（1）经营全国的或者跨省、自治区、直辖市范围的基础电信业务的，其注册资本最低限额为10亿元人民币；经营增值电信业务的，其注册资本最低限额为1000万元人民币。

（2）经营省、自治区、直辖市范围内的基础电信业务的，其注册资本最低限额为1亿元人民币；经营增值电信业务的，其注册资本最低限额为100万元人民币。

2. 外方投资者在企业中的出资比例：

（1）经营基础电信业务（无线寻呼业务除外）的外商投资电信企业的外方投资者在企业中的出资比例，最终不得超过49%，国家另有规定的除外。

（2）经营增值电信业务（包括基础电信业务中的无线寻呼业务）的外商投资电信企业的外方投资者在企业中的出资比例，最终不得超过50%，国家另有规定的除外。

3. 外商投资电信企业可以经营基础电信业务或者经营增值电信业务，具体业务分类和地域范围按照《电信条例》及有关规定执行。

4. 经营基础电信业务的外商投资电信企业的中方主要投资者应当符合下列条件：

（1）是依法设立的公司；

（2）有与从事经营活动相适应的资金和专业人员；

(3)符合国务院工业和信息化主管部门规定的审慎的和特定行业的要求。

上述所称外商投资电信企业的中方主要投资者，是指在全体中方投资者中出资数额最多且占中方全体投资者出资总额的30%以上的出资者。

5. 经营基础电信业务的外商投资电信企业的外方主要投资者应当符合下列条件：

(1)具有企业法人资格；

(2)在注册的国家或者地区取得基础电信业务经营许可证；

(3)有与从事经营活动相适应的资金和专业人员。

上述所称外商投资电信企业的外方主要投资者，是指在全体外方投资者中出资数额最多且占全体外方投资者出资总额的30%以上的出资者。

(二)申请材料

外商投资电信企业，经依法办理市场主体登记后，向国务院工业和信息化主管部门申请电信业务经营许可并报送下列文件：

1. 投资者情况说明书；

2. 投资者的资格证明或者有关确认文件；

3.《电信条例》规定的经营基础电信业务或者增值电信业务应当具备的其他条件的证明或者确认文件。

外商投资电信企业投资者情况说明书的主要内容包括投资者的名称和基本情况、各方出资比例、外方投资者对外商投资电信企业的控制情况等。外商投资电信企业经营跨境电信业务，必须经国务院工业和信息化主管部门批准，并通过国务院工业和信息化主管部门批准设立的国际电信出入口局进行。

四、外商投资创业投资企业的合规要求

外商投资创业投资企业(以下简称创投企业)是指外国投资者或外国投资者与根据中国法律注册成立的公司、企业或其他经济组织。根据《外商投资创业投资企业管理规定》(2015修订)规定，在中国境内设立的以创业投资为经营活动的外商投资企业的合规要求如下。

(一)设立的条件

1. 设立创投企业应具备下列条件：

(1)投资者人数在2人以上50人以下，且应至少拥有一个必备投资者；

(2)外国投资者以可自由兑换的货币出资，中国投资者以人民币出资；

(3)有明确的组织形式;

(4)有明确合法的投资方向;

(5)除了将本企业经营活动授予一家创业投资管理公司进行管理的情形外,创投企业应有3名以上具备创业投资从业经验的专业人员;

(6)法律、行政法规规定的其他条件。

2. 必备投资者应当具备下列条件:

(1)以创业投资为主营业务。

(2)在申请前3年其管理的资本累计不低于1亿美元,且其中至少5000万美元已经用于进行创业投资。在必备投资者为中国投资者的情形下,其业绩要求为在申请前3年其管理的资本累计不低于1亿元人民币,且其中至少5000万元人民币已经用于进行创业投资。

(3)拥有3名以上具有3年以上创业投资从业经验的专业管理人员。

(4)如果某一投资者的关联实体满足上述条件,则该投资者可以申请成为必备投资者。关联实体是指该投资者控制的某一实体或控制该投资者的某一实体或与该投资者共同受控于某一实体的另一实体。控制是指控制方拥有被控制方超过50%的表决权。

(5)必备投资者及其上述关联实体均应未被所在国司法机关和其他相关监管机构禁止从事创业投资或投资咨询业务或以欺诈等原因进行处罚。

(6)非法人制创投企业的必备投资者,对创投企业的认缴出资及实际出资分别不低于投资者认缴出资总额及实际出资总额的1%,且应对创投企业的债务承担连带责任;公司制创投企业的必备投资者,对创投企业的认缴出资及实际出资分别不低于投资者认缴出资总额及实际出资总额的30%。

(二)办理的流程

1. 设立创投企业按以下程序办理:

(1)投资者须向拟设立创投企业所在地省级外经贸主管部门报送设立申请书及有关文件。

(2)省级外经贸主管部门应在收到全部上报材料后15日内完成初审并上报审批机构。

(3)审批机构在收到全部上报材料之日起45日内,商科学技术部同意后,作出批准或不批准的书面决定。予以批准的,发给外商投资企业批准证书。

(4)获得批准设立的创投企业应自收到审批机构颁发的外商投资企业批准

证书之日起一个月内，持此证书向国家或所在地具有外商投资企业登记管理权的登记机关申请办理注册登记手续。

2. 申请设立创投企业应当向审批机构报送以下文件：

（1）必备投资者签署的设立申请书；

（2）投资各方签署的创投企业合同及章程；

（3）必备投资者书面声明（声明内容包括投资者符合规定的资格条件，所有提供的材料真实，投资者将严格遵循有关法律法规的要求）；

（4）律师事务所出具的对必备投资者合法存在及其上述声明已获得有效授权和签署的法律意见书；

（5）必备投资者的创业投资业务说明、申请前3年其管理资本的说明、其已投资资本的说明及其拥有的创业投资专业管理人员简历；

（6）投资者的注册登记证明（复印件）、法定代表人证明（复印件）；

（7）名称登记机关出具的创投企业名称预先核准通知书；

（8）如果必备投资者资格条件的依据为相关规定，则还应报送其符合条件的关联实体的相关材料；

（9）审批机构要求的其他与申请设立有关的文件。

第三节　外国投资者并购境内企业的规定

一、关于外国投资者并购境内企业的基本规定

根据《关于外国投资者并购境内企业的规定》（2009修改），外国投资者并购境内企业，指外国投资者购买境内非外商投资企业股东的股权或认购境内公司增资，使该境内公司变更设立为外商投资企业；或者外国投资者设立外商投资企业，并通过该企业协议购买境内企业资产且运营该资产，或外国投资者协议购买境内企业资产，并以该资产投资设立外商投资企业运营该资产。

外国投资者并购境内企业，应符合中国法律、行政法规和规章对投资者资格的要求及产业、土地、环保等政策。被并购境内企业原有所投资企业的经营范围应符合有关外商投资产业政策的要求。外国投资者并购境内企业涉及企业国有产权转让和上市公司国有股权管理事宜的，应当遵守国有资产管理的相关规定。如果被并购企业为境内上市公司，还应根据《外国投资者对上市公司

战略投资管理办法》,向国务院证券监督管理机构办理相关手续。外国投资者并购境内企业设立外商投资企业,应依照规定经审批机关批准,向登记管理机关办理变更登记或设立登记。外国投资者并购境内企业所涉及的各方当事人应遵守中国有关外汇管理的法律和行政法规,及时向外汇管理机关办理各项外汇核准、登记、备案及变更手续。依照《外商投资产业指导目录》(已失效)不允许外国投资者独资经营的产业,并购不得导致外国投资者持有企业的全部股权;需由中方控股或相对控股的产业,该产业的企业被并购后,仍应由中方在企业中占控股或相对控股地位;禁止外国投资者经营的产业,外国投资者不得并购从事该产业的企业。根据《关于外国投资者并购境内企业的规定》(2009 修改)等规定,对外商投资并购境内企业的合规要求见表 6 – 2,外国投资者以股权作为支付手段并购境内公司的相关内容见表 6 – 3。

表 6 – 2　外商投资并购境内企业的合规要求

类别	股权并购	资产并购
报送材料	1. 被并购境内有限责任公司股东一致同意外国投资者股权并购的决议,或被并购境内股份有限公司同意外国投资者股权并购的股东会决议; 2. 被并购境内公司依法变更设立为外商投资企业的申请书; 3. 并购后所设外商投资企业的合同、章程; 4. 外国投资者购买境内公司股东股权或认购境内公司增资的协议; 5. 被并购境内公司上一财务年度的财务审计报告; 6. 经公证和依法认证的投资者的身份证明文件或注册登记证明及资信证明文件; 7. 被并购境内公司所投资企业的情况说明; 8. 被并购境内公司及其所投资企业的营业执照(副本); 9. 被并购境内公司职工安置计划; 10.《关于外国投资者并购境内企业的规定》第 13 ~ 15 条要求报送的文件	1. 境内企业产权持有人或权力机构同意出售资产的决议; 2. 外商投资企业设立申请书; 3. 拟设立的外商投资企业的合同、章程; 4. 拟设立的外商投资企业与境内企业签署的资产购买协议,或外国投资者与境内企业签署的资产购买协议; 5. 被并购境内企业的章程、营业执照(副本); 6. 被并购境内企业通知、公告债权人的证明以及债权人是否提出异议的说明; 7. 经公证和依法认证的投资者的身份证明文件或开业证明、有关资信证明文件; 8. 被并购境内企业职工安置计划; 9.《关于外国投资者并购境内企业的规定》第 13 ~ 15 条要求报送的文件

续表

类别	股权并购	资产并购
协议内容	股权购买协议、境内公司增资协议应适用中国法律,并包括以下主要内容: 1. 协议各方的状况,包括名称(姓名),住所,法定代表人姓名、职务、国籍等; 2. 购买股权或认购增资的份额和价款; 3. 协议的履行期限、履行方式; 4. 协议各方的权利、义务; 5. 违约责任、争议解决; 6. 协议签署的时间、地点	资产购买协议应适用中国法律,并包括以下主要内容: 1. 协议各方的状况,包括名称(姓名),住所,法定代表人姓名、职务、国籍等; 2. 拟购买资产的清单、价格; 3. 协议的履行期限、履行方式; 4. 协议各方的权利、义务; 5. 违约责任、争议解决; 6. 协议签署的时间、地点
变更登记材料	被并购境内公司在申请变更登记时,应提交以下文件,并对其真实性和有效性负责: 1. 变更登记申请书; 2. 外国投资者购买境内公司股东股权或认购境内公司增资的协议; 3. 修改后的公司章程或原章程的修正案和依法需要提交的外商投资企业合同; 4. 外商投资企业批准证书; 5. 外国投资者的主体资格证明或者自然人身份证明; 6. 修改后的董事会名单,记载新增董事姓名、住所的文件和新增董事的任职文件; 7. 国家市场监管部门规定的其他有关文件和证件	

表 6-3　外国投资者以股权作为支付手段并购境内公司

类别	具体内容
概念	外国投资者以股权为支付手段并购境内公司,指境外公司的股东以其持有的境外公司股权,或者境外公司以其增发的股份为支付手段,购买境内公司股东的股权或者境内公司增发股份的行为。境外公司应合法设立并且其注册地具有完善的公司法律制度,该公司及其管理层最近 3 年未受到监管机构的处罚;除《关于外国投资者并购境内企业的规定》第四章第三节所规定的特殊目的公司外,境外公司应为上市公司,其上市所在地应具有完善的证券交易制度
条件	外国投资者以股权并购境内公司所涉及的境内外公司的股权,应符合以下条件: 1. 股东合法持有并依法可以转让; 2. 无所有权争议且没有设定质押及任何其他权利限制; 3. 境外公司的股权应在境外公开合法证券交易市场(柜台交易市场除外)挂牌交易; 4. 境外公司的股权最近 1 年交易价格稳定

续表

类别	具体内容
报送文件	外国投资者以股权并购境内公司应报送商务部审批，境内公司除报送《关于外国投资者并购境内企业的规定》第三章所要求的文件外，另须报送以下文件： 1. 境内公司最近 1 年股权变动和重大资产变动情况的说明； 2. 并购顾问报告； 3. 所涉及的境内外公司及其股东的开业证明或身份证明文件； 4. 境外公司的股东持股情况说明和持有境外公司 5% 以上股权的股东名录； 5. 境外公司的章程和对外担保的情况说明； 6. 境外公司最近年度经审计的财务报告和最近半年的股票交易情况报告
特殊目的公司	概念：特殊目的公司指中国境内公司或自然人为实现以其实际拥有的境内公司权益在境外上市而直接或间接控制的境外公司。特殊目的公司为实现在境外上市，其股东以其所持公司股权，或者特殊目的公司以其增发的股份为支付手段，购买境内公司股东的股权或者境内公司增发的股份的，适用《关于外国投资者并购境内企业的规定》特殊规定。当事人以持有特殊目的公司权益的境外公司为境外上市主体的，该境外公司应符合《关于外国投资者并购境内企业的规定》对于特殊目的公司的相关要求
	在境外上市的境内公司应符合下列条件： 1. 产权明晰，不存在产权争议或潜在产权争议； 2. 有完整的业务体系和良好的持续经营能力； 3. 有健全的公司治理结构和内部管理制度； 4. 公司及其主要股东近 3 年无重大违法违规记录
	特殊目的公司以股权并购境内公司的，境内公司除向商务部报送《关于外国投资者并购境内企业的规定》第 32 条所要求的文件外，另须报送以下文件： 1. 设立特殊目的公司时的境外投资开办企业批准文件和证书； 2. 特殊目的公司境外投资外汇登记表； 3. 特殊目的公司实际控制人的身份证明文件或开业证明、章程； 4. 特殊目的公司境外上市商业计划书； 5. 并购顾问就特殊目的公司未来境外上市的股票发行价格所作的评估报告。 如果以持有特殊目的公司权益的境外公司作为境外上市主体，境内公司还须报送以下文件： 1. 该境外公司的开业证明和章程； 2. 特殊目的公司与该境外公司之间就被并购的境内公司股权所作的交易安排和折价方法的详细说明

二、外国投资者对上市公司战略投资

为了规范股权分置改革后外国投资者对 A 股上市公司进行战略投资，维护证券市场秩序，引进境外先进管理经验、技术和资金，改善上市公司治理结构，保护上市公司和股东的合法权益，按照《关于上市公司股权分置改革的指导意见》的要求，根据国家有关外商投资、上市公司监管的法律法规以及《关于外国投资者并购境内企业的规定》，2005 年 12 月 31 日商务部、中国证监会等部门发布了《外国投资者对上市公司战略投资管理办法》(2015 修订)。外国投资者对上市公司战略投资，系指经商务部批准，外国投资者根据《外国投资者对上市公司战略投资管理办法》对已完成股权分置改革的上市公司和股权分置改革后新上市公司通过具有一定规模的中长期战略性并购投资，取得该公司 A 股股份的行为。

外国投资者对上市公司战略投资应遵循的原则：(1) 遵守国家法律、法规及相关产业政策，不得危害国家经济安全和社会公共利益；(2) 坚持公开、公正、公平的原则，维护上市公司及其股东的合法权益，接受政府、社会公众的监督及中国的司法和仲裁管辖；(3) 鼓励中长期投资，维护证券市场的正常秩序，不得炒作；(4) 不得妨碍公平竞争，不得造成中国境内相关产品市场过度集中、排除或限制竞争。外国投资者对上市公司战略投资应遵守《外国投资者对上市公司战略投资管理办法》等相关规定，具体见表 6－4。

表 6－4　外国投资者对上市公司战略投资的合规要求

类别	具体内容
投资行为条件	投资者进行战略投资应符合以下要求： 1. 以协议转让、上市公司定向发行新股方式以及国家法律法规规定的其他方式取得上市公司 A 股股份。 2. 投资可分期进行，首次投资完成后取得的股份比例不低于该公司已发行股份的 10%，但特殊行业有特别规定或经相关主管部门批准的除外。 3. 取得的上市公司 A 股股份 3 年内不得转让。 4. 法律法规对外商投资持股比例有明确规定的行业，投资者持有上述行业股份比例应符合相关规定；属法律法规禁止外商投资的领域，投资者不得对上述领域的上市公司进行投资。 5. 涉及上市公司国有股股东的，应符合国有资产管理的相关规定
投资者条件	投资者应符合以下要求： 1. 依法设立、经营的外国法人或其他组织，财务稳健、资信良好且具有成熟的管理经验； 2. 境外实有资产总额不低于 1 亿美元或管理的境外实有资产总额不低于 5 亿美元，或其母公司境外实有资产总额不低于 1 亿美元或管理的境外实有资产总额不低于 5 亿美元； 3. 有健全的治理结构和良好的内控制度，经营行为规范； 4. 近 3 年内其(包括其母公司)未受到境内外监管机构的重大处罚

续表

类别	具体内容
通过上市公司定向发行方式进行战略投资的程序	通过上市公司定向发行方式进行战略投资的，按以下程序办理： 1. 上市公司董事会通过向投资者定向发行新股及公司章程修改草案的决议； 2. 上市公司股东会通过向投资者定向发行新股及修改公司章程的决议； 3. 上市公司与投资者签订定向发行的合同； 4. 上市公司向商务部报送相关申请文件，有特殊规定的从其规定； 5. 定向发行完成后，上市公司到商务部领取外商投资企业批准证书，并凭该批准证书到工商管理部门办理变更登记
通过协议转让方式进行战略投资的程序	通过协议转让方式进行战略投资的，按以下程序办理： 1. 上市公司董事会通过投资者以协议转让方式进行战略投资的决议； 2. 上市公司股东会通过投资者以协议转让方式进行战略投资的决议； 3. 转让方与投资者签订股份转让协议； 4. 投资者向商务部报送相关申请文件，有特殊规定的从其规定； 5. 投资者参股上市公司的，获得前述批准后向证券交易所办理股份转让确认手续、向证券登记结算机构申请办理登记过户手续，并报中国证监会备案； 6. 协议转让完成后，上市公司到商务部领取外商投资企业批准证书，并凭该批准证书到工商管理部门办理变更登记
报送文件	上市公司或投资者应向商务部报送以下文件： 1. 战略投资申请书； 2. 战略投资方案； 3. 定向发行合同或股份转让协议； 4. 保荐机构意见书（涉及定向发行）或法律意见书； 5. 投资者持续持股的承诺函； 6. 投资者 3 年内未受到境内外监管机构重大处罚的声明，以及是否受到其他非重大处罚的说明； 7. 经依法公证、认证的投资者的注册登记证明、法定代表人（或授权代表）身份证明； 8. 经注册会计师审计的该投资者近 3 年来的资产负债表； 9. 上述 1、2、3、5、6 项中规定提交的文件均需经投资者法定代表人或其授权代表签署，由授权代表签署的还应提交经法定代表人签署的授权书及相应的公证、认证文件； 10. 商务部规定的其他文件。 上述文件除第 7 项、第 8 项所列文件外，必须报送中文本原件；第 7 项、第 8 项所列文件应报送原件及中文译件

三、外国投资者并购境内企业安全审查制度

根据国务院办公厅《关于建立外国投资者并购境内企业安全审查制度的通知》(国办发〔2011〕6 号)以及外商投资相关法律法规,在广泛征求公众意见的基础上,商务部对《实施外国投资者并购境内企业安全审查制度有关事项的暂行规定》(商务部公告 2011 年第 8 号)进行了完善,于 2011 年 8 月 25 日发布了《实施外国投资者并购境内企业安全审查制度的规定》,关键条款见表 6－5。

外国投资者并购境内企业,属于国务院办公厅《关于建立外国投资者并购境内企业安全审查制度的通知》明确的并购安全审查范围的,外国投资者应向商务部提出并购安全审查申请。两个或者两个以上外国投资者共同并购的,可以共同或确定一个外国投资者向商务部提出并购安全审查申请。地方商务主管部门在按照《关于外国投资者并购境内企业的规定》《外商投资企业投资者股权变更的若干规定》《关于外商投资企业境内投资的暂行规定》等有关规定受理并购交易申请时,对于属于并购安全审查范围,但申请人未向商务部提出并购安全审查申请的,应暂停办理,并在 5 个工作日内书面要求申请人向商务部提交并购安全审查申请,同时将有关情况报商务部。

表 6－5 商务部《实施外国投资者并购境内企业安全审查制度的规定》关键条款

类别	具体内容
有权建议安全审查的机构	外国投资者并购境内企业,国务院有关部门、全国性行业协会、同业企业及上下游企业认为需要进行并购安全审查的,可向商务部提出进行并购安全审查的建议
申请人提交文件	1. 经申请人的法定代表人或其授权代表签署的并购安全审查申请书和交易情况说明。 2. 经公证和依法认证的外国投资者身份证明或注册登记证明及资信证明文件;法定代表人身份证明或外国投资者的授权代表委托书、授权代表身份证明。 3. 外国投资者及关联企业(包括其实际控制人、一致行动人)的情况说明,与相关国家政府的关系说明。 4. 被并购境内企业的情况说明、章程、营业执照(复印件)、上一年度经审计的财务报表、并购前后组织架构图、所投资企业的情况说明和营业执照(复印件)。 5. 并购后拟设立的外商投资企业的合同、章程或合伙协议以及拟由股东各方委任的董事会成员、聘用的总经理或合伙人等高级管理人员名单。 6. 为股权并购交易的,应提交股权转让协议或者外国投资者认购境内企业

续表

类别	具体内容
	增资的协议、被并购境内企业股东决议、股东会决议，以及相应资产评估报告。 7. 为资产并购交易的，应提交境内企业的权力机构或产权持有人同意出售资产的决议、资产购买协议（包括拟购买资产的清单、状况）、协议各方情况，以及相应资产评估报告。 8. 关于外国投资者在并购后所享有的表决权对股东会或股东会、董事会决议、合伙事务执行的影响说明，其他导致境内企业的经营决策、财务、人事、技术等实际控制权转移给外国投资者或其境内外关联企业的情况说明，以及与上述情况相关的协议或文件。 9. 商务部要求的其他文件
处理结果	不影响国家安全的，申请人可按照《关于外国投资者并购境内企业的规定》《外商投资企业投资者股权变更的若干规定》《关于外商投资企业境内投资的暂行规定》等有关规定，到具有相应管理权限的相关主管部门办理并购交易手续
	可能影响国家安全且并购交易尚未实施的，当事人应当终止交易。申请人未经调整并购交易、修改申报文件并经重新审查，不得申请并实施并购交易
	外国投资者并购境内企业行为对国家安全已经造成或可能造成重大影响的，根据联席会议审查意见，商务部会同有关部门终止当事人的交易，或采取转让相关股权、资产或其他有效措施，以消除该并购行为对国家安全的影响
审查要求	对于外国投资者并购境内企业，应从交易的实质内容和实际影响来判断并购交易是否属于并购安全审查的范围；外国投资者不得以任何方式实质规避并购安全审查，包括但不限于代持、信托、多层次再投资、租赁、贷款、协议控制、境外交易等方式

第七章

一个股东的公司治理合规方案

第一节　一个股东的公司概述

一个股东的公司，又称独资公司，是指股东（自然人或法人）仅为一人，并由该股东持有公司的全部出资和所有股份的公司，2023 年修订的《公司法》明确了不仅可以设立一个股东的有限责任公司，也可以设立一个股东的股份有限公司。

一、一个股东的公司和个人独资企业的区别

（一）适用的法律调整不同

一个股东的公司依据《公司法》规定设立并受其调整；个人独资企业依据《个人独资企业法》规定设立并受其调整。

（二）法律地位不同

一个股东的公司具有完全的法人资格；个人独资企业虽然也是企业的一种类型，可以企业名义对外从事民事活动，但其不具有法人资格。

（三）投资主体不同

一个股东的公司的投资主体既可以是一个自然人，也可以是一个法人；个人独资企业的投资主体只能是一个自然人。

（四）财产归属和责任承担形式不同

一个股东的公司的财产属于公司所有，独立于股东个人财产，股东仅以其认缴的出资额为限对公司债务承担有限责任；个人独资企业的财产属于投资人

个人所有，投资人以其个人财产对企业债务承担无限责任。这一点也是两者最重要的区别。

（五）字号不同

一个股东的公司以有限公司或者有限责任公司为公司名称结尾；个人独资企业以工作室、事务所、中心、商行、经营部等为名称结尾。

（六）组织机构不同

一个股东的公司应当按照公司法规定的组织机构进行运营，设立董事会/执行董事、监事会/监事和经理的公司治理结构模式；个人独资企业完全由企业主自行安排组织机构。

二、一个股东的公司的特别法律规则

1. 登记事项公示。一个股东的公司应当在公司登记中注明自然人独资或者法人独资，并在公司营业执照中载明。

2. 决议方式简便。一个股东的公司不设股东会。股东作出决议应当采用书面形式，并由股东签名后置备于公司。

3. 财务审计严格。一个股东的公司应当在每一会计年度终了时编制财务会计报告，并经会计师事务所审计。

4. 财产独立举证责任倒置。一个股东的公司的股东不能证明公司财产独立于股东自己的财产的，应当对公司债务承担连带责任。

法条链接

《中华人民共和国公司法》（2023 修订）

第二十三条第三款　只有一个股东的公司，股东不能证明公司财产独立于股东自己的财产的，应当对公司债务承担连带责任。

第六十条　只有一个股东的有限责任公司不设股东会。股东作出前条第一款所列事项的决定时，应当采用书面形式，并由股东签名或者盖章后置备于公司。

第一百一十二条第二款　本法第六十条关于只有一个股东的有限责任公司不设股东会的规定，适用于只有一个股东的股份有限公司。

第二百零八条　公司应当在每一会计年度终了时编制财务会计报告，并依法经会计师事务所审计。

财务会计报告应当依照法律、行政法规和国务院财政部门的规定制作。

第二节　一个股东的公司治理的合规建议

1. 涉及《公司法》中关于股东会职权内容所作的决定，应当由股东书面作出并签名，置备于公司长期保存。

2. 建议一个股东的公司严格按照《公司法》的规定，设立董事会/执行董事、监事会/监事和经理的机构，明确各机构的职权，同时各机构行使职权的时候应以书面形式记录并置备于公司长期保存。

3. 完善公司的财务会计制度，务必做到股东的财产与公司的财产完全独立，不要和公司混用账户，建立独立规范的财务制度、划清公司支付与股东支付的界限，除了法定分红和减资外不要在公司支取费用，设立独立的经营场所，必要时聘请会计事务所出具审计报告，严格划清个人财产和公司财产的界限。《公司法》第 217 条规定，公司除法定的会计账簿外，不得另立会计账簿。对公司资产，不得以任何个人名义开立账户存储。具体方案包括：(1)不要以个人名义设立账户为公司所用；(2)聘请专业的财务会计，制作、保留完整的财务账册资料，并按照法律规定长期保管备查；(3)尽量避免股东与公司之间的财务往来，如果确实与公司投资和经营有关，应当有真实事由并付相关财务凭证；(4)按照《公司法》要求，公司在每一会计年度终了时编制财务会计报告，并聘请专业的会计师事务所进行审计、出具审计报告，并长期保管。

4. 及时履行清算义务。《公司法》第 232 条规定，公司因该法第 229 条第 1 款第 1 项、第 2 项、第 4 项、第 5 项规定而解散的，应当在解散事由出现之日起 15 日内成立清算组，开始清算。有限责任公司的清算组由股东组成，股份有限公司的清算组由董事或者股东会确定的人员组成。逾期不成立清算组进行清算的，债权人可以申请人民法院指定有关人员组成清算组进行清算。人民法院应当受理该申请，并及时组织清算组进行清算。最高人民法院《关于适用〈中华人民共和国公司法〉若干问题的规定(二)》(2020 修正)第 18 条规定：有限责任公司的股东、股份有限公司的董事和控股股东未在法定期限内成立清算组开始清算，导致公司财产贬值、流失、毁损或者灭失，债权人主张其在造成损失范围内对公司债务承担赔偿责任的，人民法院应依法予以支持。有限责任公司的股东、股份有限公司的董事和控股股东因怠于履行义务，导致公司主要财产、账册、重要文件等灭失,无法进行清算,债权人主张其对公司债务承担连带清偿责任的,人民法院应依法予以支持。上述情形系实际控制人原因造成,债权人主张实际控制人对公司债务承担相应民事责任的,人民法院应依法予以支持。基于上述法律条款,一人有限公司股东或其实际控制人,负有在法定期限内组织清算的义务,如怠于履行该义务导致无法清算或公司财产流失,应就公司债务承担连带责任。

案例:一个股东公司财务账册不完整,且未及时履行清算义务承担连带责任。[(2015)京一中民(商)终字第6889号]

2006年2月17日,激情百度公司设立,原名称为"北京摄氏壹百娱乐有限公司",注册资本为100万元,股东为冯某坤、北京卓凡投资有限公司,后于2009年12月15日变更名称为激情百度公司。2011年12月19日,激情百度公司变更为一人有限公司,股东由冯某坤、北京卓凡投资有限公司变更为刘某。2013年10月9日,北京市工商行政管理局海淀分局吊销激情百度公司的营业执照。2015年1月27日中天公司提起本案诉讼。2015年4月2日,刘某在《北京晨报》发布注销公告,并于2015年4月16日向中天公司寄送了债权申报通知书。

中天公司与激情百度公司买卖合同纠纷一案,经北京市海淀区人民法院审理,于2013年7月29日作出(2013)海民初字第03944号民事判决书,判决激情百度公司在判决生效之日起10日内给付中天公司货款446,092元、利息损失(以446,092元为基数,自2012年6月17日起按照中国人民银行同期贷款利率计算至实际付清之日止),并负担案件受理费3996元。判决生效后,激情百度公司拒不履行生效判决,中天公司依法申请强制执行。在执行程序中,激情百度公司因未在规定期限内申报企业年度年检,被北京市工商行政管理局海淀分局于2013年10月9日吊销了营业执照。作为激情百度公司唯一股东的刘某,不仅未对该公司进行清算,偿还债权人债务,还转移、隐匿、私分企业财产并解散了企业工作人员,使企业名存实亡,致使中天公司对激情百度公司享有的债权未获任何清偿。因激情百度公司在执行程序中下落不明、无财产可供执行,北京市海淀区人民法院终结本次执行程序。遂中天公司起诉到法院请求依法判令刘某支付中天公司对激情百度公司享有的债权446,092元及利息损失。

1. 刘某作为激情百度公司的唯一股东,是否应对公司债务承担连带责任。

北京市第一中级人民法院认为:2013年《公司法》第63条规定,一人有限责任公司的股东不能证明公司财产独立于股东自己的财产的,应当对公司债务承担连带责任。激情百度公司于2011年变更为一个股东的公司,刘某作为该公司唯一股东,对于其财产与公司财产不存在混同负有举证责任,否则应当按照上述规定对激情百度公司债务承担连带责任。本案审理过程中,刘某虽然提交了2011年至2013年度的审计报告以及激情百度公司2009年4月至2013年度的会计账簿,但法院认为,上述证据不足以证明其个人财产独立于公司财产,理由如下:其一,经二审庭审调查、询问,激情百度公司审计报告、会计账簿中存在诸多与常理不符、与会计准则等规范性文件相悖的记录,包括银行存款每年度均会产生相应利息,但3年审计报告所载数额未发生任何变化;无法合理解释长期待摊费用3年未有任何摊销的事实;库存商品有账目记录但无对应实物;债权人债权额为负数,但无法予以合理解释说明等,均反映审计报告、财务账簿内容与公司实际经营事实不符,不能客观、真实反映公司经营情况,在此情况下,其不具有证明股东财产独立于公司财产的效力,法院不予采信。其二,刘某无法提交激情百度公司2009年4月之前的会计账目以及2012年度、2013年度的明细账目,公司账目缺乏完整性,无法真实、完整地反映公司实际经营情况,亦无法依据不完整的公司账目来认定刘某个人财产与激情百度公司财产是否存在混同的事实,依据2013年《公司法》第63条规定,刘某应承担举证不能的不利后果。另外,激情百度公司2011年至2013年度审计报告作出时间为2015年8月,不符合2013年《公司法》第62条"一人有限责任公司应当在每一会计年度终了时编制财务会计报告,并经会计师事务所审计"的相关规定。综合上述事实,一审法院认定刘某未能提供充分证据证明其个人财产与公司财产不存在混同的事实,并依据2013年《公司法》第63条判决刘某对激情百度公司对于中天公司所负债务承担连带责任并无不当。

2. 刘某作为激情百度公司股东,未及时履行清算义务,是否应当对激情百度公司债权人承担连带责任。

最高人民法院《关于适用〈中华人民共和国公司法〉若干问题的规定(二)》第18条规定:有限责任公司的股东、股份有限公司的董事和控股股东未在法定期限内成立清算组开始清算,导致公司财产贬值、流失、毁损或者灭失,债权人主张其在造成损失范围内对公司债务承担赔偿责任的,人民法院应依法予以支持。有限责任公司的股东、股份有限公司的董事和控股股东因怠于履行义务,导致公司主要财产、账册、重要文件等灭失,无法进行清算,债权人主张其对公司债务承担连带清偿责任的,人民法院应依法予以支持。本案中,刘某作为激情百度公司的唯一股东，在激情百度公司被吊销营业执照后，其有义务在法定期限内依法对公司进行清算。虽然刘某于 2015 年 4 月 2 日于《北京晨报》上刊登了注销公告，并向中天公司寄送了债权申报通知书，但激情百度公司被吊销营业执照的时间为 2013 年 10 月 9 日，刘某于 2015 年才刊登公告进行清算工作，已经远远超出 2013 年《公司法》第 183 条“应当在解散事由出现之日起十五日内成立清算组，开始清算”所规定的期间。根据上述规定，刘某已经构成怠于履行清算义务。另外，本案庭审过程中，刘某仅能提供激情百度公司 2009 年 4 月至 2013 年度的部分会计账目，对此经询问，激情百度公司财务人员王某表示如果公司财务资料不完整，无法进行清算，故刘某虽已经开始清算工作，但由于刘某无法提供激情百度公司完整的财务会计资料，该公司客观上已经处于无法清算的状态。综合上述股东怠于履行清算义务、公司无法清算的事实，一审法院依据上述司法解释的规定，判决刘某对激情百度公司债务承担连带责任并无不当。

主要观点：关于刘某作为激情百度公司的唯一股东，是否应对公司债务承担连带责任，法院认为，公司即使出具了审计报告，若审计报告、会计账簿中存在诸多与常理不符、与会计准则等规范性文件相悖的记录或者无法完整提供会计账目和明细账目，也会被认定股东对公司债务承担连带责任。

关于刘某作为激情百度公司股东未及时履行清算义务，是否应当对激情百度公司债权人承担连带责任，法院认为，有限责任公司的股东、股份有限公司的董事和控股股东未在法定期限内成立清算组开始清算，导致公司财产贬值、流失、毁损或者灭失，债权人主张其在造成损失范围内对公司债务承担赔偿责任的，应依法予以支持。

第八章

上市公司治理合规方案

第一节　上市公司组织机构的特别规定

一、股东权利与股东大会规范运作

（一）股东权利

上市公司应该充分依法保障股东权利，根据《上市公司治理准则》规定，股东权利具体见表8－1。

表8－1　上市公司股东权利

类别	权利
权利不受限制或剥夺	上市公司章程、股东大会决议或者董事会决议等应当依法合规，不得剥夺或者限制股东的法定权利
中小股东权益保护	上市公司治理中，应当依法保障股东权利，注重保护中小股东合法权益
依法享有知情权等	上市公司应当建立与股东畅通有效的沟通渠道，保障股东对公司重大事项的知情、参与决策和监督等权利
依法享受现金分红权	上市公司应当积极回报股东，在公司章程中明确利润分配办法尤其是现金分红政策。上市公司应当披露现金分红政策制定及执行情况，具备条件而不进行现金分红的，应当充分披露原因
诉讼权利	股东有权依照法律、行政法规的规定，通过民事诉讼或者其他法律手段维护其合法权利

(二)股东大会规范运作

《上市公司治理准则》规定了股东大会规范运作的6个方面内容。

1. 召集、召开和表决等程序规范

上市公司应当在公司章程中规定股东大会的召集、召开和表决等程序。上市公司应当制定股东大会议事规则,并列入公司章程或者作为章程附件。

2. 提案内容合法合规

股东大会提案的内容应当符合法律法规和公司章程的有关规定,属于股东大会职权范围,有明确议题和具体决议事项。

3. 对董事会授权应明确具体

上市公司应当在公司章程中规定股东大会对董事会的授权原则,授权内容应当明确具体。股东大会不得将法定由股东大会行使的职权授予董事会行使。

4. 会议召开形式合规

股东大会会议应当设置会场,以现场会议与网络投票相结合的方式召开。现场会议时间、地点的选择应当便于股东参加。上市公司应当保证股东大会会议合法、有效,为股东参加会议提供便利。股东大会应当给予每个提案合理的讨论时间。

5. 征集投票权合规

上市公司董事会、独立董事和符合有关条件的股东可以向公司股东征集其在股东大会上的投票权。上市公司及股东大会召集人不得对股东征集投票权设定最低持股比例限制。投票权征集应当采取无偿的方式进行,并向被征集人充分披露具体投票意向等信息。不得以有偿或者变相有偿的方式征集股东投票权。

6. 应推行累积投票制

董事、监事的选举,应当充分反映中小股东意见。股东大会在董事、监事选举中应当积极推行累积投票制。单一股东及其一致行动人拥有权益的股份比例在30%及以上的上市公司,应当采用累积投票制。采用累积投票制的上市公司应当在公司章程中规定实施细则。

二、董事与董事会规范运作

(一)董事选任、义务及履职保障

1. 董事的选任

(1)选任程序在章程中规定:上市公司应当在公司章程中规定规范、透明的董事提名、选任程序，保障董事选任公开、公平、公正。

(2)候选人信息真实、全面、完整：上市公司应当在股东大会召开前披露董事候选人的详细资料，便于股东对候选人有足够的了解。董事候选人应当在股东大会通知公告前作出书面承诺，同意接受提名，承诺公开披露的候选人资料真实、准确、完整，并保证当选后切实履行董事职责。

(3)签订书面协议：上市公司应当和董事签订合同，明确公司和董事之间的权利义务、董事的任期、董事违反法律法规和公司章程的责任以及公司因故提前解除合同的补偿等内容。

2. 董事的义务

董事应当遵守法律法规及公司章程有关规定，忠实、勤勉、谨慎履职，并履行其作出的承诺。

(1)董事应当保证有足够的时间和精力履行其应尽的职责。

(2)董事应当出席董事会会议，对所议事项发表明确意见。董事本人确实不能出席的，可以书面委托其他董事按其意愿代为投票，委托人应当独立承担法律责任。独立董事不得委托非独立董事代为投票。

(3)董事应当对董事会的决议承担责任。董事会的决议违反法律法规或者公司章程、股东大会决议，致使上市公司遭受严重损失的，参与决议的董事对公司负赔偿责任。但经证明在表决时曾表明异议并记载于会议记录的，该董事可以免除责任。

3. 董事的履职保障

经股东大会批准，上市公司可以为董事购买责任保险。责任保险范围由合同约定，但董事因违反法律法规和公司章程规定而导致的责任除外。

董事会的人数及人员构成应当符合法律法规的要求，专业结构合理。董事会成员应当具备履行职责所必需的知识、技能和素质。鼓励董事会成员的多元化。

(二)董事会规范运作

董事会对股东大会负责，执行股东大会的决议。董事会应当依法履行职责，确保上市公司遵守法律法规和公司章程的规定，公平对待所有股东，并关注其他利益相关者的合法权益。上市公司应当保障董事会依照法律法规和公司章程的规定行使职权，为董事正常履行职责提供必要的条件。

1. 董事会秘书

上市公司设董事会秘书，负责公司股东大会和董事会会议的筹备及文件保管、公司股东资料的管理、办理信息披露事务、投资者关系工作等事宜。董事会秘书作为上市公司高级管理人员，为履行职责有权参加相关会议，可查阅有关文件，了解公司的财务和经营等情况。董事会及其他高级管理人员应当支持董事会秘书的工作。任何机构及个人不得干预董事会秘书的正常履职行为。

2. 董事会议事规则

上市公司应当制定董事会议事规则，报股东大会批准，并列入公司章程或者作为章程附件。董事会应当定期召开会议，并根据需要及时召开临时会议。董事会会议议题应当事先拟定。

（1）召开程序合规：董事会会议应当严格依照规定的程序进行。董事会应当按规定的时间事先通知所有董事，并提供足够的资料。两名及以上独立董事认为资料不完整或者论证不充分的，可以联名书面向董事会提出延期召开会议或者延期审议该事项，董事会应当予以采纳，上市公司应当及时披露相关情况。

（2）会议记录合规：董事会会议记录应当真实、准确、完整。出席会议的董事、董事会秘书和记录人应当在会议记录上签名。董事会会议记录应当妥善保存。

（3）集体决策：董事会授权董事长在董事会闭会期间行使董事会部分职权的，上市公司应当在公司章程中明确规定授权的原则和具体内容。上市公司重大事项应当由董事会集体决策，不得将法定由董事会行使的职权授予董事长、总经理等行使。

三、监事与监事会规范运作

（一）监事选任与履职保障

监事选任程序、监事会议事规则制定、监事会会议参照《上市公司治理准测》对董事、董事会的有关规定执行。职工监事依照法律法规选举产生。

1. 监事的选任：监事会的人员和结构应当确保监事会能够独立有效地履行职责。监事应当具有相应的专业知识或者工作经验，具备有效履职能力。上市公司董事、高级管理人员不得兼任监事。

2. 可以设立外部监事：上市公司可以依照公司章程的规定设立外部监事。

3. 监事履职保障：监事有权了解公司经营情况。上市公司应当采取措施保障监事的知情权，为监事正常履行职责提供必要的协助，任何人不得干预、阻挠。监事履行职责所需的有关费用由公司承担。

（二）监事会职责

1. 监事会依法检查公司财务，监督董事、高级管理人员履职的合法合规性，行使公司章程规定的其他职权，维护上市公司及股东的合法权益。监事会可以独立聘请中介机构提供专业意见。

2. 监事会可以要求董事、高级管理人员、内部及外部审计人员等列席监事会会议，回答所关注的问题。

3. 监事会的监督记录以及进行财务检查的结果应当作为对董事、高级管理人员绩效评价的重要依据。

4. 监事会发现董事、高级管理人员违反法律法规或者公司章程的，应当履行监督职责，并向董事会通报或者向股东大会报告，也可以直接向中国证监会及其派出机构、证券交易所或者其他部门报告。

四、高级管理人员选任、评价与激励

（一）高级管理人员选任

高级管理人员的聘任，应当严格依照有关法律法规和公司章程的规定进行。上市公司控股股东、实际控制人及其关联方不得干预高级管理人员的正常选聘程序，不得越过股东大会、董事会直接任免高级管理人员。鼓励上市公司采取公开、透明的方式，选聘高级管理人员。具体要求如下：

1. 高级管理人员的聘任和解聘应当履行法定程序，并及时披露。

2. 上市公司应当在公司章程或者公司其他制度中明确高级管理人员的职责。高级管理人员应当遵守法律法规和公司章程，忠实、勤勉、谨慎地履行职责。

3. 高级管理人员违反法律法规和公司章程规定，致使上市公司遭受损失的，公司董事会应当采取措施追究其法律责任。

（二）绩效与履职评价

1. 标准与程序：上市公司应当建立公正透明的董事、监事和高级管理人员绩效与履职评价标准和程序。

2. 组织与实施：董事和高级管理人员的绩效评价由董事会或者其下设的薪酬与考核委员会负责组织，上市公司可以委托第三方开展绩效评价。

3. 评价方式：独立董事、监事的履职评价采取自我评价、相互评价等方式进行。

4. 报告:董事会、监事会应当向股东大会报告董事、监事履行职责的情况、绩效评价结果及其薪酬情况,并由上市公司予以披露。

（三）薪酬与激励

上市公司的激励机制,应当有利于增强公司创新发展能力,促进上市公司可持续发展,不得损害上市公司及股东的合法权益。应当建立薪酬与公司绩效、个人业绩相联系的机制,以吸引人才,保持高级管理人员和核心员工的稳定。上市公司可以依照相关法律法规和公司章程,实施股权激励和员工持股等激励机制。

五、控股股东及其关联方行为规范

控股股东、实际控制人对上市公司及其他股东负有诚信义务。控股股东对其所控股的上市公司应当依法行使股东权利,履行股东义务。控股股东、实际控制人不得利用其控制权损害上市公司及其他股东的合法权益,不得利用对上市公司的控制地位谋取非法利益。具体内容如下。

1. 控股股东提名上市公司董事、监事候选人的,应当遵循法律法规和公司章程规定的条件和程序。控股股东不得对股东大会人事选举结果和董事会人事聘任决议设置批准程序。

2. 上市公司的重大决策应当由股东大会和董事会依法作出。控股股东、实际控制人及其关联方不得违反法律法规和公司章程干预上市公司的正常决策程序,损害上市公司及其他股东的合法权益。

3. 控股股东、实际控制人及上市公司有关各方作出的承诺应当明确、具体、可执行,不得承诺根据当时情况判断明显不可能实现的事项。承诺方应当在承诺中作出履行承诺声明、明确违反承诺的责任,并切实履行承诺。

4. 上市公司控制权发生变更的,有关各方应当采取有效措施保持上市公司在过渡期间内稳定经营。出现重大问题的,上市公司应当向中国证监会及其派出机构、证券交易所报告。

六、购买、出售重大资产或者向他人提供担保的合规要求

（一）程序要求

上市公司在一年内购买、出售重大资产或者向他人提供担保的金额超过公司资产总额30%的,应当由股东会作出决议,并经出席会议的股东所持表决权

的2/3以上通过。公司向其他企业投资或者为他人提供担保,按照公司章程的规定,由董事会或者股东会决议。

(二)担保数额要求

公司章程对投资或者担保的总额及单项投资或者担保的数额有限额规定的,不得超过规定的限额。

(三)为特殊对象担保的要求

1. 公司为公司股东或者实际控制人提供担保的,应当经股东会决议。前述股东或者受前述股东或实际控制人支配的股东,不得参加前款规定事项的表决。该项表决由出席会议的其他股东所持表决权的过半数通过。

2. 公司不得为他人取得本公司或者其母公司的股份提供赠与、借款、担保以及其他财务资助,公司实施员工持股计划的除外。

3. 为公司利益,经股东会决议,或者董事会按照公司章程或者股东会的授权作出决议,公司可以为他人取得本公司或者其母公司的股份提供财务资助,但财务资助的累计总额不得超过已发行股本总额的10%。董事会作出决议应当经全体董事的2/3以上通过。违反前述规定,给公司造成损失的,负有责任的董事、监事、高级管理人员应当承担赔偿责任。

七、审计委员会的特别规定

上市公司在董事会中设置审计委员会的,董事会对下列事项作出决议前应当经审计委员会全体成员过半数通过:聘用、解聘承办公司审计业务的会计师事务所;聘任、解聘财务负责人;披露财务会计报告;国务院证券监督管理机构规定的其他事项。审计委员会成员为3名以上,过半数成员不得在公司担任除董事以外的其他职务,且不得与公司存在任何可能影响其独立客观判断的关系。公司董事会成员中的职工代表可以成为审计委员会成员。

第二节 申报前引入新股东的合规要求

一、新股东的认定

对首次公开发行申报前12个月通过增资或股权转让产生的新股东,保荐机构、发行人律师应按照《监管规则适用指引——关于申请首发上市企业股东信息披露》《监管规则适用指引——发行类第 2 号》的相关要求进行核查。但以下两种情形原则上不视为新股东。

1. 红筹企业(注册地在境外、主要经营活动在境内的企业)拆除红筹架构以境内企业为主体申请上市,如该境内企业直接股东原持有红筹企业股权、持有境内企业股权比例为根据红筹企业持股比例转换而来,且该股东自持有红筹企业股权之日至首次公开募股申报时点满 12 个月,原则上不视为新股东。

2. 发行人直接股东以持有发行人重要子公司(置换时资产、营业收入或利润占比超过 50%)股权置换为发行人股权的,如该股东自持有子公司股权之日至首次公开募股申报时点满 12 个月,原则上不视为新股东。

二、新股东信息披露的要求

1. 根据《监管规则适用指引——关于申请首发上市企业股东信息披露》的要求,申请前 12 个月内新增股东的上市企业,应当在招股说明书中充分披露新增股东的基本情况、入股原因、入股价格及定价依据,新股东与发行人其他股东、董事、监事、高级管理人员是否存在关联关系,新股东与本次发行的中介机构及其负责人、高级管理人员、经办人员是否存在关联关系,新增股东是否存在股份代持情形。另外,新增股东应当承诺所持新增股份自取得之日起 36 个月内不得转让。

2. 根据《监管规则适用指引——发行类第 2 号》的要求,如新股东为法人,应披露其股权结构及实际控制人;如为自然人,应披露其基本信息;如为合伙企业,应披露合伙企业的普通合伙人及其实际控制人、有限合伙人的基本信息。最近一年末资产负债表日后增资扩股引入新股东的,申报前须增加一期审计。

第三节　关于证监会系统离职人员入股的合规要点

根据《监管规则适用指引——发行类第 2 号》的要求,对于申请首次公开发行股票、存托凭证及申请在新三板精选层挂牌的企业,中介机构应按照该指引要求,做好中国证监会系统离职人员入股的核查工作。

一、中国证监会系统离职人员的认定

中国证监会系统离职人员，是指发行人申报时相关股东为离开中国证监会系统未满10年的工作人员，具体包括从中国证监会会机关、派出机构、沪深证券交易所、全国股转公司离职的工作人员，从中国证监会系统其他会管单位离职的会管干部，在发行部或公众公司部借调累计满12个月并在借调结束后3年内离职的中国证监会系统其他会管单位的非会管干部，从会机关、派出机构、沪深证券交易所、全国股转公司调动到中国证监会系统其他会管单位并在调动后3年内离职的非会管干部。

但是，离职人员入股属于发行人在全国中小企业股份转让系统挂牌期间通过集合竞价、连续竞价、做市交易等公开交易方式、参与向不特定合格投资者公开发行股票配售增加的股东，以及因继承、执行法院判决或仲裁裁决取得发行人股份的股东，不适用相关规定。

二、关于中国证监会系统离职人员入股的专项说明

根据《监管规则适用指引——发行类第2号》规定，中介机构应当关注是否涉及离职人员入股的情况，并出具专项说明。专项说明包括以下内容：(1)是否存在离职人员入股的情形；(2)存在离职人员入股但不属于不当入股情形的，应当说明离职人员基本信息、入股原因、入股价格及定价依据、入股资金来源等，提交离职人员关于不存在不当入股情形的承诺；(3)存在离职人员不当入股情形的，应当予以清理，并说明离职人员基本信息、入股原因、入股价格及定价依据、清理过程、是否存在相关利益安排等。

三、中国证监会系统离职人员不当入股的认定

中国证监会系统离职人员不当入股情形如下：(1)利用原职务影响谋取投资机会；(2)入股过程存在利益输送；(3)在入股禁止期内入股，入股禁止期指副处级(中层)及以上离职人员离职后3年内、其他离职人员离职后2年内；(4)作为不适格股东入股；(5)入股资金来源违法违规。

第四节　增资或转让股份形成的股份支付

一、具体适用情形

根据《监管规则适用指引——发行类第5号》规定形成股份支付的具体情形包括:(1)发行人向职工(含持股平台)、顾问、客户、供应商及其他利益相关方等新增股份;(2)主要股东及其关联方向职工(含持股平台)、客户、供应商及其他利益相关方等转让股份;(3)有充分证据支持属于同一次股权激励方案、决策程序、相关协议而实施的股份支付,原则上一并考虑适用。

(一)实际控制人/老股东增资

1. 属于股份支付的情形:(1)为发行人提供服务的实际控制人/老股东以低于股份公允价值的价格增资入股,且超过其原持股比例而获得新增股份;(2)如果增资协议约定所有股东均有权按各自原持股比例获得新增股份,但股东之间转让新增股份受让权且构成集团内股份支付,导致实际控制人/老股东超过其原持股比例获得的新增股份,则实际控制人/老股东原持股比例应按照相关股东直接持有与穿透控股平台后间接持有的股份比例合并计算。

2. 不属于股份支付的情形:(1)解决股份代持等规范措施导致股份变动;(2)家族内部财产分割、继承、赠与等非交易行为导致股份变动;(3)资产重组、业务并购、转换持股方式、向老股东同比例配售新股等导致股份变动,有充分证据支持相关股份获取与发行人获得其服务无关。

(二)顾问或实际控制人/老股东亲友获取股份

1. 构成股份支付:发行人的顾问或实际控制人/老股东亲友以低于股份公允价值的价格取得股份,应综合考虑发行人是否获取当事人及其关联方的服务。发行人获取当事人及其关联方服务的,应构成股份支付。

2. 构成对实际控制人/老股东的股权激励:股权激励实际控制人/老股东亲友未向发行人提供服务,但通过增资取得发行人股份的,应考虑是否实际构成发行人或其他股东向实际控制人/老股东亲友让予利益,从而构成对实际控制人/老股东的股权激励。

(三)客户、供应商获取股份

发行人客户、供应商入股的,应综合考虑购销交易公允性、入股价格公允性等因素判断。

1. 购销交易价格与第三方交易价格、同类商品市场价等相比不存在重大差异的，且发行人未从此类客户、供应商获取其他利益的，一般不构成股份支付。

2. 购销交易价格显著低于/高于第三方交易价格、同类商品市场价等可比价格的：(1)客户、供应商入股价格未显著低于同期财务投资者入股价格的，一般不构成股份支付；(2)客户、供应商入股价格显著低于同期财务投资者入股价格的，需要考虑此类情形是否构成股份支付。判断是否显著低于同期财务投资者入股价格，应综合考虑与价格公允性相关的各项因素。

二、确定公允价值应考虑的因素

确定公允价值，应综合考虑5个方面的因素，具体见表8－2。

表8－2　确定公允价值考虑因素

因素	内容
入股时期	业绩基础与变动预期，市场环境变化
行业特点	同行业并购重组市盈率、市净率水平
股份支付实施或发生当年	市盈率、市净率等指标
入股价格或股权转让价	熟悉情况并按公平原则自愿交易的各方最近达成的入股价格或股权转让价格，如近期合理的外部投资者入股价，但要避免采用难以证明公允性的外部投资者入股价
估值技术	采用恰当的估值技术确定公允价值，但要避免采取有争议的、结果显失公平的估值技术或公允价值确定方法，如明显增长预期下按照规定评估的净资产或账面净资产

三、确定等待期应考虑的因素

股份立即授予或转让完成且没有明确约定等待期等限制条件的，股份支付费用原则上应一次性计入发生当期，并作为偶发事项计入非经常性损益。设定等待期的股份支付，股份支付费用应采用恰当方法在等待期内分摊，并计入经常性损益。

发行人应结合股权激励方案及相关决议、入股协议、服务合同、发行人回购权的期限、回购价格等有关等待期的约定及实际执行情况，综合判断相关约定是否实质上构成隐含的可行权条件，即职工是否必须完成一段时间的服务或完成相关业绩方可真正获得股权激励对应的经济利益。

发行人在股权激励方案中没有明确约定等待期，但约定一旦职工离职或存在其他情形（例如职工考核不达标等非市场业绩条件）下发行人、实际控制人或其指定人员有权回购其所持股份或在职工持股平台所持有财产份额的，应考虑此类条款或实际执行情况是否构成实质性的等待期，尤其关注回购价格影响。回购价格公允，回购仅是股权归属安排的，职工在授予日已获得相关利益，原则上不认定存在等待期，股份支付费用无须分摊。回购价格不公允或尚未明确约定的，表明职工在授予日不能确定获得相关利益，只有满足特定条件后才能获得相关利益，应考虑是否构成等待期。

（一）发行人的回购权存在特定期限

发行人对于职工离职时相关股份的回购权存在特定期限，例如固定期限届满前、公司上市前或上市后一定期间等，无证据支持相关回购价格公允的，一般应将回购权存续期间认定为等待期。

（二）发行人的回购权没有特定期限，且回购价格不公允

发行人的回购权没有特定期限或约定职工任意时间离职时发行人均有权回购其权益，且回购价格与公允价值存在较大差异的，例如职工仅享有持有期间的分红权、回购价格是原始出资额或原始出资额加定期利息等，发行人应结合回购价格等分析职工实际取得的经济利益，判断该事项应适用职工薪酬准则还是股份支付准则。

（三）发行人的回购权没有特定期限，且回购价格及定价基础均未明确约定

发行人的回购权没有特定期限，且回购价格及定价基础均未明确约定的，应考虑相关安排的商业合理性。发行人应在申报前根据股权激励的目的和商业实质对相关条款予以规范，明确回购权期限及回购价格。

四、核查要求

保荐机构及申报会计师应对发行人的股份变动是否适用《企业会计准则第11号——股份支付》进行核查，并对以下问题发表明确意见：股份支付相关安排是否具有商业合理性；股份支付相关权益工具公允价值的计量方法及结果是否合理，与同期可比公司估值是否存在重大差异；与股权所有权或收益权等相关的限制性条件是否真实、可行，相关约定是否实质上构成隐含的可行权条件；等

待期的判断是否准确，等待期各年/期确认的职工服务成本或费用是否准确；发行人股份支付相关会计处理是否符合规定。

五、信息披露

发行人应根据重要性原则，在招股说明书中披露股份支付的形成原因、具体对象、权益工具的数量及确定依据、权益工具的公允价值及确认方法、职工持有份额/股份转让的具体安排等。

第五节　上市公司股权激励合规与审核要点

对A股上市公司而言，全面注册制一定程度上代表着创新激励工具在更大范围内的普及，为更多的上市公司提供更灵活的激励选择。全面注册制的推动在降低企业上市门槛的同时，给企业股权激励提供了更便捷的退出渠道，也给了广大未上市的创业企业更强的股权激励信心。因为全面注册制的实施将降低企业上市的门槛，为企业股权激励提供更便捷的股权变现退出渠道。另外，股权激励的激励原理为“低价授予股份”，被激励员工以低于公允价值的价格获得公司股份，并凭借公司价值的上升获得固定薪酬难以追赶的股权上涨收益，且需要便捷的变现渠道来实现。也就是说，员工拿到股份后，最终需要将股份卖出兑换成现金后，股权激励才能真正落地。无法变现，股权激励也就成了纸上财富。

2019年，科创板首次提出在股权激励中推出第二类限制性股票这一创新型工具，随后又在2020年创业板推行注册制引入第二类限制性股票。在注册制前，上市公司主流的激励工具为限制性股票、股票期权以及员工持股计划。注册制放开后，科创板和创业板上市公司实施股权激励时可以选择第二类限制性股票作为激励工具。新模式集合了第一类限制性股票打折授予和股票期权晚出资的优势，现在已成为科创板和创业板上市公司的首选。同时，多样化激励工具让上市公司可以针对不同层级的员工使用不同的激励工具，进而通过使用复合型激励工具让激励方案落地性更强，也将进一步推动上市公司股权激励的热情。同时，科创板、创业板持续优化股权激励的规则，在激励对象范围、激励数量等方面进行了实质性的突破。

一、区分首发申报前制定、上市后实施的期权激励计划和首发申报前实施的员工持股计划

根据《上市公司股权激励管理办法》(2018 修正)第 2 条,股权激励是指上市公司以本公司股票为标的,对其董事、高级管理人员及其他员工进行的长期性激励。根据《关于上市公司实施员工持股计划试点的指导意见》,员工持股计划是指上市公司根据员工意愿,通过合法方式使员工获得本公司股票并长期持有,股份权益按约定分配给员工的制度安排。员工持股计划的参加对象为公司员工,包括管理层人员。两者的具体区别见表 8 – 3。

表 8 – 3 股权激励与员工持股计划的区别

具体项目	股权激励计划	员工持股计划
适用规则	《上市公司股权激励管理办法》(2018 修正)	《关于上市公司实施员工持股计划试点的指导意见》
激励对象	董事、高级管理人员、核心技术(业务)人员、外籍员工、公司认为应该激励的其他员工;不包括独立董事和监事	公司员工,包括监事
目的不同	以建立公司长期激励机制,吸引和留住优秀人才,调动公司核心骨干人员积极性为目的而向被激励对象授予公司股份,这个过程给股权更多是一种手段,目的是达到公司业绩目标	更多是以让员工获得本公司股票并长期持有为目的
设置考核	设置业绩考核指标是强制要求	没有设置考核目标的强制要求
权益区别	不得转让、用于担保或偿还债务	可由员工自身享有,也可以转让、继承

中国证监会《首次公开发行股票注册管理办法》(2023 年 2 月 17 日颁行)第 44 条规定,发行人存在申报前制定、上市后实施的期权激励计划的,应当符合中国证监会和交易所的规定,并充分披露有关信息。中国证监会关于该条规定的适用意见如下。

(一)首发申报前制定、上市后实施的期权激励计划

1. 原则和内容要求

发行人存在首发申报前制定、上市后实施的期权激励计划的,应当体现增强公司凝聚力、维护公司长期稳定发展的导向。期权激励计划原则上应当符合

下列要求。

（1）激励对象应当符合相关上市板块的规定。

（2）激励计划的必备内容与基本要求，激励工具的定义与权利限制，行权安排，回购或者终止行权，实施程序等内容，应当参考《上市公司股权激励管理办法》的相关规定执行。

（3）期权的行权价格由股东自行商定确定，但原则上不应低于最近一年经审计的净资产或者评估值。

（4）发行人全部在有效期内的期权激励计划所对应股票数量占上市前总股本的比例原则上不得超过15%，且不得设置预留权益。

（5）在审期间发行人不应新增期权激励计划，相关激励对象不得行权；最近一期末资产负债表日后行权的，申报前须增加一期审计。

（6）在制定期权激励计划时应当充分考虑实际控制人稳定，避免上市后期权行权导致实际控制人发生变化。

（7）激励对象在发行人上市后行权认购的股票，应当承诺自行权日起36个月内不减持，同时承诺上述期限届满后比照董事、监事及高级管理人员的相关减持规定执行。

2. 中介机构核查与发行人信息披露要求

发行人需要论证：（1）期权激励计划的制定和执行情况是否符合相关要求；（2）发行人是否在招股说明书中充分披露期权激励计划的有关信息；（3）股份支付相关权益工具公允价值的计量方法及结果是否合理；（4）发行人报告期内股份支付相关会计处理是否符合《企业会计准则》相关规定。发行人应当在招股说明书中充分披露期权激励计划的有关信息：（1）期权激励计划的基本内容、制定计划履行的决策程序、目前的执行情况；（2）期权行权价格的确定原则，以及和最近一年经审计的净资产或者评估值的差异与原因；（3）期权激励计划对公司经营状况、财务状况、控制权变化等方面的影响；（4）涉及股份支付费用的会计处理等。

（二）首发申报前实施的员工持股计划

1. 原则和内容要求

发行人首发申报前实施员工持股计划的，原则上应当全部由公司员工构成，体现增强公司凝聚力、维护公司长期稳定发展的导向，建立健全激励约束长效机制，有利于兼顾员工与公司长远利益，为公司持续发展夯实基础。员工持股计划应当符合下列要求。

(1)发行人应当严格按照法律、行政法规、规章及规范性文件要求履行决策程序,并遵循公司自主决定、员工自愿参加的原则,不得以摊派、强行分配等方式强制实施员工持股计划。

(2)参与持股计划的员工,与其他投资者权益平等,盈亏自负,风险自担,不得利用知悉公司相关信息的优势,侵害其他投资者合法权益。员工入股应当主要以货币出资,并按约定及时足额缴纳。按照国家有关法律法规,员工以科技成果出资入股的,应当提供所有权属证明并依法评估作价,及时办理财产权转移手续。

(3)发行人实施员工持股计划,可以通过公司制企业、合伙制企业、资产管理计划等持股平台间接持股,并建立健全持股在平台内部的流转、退出机制,以及所持发行人股权的管理机制。参与持股计划的员工因离职、退休、死亡等离开公司的,其所持股份权益应当按照员工持股计划章程或者协议约定的方式处置。

2. 员工持股计划计算股东人数的原则

(1)依法以公司制企业、合伙制企业、资产管理计划等持股平台实施的员工持股计划,在计算公司股东人数时,员工人数不计算在内。

(2)参与员工持股计划时为公司员工,离职后按照员工持股计划章程或者协议约定等仍持有员工持股计划权益的人员,可不视为外部人员。

(3)2019 年修订的《证券法》施行之前(2020 年 3 月 1 日之前)设立的员工持股计划,参与人包括少量外部人员的,可不做清理。在计算公司股东人数时,公司员工人数不计算在内,外部人员按实际人数计算。

3. 中介结构核查与发行人信息披露要求

发行人应当对员工持股计划的设立背景、具体人员构成、价格公允性、员工持股计划章程或者协议约定情况、员工减持承诺情况、规范运行情况及备案情况进行充分核查,并就员工持股计划是否合法合规实施,是否存在损害发行人利益的情形发表明确意见。发行人应当在招股说明书中充分披露员工持股计划的人员构成、人员离职后的股份处理、股份锁定期等内容。

4. 关于职工持股会或者工会持股情形的处理

(1)考虑到发行条件对发行人股权清晰、控制权稳定的要求,发行人控股股东或者实际控制人存在职工持股会或者工会持股情形的,应当予以清理。

(2)间接股东存在职工持股会或者工会持股情形的,如不涉及发行人实际控制人控制的各级主体,发行人不需要清理,但应当予以充分披露。

(3)对于职工持股会或者工会持有发行人子公司股份,经保荐机构、发行人律师核查后认为不构成发行人重大违法行为的,发行人不需要清理,但应当予以充分披露。

二、激励对象如何确定

(一)股权激励对象相关法律规定

1.《上市公司股权激励管理办法》(2018 修正)第 8 条规定,激励对象可以包括上市公司的董事、高级管理人员、核心技术人员或者核心业务人员,以及公司认为应当激励的对公司经营业绩和未来发展有直接影响的其他员工,但不应当包括独立董事和监事。外籍员工任职上市公司董事、高级管理人员、核心技术人员或者核心业务人员的,可以成为激励对象。单独或合计持有上市公司 5% 以上股份的股东或实际控制人及其配偶、父母、子女,不得成为激励对象。下列人员也不得成为激励对象:

(1)最近 12 个月内被证券交易所认定为不适当人选;

(2)最近 12 个月内被中国证监会及其派出机构认定为不适当人选;

(3)最近 12 个月内因重大违法违规行为被中国证监会及其派出机构行政处罚或者采取市场禁入措施;

(4)具有《公司法》规定的不得担任公司董事、高级管理人员情形的;

(5)法律法规规定不得参与上市公司股权激励的;

(6)中国证监会认定的其他情形。

2. 根据《上海证券交易所科创板股票上市规则》(2024 修订)第 10.4 条,激励对象可以包括上市公司的董事、高级管理人员、核心技术人员或者核心业务人员,以及公司认为应当激励的对公司经营业绩和未来发展有直接影响的其他员工,独立董事和监事除外。单独或合计持有上市公司 5% 以上股份的股东、上市公司实际控制人及其配偶、父母、子女以及上市公司外籍员工,在上市公司担任董事、高级管理人员、核心技术人员或者核心业务人员的,可以成为激励对象。科创公司应当充分说明前述人员成为激励对象的必要性、合理性。激励对象不得具有《上市公司股权激励管理办法》第 8 条第 2 款第 1 项至第 6 项规定的情形。

以上两个规定的核心区别就是：科创板股权激励可以包括单独或合计持有上市公司5%以上股份的股东，上市公司实际控制人及其配偶、父母、子女在上市公司担任董事、高级管理人员、核心技术人员或者核心业务人员的，可以成为激励对象，而其他A股板块不可以。

（二）特殊情形的审核关注要点及解决路径

1. 拟首次公开募股企业股权激励过程中实际控制人能否为员工出资提供借款

《上市公司股权激励管理办法》（2018修正）第21条规定，激励对象参与股权激励计划的资金来源应当合法合规，不得违反法律、行政法规及中国证监会的相关规定；上市公司不得为激励对象依股权激励计划获取有关权益提供贷款以及其他任何形式的财务资助，包括为其贷款提供担保。

如果企业有首次公开募股的计划，那么对于实际控制人为员工的出资提供借款应当审慎为之，以避免引发监管部门对公司股权权属清晰的怀疑。对于历史上已经存在的实际控制人为员工出资提供借款的情形，监管部门的主要关注要点在以下方面：

（1）股权激励对象向实际控制人借款的背景和主要原因、相关借款是否支付了利息；

（2）实际控制人提供借款资金的来源；

（3）资金归还情况；

（4）相关股权是否为员工真实持有，是否存在委托持股等利益安排或者实质构成股权代持，发行人股东所持公司股份的权属是否清晰，各方之间是否存在纠纷或者潜在纠纷，是否对公司发行上市构成实质性障碍。

就上述问题，建议核查要点如下：梳理股权激励对象向实际控制人借款的背景、主要原因以及是否支付利息等；确认各方签署的借款协议、相关借款及还款资金凭证；实际控制人以及相关员工对借款事实、不存在股权代持、相关股权不存在纠纷或潜在纠纷等进行书面确认。

2. 拟首次公开募股企业员工持股平台执行事务合伙人由非实控人担任是否合理

出于稳定公司控制权及股权结构、保障对激励对象的有效管理等目的，拟首次公开募股企业员工持股平台的执行事务合伙人/普通合伙人一般由公司实际控制人担任。然而，实务中，也有部分拟首次公开募股企业基于各种原因，员工持股平台的执行事务合伙人/普通合伙人由发行人的董事、高级管理人员、核心技术人员或者实际控制人的亲属等担任。但是，员工持股平台的普通合伙人是否由实际控制人担任或者是否实际受实控人控制，直接影响持股平台是否需与实际控制人适用同等减持规则，因此，持股平台普通合伙人人选的合理性如果存疑，则容易引发监管部门怀疑企业通过股权代持规避锁定期的要求，故发行人员工持股平台执行事务合伙人由非实控人担任的，监管部门会对该等情形的原因、合理性进行关注，主要关注集中在以下几个方面。

（1）该等非发行人实控人担任员工持股平台普通合伙人/执行事务合伙人的原因以及合理性。

（2）是否存在受他人委托或委托他人持有发行人或员工持股平台权益的情形，是否与其他股东存在一致行动安排，是否实际由实控人控制；如果实控人同时在员工持股平台担任有限合伙人，问询也会从合伙协议中关于普通合伙人职责和权利的约定、普通合伙人需获得的授权、是否需要征询其他方意见、重要有限合伙人是否具有特殊权利等事项的约定等角度要求中介机构对员工持股平台是否实际由实控人控制发表明确意见。

（3）是否存在通过股权代持规避锁定期要求的情形。

就上述问题，建议核查要点如下：首先，对相关人员担任普通合伙人/执行事务合伙人的原因以及合理性进行详细了解；其次，通过资金流水的核查以及由相关人员、实控人出具承诺，对不存在委托持股情形以及不存在规避锁定期要求进行确认；最后，根据合伙协议对员工持股平台普通合伙人职责和权利的约定、有限合伙人的职责和权利的约定以及员工持股平台的实际运行情况进行分析，以确认员工持股平台非由发行人实控人实际控制。

3. 公司监事是否可以成为股权激励对象

根据《上市公司股权激励管理办法》、《上海证券交易所科创板股票上市规则》和《关于上市公司实施员工持股计划试点的指导意见》等法律、法规及上海证券交易所业务规则的强制性规定，员工持股计划并未对监事参与持股计划作出明确的禁止性或限制性规定。此外，若发行人自身亦未制定任何限制监事以员工身份参与公司持股计划的管理办法或制度，公司监事参与员工持股计划并不违反公司内部的相关规章制度。根据《上市公司股权激励管理办法》（2018修正）第8条，激励对象可以包括上市公司的董事、高级管理人员、核心技术人员或者核心业务人员，以及公司认为应当激励的对公司经营业绩和未来发展有直接影响的其他员工，但不应当包括独立董事和监事。为确保上市公司监事独立性，充分发挥其监督作用，上市公司监事不得成为股权激励对象。但是在非上市公司中，监事能否成为公司股权激励的对象并无禁止性规定，因此一般认为，非上市公司监事可以成为股权激励的对象。但是，鉴于公司监事所承载的对公司事务的监督职权，为谨慎起见，一般亦不建议非上市公司的监事成为公司股权激励的对象，以保证公司监事在履职时所应具备的客观性、公正性不受干扰与影响。

4. 股权激励计划与员工持股计划的权益区别

《上市公司股权激励管理办法》（2018 修正）第 22 条规定，限制性股票在解除限售前不得转让、用于担保或偿还债务；第 28 条规定，激励对象获授的股票期权不得转让、用于担保或偿还债务。《关于上市公司实施员工持股计划试点的指导意见》规定，员工享有标的股票的权益；在符合员工持股计划约定的情况下，该权益可由员工自身享有，也可以转让、继承。员工通过持股计划获得的股份权益的占有、使用、收益和处分的权利，可以依据员工持股计划的约定行使；参加员工持股计划的员工离职、退休、死亡以及发生不再适合参加持股计划事由等情况时，其所持股份权益依照员工持股计划约定方式处置。

三、股权激励股份定价公允性审核要点

（一）关于上市公司的规定

《上市公司股权激励管理办法》（2018 修正）第 23 条规定，上市公司在授予激励对象限制性股票时，应当确定授予价格或授予价格的确定方法。授予价格不得低于股票票面金额，且原则上不得低于下列价格较高者：（1）股权激励计划草案公布前 1 个交易日的公司股票交易均价的 50%；（2）股权激励计划草案公布前 20 个交易日、60 个交易日或者 120 个交易日的公司股票交易均价之一的 50%。上市公司采用其他方法确定限制性股票授予价格的，应当在股权激励计划中对定价依据及定价方式作出说明。该办法第 29 条规定，上市公司在授予激励对象股票期权时，应当确定行权价格或者行权价格的确定方法。行权价格不得低于股票票面金额，且原则上不得低于下列价格较高者：（1）股权激励计划草案公布前 1 个交易日的公司股票交易均价；（2）股权激励计划草案公布前 20 个交易日、60 个交易日或者 120 个交易日的公司股票交易均价之一。上市公司采用其他方法确定行权价格的，应当在股权激励计划中对定价依据及定价方式作

出说明。

(二)发行人申报前制定、上市后实施的期权激励计划与员工持股计划

首发申报前制定、上市后实施的期权激励计划，期权的行权价格由股东自行商定确定，但原则上不应低于最近一年经审计的净资产或者评估值。实施员工持股计划，参与持股计划的员工与其他投资者权益平等，盈亏自负，风险自担，不得利用知悉公司相关信息的优势，侵害其他投资者合法权益。

(三)确定公允价值应考虑因素

《监管规则适用指引——发行类第5号》规定，确定公允价值应综合考虑以下因素：(1)入股时期，业绩基础与变动预期，市场环境变化；(2)行业特点，同行业并购重组市盈率、市净率水平；(3)股份支付实施或发生当年市盈率、市净率等指标；(4)熟悉情况并按公平原则自愿交易的各方最近达成的入股价格或股权转让价格，如近期合理的外部投资者入股价，但要避免采用难以证明公允性的外部投资者入股价；(5)采用恰当的估值技术确定公允价值，但要避免采取有争议的、结果显失公平的估值技术或公允价值确定方法，如明显增长预期下按照规定评估的净资产或账面净资产。判断价格是否公允应考虑与某次交易价格是否一致，是否处于股权公允价值的合理区间范围内。

四、业绩考核指标监管要点

(一)业绩考核指标数值

监管部门主要关注激励方案设定的业绩指标数值是否合理，若设置“过低”“过高”的业绩考核指标，或者调整考核指标、存在本期业绩考核与前期业绩考核数值差异较大的情况，易受到监管关注。

根据《上市公司股权激励管理办法》(2018修正)第11条，绩效考核指标应当包括公司业绩指标和激励对象个人绩效指标。相关指标应当客观公开、清晰透明，符合公司的实际情况，有利于促进公司竞争力的提升。上市公司可以将公司历史业绩或同行业可比公司相关指标作为公司业绩指标对照依据，公司选取的业绩指标可以包括净资产收益率、每股收益、每股分红等能够反映股东回报和公司价值创造的综合性指标，以及净利润增长率、主营业务收入增长率等能够反映公司盈利能力和市场价值的成长性指标。以同行业可比公司相关指标作为对照依据的，选取的对照公司不少于3家。激励对象个人绩效指标由上市公司自行确定。上市公司应当在公告股权激励计划草案的同时披露所设定

指标的科学性和合理性。其中最为关键的就是论证所设指标的科学性和合理性,根据过往交易所关注函可以看出:业绩指标设定“过低”可能会被监管部门认为存在变相向激励对象输送利益、可能损害上市公司及中小投资者利益的情形或质疑该指标是否能达到激励效果,从而受到监管部门重点关注;业绩考核指标设定“过高”可能会被监管部门认为存在以披露较高增长性的业绩指标进行股价炒作的情形或者质疑该业绩指标是够具有可实现性,从而受到监管部门的关注。发行人需要论证业绩考核指标设置的科学性、合理性,指标设置符合《上市公司股权激励管理办法》(2018 修正)第 11 条的相关规定。

根据《上市公司股权激励管理办法》(2018 修正)第 50 条规定上市公司在股东大会审议通过股权激励方案之前可对其进行变更,变更需经董事会审议通过。上市公司对已通过股东大会审议的股权激励方案进行变更的,应当及时公告并提交股东大会审议,且不得包括导致加速行权或提前解除限售的情形以及降低行权价格或授予价格的情形。根据该规定,发行人需要论证:(1)变更的激励方案是否属于《上市公司股权激励管理办法》(2018 修正)规定不得变更的情形;(2)发行人是否履行了必要的审议批准程序;(3)若属于业绩指标变更,需要论证变更的科学性和合理性与主要考虑;(4)是否仍然具有充分激励效果,是否有利于促进公司竞争力的提升,是否有利于上市公司持续发展,是否存在损害上市公司利益及全体股东利益的情形。

(二)业绩考核指标类别

根据《上市公司股权激励管理办法》(2018 修正)第 11 条,绩效考核指标类别主要包括两个方面:一是能够反映股东回报和公司价值创造的综合性指标的净资产收益率、每股收益、每股分红等;二是能够反映公司盈利能力和市场价值的成长性指标的净利润增长率、主营业务收入增长率等。所以发行人需要论证如下内容:(1)若发行人采取特殊的业绩考核指标,需要说明特殊的业绩考核指标是否能够客观、完整反映公司现有及未来经营情况,指标设置是否符合《上市公司股权激励管理办法》(2018 修正)第 11 条“有利于促进公司竞争力的提升”。(2)《上市公司股权激励管理办法》(2018 修正)第 11 条所述营业收入、净利润指标主要是指归属于母公司的营业收入、净利润(部分扣除非经常性损益),其中净利润一般会剔除激励计划的激励成本影响。若采用其他业绩考核指标,如控股子公司的营业收入,需要说明选取控股子公司营业收入的合理性。另外,部分激励计划由于选取单一考核指标受到监管部门关注问询,要求上市公司说明选取单一考核指标的具体原因、主要考虑。

（三）特殊的两种情形

1. 未设置公司层面业绩考核指标

根据《上市公司股权激励管理办法》（2018 修正）第 11 条规定，绩效考核指标应当包括公司业绩指标和激励对象个人绩效指标。相关指标应当客观公开、清晰透明，符合公司的实际情况，有利于促进公司竞争力的提升。若上市公司实施股权激励未设置公司层面业绩考核指标，监管部门会重点关注该行为是否符合公司当前业务发展及业绩提升要求，以及公司拟通过何种方式确保本持股计划切实产生激励效果。发行人需要论证股权激励是否符合公司当前业务发展及业绩提升要求，以及公司拟通过何种方式确保本持股计划切实产生激励效果。

2. 前一期解锁期未解锁部分递延至下一解锁期考核

根据《上市公司股权激励管理办法》（2018 修正）第 25 条规定，在限制性股票有效期内，上市公司应当规定分期解除限售，每期时限不得少于 12 个月，各期解除限售的比例不得超过激励对象获授限制性股票总额的 50%。当期解除限售的条件未成就的，限制性股票不得解除限售或递延至下期解除限售，应当按照该办法第 26 条规定处理。该办法第 31 条规定，在股票期权有效期内，上市公司应当规定激励对象分期行权，每期时限不得少于 12 个月，后一行权期的起算日不得早于前一行权期的届满日。每期可行权的股票期权比例不得超过激励对象获授股票期权总额的 50%。当期行权条件未成就的，股票期权不得行权或递延至下期行权，并应当按照该办法第 32 条第 2 款规定处理。将前一期解锁期未解锁部分递延至下一解锁期考核易受到监管部门关注，监管部门认为存在通过递延考核及解锁变相降低业绩考核门槛，可能导致员工持股计划约束性下降的问题。所以，建议上市公司在实施股权激励的时候采用不递延的方式。

五、激励股权回购条款设置

《监管规则适用指引——发行类第 5 号》规定增资或转让股份形成的股份支付，确定等待期应考虑因素根据激励股权回购的条款区分 3 种情形，见表 8－4。

表 8－4　增资或转让股份形成的股份支付等待期确定的 3 种情形

类别	具体内容
发行人的回购权存在特定期限	发行人对于职工离职时相关股份的回购权存在特定期限，例如固定期限届满前、公司上市前或上市后一定期间等，无证据支持相关回购价格公允的，一般应将回购权存续期间认定为等待期
发行人的回购权没有特定期限，且回购价格不公允	发行人的回购权没有特定期限或约定职工任意时间离职时发行人均有权回购其权益，且回购价格与公允价值存在较大差异的，例如职工仅享有持有期间的分红权、回购价格是原始出资额或原始出资额加定期利息等，发行人应结合回购价格等分析职工实际取得的经济利益，判断该事项应适用职工薪酬准则还是股份支付准则
发行人的回购权没有特定期限，且回购价格及定价基础均未明确约定	发行人的回购权没有特定期限，且回购价格及定价基础均未明确约定的，应考虑相关安排的商业合理性。发行人应在申报前根据股权激励的目的和商业实质对相关条款予以规范，明确回购权期限及回购价格

建议：企业在制定股权激励回购条款时，应结合激励对象的服务年限、股权激励的效果、公司股权的公允价值等因素审慎确定回购激励对象所持激励股权条款的内容，避免影响公司股份支付费用的认定或被证券监管机构质疑回购条款约定不规范，从而对公司上市进程造成不利影响。

六、激励工具：第一类限制性股票、第二类限制性股票与股票期权

（一）第一类限制性股票、第二类限制性股票

以财政部于 2021 年 5 月 18 日发布的《股份支付准则应用案例——授予限制性股票》为依据举例。

【例】甲公司于 20×1 年 7 月向公司高级管理人员、技术骨干等激励对象授予 500 万股限制性股票，授予价格为 5 元/股，锁定期为 3 年。激励对象如果自授予日起为公司服务满 3 年，且公司年度净利润增长率不低于 10%，可申请一次性解锁限制性股票。

情形一，第一类限制性股票。激励对象在授予日按照授予价格出资购买限制性股票；待满足可行权条件后，解锁限制性股票；若未满足可行权条件，甲公司按照授予价格 5 元/股回购限制性股票。

情形二，第二类限制性股票。激励对象在授予日无须出资购买限制性股

票;待满足可行权条件后,激励对象可以选择按授予价格5元/股购买公司增发的限制性股票,也可以选择不缴纳认股款,放弃取得相应股票。

分析:对于第一类限制性股票,甲公司为获取激励对象的服务而以其自身股票为对价进行结算,属于以权益结算的股份支付交易。甲公司应当在授予日确定授予股份的公允价值。在等待期内的每个资产负债表日,甲公司应当以对可行权的股权数量的最佳估计为基础,按照授予日授予股份的公允价值,将当期取得的服务计入相关成本或费用和资本公积。授予日授予股份的公允价值应当以其当日的市场价格为基础,同时考虑授予股份所依据的条款和条件(不包括市场条件之外的可行权条件)进行调整,但不应考虑在等待期内转让的限制,因为该限制是可行权条件中的非市场条件规定的。对于因回购产生的义务确认的负债,应当按照《企业会计准则第22号——金融工具确认和计量》相关规定进行会计处理。

第二类限制性股票的实质是公司赋予员工在满足可行权条件后以约定价格(授予价格)购买公司股票的权利,员工可获取行权日股票价格高于授予价格的上行收益,但不承担股价下行风险,与第一类限制性股票存在差异,为一项股票期权,属于以权益结算的股份支付交易。在等待期内的每个资产负债表日,甲公司应当以对可行权的股票期权数量的最佳估计为基础,按照授予日股票期权的公允价值,计算当期需确认的股份支付费用,计入相关成本或费用和资本公积。采用期权定价模型确定授予日股票期权的公允价值的,该公允价值包括期权的内在价值和时间价值,通常高于同等条件下第一类限制性股票对应股份的公允价值。

分析依据:《企业会计准则第11号——股份支付》第二条、第四条、第六条等相关规定;《企业会计准则解释第7号》第五部分相关规定;《企业会计准则讲解2010——股份支付》第183页至第189页相关内容。

第二类限制性股票最早出现于2019年3月1日发布实施的《上海证券交易所科创板股票上市规则》第10.5条,上市公司授予激励对象限制性股票,包括下列类型:(1)激励对象按照股权激励计划规定的条件,获得的转让等部分权利受到限制的本公司股票;(2)符合股权激励计划授予条件的激励对象,在满足相应获益条件后分次获得并登记的本公司股票。前者是第一类限制性股票;后者的限制性股票,被称为第二类限制性股票。深圳证券交易所于2020年12月31日修订实施的《深圳证券交易所创业板股票上市规则》(2020年12月修订)(后

2023 年 2 月 17 日、2023 年 8 月 4 日、2024 年 4 月 30 日多次修订)第 8.4.3 条也加入了第二类限制性股票的相关制度。截至目前,北京证券交易所和主板上市暂无第二类限制性股票相关制度。

(二)三种激励工具对比

第一类限制性股票,根据《上市公司股权激励管理办法》(2018 修正)第 22 条,是指激励对象按照股权激励计划规定的条件,获得的转让等部分权利受到限制的本公司股票。具体来讲,激励对象在授予日按照授予价格出资购买限制性股票,待满足可行权条件后,解锁限制性股票;若未满足可行权条件,则公司按照授予价格回购限制性股票。

对于第二类限制性股票,激励对象在授予日无须出资购买;待满足可行权条件后,激励对象可以选择按授予价格购买公司增发的限制性股票,也可以选择不缴纳认股款、放弃取得相应股票。

股票期权,根据《上市公司股权激励管理办法》(2018 修正)第 28 条,是指上市公司授予激励对象在未来一定期限内以预先确定的条件购买本公司一定数量股份的权利。

1. 适用板块不同

股票期权和第一类限制性股票适用于所有板块上市公司(包括上交所主板、科创板;深交所创业板;北交所),但是第二类限制性股票只适用于科创板、创业板。

2. 适用的激励对象不同

根据《上市公司股权激励管理办法》(2018 修正)第 8 条规定,激励对象可以包括上市公司的董事、高级管理人员、核心技术人员或者核心业务人员,以及公司认为应当激励的对公司经营业绩和未来发展有直接影响的其他员工,但不应当包括独立董事和监事。外籍员工任职上市公司董事、高级管理人员、核心技术人员或者核心业务人员的,可以成为激励对象。单独或合计持有上市公司 5% 以上股份的股东或实际控制人及其配偶、父母、子女,不得成为激励对象。

根据《上海证券交易所科创板股票上市规则》(2024 年修订)第 10.4 条、《深圳证券交易所创业板股票上市规则》(2024 年 4 月修订)第 8.4.2 条规定,激励对象可以包括上市公司的董事、高级管理人员、核心技术人员或者核心业务人员,以及公司认为应当激励的对公司经营业绩和未来发展有直接影响的其他员工,独立董事和监事除外。单独或合计持有上市公司 5% 以上股份的股东或实际控制人及其配偶、父母、子女以及上市公司外籍员工，在上市公司担任董事、高级管理人员、核心技术人员或者核心业务人员的，可以成为激励对象。上市公司应当充分说明前述人员成为激励对象的必要性、合理性。

但是不管是哪一类型的激励工具，下列人员也不得成为激励对象：(1)最近12个月内被证券交易所认定为不适当人选；(2)最近12个月内被中国证监会及其派出机构认定为不适当人选；(3)最近12个月内因重大违法违规行为被中国证监会及其派出机构行政处罚或者采取市场禁入措施；(4)具有《公司法》规定的不得担任公司董事、高级管理人员情形的；(5)法律法规规定不得参与上市公司股权激励的；(6)中国证监会认定的其他情形。

3. 授予价格不同

根据《上市公司股权激励管理办法》(2018修正)第29条规定，上市公司在授予激励对象股票期权时，应当确定行权价格或者行权价格的确定方法。行权价格不得低于股票票面金额，且原则上不得低于下列价格较高者：(1)股权激励计划草案公布前1个交易日的公司股票交易均价；(2)股权激励计划草案公布前20个交易日、60个交易日或者120个交易日的公司股票交易均价之一。上市公司采用其他方法确定行权价格的，应当在股权激励计划中对定价依据及定价方式作出说明。

根据《上市公司股权激励管理办法》(2018修正)第23条规定，上市公司在授予激励对象限制性股票时，应当确定授予价格或授予价格的确定方法。授予价格不得低于股票票面金额，且原则上不得低于下列价格较高者：(1)股权激励计划草案公布前1个交易日的公司股票交易均价的50%；(2)股权激励计划草案公布前20个交易日、60个交易日或者120个交易日的公司股票交易均价之一的50%。上市公司采用其他方法确定限制性股票授予价格的，应当在股权激励计划中对定价依据及定价方式作出说明。

根据《上海证券交易所科创板股票上市规则》(2024年4月修订)第10.6条、《深圳证券交易所创业板股票上市规则》(2024年4月修订)第8.4.4条规定，上市公司授予激励对象限制性股票的价格，低于股权激励计划草案公布前1个交易日、20个交易日、60个交易日或者120个交易日公司股票交易均价的50%的，应当说明定价依据及定价方式。出现前款规定情形的，上市公司应当聘请独立财务顾问，对股权激励计划的可行性、相关定价依据和定价方法的合理性、是否有利于公司持续发展、是否损害股东利益等发表意见。

4. 授予数量不同

根据《上市公司股权激励管理办法》(2018 修正)第 14 条规定,上市公司全部在有效期内的股权激励计划所涉及的标的股票总数累计不得超过公司股本总额的 10%。非经股东大会特别决议批准,任何一名激励对象通过全部在有效期内的股权激励计划获授的本公司股票,累计不得超过公司股本总额的 1%。本条所称股本总额是指股东大会批准最近一次股权激励计划时公司已发行的股本总额。

根据《上海证券交易所科创板股票上市规则》(2024 年 4 月修订)第 10.8 条、《深圳证券交易所创业板股票上市规则》(2024 年 4 月修订)第 8.4.5 条规定,上市公司可以同时实施多项股权激励计划。上市公司全部在有效期内的股权激励计划所涉及的标的股票总数,累计不得超过公司股本总额的 20%。

5. 出资时点不同

对于股票期权,激励对象分批次于行权时出资;对于第一类限制性股票,激励对象于授予时一次性出资;对于第二类限制性股票,激励对象于股票归属于其名下时出资。

6. 登记时点不同

对于股票期权,激励对象行权时将股票登记在其名下;对于第一类限制性股票,激励对象于授予时登记在其名下;对于第二类限制性股票,激励对象于股票归属时登记在其名下。

7. 激励期限不同

根据《上市公司股权激励管理办法》(2018 修正)第 13 条规定,股权激励计划的有效期从首次授予权益日起不得超过 10 年。第 24 条规定,限制性股票授予日与首次解除限售日之间的间隔不得少于 12 个月。第 30 条规定,股票期权授权日与获授股票期权首次可行权日之间的间隔不得少于 12 个月。

8. 行权解锁规定不同

根据《上市公司股权激励管理办法》(2018 修正)第 31 条规定,在股票期权有效期内,上市公司应当规定激励对象分期行权,每期时限不得少于 12 个月,后一行权期的起算日不得早于前一行权期的届满日。每期可行权的股票期权比例不得超过激励对象获授股票期权总额的 50%。当期行权条件未成就的,股票期权不得行权或递延至下期行权,并应当按照该办法有关规定处理。

根据《上市公司股权激励管理办法》(2018 修正)第 25 条规定,在限制性股票有效期内，上市公司应当规定分期解除限售，每期时限不得少于 12 个月，各期解除限售的比例不得超过激励对象获授限制性股票总额的 50%。当期解除限售的条件未成就的，限制性股票不得解除限售或递延至下期解除限售，应当按照该办法有关规定处理。

根据《上海证券交易所科创板股票上市规则》（2024 年 4 月修订）第 10.7 条、《深圳证券交易所创业板股票上市规则》（2024 年 4 月修订）第 8.4.6 条规定，公司应当在股权激励计划中明确披露分次授予权益的数量、获益条件、股份授予或者登记时间及相关限售安排。获益条件包含 12 个月以上的任职期限的，实际授予的权益进行登记后，可不再设置限售期。

9. 回购注销/作废规定不同

根据《上市公司股权激励管理办法》（2018 修正）第 32 条规定，股票期权各行权期结束后，激励对象未行权的当期股票期权应当终止行权，上市公司应当及时注销。出现该办法第 18 条、第 31 条规定情形，或者其他终止实施股权激励计划的情形或激励对象不符合行权条件的，上市公司应当注销对应的股票期权。

根据《上市公司股权激励管理办法》（2018 修正）第 26 条规定，出现该办法第 18 条、第 25 条规定情形，或者其他终止实施股权激励计划的情形或激励对象未达到解除限售条件的，上市公司应当回购尚未解除限售的限制性股票，并按照《公司法》的规定进行处理。对出现该办法第 18 条第 1 款情形负有个人责任的，或出现该办法第 18 条第 2 款情形的，回购价格不得高于授予价格；出现其他情形的，回购价格不得高于授予价格加上银行同期存款利息之和。

根据《上海证券交易所科创板股票上市规则》（2024 年 4 月修订）第 10.7 条、《深圳证券交易所创业板股票上市规则》（2024 年 4 月修订）第 8.4.6 条规定，上市公司授予激励对象第 10.5 条第 2 项所述限制性股票，应当就激励对象分次获益设立条件，并在满足各次获益条件时分批进行股份登记。当次获益条件不满足的，不得进行股份登记。

第六节　境内上市公司境外发行全球存托凭证合规要求

中国证监会 2022 年 2 月 11 日发布了《境内外证券交易所互联互通存托凭

证业务监管规定》(已于2023年修订),2023年2月17日发布了修订后的《存托凭证发行与交易管理办法(试行)》以及《境内企业境外发行证券和上市管理试行办法》,2023年5月16日发布了《监管规则适用指引——境外发行上市类第6号:境内上市公司境外发行全球存托凭证指引》。该指引对于境内上市公司境外发行全球存托凭证的定位、申请程序、规则适用、材料要求及实施安排进行了细化。

一、关于存托凭证

存托凭证是指在一国证券市场流通的代表外国公司有价证券的可转让凭证,由存托人签发,以境外证券为基础在境内发行,代表境外基础证券权益。存托凭证属公司融资业务范畴的金融衍生工具,一般代表公司股票,但有时也代表债券。存托凭证的发行和交易涉及多个当事人,包括在本地有证券发行公司、保管机构,在国外有存托银行、证券承销商及投资人。按其发行或交易地点之不同,存托凭证被冠以不同的名称,如美国存托凭证、欧洲存托凭证、全球存托凭证、中国存托凭证等。1927年,J. P. 摩根公司(J. P. Morgan & Company)为了方便美国人投资英国的股票发明了存托凭证。2018年5月4日,中国证监会表示,将开展创新企业境内发行存托凭证试点。2022年7月28日,深圳证券交易所和瑞士交易所通过视频连线方式举行中瑞证券市场互联互通首批全球存托凭证上市仪式,全球存托凭证在瑞士交易所成功上市交易。

二、市值与投资产业的定位

《监管规则适用指引——境外发行上市类第6号:境内上市公司境外发行全球存托凭证指引》第1条定位,支持具有一定市值规模、规范运作水平较高的境内上市公司,通过境外发行全球存托凭证募集资金,投向符合国家产业政策的主业领域,满足海外布局、业务发展需求,用好两个市场、两种资源,促进规范健康发展。

该条款对市值的要求虽然没有明确的规定,但首次提出了“具有一定市值规模、规范运作水平较高”的要求。另外明确投向必须符合国家产业政策的主业领域。

三、申请程序

境内上市公司境外首次发行全球存托凭证,应当在境外提交发行上市申请后3个工作日内向中国证监会备案。境内上市公司在境外提交发行上市申请前,应当按照《上市公司证券发行注册管理办法》第22条规定,由保荐人向境内证券交易所提交新增基础股份发行的注册申请,境内证券交易所参照上市公司向特定对象发行股票的程序出具审核意见,并报中国证监会注册。中国证监会可合并办理注册及备案。

境内上市公司在同一境外市场再次发行全球存托凭证,新增基础股份发行注册程序与首次境外发行全球存托凭证相同;境外发行完成后应当在3个工作日内向中国证监会备案。

《上市公司证券发行注册管理办法》第22条规定,上市公司申请发行证券,应当按照中国证监会有关规定制作注册申请文件,依法由保荐人保荐并向交易所申报。交易所收到注册申请文件后,5个工作日内作出是否受理的决定。

1. 首次发行申请程序:(1)就发行全球存托凭证发行人需进行内部决策,召开董事会会议或股东大会并审议通过全球存托凭证关于发行上市事项;(2)保荐人向境内证券交易所提交新增基础股份发行的注册申请;(3)境内证券交易所参照上市公司向特定对象发行股票的程序出具审核意见;(4)报中国证监会注册;(5)在境外提交发行上市申请;(6)前述申请提交后3个工作日内向中国证监会备案。

2. 在同一境外市场再次发行申请程序:(1)就发行全球存托凭证发行人需进行内部决策,召开董事会会议或股东大会并审议通过全球存托凭证关于发行上市事项;(2)保荐人向境内证券交易所提交新增基础股份发行的注册申请;(3)境内证券交易所参照上市公司向特定对象发行股票的程序出具审核意见;(4)报中国证监会注册;(5)境外发行完成后应当在3个工作日内向中国证监会备案。

首次发行与在同一境外市场再次发行的申请程序注册程序相同,备案程序不同。

四、规则适用

1. 禁止情形。境内上市公司境外发行全球存托凭证应当符合《境内企业境外发行证券和上市管理试行办法》第8条及《境内外证券交易所互联互通存托凭证业务监管规定》第35条的规定。

法条链接

《境内企业境外发行证券和上市管理试行办法》

第八条　存在下列情形之一的，不得境外发行上市：

（一）法律、行政法规或者国家有关规定明确禁止上市融资的；

（二）经国务院有关主管部门依法审查认定，境外发行上市可能危害国家安全的；

（三）境内企业或者其控股股东、实际控制人最近3年内存在贪污、贿赂、侵占财产、挪用财产或者破坏社会主义市场经济秩序的刑事犯罪的；

（四）境内企业因涉嫌犯罪或者重大违法违规行为正在被依法立案调查，尚未有明确结论意见的；

（五）控股股东或者受控股股东、实际控制人支配的股东持有的股权存在重大权属纠纷的。

《境内外证券交易所互联互通存托凭证业务监管规定》

第三十五条第二款　境内上市公司存在下列情形之一的，不得在境外发行存托凭证：

（一）本次发行申请文件有虚假记载、误导性陈述或者重大遗漏；

（二）上市公司的权益被控股股东或者实际控制人严重损害且尚未消除；

（三）上市公司及其附属公司违规对外提供担保且尚未解除；

（四）现任董事、高级管理人员最近36个月内受到过中国证监会的行政处罚，或者最近12个月内受到过境内证券交易所公开谴责；

（五）上市公司或者其现任董事、高级管理人员因涉嫌犯罪正被司法机关立案侦查或者涉嫌违法违规正被中国证监会立案调查；

（六）最近一年及一期财务报告被注册会计师出具保留意见、否定意见或者无法表示意见的审计报告。保留意见、否定意见或者无法表示意见所涉及事项的重大影响已经消除或者本次发行涉及重大重组的除外；

（七）严重损害投资者合法权益和社会公共利益的其他情形。

2. 发行与承销。境内上市公司境外发行全球存托凭证涉及的发行定价、跨境转换期限、锁定期等，应当符合《境内外证券交易所互联互通存托凭证业务监管规定》第36条、第38条等规定，见表8－5。

表 8-5　发行定价、转换期限与锁定期

类别	规定
发行定价	发行价格按比例换算后原则上不得低于定价基准日前 20 个交易日基础股票收盘价均价的 90%。前述所称定价基准日为存托凭证发行期首日
跨境转换期限	自上市之日起 120 日内不得转换为境内基础股票
锁定期	境内上市公司控股股东、实际控制人及其控制的企业认购的存托凭证自上市之日起 36 个月内不得转让

3. 发行比例。境内上市公司境外发行全球存托凭证，应当根据《境内外证券交易所互联互通存托凭证业务监管规定》第 43 条、《〈上市公司证券发行注册管理办法〉第九条、第十条、第十一条、第十三条、第四十条、第五十七条、第六十条有关规定的适用意见——证券期货法律适用意见第 18 号》关于向特定对象发行的规定要求，确定全球存托凭证对应基础股份的发行比例。在计算境外投资者持股比例时，应当将全球存托凭证对应基础股份的发行比例与合格境外投资者、沪深股通的持股比例合并计算。

(1) 单个境外投资者持有单一境内上市公司权益的比例不得超过该公司股份总数的 10%。

(2) 境外投资者持有单一境内上市公司 A 股权益的比例合计不得超过该公司股份总数的 30%。境外投资者依法对境内上市公司战略投资的除外(关于境外战略投资者的认为应当符合《〈上市公司证券发行注册管理办法〉第九条、第十条、第十一条、第十三条、第四十条、第五十七条、第六十条有关规定的适用意见——证券期货法律适用意见第 18 号》关于向特定对象发行股票引入的境内外"战略投资者"的理解与适用)。

(3) 投资者及其一致行动人通过存托凭证和其他方式拥有境内上市公司权益的，应当合并计算其权益。

(4) 上市公司申请向特定对象发行股票的，拟发行的股份数量原则上不得超过本次发行前总股本的 30%。

4. 发行间隔。境内上市境外发行全球存托凭证，应当参照《上市公司证券发行注册管理办法》第 16 条及《〈上市公司证券发行注册管理办法〉第九条、第十条、第十一条、第十三条、第四十条、第五十七条、第六十条有关规定的适用意见——证券期货法律适用意见第 18 号》关于向特定对象发行的规定，确定发行间隔。

解读:根据《上市公司证券发行注册管理办法》第16条,董事会决议日与首次公开发行股票上市日的时间间隔不得少于6个月。根据《〈上市公司证券发行注册管理办法〉第九条、第十条、第十一条、第十三条、第四十条、第五十七条、第六十条有关规定的适用意见——证券期货法律适用意见第18号》第4点,上市公司申请增发、配股、向特定对象发行股票的,本次发行董事会决议日距离前次募集资金到位日原则上不得少于18个月。前次募集资金基本使用完毕或者募集资金投向未发生变更且按计划投入的,相应间隔原则上不得少于6个月。

5. 募集资金使用。境内上市公司应当理性融资,合理确定融资规模,并按照《上市公司监管指引第2号——上市公司募集资金管理和使用的监管要求》等规定规范使用境外发行全球存托凭证募集资金。

解读:上市公司募集资金原则上应当用于主营业务。除金融类企业外,募集资金投资项目不得为持有交易性金融资产和可供出售的金融资产、借予他人、委托理财等财务性投资,不得直接或间接投资于以买卖有价证券为主要业务的公司。同时,《证券期货法律适用意见第18号》关于募集资金用于补流还贷如何适用"主要投向主业"提出了相关适用意见。

6. 其他。除《境内外证券交易所互联互通存托凭证业务监管规定》和相关指引明确的事项外,上市公司境外发行全球存托凭证涉及新增基础股份发行的决策程序、信息披露等事项,应当符合上市公司向特定对象发行的有关规定。

五、发行全球存托凭证材料要求

1. 申请材料。境内上市公司应当按照《监管规则适用指引——境外发行上市类第2号:备案材料内容和格式指引》报送备案材料,在基础股份注册申请时已提交的材料或已说明的事项,备案材料中无须重复提交或说明。备案法律意见书仅需报送专项法律意见书。

基础股份注册申请材料应当按照《公开发行证券的公司信息披露内容与格式准则第59号——上市公司发行证券申请文件》的要求报送。

解读:根据《公开发行证券的公司信息披露内容与格式准则第59号——上市公司发行证券申请文件》,注册申请材料包括:本次证券发行的募集文件;发行人关于本次证券发行的申请与授权文件;发行人律师关于本次证券发行的文件;募集资金管理和使用文件;财务报表等其他文件。具体见表 8－6。

表 8－6　备案材料清单

序号	备案材料名称
1	备案报告
备案报告所附承诺	
	发行人承诺
	证券公司承诺
备案报告所附文件	
1－1	发行人股东大会、董事会相关决议
1－2	发行人完整股权结构及控制架构框图
1－3	发行人及中介机构项目团队人员名单和联系方式
2	行业主管部门等出具的监管意见、备案或核准等文件(如适用)
3	国务院有关部门出具的安全评估审查意见(如适用)
4	境内法律意见书
	发行人境内律师承诺
5	招股说明书或上市文件

2. 决策程序文件。境内上市公司履行发行全球存托凭证决策程序时,应当按照《上市公司证券发行注册管理办法》第 16 条、第 17 条有关规定编制相关文件,并在本次发行方案论证分析报告中充分说明公司本次发行是否符合全球存托凭证品种定位。论证分析报告具体内容包括:(1)本次发行证券及其品种选择的必要性;(2)本次发行对象的选择范围、数量和标准的适当性;(3)本次发行定价的原则、依据、方法和程序的合理性;(4)本次发行方式的可行性;(5)本次发行方案的公平性、合理性;(6)本次发行对原股东权益或者即期回报摊薄的影响以及填补的具体措施。

解读:董事会在编制本次发行方案的论证分析报告时,应当结合上市公司所处行业和发展阶段、融资规划、财务状况、资金需求等情况进行论证分析,独立董事应当发表专项意见。

3. 募集文件。境内上市公司发行全球存托凭证下的新增基础股份,应当按照《公开发行证券的公司信息披露内容与格式准则第 61 号——上市公司向特定对象发行证券募集说明书和发行情况报告书》编制披露募集说明书,并披露跨境转换限制期满后全球存托凭证转换为A股基础股票对发行人A股股价影响等风险。

解读:保荐人关于本次发行过程和发行对象合规性的结论性意见包括关于本次发行定价过程合规性的说明;关于发行对象的选择是否公平、公正,是否符合上市公司及其全体股东的利益的说明。发行人律师关于本次发行过程和发行对象合规性的结论性意见包括关于发行对象资格合规性的说明;关于本次发行相关合同等法律文件合规性的说明;本次发行涉及资产转让或者其他后续事项的,关于办理资产过户或其他后续事项的程序、期限及法律风险的说明。

发行情况报告书的备查文件包括保荐人出具的发行保荐书、发行保荐工作报告和尽职调查报告;发行人律师出具的法律意见书和律师工作报告。

4. 发行情况报告。境内上市公司完成境外全球存托凭证发行上市后15个工作日内,应当按照《监管规则适用指引——境外发行上市类第3号:报告内容指引》披露发行情况报告,发行情况报告应当穿透说明实际认购对象,并说明是否存在收益互换等类似协议安排及其合规性,是否存在投资者延长跨境转换期限的情形。发行情况报告中关于主要股东的认定,其持股比例应当按照《境内外证券交易所互联互通存托凭证业务监管规定》第43条的要求计算。

解读:报告内容包括本次发行情况概述;证券认购及限售情况;相关证券登记存管情况直接境外发行上市的,说明本次发行上市完成后,相关证券集中登记存管办理的情况及时间。境外发行上市后控制权变更情况报告境外发行上市后,上市公司发生《境内企业境外发行证券和上市管理试行办法》第22条第1款第1项规定的控制权变更情形的,应当报告。

六、实施安排

在2023年3月31日前,境内上市公司已在境外提交全球存托凭证发行申请,但未获中国证监会核准的,应当履行基础股份发行注册及境外发行上市备案程序,可合理安排提交注册申请及备案材料的时点。

在2023年3月31日前,境内上市公司境外发行全球存托凭证相关议案已经股东大会审议通过的,无须重新提交股东大会审议。

七、专项法律意见核查要点

（一）专项法律意见核查要点清单（见表 8－7）

表 8－7　专项法律意见核查要点清单

类别	核查事项	境外首次发行全球存托凭证	在同一境外市场再次发行全球存托凭证
本次发行上市	是否存在《境内企业境外发行证券和上市管理试行办法》第 8 条及《境内外证券交易所互联互通存托凭证业务监管规定》第 35 条规定的禁止情形	☑	☑
	是否涉及安全审查；如涉及，是否已依法履行相关安全审查程序并取得有关部门出具的安全审查意见	☑	
	是否涉及国资管理、行业监管等审批、备案或核准程序；如涉及，是否已依法履行	☑	☑
	本次发行是否涉及境外投资，是否符合国务院办公厅《转发国家发展改革委商务部人民银行外交部关于进一步引导和规范境外投资方向指导意见的通知》（国办发〔2017〕74 号）有关规定	☑	☑
保密和档案管理	发行人是否建立健全保密和档案管理制度并落实到位，是否遵守《关于加强境内企业境外发行证券和上市相关保密和档案管理工作的规定》	☑	☑
特定适用事项	境内企业（含下属公司）业务范围涉及《外商投资准入特别管理措施（负面清单）（2021 年版）》相关领域的，本次发行全球存托凭证后是否持续符合规定要求	☑	☑
	发行人业务范围如包括房地产业务，说明房地产业务占营业收入和利润的比重，并核查是否存在违反国家房地产调控政策规定的情形，是否被住房和城乡建设部门公示为“违法违规房地产开发企业和中介机构”的情形	☑	
	是否已履行前期备案的承诺事项		☑

（二）安全审查核查

根据《外商投资安全审查办法》（国家发展和改革委员会、商务部令第37号）规定，对影响或者可能影响国家安全的外商投资，依照该办法的规定进行安全审查。根据该办法第4条，投资军工、军工配套等关系国防安全的领域，在军事设施和军工设施周边地域投资，以及投资关系国家安全的重要农产品、重要能源和资源、重大装备制造、重要基础设施、重要运输服务、重要文化产品与服务、重要信息技术和互联网产品与服务、重要金融服务、关键技术以及其他重要领域，发行人境内律师应向外商投资安全审查工作机制办公室提交相关材料进行审查确认，并取得有外商投资安全审查工作机制办公室出具的安全审查意见。

（三）境外投资相关核查

若发行涉及境外投资，则执行国务院办公厅《转发国家发展改革委商务部人民银行外交部关于进一步引导和规范境外投资方向指导意见的通知》（国办发〔2017〕74号）有关规定。除该通知明确涉及的禁止开展的境外投资外，若属于限制开展的境外投资（与我国未建交、发生战乱或者我国缔结的双多边条约或协议规定需要限制的敏感国家和地区开展境外投资；房地产、酒店、影城、娱乐业、体育俱乐部等境外投资；在境外设立无具体实业项目的股权投资基金或投资平台；等等），则须经境外投资主管部门核准。

（四）保密和档案管理情况核查

对照《关于加强境内企业境外发行证券和上市相关保密和档案管理工作的规定》有关要求，核查内容包括：公司是否建立了较为完善的保密和档案工作制度；公司向有关证券公司、证券服务机构、境外监管机构等单位和个人提供文件资料前，有无对文件资料中是否含有涉及国家秘密、国家机关工作秘密、其他泄露后会对国家安全或者公共利益造成不利影响的信息进行审查；若审查发现存在此类信息，公司是否在提供前按照有关规定履行了相应程序，并就相关情况向证券公司、证券服务机构提供书面说明。

（五）境内企业（含下属公司）业务范围核查

目前适用的是《外商投资准入特别管理措施（负面清单）（2021年版）》（国家发展和改革委员会、商务部令第47号），发行人境内律师应对照此负面清单进行核查。根据该负面清单规定，从事该负面清单禁止投资领域业务的境内企业到境外发行股份并上市交易的，应当经国家有关主管部门审核同意。发行人境内律师对此应当进行核查。

(六)网络安全审查核查

根据《网络安全审查办法》(2021)第7条规定,掌握超过100万用户个人信息的网络平台运营者赴国外上市,必须向网络安全审查办公室申报网络安全审查。该办法第11条规定,网络安全审查办公室认为需要开展网络安全审查的,也需按照相关规定进行审查。因此,拟境外上市企业进行网络安全审查成为热点,发行人境内律师对此应高度关注。